U0606138

甘肃省社科规划项目"甘肃华夏文明传承创新区文化产业集群发展的主要依据及策略建议"、甘肃省高校战略项目"甘肃省宗教文化与旅游产业发展研究"阶段性成果

乡村美学

郭昭第 / 著

基于陇东南乡俗的人类学调查及美学阐释

人民出版社

目　　录

上编　基于衣食住行的陇东南
乡俗及器物美学智慧

中编　基于生老病死的陇东南
乡俗及礼乐美学智慧

下编　基于春夏秋冬的陇东南
乡俗及生态美学智慧

绪　　论

　　乡村与城市二元对立和极端发展的必然结果只能是乡村与城市的两败俱伤，使得乡村更加荒凉、破落和衰败，城市更加嘈杂、拥挤和污染。长期以来根深蒂固的乡村与城市二元对立思维模式，使得城市的畸形膨胀甚或怪兽式的发展很大程度上依赖于大量甚至无节制地"吸食"乡村的血液，包括大量廉价的农业资源、矿产资源、水利电力资源、劳动力资源等。这种违背大自然均衡发展规律、人为制造城乡二元对立和差别的发展模式和思维定式，必然人为地制造乡村医疗、教育、交通乃至生产效率的极其低下，以及未来发展的更加封闭、落后；也必然人为地制造城市医疗、教育、交通乃至劳动效率的最大化，以及未来发展的更加混乱、拥挤和污染。而且，乡村的荒凉、破落和衰败将最终使得城市未来发展由于缺乏可以继续用来"吸食"的农业、矿业、畜牧业、水利电力和劳动力等资源而丧失发展的后劲，最终陷入停顿、瘫痪和衰败。老子早就指出："天之道，损有余而补不足；人之道则不然，损不足以奉有余。"① 但遗憾的是，这一富有美学智慧的思想并没有在现代乡村与城市建设中发挥应有的作用。人类必将为自己急功近利、缺乏远见的倒行逆施行为付出惨重的代价。

---

① 奚侗集解：《老子》，上海古籍出版社 2007 年版，第 190 页。

一、乡村是人类生命的幸福港湾及
魂牵梦绕的精神家园

乡村的价值和意义并不仅仅在于为城市发展提供了农业、矿业、畜牧业、水利电力和劳动力等方面的物质资源和劳动资源，是城市赖以发展的原动力。更重要的是，乡村还是人类最坚实的精神家园，是人类在其发展的任何阶段都可以获得喘息、宁静和超脱的机会。但乡村与城市二元对立与差别发展的必然结果是明显导致了乡村与城市难以缝合的创伤和隔阂，使得乡村在保持着宁静、纯洁和纯真等优点的同时，也有着落后、愚昧和闭塞等致命的缺陷；使得城市在保持着智力、交流、知识等优势的同时，也有着诸如吵闹、庸俗、伪善等致命的缺陷。威廉斯写道："人类历史上的居住形式极为丰富。人们对这些居住形式倾注了强烈的情感，并将这些情感概括化。对于乡村，人们形成了这样的观念，认为那是一种自然的生活方式：宁静、纯洁、纯真。对于城市，人们认为那是代表成就的中心：智力、交流、知识。强烈的负面联想也产生了：说起城市，则认为那是吵闹、俗气而又充满野心家的地方；说起乡村，就认为那是落后、愚昧且处处受到限制的地方。"① 乡村与城市的这种二元对立和差别发展至少在目前的中国，并未出现城市向乡村靠拢，倒是出现了乡村向城市的整体靠拢和大面积迁移。

然而这种整体靠拢和大面积迁移常受到大城市诸多极其苛刻的限制甚或阻止。这种限制和阻止往往是因为出生与户籍制度因而受到人们的普遍质疑和诟病。虽然城市的建设和发展很大程度上依赖于乡村农业、矿业、畜牧业、水利电力和劳动力等方面资源，但城市的无节制膨胀却不可能像吸纳其他乡村资源一样吸纳很多的乡村人口。乡村与城市二元对立和差别

---

① ［英］雷蒙·威廉斯：《乡村与城市》，韩子满、刘戈、徐珊珊译，商务印书馆 2013 年版，第 1 页。

发展使城市在当前中国往往成为先进、文明、发达、繁荣的标志，成为福利待遇的象征，使乡村由于医疗、教育、交通乃至生产效率的整体落后，只能成为包括乡村的人们在内必须选择逃离的地方。因为乡村与城市的差别发展最终导致的不是一代人发展的不公平，而是祖祖辈辈、世世代代发展的不公平。也许正由于这种不公平，才使许多有一定智力或体力的人们都以各种方式义无反顾地选择了逃离乡村，而且这种选择逃离并不限于某一代，而是存在于每一代人。虽然许多选择逃离乡村的人们在返乡过年的时候每每发出乡村衰败的感慨，也有人想当然地将乡村视为富于诗情画意的最终养老去处，但在目前情况下其实并没有多少人真正选择回归乡村养老，因为落后的教育条件可能限制下一代的发展，且落后的医疗条件无法为生命健康提供更有效的保障。

不能说当前中国社会的一切问题都起因于乡村与城市二元对立的极端发展，但这种发展的确导致了诸多问题。按理来说，同情弱者本来也是一种社会平衡心理的表现，但无论发生任何事情，不加调查研究，不加分析思考，便一边倒地将一切责任和错误归咎于富人和官员却是极不正常的现象。这种极不正常的现象所折射出来的，不仅是社会各阶层利益的撕裂，更是人们肉体与灵魂的撕裂，同时也是理智与非理智、道德与非道德、法制与非法制的撕裂。人们判断问题的主要出发点和基本思路已经不再是事实与假象、法制与非法制、道德与非道德，而是单纯的宣泄私欲甚或私愤。正如物质财富的快速增长已经使脆弱的灵魂显得力不从心一样，城市的飞速发展乃至膨胀也同样使乡村的快速破落乃至衰败有些始料不及。乡村衰败之最惨烈后果，便是使中国人整体上不同程度丧失了获得喘息、宁静和超脱的精神家园。这虽然主要表现在近一两代才逃离乡村的人们身上，但也表现在那些已在好几代前逃离了乡村的人们身上。因为中国社会数千年的农耕文明决定了每个人不同程度存在乡村情结。

虽然这种乡村情结很大程度上可能只是一种基于诗意地栖息的想象重构，但这种想象重构显然在人们的心灵深处有着更接地气、更本真的特点。人类来源于泥土回归于泥土的宿命决定了人们总是对泥土怀着某种与生俱来的亲切和喜爱。这使无论乡村还是城市的孩子都不约而同地与泥土结下了深厚的情谊。马里奥·佩尔尼奥拉指出："生命是一丝极为柔弱的气息，需要找到一个可以安身立命的外壳才能存在，需要穿上衣服，再继承某种行为。假如它既找不到任何东西，又排斥所有东西的话，那么它注定会消亡。"① 在马里奥·佩尔尼奥拉看来，诸如"仪式、庆典和机构不但一点儿也没有对生命的迹象和成长造成妨碍，相反却是生命的存在条件"。② 脆弱的生命如果真要寻找一个可以安身立命的外壳，这个外壳除了一般意义的仪式、庆典和机构，更重要的是家乡及家乡的仪式、庆典和机构。也许卢卡奇的阐述最有道理，他写道："有一种根本的心灵努力，只关心本质的事物，不管它来自何处，其目标是什么，反正都一样；有一种心灵渴望，即对家乡在何处的渴望如此之强烈，以致心灵不得不在盲目的狂热中踏上似乎回家的第一条小路；而这种热情是如此之大，以致它能够一路走到尽头；对这种心灵来说，每一条路都通向本质，回到家园，因为对于这种心灵来说，它的自我性就是家园。"③ 陇东南乡村有《扯心大着走不开》这样一首山歌明确表达了对家乡的依恋和牵挂：

> 想背背子下四川，家里有个心不甘。
>
> 黄杨木的铲子把，走时莫把妹丢下。
>
> 要不为没吃没穿褂，形影不离在一搭。
>
> 刮了一风透心凉，走时你把妹引上。
>
> 装醋的缸缸装酒哩，怀着娃娃咋走哩？
>
> 天爷大亮鸡叫了，没你我没依靠了。
>
> 碟碟舀水浅得很，本是路程远得很。
>
> 常在家里不觉意，如今要走下了泪。
>
> 青羊峡的青石崖，扯心大着走不开。

---

① ［意］马里奥·佩尔尼奥拉：《仪式思维》，吕捷译，商务印书馆 2006 年版，第 42 页。
② ［意］马里奥·佩尔尼奥拉：《仪式思维》，吕捷译，商务印书馆 2006 年版，第 42 页。
③ ［匈］卢卡奇：《小说理论》，燕宏远、李怀涛译，商务印书馆 2012 年版，第 79 页。

　　这表面看来，只是对留守在家的妻子难以抛舍的情感，其实也可推而广之，借指对陇东南乡村这一生我养我的家乡的牵挂和留恋。陇东南乡村"好出门不如薄家里坐"、"货离乡贵哩，人离家贱哩"等谚语也概括了这一心理。

　　虽然人们也可能将见诸城市的仪式、庆典和机构作为安身立命的外壳，但很难将其作为最富于诗情画意的精神寄托，这样的精神寄托往往见诸乡村的仪式、庆典和机构，对童年乃至青少年时代就在乡村度过的人们更是如此。不能说这些人往往与城市格格不入或对其抱有天然的仇视心理，他们也可能在城市中生活得有滋有味、像模像样，但往往深刻地意识到他们生命的根仍然在乡村。这种根深蒂固的乡土意识，使他们无论在任何时候都可能仅将自己赖以出生和成长的乡村作为其生命的归宿，作为安身立命的真正处所，而工作和生活于其间的城市及其仪式、庆典和机构，充其量不过是一个暂留地或寄宿地，并不是一个永久归宿地。也许有些人并不以为然。如马里奥·佩尔尼奥拉指出："如今即便是背井离乡，也并不能寻得理想中的家园了。我们虽然失去了代表身份的根，可是没人再觉得这是什么大不了的、一定要弥补的损失了。我们既然可以是在家而没有了家的感觉；相反地，也可以是四海为家。"① 但这可能只是未到七老八十的人们的一种年轻观念和认识，并不意味着人真正到老死的那一天仍能坚守四海为家的观念，充其量只可能是一种出于各种原因形成的无可奈何的选择，并不是人们心目中的最理想选择。

　　在许多中老年人那里，生命的最美好记忆往往是童年记忆，是见诸家乡乃至乡村的童年记忆；生命的最大幸福是思乡，是对往昔乡村生活的留恋和记忆。在陇东南乡村的人们看来，家乡才是永远割舍不下的精神家园，谚语"兔子缘山跑，不离旧窝坑""老鹰飞得再高，影子还在地上"等都表达了这一点。这是因为在陇东南乡村的人们看来，生命的真正归宿只能是家园，有谓"树高千丈，叶落归根"，所以他们特别强调"亡人奔

① ［意］马里奥·佩尔尼奥拉：《仪式思维》，吕捷译，商务印书馆2006年版，第34页。

土如奔金"的说法。人们可以责备这种观念和说法的保守和狭隘，但没有理由否认这种现象的存在。不仅入土为安的思想体现了人们对生命源于泥土最终回归泥土的普遍愿望，而且诸如"树高千丈，叶落归根"的谚语所揭示的更是自然规律，以及自然规律给予人们的智慧启迪。也许一个精神上无家可归的人才可能因为存在灵魂的漂泊感和诚信的缺失感，将近乎变态式的单纯宣泄私欲甚或私愤作为判断和处理问题的主要出发点和基本思路，而无视事实、法律和道德。尽管佛教将诸如杀生、偷盗、邪淫等身体行动所导致的身业，妄言、绮语、两舌、恶口等言语行为所导致的口业，悭贪、嗔恚、邪见等意念和意志行为所导致的意业作为"十恶"以及堕入六道轮回的罪孽，但好多精神上无家可归的人其实并不在乎这些，且往往将妄言、邪见等"十恶"作为家常便饭。深刻地体悟叶落归根的思想虽然貌似有些保守或狭隘，却寄托着人们永不倦怠的精神渴望，而且也为一个的人行为举止等提供了必要的道德法律底线，至少可以使人们不至于因为精神上无家可归而产生极度困惑和焦虑的灵魂漂泊感和诚信缺失感。

二、乡村美学是人们乡愁及回归
家园情结的想象重构

在城市化日益成为一种世界潮流的时候，人们对乡村与城市文明的反思却从来也没有停止过，而且几乎不约而同地发掘和阐发了对行将消失的乡村文明的留恋。如布赖恩·贝利指出："就像沃思一样，多数的研究者坚信城市的本质在于人口规模、人口密度和异质性——并以两两相互强化的方式导致了一系列的心理和社会后果。在个人层面上，城市生活留给居民的是一种持续的刺激：图像、声音、人群、社会对关注、关爱和行动的需要。在这种过度的刺激下，自我防御的反应机制将人与周围的环境和人群隔离开来。因此，这些城市人远离他人，在接触中保持距离、世故，对

周边的事抱怀疑、冷漠的态度。与其他人的关系只是一种类似商业往来的方式存在于特定的角色和任务中，因而，与其周围的人日益疏远。"① 其实乡村文明比城市文明显然更有利于社会秩序的稳定和人们的安居乐业。在这一点上，顾炎武有精辟的阐述："人聚于乡而治，聚于城而乱。聚于乡，则土地辟，田野治，欲民之无恒心，不可得也。聚于城，则徭役繁，狱讼多，欲民之有恒心，不可得也。"② 费孝通也指出，传统的乡土社会是一个没有具体目标，只是因为一起生长而发生的熟悉人社会，以及遵循从心所欲不逾矩的规矩的礼俗社会，人们生于斯、死于斯，生活很安定；现代社会却是一个为了完成一件任务而结合的陌生人社会，以及必须依靠法律才能维护正常秩序的法理社会，人们不再深深地黏着土地，而是随生活和工作不断变换环境。他这样写道："乡土社会是一个社会很安定的社会。我已说过，向泥土讨生活的人是不能老移动的。在一个地方出生的就在这个地方生长下去，一直到死。极端的乡土社会是老子所理想的社会，'鸡犬之声相闻，老死不相往来'。"③

　　遗憾的是，这种看似传统而保守的思想在改革开放以来受到城市化理念的严重冲击。许多迷信西方城市化观念的人甚至不约而同地将城市化与现代化混为一谈。当这一偏执观念横行无阻的时候，便可能对乡村造成近乎摧残甚或摧毁式打击。有西方学者指出："在农村，中国政府已经丢下了许多应该履行的职责，这么说并不夸张。在人民公社体制下，政府似乎无所不在，对人们生活的几乎每一个方面都进行了干预。但随着公社的取消，新的县级和乡级政府似乎既没有权力又没有意愿去提供哪怕是最基本、最必要的某些政府职能。看来政府从一个极端走向了另一个极端，从过多地运用政府权力变为过少地运用政府权力。为把政治管理与经济管理分开，中国进行了一系列配套的、合理的改革。取消公社就是其中的一项

① ［美］布赖恩·贝利：《比较城市化》，顾朝林等译，商务印书馆 2010 年版，第 36 页。
② 顾炎武：《顾亭林日知录》，载陈宏谋辑：《五种遗规》，凤凰出版社 2016 年版，第 472 页。
③ 费孝通：《乡土中国》，上海人民出版社 2013 年版，第 21 页。

举措，但后果却是在农村地区留下了政府的真空。因此，许多只有靠政府和那些有权威来征税的单位才能有效行使的职能，不是没有被行使，就是被严重地忽略了。"① D. 盖尔·约翰逊的上述观点发表于 20 世纪 80 年代，抛开其观点不谈，这段话却预见了当今中国乡村的现实：随着政府职能的隐退和缺失，使诸如教育、医疗、水利等公共设施的发展受限，随着短时间内激发的乡村劳动积极性逐渐被日益严重的高成本、低效益现状所打击，乡村的人们尤其是青壮年男子便日益丧失了农业生产的兴趣，于是乡村的衰败和凋零便成为不可避免的厄运。中国乡村包括陇东南在内确实存在诸多不便，如医疗和教育、公共交通、水利灌溉等基础设施和服务明显滞后等，无疑在很大程度上制约了乡村人们自身的生存及后代发展。D. 盖尔·约翰逊这样描述道："政府放弃公社的政治和管理职能的同时，几乎没有建立起相应的机构来代行这些职能，以致在医疗保健、教育以及其他许多应由当地政府承担的职能，例如灌溉水渠和设施等，都没有得到很好的维护。"② 更为严峻的是，由于材料和人工成本增加、青壮年劳动力外出打工，农村普遍出现了耕地大面积撂荒，农药、化肥无处不在，转基因粮食和不安全食品令人防不胜防的现象，特别是青壮年伦理道德和社会责任明显下降，老人无人赡养以及自杀率大幅攀升，社会秩序和自然生态急剧恶化，在精神空虚、生活无望的情况下有人接受了基督教洗礼，有人甚至选择自杀，客观上遗弃了数千年绵延不断的传统文化熏陶。所有这些几乎以无可辩驳的事实证明了中国乡村的凋零和衰败。

其实即使长期致力于城市研究的西方学者也并不迷信城市化，且常常有更冷静而理性的思考。如彼得·霍尔指出："城市是典型的混乱之地，较小镇或村庄而言极难管理。建立城市秩序——清理街道、收集垃圾、惩治犯罪——消耗了市民大部分的精力。这项苦差事是这些人为获得在城市

① ［美］D. 盖尔·约翰逊：《经济发展中的农业、农村、农民问题》，林毅夫、赵耀辉编译，商务印书馆 2004 年版，第 14—15 页。
② ［美］D. 盖尔·约翰逊：《经济发展中的农业、农村、农民问题》，林毅夫、赵耀辉编译，商务印书馆 2004 年版，第 23 页。

里生活和工作的好处而付出的代价；正如经济学家指出的那样，这是负外部性。大量的城市创造力，那些最有独创性和最有想象力的市民的创造才能，经常被浪费在解决这种最基本的问题上。"① 按照刘易斯·芒福德关于城市发展循环周期律的悲观阐述，必然经过原始都市（村庄）、城邦、大都市、超大都市、暴虐都市、废墟都市等阶段②，从村庄到特大城市再到大墓地，所以盲目城市化必然给世界带来灾难性后果。对有几千年乡村文明发展史且很大程度上依赖乡村农耕文明发展起来的中国来说更是如此。乡村衰败和破落，可能直接导致中国乡村生活的不稳定，乡村的不稳定势必会影响到城市的不稳定。虽然城市与乡村是相互依赖的，但一个缺失了乡村支持的城市可能比失去了城市支持的乡村更可怕。缺失了乡村支持的城市可能无法生存，甚至可能威胁到人们最基本的生存需要，但失去了城市支持的乡村，充其量只是影响到其生存的质量，并不一定会威胁到人们最基本生理需要的满足。盲目城市化尤其以乡村的衰败和破落为代价的城市化是极为不明智的。

理想的未来社会绝对不是乡村的极度衰败与城市的极端繁荣，而是乡村与城市的均衡协调发展，使得人们生活于其间的环境既有着现代城市所具有工资待遇好、就业机会多、生活质量高的优势，又很大程度上避免了现代城市的交通拥挤、环境污染、生活紧张刻板；既拥有了乡村的清新空气、美丽景色和恬淡从容的生活方式，又很大程度上避免了乡村的交通落后、教育医疗条件差、劳动效率极其低下等缺陷。如埃比尼泽·霍华德指出："城市磁铁与乡村磁铁都不能全面反映大自然的用心和意图。人类社会和自然美景本应兼而有之。正如男人和女人互通才智一样，城市和乡村亦应如此。城市是人类社会的标志——父母、兄弟、姐妹以及人与人之间广泛交往、互助合作的标志，是彼此同情的标志，是科学、艺术、文化、

---

① ［英］彼得·霍尔：《文明中的城市》第二册，王志章等译，商务印书馆 2016 年版，第863 页。

② ［美］刘易斯·芒福德：《城市文化》，宋俊岭、李翔宁、周鸣浩译，郑时龄校，中国建筑工业出版社 2009 年版，第 323—331 页。

宗教的标志。乡村是上帝爱世人的标志。我们以及我们的一切都来自乡村。我们的肉体赖之以形成，并以之为归宿。我们靠它吃穿，靠它遮风御寒，我们置身于它的怀抱。它的美是艺术、音乐、诗歌的启示。它的力推动着所有的工业机轮。它是健康、财富、知识的源泉。但是，它那丰富的欢乐与才智还没有展现给人类。这种该诅咒的社会和自然的畸形分隔再也不能继续下去了。城市与乡村必须成婚，这种愉快的结合将迸发出新的希望、新的生活、新的文明。"① 提倡乡村美学的根本目的不在于片面张扬乡村美学，鼓吹所谓"月是故乡明"，以及"金窝银窝不如自己的土窝"的乡愁乃至乡土情结，并将其作为压倒城市美学的精神加以宣扬，而在于拯救尚未全面彰显出丰富乡情、温馨和魅力便迅速走向衰败乃至消亡的乡村这一人类最可靠的精神家园，以及文学艺术灵感的源泉，工业生产发展所必需的原材料来源，健康、财富、知识等一切物质和精神生活的源泉，尤其是人类赖以生存发展的生理、安全需要获得最大满足的源泉，最大限度地促进乡村美学与城市美学乃至乡村与城市的全面协调发展。

也许乡村美学的价值和意义，就是在人类赖以存在和发展的乡村行将衰败和没落的时候，为急功近利乃至乐不思蜀的人们注射一针强心剂，使他们能恢复应有的理性和良知、法律和道德意识，借助基于人类动物性最原始本能的衣食住行，基于人类文明发展的最本质课题的生老病死，以及源于自然又回归自然之最终归宿的春夏秋冬，来全面认识和重新把握乡村美学的基本特征和智慧。所谓哲学其实就是乡愁，如卢卡奇借用诺瓦利斯的话说："'哲学其实就是思乡'，就是'渴求处处都像在家里舒坦一样'"②。进一步说，哲学至少最高境界的哲学其实并不解释自然，也不解释自己，因为对自然和自己的任何解释都可能建立在将自我与世界、人与自然、城市与乡村二元割裂的基础之上，都可能因为这种二元对立思维模式的局限而导致难以避免的偏失和片面。由此，卢卡奇进而指出："极幸

---

① ［英］埃比尼泽·霍华德：《明日的田园城市》，金经元译，商务印书馆2010年版，第9页。

② ［匈］卢卡奇：《小说理论》，燕宏远、李怀涛译，商务印书馆2012年版，第20页。

福的诸时代是没有哲学的，或者也可以说，这种时代人人都是哲学家，都拥有每一种哲学的乌托邦目标。"① 这种看似较为普遍的回归本原、回归自然、回归家乡的现象也可能存在深刻的社会历史文化心理等因素。威廉斯用这一段文字总结了华兹华斯的发现："当我们在一个满是能够影响我们的陌生人的世界中变得不安，当能够改变我们生命的力量以明显外在的、无法辨认的形式在我们周围流转时，我们为求安全退回到一种深深的主观性当中，或者我们会在自己周围寻找一些社会图景、社会符号和社会讯息，对于这些东西，我们试图以个体的身份与之发生联系，但最终目的却是为了发现某种形式的共同体。"② 人们在相对陌生且有些不大适应，也不尽善尽美的城市环境中，往往出于身体或心理等方面的安全需要，会试图寻找一种在他们看来更简单、更熟悉、更安全、更便于适应的环境。这时候他们特别是那些童年时有过乡村生活经历的人便不约而同地将希望寄托于乡村，这个乡村其实也仅仅是他们童年记忆中的乡村，而非数年来已屡遭变迁的现时乡村。甚至这个现时乡村可能已经变得比他们身处其中、有些陌生的城市更令人不适应，更不适合人居，但他们在情感上却可能宁愿闭目塞听，也不愿意也没有勇气直面真实乡村。而且越是有着乡愁的人，理所当然地也多是常年漂泊在城市，无法真正融入城市，或即使已融入城市，但无法体会和享受到他们在乡村为数不多却相互熟悉的人际关系中所享有的充分自尊、自信、自强的人。

关于乡村的想象重构，多基于中老年人的童年记忆特别是乡村情结，很大程度上有着虚构乃至梦幻的成分。虽然其乡村生活本来存在诸多不尽如人意的地方，但他们宁愿忽略不计或视而不见，甚至愿意将痛苦的经历作为甜蜜往事来加以追忆，使得许多原本并不痛快的东西也都有了耐人寻味的幸福成分，而且这种幸福成分往往随着追忆者年龄的增大和追忆次数的增加而无限放大。许多离开乡村、多年生活于城市的中老年人特别是老

---

① ［匈］卢卡奇：《小说理论》，燕宏远、李怀涛译，商务印书馆 2012 年版，第 20 页。
② ［英］雷蒙·威廉斯：《乡村与城市》，韩子满、刘戈、徐珊珊译，商务印书馆 2013 年版，第 400 页。

年人更愿意将乡村特别是基于童年印象的乡村视为一生最美好、最令人魂牵梦绕、最能彰显出生活本原和生命本真的记忆。正如加斯东·巴什拉所说："童年一贯是我们身心中深沉的生活的本原，是与重新开始的可能性一致的生活的本原。"① 正是受童年记忆的深刻影响，使得基于这一记忆的乡村想象和重构往往成为乡村文学乃至美学的观察和表现对象，甚至乡村文学乃至美学的核心内容。威廉斯指出："一种关于乡村的观点往往是一种关于童年的观点：不仅仅是关于当地的回忆，或是理想化的共有的回忆，还有对童年的感觉：对全心全意沉浸于自己世界中的那种快乐的感觉——在我们的成长过程中，我们最终疏远了自己的这个世界并与之分离，结果这种感觉和那个童年世界一起变成了我们观察的对象。"② 鲁迅笔下的绍兴、沈从文笔下的湘西、莫言笔下的高密等其实都是其童年乡村生活的重构，都是富于诗情画意和艺术魅力的乡村文学重构，甚至堪称绝笔的乡村文学重构。但这种文学虚构乃至重构的幸运却并未降临于中国社会的每一个乡村，好多乡村甚至绝大多数乡村常常由于时过境迁、缺乏基于乡村记忆的文字记载和重构逐渐在人们的记忆乃至知识经验视野中消失。虽然明恩溥的《中国的乡村生活》、禄是遒的《中国民间信仰》、费孝通的《乡土中国》，以及 2015 年以来火爆的纪录片《乡村里的中国》都以全景式的标题标识中国乡村生活或乡村生活中的中国，大多专著或专题片都不同程度选择以小见大的方式来描述和展示乡村生活，以期最大限度折射出中国乡村生活的方方面面及其最深层内涵，但没有哪一部专著和专题片能真正将中国乡村生活全部囊括。

虽然不能将城市化作为造成一切问题的根源，但片面城市化确实在很大程度上造成了乡村的衰败和凋零。近年来政府大力实施乡村精准扶贫计划，提倡美丽乡村建设，出台诸如乡村旅游扶贫工程行动方案等一系列计

---

① ［法］加斯东·巴什拉：《梦想的诗学》，刘自强译，生活·读书·新知三联书店 1996 年版，第 157 页。

② ［英］雷蒙·威廉斯：《乡村与城市》，韩子满、刘戈、徐珊珊译，商务印书馆 2013 年版，第 402 页。

划，为乡村脱贫致富，改善农民生活和居住条件，提供了很大政策支持；尤其大力发展乡村学校教育，最大程度拓宽受教育面和提高教育质量，修建乡村公路和通信设施、推广农业技术等一系列精准扶贫、精准脱贫的举措明显有益于改变乡村衰败和凋零现状，但这一任务距离真正意义的缩小城乡差别，尤其是城乡收入和消费差别，消除将乡村作为二等乃至三等公民聚集地的消极观念，为城乡人民提供基本相同或相似的发展机遇和空间的理想还有很大差距。所以人们尽管可以历数城市化导致的诸多问题，但许多人事实上还是义无反顾地选择城市而逃离乡村。既然进不去的城市和回不去的乡村已经成为许多人的噩梦，而且有很多人还得继续这一噩梦，那么乡村美学作为对人们乡愁及回归家园情结的想象重构，必然有着十分重要的理论意义和现实价值。

西方人往往将思想、言论尤其个性的自由作为自由的基本内涵。如约翰·密尔指出："任何人的行为，只有涉及他人的那部分才须对社会负责。在仅只涉及本人的那部分，他的独立性在权利上则是绝对的。对于他本人，对于他自己的身和心，个人乃是最高主权者。"① 东方人也强调自由，且更多强调内在精神的自由，对这种内在精神自由的强调，还往往侧重于诸如婴儿之心、赤子之心乃至清净之心的回归。更准确地说，中国人乃至东方人常常将回归自然的本心乃至本性，与回归乡村紧密联系起来，而且作为获得内在精神自由的根本途径。这种回归精神家园的设想，并不是某些多愁善感之人的无病呻吟，也不是某些学者的故弄玄虚，而是许多人们实实在在的精神寄托和心理安慰。甘地强调："我确信，如果印度准备赢得真正的自由，通过印度，世界也将获得真正的自由，那么迟早人们会认识到，大家必须居住在乡村而不是城镇，居住在茅屋而不是宫殿。生活在城市和宫殿的数千万人绝不可能彼此相安无事。他们没有可以依赖的，只能求助暴力和谎言。"② 虽然人们应该看到中国乡村习俗中保留的

① ［英］约翰·密尔：《论自由》，程崇华译，商务印书馆 1959 年版，第 11 页。
② ［印］甘地：《圣雄箴言录》，吴蓓译，上海三联书店 2013 年版，第 200 页。

诸如"君君臣臣、父父子子"的古训可能会消灭乃至扼杀人的个性，如约翰·密尔指出："凡在不以本人自己的性格却以他人的传统或习俗为行为的准则的地方那里就缺少着人类幸福的主要因素之一，而所缺失的这个因素同时也是个人进步和社会进步中一个颇为主要的因素。"① 但相对于不同的人往往接受基本相同的电视节目和数字信息，经历基本相同的工作节奏和生活方式的城市生活，乡村还是在一定程度上保留了不同品位、不同爱好、不同性格的人们可以享受不同工作节奏和生活方式的自由度。而几乎所有人都明白相同的工作节奏和生活方式并不对每个人都有益。约翰·密尔指出："同一种生活方式，对于这个人是一个健康的刺激，足以使其行动和享受的一切官能得到最适当的应用，对于另一个人则成为徒乱人意的负担，足以停歇或捣碎一切内心生活。"② 正因如此，回归乡村仍然不失为一种选择，虽然人们回归乡村充其量也可能只是精神层面的回归。

无论人们对中国乡村在某些时候作出多么偏激的决定，或发表多么片面的看法，其心灵深处仍怀有无限的乡愁，以及回归家园的情结。这是毋庸置疑的。这种现象不仅表现在那些处于既进不了城市也回不了乡村的二难境地的人们身上，表现在融入城市而不愿意选择回乡道路的人们身上，也表现在那些懂得"有故乡的人回到故乡，没有故乡的人只能寻找天堂"，却依然选择旅居海外不愿回国定居的人们身上。虽然他们可能每每以"梦到家乡，胜见爹娘"的乡村谚语装点自己的精神生活，但没有人或很少有人义无反顾地选择回到乡村这一精神的天堂。这正是因为乡村的破落和衰败，因为乡村医疗、教育、交通乃至生产效率的整体落后，有失公平公正，甚至很大程度上存在朝令夕改等种种社会问题的困扰。

既然当今社会要彻底地全身心回归乡村已经不大可能，精神层面的回

---

① 〔英〕约翰·密尔：《论自由》，程崇华译，商务印书馆 1959 年版，第 66 页。
② 〔英〕约翰·密尔：《论自由》，程崇华译，商务印书馆 1959 年版，第 80 页。

归乡村便成为许多人挥之不去的一种情结。虽然这一情结不可避免地存在着想象和重构的特征，但有了这一心理慰藉更有助于平抑内心的苦闷、迷惘和焦虑。这虽然不是灵丹妙药，但也不无作用，至少人们可以借其重构乌托邦。人们可能以为老子所谓"甘其食，美其服，安其居，乐其俗。邻国相望，鸡犬之声相闻，民至老死不相往来"① 所描述的"小国寡民"的社会图景有保守乃至消极倒退倾向，但这恰恰是老子对理想生活图景的一种憧憬和建构，而且也是诸如陶渊明、王安石等后世文人所向往的桃花源图景。相对于西方梭罗《瓦尔登湖》之类，中国似乎有更悠久、更强烈的乡村情结，而且无论是老子笔下的小国寡民，还是陶渊明笔下的桃花源，其实都建构甚或重构了一种没有强制、没有竞争、没有矛盾，人人安居乐业、自得其乐甚或自得至乐的自由生活图景。其实所谓西方式自由，也不过是如约翰·密尔所阐述的这样的生活图景："要想给每人本性任何公平的发展机会，最主要的事是容许不同的人过不同的生活。"② 正因如此，提倡乡村美学，其实只是为人们重构乃至呈现一种使人相对自由乃至能自得其乐的理想生活图景而已。

　　其实乡村并不是一个真正意义上的桃花源，不可能完全没有矛盾、竞争与强制，只是相对于城市而言，似乎由于更接近本性与自然，而更有使人获得心灵的最大限度自由和解放的空间和机缘。陶渊明《归园田居》所谓"少无适俗韵，性本爱丘山"、"久在樊笼里，复得返自然"便揭示了这一点。人们可能并不真正理解梭罗，其实他所追求的不过是一种现实的乡村生活方式，一种基于此的生命自由和解放，而不是所谓乌托邦式的理想生活图景。虽然人们理性地期待乡村与城市的和谐统一，但城市的快速发展似乎总是以牺牲乡村乃至咄咄逼人地吞噬乡村为代价，而且总是背负了诸多现代城市文明的副产品，以致很大程度上限制了人们的自由。穆旦《原野上走路——三千里步行》也表达了近似的生命体验：

---

① 奚侗集解：《老子》，上海古籍出版社 2007 年版，第 197 页。
② ［英］约翰·密尔：《论自由》，程崇华译，商务印书馆 1959 年版，第 75 页。

> 我们终于离开了渔网似的城市，
>
> 那以窒息的、干燥的、空虚的格子，
>
> 不断地捞我们到绝望去的城市呵！

> 而今天，这片自由阔大的原野，
>
> 从茫茫的天边把我们拥抱了，
>
> 我们简直可以在浓郁的绿海上浮游。

正是因为人类创造了城市，同时也出于方便生活和管理的需要创造了不少规范与制度，它们确实具有维持某种特定秩序的功能，但也增加了人们的负担，使人们的生活无端变得有序而忙乱、充实而焦虑、紧张而低效，以致使人们几乎忘记了生命中最重要的东西其实是闲适、宁静、纯真和自由。逃离城市，返回乡村这种追求不是简单的消极退让，而是对生命本真自由的积极进取，是对生命智慧的顿然觉悟。人类的文明发展在某种意义上讲是以牺牲人类生命的本真和自由来换取肉体的安逸享乐和物质生活的充裕奢靡。人们是向往奢靡享乐的物质生活，还是想获得自由自在的精神生活？是期待污染的水源、空气和貌似丰富的转基因食品，还是需要安全、卫生，没有污染的水源、空气和绿色食品？相信有人会作出理性选择。人们应该看到，今天享受着充裕物质条件和繁华城市生活的人，其实并不比老子、陶渊明、王维过得更幸福，至少并不比他们享受了更多更本真、更纯粹、更自由的生活。当中国社会努力追逐西方城市文明的时候，西方现代城市文明正以十分理性的态度反思着这种片面发展给人类带来的严峻后果，并以极其开放的协同学态度给予中国"天人合一"乡村文明以高度重视。狄百瑞指出："西方以其文化的与政治的多元主义接受了东亚传统的某些方面，而现代的东方几乎是带着一种复仇心理经历了工业化和商业化之后，却在控制污染的斗争中落后了。"[1] 乡村美学的价值在于

---

[1] ［美］狄百瑞：《东亚文明》，何兆武、何冰译，江苏人民出版社 2012 年版，第 121 页。

使人们重新认识乡村作为自然产品与城市作为人工制品的各自差别，以及乡村的本真、恬淡、自在与城市的伪善、竞争、强制，使人们意识到商业化、工业化尤其城市化的进程正在牺牲着人类的本真、恬淡和自在。

三、乡村美学的使命在于搜集罗列和
呈现乡村生活的本来面目

真正的乡村美学并不致力于建构一种概念范畴、知识谱系或理论框架，而是尽可能忠实地搜集并展示一些事实。如维特根斯坦这样写道："哲学只把一切都摆在我们面前，既不作说明也不作推论。……哲学家的工作就在于为一个特定的目的搜集提示物。"[①] 虽然不能说乡村的每一个人都是哲学家，但他们并没有放弃对大自然的认真观察和深入思考，也没有放弃对大自然奥秘和人生道理的深刻反省和全面总结，他们更没有放弃祖祖辈辈日积月累的无穷实践经验和生命验证，而且这些实践检验和生命验证并不仅仅存在于所谓专业实践和专门论证之中，更存在于他们的日常生活行为和方式之中。他们中的每一个人实际上都是用自己的以及世世代代的生活乃至生命在实践和验证着其哲学观察和感悟乃至生活经验和生命智慧。乡村社会的一个主要特征是，生于斯、死于斯的人们几乎面临着基本相同的人生课题，虽然时代的变迁和朝代的更替可能带来一些变化，但这些变化并不能从根本上改变诸如衣食住行、生老病死等基本课题，其中每个人所使用的生活经验和生命智慧也常常不是自己单个人以及某一临时成立的集体单独发明创造出来的，往往是依靠自祖上以来便广为流传的乡

---

① ［奥］维特根斯坦：《哲学研究》，李步楼译，陈维杭校，商务印书馆1996年版，第76页。

村谚语深刻切入人们内心深处而得以潜移默化发生作用的。费孝通指出："在这种不分秦汉，代代如是的环境里，个人不但可以信任自己的经验，而且同样可以信任若祖若父的经验。一个在乡土社会里种田的老农所遇到的只是四季的转换，而不是时代的变更。一年一度，周而复始。前人所用来解决生活问题的方案，尽可抄袭了作自己生活的指南。愈是经过前代生活中证明有效的，也愈值得保守。"① 乡村美学的使命便是将这些经过祖祖辈辈、世世代代实践和验证的哲学观察和感悟乃至生活经验和生命智慧尽可能忠实地搜集和罗列出来。

　　换言之，乡村美学的使命也即围绕基于人类动物性最原始本能的衣食住行，基于人类文明发展的最本质课题的生老病死，以及源于自然又回归自然之最终归宿的春夏秋冬来全面描述人们的日常生活方式及其民间表征和美学智慧。在威廉斯看来，关于文化的定义大概有三种分类：第一种是理想的，是人类根据某些绝对或普遍的价值而追求自我完善的过程；第二种是文献的，是借助思想性或想象性作品记录下来的人类思想和经验；第三种是社会的，是包含在艺术、学识、制度和日常行为乃至特殊生活方式中的某些意义和价值。② 虽然威廉斯是对文化的定义进行梳理，但这一梳理也准确阐述了文化的三个层面。第一层面作为理想的文化，是渗透于每一民族甚或地域的人们的集体无意识中的文化，这种文化常常百姓日用而不知，是任何一种文化之最原始、最持久、最精妙、最核心的部分，是不能用语言文字记载却常常作为人们的集体无意识得以传承和绵延的文化。第二层面作为文献的文化，是能用且已经用语言文字记载了的文化，是人们能借助文化典籍加以系统学习和掌握的文化。第三层面作为社会特殊生活方式的文化，是存在于人们衣食住行等日常生活之中能用但尚未用语言文字记载，是某一历史阶段的人们能直接感知和体验但由于尚未用语言文字加以记载常常被遗忘甚或失传的文化。

---

① 费孝通：《乡土中国》，上海人民出版社 2013 年版，第 48—49 页。
② 参见 ［英］雷蒙德·威廉斯：《漫长的革命》，倪伟译，上海人民出版社 2013 年版，第 50—51 页。

作为理想的文化，涉及民族集体无意识，往往借重新发掘而有意义；作为典籍的文化，关涉民族典籍的传播与传承，往往借重新阐释而有意义；作为社会特殊生活方式的文化，关系民族特殊日常生活方式，往往借重新梳理和记录而有意义。而且作为理想的文化存在于世代相传的民族集体无意识之中，即使不及时加以研究，仍然可能完整且神秘地存在于这一民族每一个人根深蒂固的无意识之中，仍有历久弥新的生命力；作为典籍的文化，见诸文化典籍的文字记载，即使不进行及时阐释，如果这一典籍本身没有失传，仍有重新加以研究的文字资料；但作为特殊生活方式的文化，却只见诸人们的普通日常生活，往往可能因为生活于这一时代这一地域人们的逐渐逝去，不再会有人以见证者身份去发现、梳理和复原往昔的日常生活方式，即使后来确实有人试图发现、梳理和复原，但限于各方面条件不可能直接感受和获取这些材料，因此难免存在诸多生疏和隔阂。乡村美学虽然可能涉及民族文化理想的重新发掘、相关文化典籍的重新阐释，但更多还是特殊生活方式的记录和重新梳理。尤其在当前中国普遍面临乡村的日益严重衰败甚或衰亡的情况下，记录和重新梳理往往显得比历史上任何时候都更加紧迫和必要。

从这个意义上讲，系统记录中国乡村基于人类动物性最原始本能的衣食住行，基于人类文明发展的最本质课题的生老病死，以及源于自然又回归自然之最终归宿的春夏秋冬等方面特殊生活方式的价值和意义，会远远超过对文化精神的发掘和文化典籍的阐释。因为见诸春夏秋冬的四季变化，以及生生而有条理的宇宙规律，所关涉的不仅是天地运行大道，而且是人类对世界的最高认识和感悟；也正是基于这一最高认识和感悟，才能法天象地，才能道法自然，才能借助天地自然大道总结出人生之道。人生之道离不开衣食住行和生老病死这些事关动物性的特征，但生老病死常被人们赋予更多形而上的成分，至少人类所体会和感悟的生老病死往往有着不同于一般动物意义的很大程度上脱离了蒙昧和野蛮的文明特征和内涵，特别是人类所约定俗成的关涉生老病死的一些庆典和祭祀仪式等更非出自人的动物性本能或先天遗传，而是深刻体现了人们经过家庭熏陶、学校教育和社会影响的潜移默化，以及后天的学习和训练所获得的生命意识。正如迪萨纳亚克所说："人类的仪式是文化的，也就是说，它是习得的，而不是天生的。人类有意表演庆典，而不是像鸟儿筑巢或唱歌那样出于本能。然而，在仪式的表演之下，我相信潜藏着类似于使其特殊的一种天生的人类行为倾向。"① 至于衣食住行等最基本需要则很大程度上出于动物性机能，特别是将其作为最后和唯一终极目的并诉诸物质器皿的时候更是如此，虽然人们也可能会赋予其一定文化元素，但就其最基本层面而言，仍然很大程度上带有动物性的形而下特征。诸如春夏秋冬以及相关二十四节气等仅仅是一种自然现象，但对诸如此类自然现象的认识却彰显着人们对自然规律之最独具创造性的把握能力，当人们能将其一生婴幼儿、青少年、壮年、老年四个时期的生命节律与一年四季生、长、收、藏的自然节律相统一，并将其节日化、仪式化、同一化，以致成为百姓日用而不知的生活方式时，所体现的便不仅仅是一种认识和把握能力，更是一种生命智慧，以及人类可能达到的最高生命境界。

宗白华有这样一段论述，他写道："中国人在天地的动静，四时的节律，昼夜的来复，生长老死的绵延，感到宇宙是生生而具条理的。这'生生而具条理'就是天地运行的大道，就是一切现象和体与用。孔子在川上曰：'逝者如斯夫，不舍昼夜！'最能表达出中国人这种'观吾生，观其生'（易观卜辞）的风度和境界。这种最高度的把握生命，和最深度的体验生命的精神境界，具体地贯注到社会实际生活里，使生活端庄流丽，成就了诗书礼乐的文化。但这境界，这'形而上的道'，也同时要能贯彻到形而下的器。器是人类生活的日常用具。人类能仰观俯察，构成宇宙观，会通形象物理，才能创作器皿，以为人生之用。器是离不开人生的，而人也成了离不开器皿工具的生物。而人类社会生活的高峰，礼和乐的生活，乃寄托和表现于礼器乐器。"② 乡村美学将见诸物质器皿的衣食

① ［美］埃伦·迪萨纳亚克：《审美的人》，商务印书馆2004年版，第108页。
② 宗白华：《艺术与中国社会》，载《宗白华全集》第2卷，安徽教育出版社1994年版，第410—411页。

住行作为特殊生活方式的初级形态，将见诸诗书礼乐乃至精神认知的生老病死作为特殊生活方式的中级形态，将见诸四季运行和天地大道的春夏秋冬作为特殊生活方式的高级形态，其目的是尽可能全面地展示人类特殊生活方式的基本形态和美学智慧，为行将或已经衰败的乡村生活方式保留一些痕迹。

乡村美学旨在记录和呈现衣食住行、生老病死和春夏秋冬等方面的乡村特殊生活方式，继而关注乡村民间文学尤其谚语这一最基本的文化载体，进而发掘和表彰一个民族寓于最基本生活方式，以及谚语歌谣等民间文学之中的最根深蒂固的集体无意识。人们完全可以有理由说，研究乡村比研究城市更利于把握一个民族的文化精神，研究某一地域某一村庄的民歌尤其谚语比研究某一时髦作家的文学创作更利于把握一个地域一个乡村人们的文化命脉。这种说法看似偏激，却是一个颠扑不破的真理，事实上任何一个民族的各种特征确实最大限度地存在于各自民族相沿已久的民间诗歌和民间谚语之中。黑格尔注意到民歌所具有的民族特征，他这样写道："民族的各种特征主要表现在民间诗歌里，所以现代人对此有普遍的兴趣，孜孜不倦地搜集各种民歌，想从此认识各民族的特点，加以同情和体验。"① 相对于民歌，其实谚语的概括更精辟、更富于哲理，可以说是各自地域的人们祖祖辈辈相沿成习的生活经验和生命智慧的结晶，经过了祖祖辈辈的检验和验证，常常比任何单纯的学者终其一生所获得的经验和智慧更经得起考验和检验。

尤其值得一提的是，乡村美学理所当然避免不了表彰中国乡村祖祖辈辈相沿已久的因果报应法则。诸如："凡事留有余地，得意不宜再往。人有喜庆，不可生妒忌心。人有祸患，不可生喜幸心。善欲人见，不是真善。恶恐人知，便是大恶。见色而起淫心，报在妻女。匿怨而用暗箭，祸延子孙。"②"言善言，行善行，交游善人。要得此脉满世界，则福德亦满

---

① ［德］黑格尔：《美学》第三卷下册，朱光潜译，商务印书馆 1981 年版，第 202 页。
② 《朱子治家格言》，陈宏谋辑：《五种遗规》，凤凰出版社 2016 年版，第 35 页。

世界矣。"① 值得注意的是，中国乡村往往将因果报应之类的法则与民间信仰有机联系起来，且贯穿于日常生活的各个方面，诸如衣食住行基本生活方式、生老病死基本生活内容、春夏秋冬基本生活习惯乃至禁忌之中。众所周知，中国乡村重视甚或迷信风水，尤其相信"人出在坟里，财出在门里"，但更强调"要看山上坟，先看屋下人"的古训。即使风水学专著如《绘图地理五诀》也明确指出："足食得嗣，平安之地，可以人力求之。于封侯，大地多有奇形怪穴，鬼神呵护，以待有德，非人力可求也。"② 这一方面阐述了人力的有限性，但另一方面也强调了积善的重要性，是说积善成德较之人为寻求风水宝地更为有效。中国人之重视因果，更强调善恶有报。不仅诸如《绘图地理五诀》所谓"阴地不如心地"③的观点典型体现了中国乡村重因果报应，认定积善成德胜于其他一切人力作用，而且如《周易·坤文言》有云："积善之家必有余庆，积恶之家必有余殃。"④ 类似观点也见于民间广为流传的《太上感应篇》和《心相篇》之中。如《太上感应篇》所谓"祸福无门，惟人自召；善恶之报，如影随形"⑤，以及《心相篇》所谓"心者貌之根，审心而善恶自见；行者心之发，观行而福祸可知"⑥ 都表达了基本相同的观念。

　　中国乡村不仅将诸如因果报应、积善成德作为传统伦理道德规范的主要内容，而且能将其与儒、释、道神灵及卓有贡献的历史人物有机联系起来一并作为民间信仰的主要内容。李约瑟指出："只要在中国生活过，在不同省份旅行过，就一定对许多美丽的祈福庙宇留有深刻的印象。这些庙宇不是供奉佛菩萨的，而是供奉泽被后世的普通人的。"⑦ 所有这些在信

① 《颜光中官鉴》，陈宏谋辑：《五种遗规》，凤凰出版社 2016 年版，第 461 页。
② 王道亨：《绘图地理五诀》，中医古籍出版社 2010 年版，第 1 页。
③ 王道亨：《绘图地理五诀》，中医古籍出版社 2010 年版，第 1 页。
④ 《周易·坤文言》，李道平撰：《周易集解纂疏》，中华书局 1994 年版，第 87 页。
⑤ 《太上感应篇》，郭昭第编：《国学智慧读本》，宗教文化出版社 2016 年版，第 102 页。
⑥ 《心相篇》，郭昭第编：《国学智慧读本》，宗教文化出版社 2016 年版，第 109 页。
⑦ ［英］李约瑟：《文明的滴定——东西方的科学与社会》，张卜天译，商务印书馆 2016 年版，第 250—251 页。

仰基督教之类一神教的人们看来有些不可思议，但在中国这一民间信仰却有真正意义上的宗教所没有的历久弥新而无孔不入的力量，其影响渗入中国大地大部分村落中的大部分人们的心灵深处，支撑起中国人心灵世界的独特价值体系，成为人们潜移默化的日常行为规范和伦理道德底线。诸如此类的民间信仰并不单纯是愚弄和麻醉人们的精神鸦片，在一定程度上也能抚慰人们的心灵创伤，支撑人们含辛茹苦却无怨无悔地生活。其实中国民间信仰，并不单纯崇拜道教、佛教神灵，也崇拜儒家圣贤和功绩卓著的历史名人，还崇拜包括泽被一个村落乃至一个家族的祖先，以及养育一家人使生命得以延续的三代祖宗。虽然遍及中国绝大多数乡村的山神土地庙、家神庙及祖宗祠堂所供奉的山神土地、宗族家神可能并不占据中国道教和佛教的正统神灵体系的主要位置，也不一定有广大神通，但在信奉他们的人们心中肯定有正统神灵所没有的有求必应的亲和力和事无巨细的养护力，而且较之其他正统神灵似乎更有招之即来、有求必应的灵验，常常能保佑这一方水土上的人们的平安幸福，使其能逢凶化吉、遇难成祥。中国乡村所有诸如武侯祠、杜甫草堂等历史人物的祠堂，以及家神庙、山神土地庙等庙宇及祖祠对祖祖辈辈生于斯、死于斯的人们有着不可替代的潜移默化的影响力。因冒犯神灵惨遭报应，或因敬畏神灵的善行而有善果的诸多亲身经历，以及耳闻目睹的灵验传说例证等，都以祖祖辈辈口头传承的方式，于无形之中教化着人们，并发挥着举足轻重的震慑和约束作用，以致深刻影响着人们的思想观念、思维模式、生活方式和行为习惯，构成了乡村民间信仰的基本内核。

这种带着迷信色彩的民间信仰，却恰恰在最根本的观念层面为生活于这一方水土的普通人提供了真正"成佛成圣"的最后通道，以致有着一神教所没有的破除迷信、自成佛圣的特点。因为虽然一神教也可能为信徒提供进入天堂的机会，也取决于信徒的虔诚信仰，但更取决于上帝或真主的恩赐，而且即使如此也不可能最终达到成为上帝或真主的层次；中国民间信仰不仅提供了几乎均等的机会，且并不取决于佛祖或玉帝的恩赐，在很大程度上完全因自身的造化和努力，并能达到与圣贤、神仙、佛祖无别的境界。中国乡村的很多人都可能在其内心深处拥有这样一种坚定信念：只要在阳世三家严于修身、积善成德，死后其灵魂都可以免遭阴曹地府的折磨和惩罚而脱离苦海，顺理成章地成佛成圣。所谓"积德无需人见，行善自有天知"、"头顶三尺有神灵"之类可以说是中国乡村家喻户晓的精神信念。诸如《太上感应篇》所谓"心起于善，善虽未为，而吉神已随之；或心起于恶，恶虽未为，而凶神已随之"①，及《周易》所谓"善不积，不足以成名；恶不积，不足以灭身"② 等都是筑起中国乡村人们内心世界最神秘精神支柱、最基本心理慰藉、最严密道德防线的集体无意识的基本内核。正由于家庭熏陶和社会影响的潜移默化，使得中国乡村的人们在心灵深处敬畏乃至崇拜圣贤，相信因果有缘、善恶有报，深信否极泰来、苦尽甘来，才能够在日常生活中甘愿受苦受难，无论遭遇多么悲惨的打击、多么严重的心理创伤，都能逆来顺受、无怨无悔。这是中国乡村人们对人生智慧和辩证哲学的最基本也最朴素的领悟和体认，也是中国乡村人们最原始的心理情结。

四、乡村美学对表彰美学真实
乡村话语权的作用

中国乡村一般比城市有更深厚的文化积淀、悠久的文化传统和丰富的文化形态。这不是说乡村存在更多的高等院校和科研院所，以及政府机构和企业单位，也不是说乡村存在更多的文化人和官员，有更高的文化素养，而是说中国乡村明显有更丰富的文化积淀、更悠久的历史、更潜在的文化传承、更五花八门的民间信仰乃至乡俗。所有这些文化传统根深蒂固地存在于人们的思维习惯和生活方式之中。一个不了解中国乡村的人，不能说他真正了解中国文化；一个学富五车、饱读经书的读书人，也不能说

---

① 《太上感应篇》，郭昭第编：《国学智慧读本》，宗教文化出版社 2016 年版，第 106 页。
② 《周易·系辞下》，李道平撰：《周易集解纂疏》，中华书局 1994 年版，第 645 页。

他真正了解中国文化。因为他所知晓的只是作为文献的文化，充其量只能是对文献的解悟，还谈不上对社会的证悟，更谈不上对本心乃至智慧的彻悟，有所谓"纸上得来终觉浅"。要真正理解中国，最好的办法不仅是熟读典籍，还要深入社会调查研究，更要在熟读典籍和调查研究的基础上，达到对中国社会的深切体悟。比较而言，似乎所有现代城市都是按照几乎相同的商业模式大批量复制出来的模式化人工制品，都带有大机器生产所具有的机械化、系列化、模式化特点，而几乎所有乡村则是按照各自所处地理位置、气候特点、生活习惯土生土长出来的具有独特个性的自然存在物，都有着依附于此时此地的唯一化、个性化和多样化的特点。这正如城市时兴的衣食住行往往千篇一律，而乡村流行的衣食住行则可能如谚语所道"三里不同乡，五里不同俗"、"百里不同俗，十里改规矩"。中国乡村确实是一个包罗万象、千差万别的文化资源宝库。不仅不同地区、不同县域，甚至不同乡村都可能珍藏着各自不同的地方文献和生活习俗，这些文献可能是本地人或外地人记录当地风土人情的文字记载，也可能是与其生活息息相关的老皇历、春官帖、账目单、房屋地契、族谱家谱等；这些生活习俗由祖祖辈辈相沿成习，如五花八门的衣食住行、婚丧嫁娶、时令节会等。所有这些不尽相同的文字记载和生活习俗其实折射出各自不同的思想观念、思维模式、生活方式和行为习惯，甚至同一个家庭的不同的人也可能"百姓百姓各有各性"。所有这些看似七零八落、各具其态的独立村庄，没有哪一个能比另一个更典型，也没有哪一个能真正替代另一个，但几乎每一个村庄都是一个不可复制的独特民间文化典型，都有不可替代的研究价值。所以明恩溥的观点不无道理，他写道："较之于身在城市，身在乡村能更好地理解一个区域的地形地貌，对一个民族之性格的理解亦如此。一个外国人在中国的村庄里住上一年，他对中国人内在生活的了解之深，可能是他在中国的城市里住上十年也达不到的。除了家庭，我们还必须把村庄视为中国社会生活的一个单元。"①

① ［美］明恩溥：《中国人的气质》，东方出版社2014年版，第5页。

　　中国乡村深厚的文化积淀、悠久的文化传统和丰富的文化形态，决定了乡村美学的研究有非常重要的价值。但在人们的学术视野中，东方或乡村美学的学术影响力总是逊色于西方或城市美学。费尔巴哈曾写道："东方没有西方那样生动进步的历史，是什么缘故呢？因为在东方，人并不因人而忘记自然，并不因人眼的光芒而忘记星辰和宝石的光芒，并不因修辞学上的'雷电'而忘记气象学上的雷电，并不因日常事务的进行而忘记太阳和星辰的运行，并不因时尚的变迁而忘记季节的变迁。"① 同样的道理，人们也可以说，乡里人乃至乡村美学之所以没有城里人乃至城市美学那么辉煌和耀眼的历史和影响力，正是由于乡里人绝对不会因人忘记自然，因人的眼光忘记星辰和宝石的光芒，因修辞学的雷电忘记气象学的雷电，因日常事务忘记太阳和星辰运行，因时尚变迁忘记季节变化。一句话，正是基于乡里人对天气和气候等自然力的依赖远远超过城里人，所以他们绝对不会忘记大自然。他们比城里人更明白人对自然的依赖性，特别是天气气候对一年收成乃至人的保暖安康的重要性，正所谓"早看东南、晚看西北"、"正月里响雷人命脆，二月里响雷麦胡堆"的乡村谚语；他们比城里人更深切地体会到：在人与自然的较量中，最终失败的肯定是人类而不是自然，如中国乡村有谚语道："人忙天不忙，迟早一路黄"、"人哄地一季，地哄人一年"、"人误地一时，地误人一年"。

　　正如人类的进化往往导致自身某些功能的退化一样，西方乃至城市美学的兴盛必然导致东方乃至乡村美学的衰弱和凋零。费尔巴哈将东方与乡村、西方与城市联系起来作了比较阐述："东方人之于西方人，有如乡下人之于城里人。乡下人靠自然，城里人靠人；乡下人照着气压表行事，城里人照着文件行事；乡下人照着永远不变的黄道星座行事，城里人照着变化不停的荣誉、风尚和舆论行事。所以只有城里的人创造历史，只有人类的'虚荣'才是历史的原则。只有能够把自然的力量牺牲于舆论的力量、把他的生命牺牲于他的名誉、把他的肉体存在牺牲于他的在后世人口中和

---

① ［德］费尔巴哈：《宗教的本质》，王太庆译，商务印书馆 2010 年版，第 44 页。

心中的存在的人，才能够从事历史的事业。"① 阿多诺曾对西方美学史上
对自然美的歪曲乃至责难有较为冷静的反思和批评："自然美之所以从美
学中消失，是由于人类自由与尊严观念至上的不断扩展所致。该观念发端
于康德，但在席勒与黑格尔那里得到充分认识。"② 与西方美学形成鲜明
对比的是，东方乃至乡村美学不仅崇尚自然美，而且将"大美无言"作
为美的最高境界。如孔子所谓："天何言哉？四时行焉，百物生焉，天何
言哉"③，《庄子》所谓："天地有大美而不言。"④ 还有一个重要原因是，
乡里人把美学智慧更多书写在大地以及他们日常生活行为之中，城里人尤
其是那些专家学者们却将学问更多书写于文字记载之中。乡里人限于自身
生活阅历或文化层次，将话语权交于作为其主宰的统治者和比他们更擅长
表达的知识分子。马克思对这种话语权的不平等有这样的论述："他们不
能以自己的名义来保护自己的阶级利益，无论是通过议会或通过国民公
会。他们不能代表自己，一定要别人来代表他们。他们的代表一定要同时
是他们的主宰，是高高站在他们上面的权威，是不受限制的政府权力，这
种权力保护他们不受其他阶级侵犯，并从上面赐给他们雨水和阳光。"⑤
应该说，中国从《诗经》时代开始，经由陶渊明、王维、柳宗元、董其
昌等，一直并不缺乏乡村美学的成功实践者，但其中绝大部分的话语权却
掌握在文人而非乡里人手中，这使貌似最接近山水田园风光的文人山水田
园诗和山水游记等仍然与乡村特别是乡里人隔了一层，虽貌似为乡村代
言，其实所书写的仍然是文人自己的感受，而非乡村乃至乡里人的真实感
受。真正能体现乡村特别是乡里人感受的只能是其祖祖辈辈流传的谚语、
俗话、民歌、民间故事之类。文人的书写站位和观照角度明显限制了其美
学话语的民间性以及乡村书写的真实性，无论陶渊明、王维的山水田园

① ［德］费尔巴哈：《宗教的本质》，王太庆译，商务印书馆 2010 年版，第 44 页。
② ［德］阿多诺：《美学理论》，王柯平译，四川人民出版社 1998 年版，第 110 页。
③ 《论语·阳货》，朱熹：《四书章句集注》，中华书局 1983 年版，第 180 页。
④ 《庄子·知北游》，郭象撰：《南华真经注疏》下，中华书局 1998 年版，第 422 页。
⑤ 《马克思恩格斯选集》第 1 卷，人民出版社 2012 年版，第 762—763 页。

诗，还是柳宗元的山水游记都大体如此。至于梁漱溟、晏阳初等学者虽然很大程度上认识到了乡村建设的重要性并真心实意致力于此，如梁漱溟指出："原来中国社会是以乡村为基础，并以乡村为主体的；所有文化，多半是从乡村而来，又为乡村而设——法制、礼俗、工商业等莫不如是。"①他们也确实改变了过去知识分子高高在上，不能真正着眼于乡村建设，与乡村建立真正平等关系的先天局限，如晏阳初所说："旧的士大夫，自居四民之首，不辨菽麦，不务稼穑，'村夫'、'农夫'成了他们骂人的口头禅！新的士大夫呢？从东西洋回来，一样地不屑讲农村建设，斥农民为'麻木不仁'。他们讲政治、讲教育、讲经济都不及农村，瞧不起农民，抹杀了中国的基本问题，眼红着西洋的繁荣，高唱着工业化，抛弃了现实。"②但他们更多还是关注于乡村的缺陷，关注于乡村的失教、贫困、散漫、弱病，每每将乡村看成教育和改造的对象，而不能从正面真正发现和肯定中国乡村所具有的为现代城市工业文明所没有的独特美学价值。争取乡村美学话语权，尽可能还原乡村的民间站位和角度，表彰乡村乃至乡里人的话语权，仍是任重道远的神圣使命。虽然乡里人之间也可能发生争执，也存在挑拨离间、搬弄是非现象，也不乏某些狭隘自私、目光短浅的人，但总体来讲还是比较淳朴宽厚、吃苦耐劳，还是更有人性味和人情味的。当然人们也不能否认这一较为普遍的现象："农民在几千年的漫长岁月中就其总体的情况来说是变化不大的。在城市和文明在旧世界（也就是亚洲大陆和发现美洲之前的欧洲大陆）不断扩延的年代里，农民则变得越来越'土'。也就是土里土气，一辈子生在什么地方，最后是死在同一地方，不迁不移、不进不退。"③

人们没有理由选择故步自封，但也没有理由选择妄自菲薄。特别是当西方文明乃至现代工业文明的弊端已经暴露无遗，却又无法从其自身找到

---

① 梁漱溟：《乡村建设理论》，上海人民出版社 2011 年版，第 10—11 页。
② 晏阳初：《平民教育与乡村建设运动》，商务印书馆 2014 年版，第 248—249 页。
③ ［美］罗伯特·芮德菲尔德：《农民社会与文化：人类学对文明的一种诠释》，王莹译，中国社会科学出版社 2013 年版，第 170 页。

解决问题的办法和路径的时候，人们应该警惕向西方文明乃至现代工业文明盲目冒进的陷阱，最起码不应该将来自西方学者的提醒和呼吁视为阻碍发展的阴谋。列维-斯特劳斯指出："当西方文明开始怀疑自己时，20 世纪后半叶获得独立的民族却在继续鼓吹西方文明，至少是国家层面。它们有时甚至谴责人类学家不怀好意地延长殖民统治，同时谴责人类学对其持有的特别的关注，使阻碍其发展的陈旧习俗得以延续。"① 虽然人们出于对西方的警惕，可以对列维-斯特劳斯等西方学者的观点置之不理，但基于"和实生物，同则不济"② 及"天下同归而殊途，一致而百虑"③ 的中华文化传统，至少应明白保持自身乡俗独特性的重要。列维-斯特劳斯指出："每一特定文化以及构成全人类的文化的整体，只有按照一种双重节奏——开放和封闭——来运行，才能存在并繁衍下去，时而是一个落后于另一个，时而是二者共存。为了保留独特性，并保持与其他文化间的差距——这些差距使它们相互丰富——任何一种文化都应该坚持自己，而为此所付出的代价便是要对不同的价值充耳不闻，并一直对其彻底地或部分地无动于衷。"④ 也许只有真正保持自身乡俗的独特性，还原民间站位，表彰乡村乃至乡里人话语权，才是乡村美学顺应马克思恩格斯所谓世界文学时代所作出的正确选择。

　　乡村美学研究必须面对的第一个问题是立足乡村人类学的学术视角。人们应该看到，不同地域、不同的人其实都有各自不同的独特性，正是这些不被历史学家重视而无法写进相关文献的独特生活细节却可能有着极其重要的价值，甚至可能蕴含有不同地域人类之间的文化差异。乡村美学之人类学视角研究的价值在于通过直接观察和体验的方式发掘和搜集长期以来为历史学家所忽视的看似微不足道的某些细枝末节，以探究这些细枝末

---

① ［法］克洛德·列维-斯特劳斯：《面对现代世界问题的人类学》，栾曦译，中国人民大学出版社 2017 年版，第 123—124 页。

② 《国语·郑语》，《国语》，上海古籍出版社 2008 年版，第 240 页。

③ 《周易·系辞下》，李道平撰：《周易集解纂疏》，中华书局 1994 年版，第 636 页。

④ ［法］克洛德·列维-斯特劳斯：《面对现代世界问题的人类学》，栾曦译，中国人民大学出版社 2017 年版，第 128—129 页。

节背后的习俗及其延续的秘密原因，而不是列出个别事件细节的统计清单。如列维-斯特劳斯所说："我们通过搜集大量微不足道的现象——这些现象在很长一段时间内是历史学家们认为不值得被注意的——并用直接的观察来取代文献资料的不足，努力了解人们记起或想象的他们小社群的过去的生活方式，同样也是现在的生活方式，最终得以建立起独特的资料库，并创建柳田男所称的'文化学'，说到底，即人类学。"① 正由于任何一种文明如果没有胸襟与其他文明对照并承认其他文明存在的合理性，反而称其他文明为原始文明、野性文明，乃至蒙昧和野蛮，这种文明便是狭隘的、自私的，甚至不配自诩为文明，所以乡村美学之人类学视角研究的更重要价值在于引导人们学会远观与自己截然不同的文化，同时也学会换位思考，学会站在别人的角度用别人的眼光远观自己的文化。重视和尊重不同文化的差异并给予同等评价和认可是人类学思维方法的出发点和基本点。人类学的根本任务就是启发所有人乃至政府拥有这样的美学智慧：并不是只有我们熟悉并且身体力行的思想观念、思维方法和生活习惯才是真正有价值的，是唯一可行的；其他的思想观念、思维方法和生活习惯，即使是我们不熟悉、不习惯甚或有些反感的也同样能使某些人获得幸福，同样有存在的合理性，同样值得尊重。列维-斯特劳斯明确指出："人类学家只是在提请每个社会不要认为自己的制度、习俗和信仰是唯一可行的。他们奉劝每个社会不要自认为这些制度、习俗和信仰是势所必然的，就因为他们自己觉得好，也不要自认为可以不受惩罚地将其强加给其他价值体系完全不同的社会。"② 乡村美学的研究必须以人类学作为基本学术视角，站在他人特别是城里人角度来反观乡村，尽可能立足于古今中外的宏大视域和冷静理性的客观视角呈现乡村乃至传统文明看似落后实则并非一无可取的价值，继而也反思城市乃至现代文明看似先进实则不无迷误的缺憾，

---

① ［法］克洛德·列维-斯特劳斯：《面对现代世界问题的人类学》，栾曦译，中国人民大学出版社 2017 年版，第 21 页。
② ［法］克洛德·列维-斯特劳斯：《面对现代世界问题的人类学》，栾曦译，中国人民大学出版社 2017 年版，第 45 页。

从而强化无所执着、周遍含容、平等不二、明白四达的美学智慧，为乡村与城市的融合发展提供智力支撑。格尔茨指出："以他人看待我们的眼光那样看我们自己，可能会令我们大开眼界。视他人与我们拥有同样的天性，只是最基本的礼貌。然而，置身于他人之中来看我们自己，把自己视作人类因地制宜而创造的生活形式之中的一则地方性案例，只不过是众多案例中的一个案例、诸多世界中的一个世界，却是困难得多的一种境界。此种境界，正是心灵宽宏博大之所本，苟无此，则所谓客观性不过是自矜自满，而所谓包容性不过是伪装。"① 因为只有城里人放下对乡里人唯我独尊的傲慢、鄙视，乃至对城市工业文明的执着，乡里人同时也放下对城里人的羡慕、敌视，乃至对城市工业文明的过分憧憬和奢望，均以无所执着、周遍含容、平等不二、明白四达的美学智慧思考乡村农耕文明与城市工业文明，才可能形成相对宽容、平等、开阔的心态，才能真正清醒地认识到，没有城市工业文明作为基础的乡村农耕文明可能还有苟延残喘的机会，但没有乡村农耕文明作为基础的城市工业文明则必然岌岌可危，因为任何人如果没有洗衣机、空调等工业产品人们还能活着，但没有粮食、蔬菜等农业产品则无法生存。而且乡村农耕文明的贡献可能贯穿于城市工业文明发展的始终，如刘易斯·芒福德所说："乡村生活的每一个阶段都对城市的诞生和存在有所贡献。农民、牧人、樵夫、矿工们的知识经验，都会通过城市转化成为——或者'升华'成为——丰富多彩的成分而在人类文明遗产中流传久远。"② 所以基于人类学视角呈现的美学阐释，便是坚定不移地表彰"人是铁，五谷是钢"这一最基本的生活常识。这同时也是研究乡村美学的基本出发点。

乡村美学研究必须面对的第二个问题是提倡乡村与城市美学的会通研究。人们关于乡村意象的重构往往基于童年记忆，甚或向人类的过去延

---

① ［美］克利福德·格尔茨：《地方知识——阐释人类学论文集》，杨德睿译，商务印书馆2014年版，第19页。

② ［美］刘易斯·芒福德：《城市文化》，宋俊岭等译，中国建筑工业出版社2009年版，第2页。

伸，而关于城市意象的重构却常常基于当下认知，往往向人类未来延续。这便使乡村美学与城市美学的研究不得不面临分裂甚或两极分化的研究基点和目标指向。威廉斯指出："现在乡村的一般意象是一个有关过去的意象，而城市的一般意象是有关一个未来的形象，这一点具有深远的意义。如果我们将这些形象孤立来看，就会发现一个未被定义的现在。关于乡村的观点产生的拉力朝向以往的方式、人性的方式和自然的方式。关于城市的观点产生的拉力朝向进步、现代化和发展。'现在'被体验为一种张力，在此张力中，我们用乡村和城市的对比来证实本能冲动之间的一种无法解释的分裂和冲突，我们或许最好按照这种分裂和冲突的实际情况来面对它。"① 这种研究对象及研究基点和目标指向的分裂必然导致美学研究的分裂以及片面性的膨胀，这正如理性的城乡发展和设计应该是二者相辅相成，以求城市中有乡村、乡村中有城市，而不是城市与乡村的各自独立和片面发展一样，美学研究也必须正视这一现状，并在此基础上加强二者的会通研究，尤其乡村美学的研究应该正视城市的存在，在城市乃至城市美学处于相对强势的情况下着力乡村美学的研究和张扬，但这并不意味着乡村美学的一枝独秀，更不能将乡村美学视为未来发展的终极方向，并借此否定城市美学。

乡村美学研究必须面对的第三个问题是选择特定村落乃至乡村作为研究案例。将曾居住着占中国百分之八十以上人口的乡村作为乡村美学研究对象，显然有些力不从心，即使选择以某一区域的乡村为研究案例，也不可能包揽无余。以 2015 年 11 月成立的"陇东南五市旅游联盟"为例，其至少包括天水、庆阳、陇南、平凉、定西五个市的县以下所有小镇和乡村的所有村庄。别说五个市，即使选择其中一个市、一个县、一个乡，甚或一个村庄，也不可能对所有乡俗进行全面细致调查。这便给包括陇东南乡村在内的中国乡村美学研究带来不可克服的困难。因为无论多么全面细致，都可能存在调查不够到位的缺憾。也许基于人类学视角的美学阐释之

---

① ［英］雷蒙·威廉斯：《乡村与城市》，韩子满等译，商务印书馆 2013 年版，第 402 页。

价值便在于帮助人们认识，其实没有一种案例乃至模式是十全十美的，也没有一种是一无是处的；没有最正确的模式，只有当地人自以为合理的模式。基于人类学视角呈现的乡村美学目标便是记录不同案例及模式，而不是一种模式取代另外一种模式，甚而将一种模式运用到其他所有模式乃至文明之中。好在习俗乃至时尚显然是非基因性质的，并不存在遗传性；也是共享性的，并不存在标新立异的天才性独创；同时也是模式化的，总是经历长时期的系统轮回。① 所以无论各个地域及其村庄的乡俗多么千姿百态、气象万千，都可能蕴含某些非遗传性的、共享的、模式化的要素，所有这些要素可能最集中地蕴含某些最基本的民间表征和美学智慧。人们可以透过诸如此类的案例乃至模式，在认可和接受的基础上发掘概括出相对具有普遍性的美学智慧来。陇东南乡村有谚语道："人身虽小，暗合天地。"无论作为案例的乡村其乡俗多么不同，至少基于人类动物性最原始本能的衣食住行，基于人类文明发展最本质课题的生老病死，以及基于自然又回归自然之最终归宿的春夏秋冬等方面毕竟存在某些共同点，蕴含着基本相同的见诸哲学层面的美学智慧。只要人们立足于某一乡村进行尽可能全面细致的田野调查，积累尽可能丰富的资料数据，还是可以获得尽可能多的足以折射出其他乡村乃至地域共有的美学智慧的。"美不美，家乡水；亲不亲，故乡人"，这是每个中国人都熟悉的一句谚语。虽然选择某一地域某一村落以期窥一斑而现全豹的做法难免存在偏失，但几乎没有比此更切实可行的其他办法。既然任何一个看似狭隘的地域及其村落都肯定存在着所有中国乡村乃至社会共同的生活形态及其美学智慧，既然没有哪一种研究方法比这种类似抽样调查的方法更有效、更具操作性，只要人们在力所能及的范围内尽可能全面记录这一地域这一村落的衣食住行、生老病死、春夏秋冬等方面习俗，还是可以最大限度地发现和揭示中国乡村乃至整个社会的特定生活方式及其所蕴含的共同美学智慧的。

---

① 参见［美］杰里·D. 穆尔：《人类学家的文化见解》，欧阳敏等译，商务印书馆 2009 年版，第 85 页。

上　编

基于衣食住行的陇东南乡俗
及器物美学智慧

第一章　基于服饰的陇东南乡俗及器物美学智慧

　　人类的民间服饰大体经过了原生态、半人工制品和人工制品三个阶段。人们大体上可做这样的分类，其实即使最原生态的服饰也有着人工制品的属性，也并未从根本上改变原料的质地和属性。半人工制品在一定程度上改变了原料的质地和属性，但人们仍然能够清晰辨别其原料质地和属性。所谓人工制品则在很大程度上改变了原料的质地和属性，使人们不大可以轻而易举地辨识。陇东南民间服饰在相当长的一段时间都同时保留着以上三种类型的服饰特征。

一、服饰的陇东南乡村民间表征

　　今天的人们似乎认定皮制品、针织品和草制品愈至前者价格愈昂贵，许多人可以不假思索地认定诸如牛皮和羊皮制品最上档次，如全牛皮鞋、全羊皮衣之类。今天皮制品相对更加昂贵，是因为：一是原料较为稀缺，用来制作皮制品的动物皮毛较为稀罕，特别是工业化的过程使更多的人脱离了原生态的农牧生活，以致很少能直接接触和寻找到动物皮毛；二是制作成本较高，要在很大程度上依靠现代化机器加工制作，才能保持皮制品应有的柔软舒适的品质，以致许多现代皮制品常常在很大程度上看不出原材料的质地和属性。但在历史发展的相当长一段时期皮制品并不十分昂贵。因为原料来源较为广泛，长期的农牧生活使人们能最习以为常地与动物打交道，而且可以轻而易举地找到动物皮毛作为原料，只是很少加工，甚至进行极其低廉简单的加工便可制成衣物，很大程度上带有原生态性质。陇东南乡村的人们从事农耕生活，最常打交道的是家畜家禽，诸如马皮、驴皮、牛皮、羊皮、狗皮之类的动物皮毛最为常见。其中狗皮常被认为最上档次，往往能做成狗皮大衣或狗皮褥子之类，冒充虎皮大衣和褥子，保暖御寒、装饰展示性能确实较好。其次便是羊皮制品，可制作成各种各样的皮袄，以皮大衣、皮夹袄居多，但这种皮制品并不像今天流行的皮草往往将皮毛露在外面，而是将其包裹在里面最贴身的部位，也具有良好的保暖御寒、装饰展示功能。再次才是牛皮制品和马驴皮制品。其中牛皮制品有皮质上的差别：一种为熟皮，要请专门工匠加工，具有一定柔软度；另一种为生皮，也就是没有经过熟皮加工程序的最原生态动物皮毛。这种动物皮毛做成的服饰往往以生皮鞋居多，陇东南民间多称生鞋。其做法常常是在诸如生牛皮等整个动物皮毛上选取相对完整的一块剪裁下来，大体上为椭圆形，然后在皮毛边缘打眼穿绳使其收口能够包裹脚即可。这种牛皮常常愈湿愈柔软，愈干燥愈生硬，愈干愈可能割破脚趾脚面，使人痛苦难熬。所以有经验的人们常常在临行前几小时用开水烫，或在前一天晚上用人尿浸泡，便于第二天起身出行穿着柔软舒适。令人意想不到的是诸如此类的皮鞋往往在冬季气温寒冷的时候常常由于不大透气而成功保持人体温度，每每能清晰可见冒热气的效果。但这种生皮鞋除了御寒保暖功能，似乎没有什么装饰展示功能。一是因为做工造型实在太粗糙，没有什么美感可言；二是原料价格也太低廉，基本上都是随处可见的废弃皮毛，并没有什么稀罕之处，当然也便没有炫耀和展示价值可言。

陇东南民间最常见的针织品便是麻织品和羊毛线制品。每家每户在庄稼地边种植麻，待收回后往往浸泡在水里发酵，以脱去果胶获取纤维。沤麻需要将麻密封在水里捆好，贴着坑塘底固定在木桩上，为防止漂浮，还要压上石头，使其完全浸泡在水里，大约半个月时间便可以将麻皮从麻秆上剥下来，经过多次漂洗，冲去污泥和污渍，使之白亮，再将洗净晾干后柔软坚韧的麻搓成细绳，然后再请麻布匠织成布匹，便可以裁剪成衣服及农用口袋等，往往结实耐用。用麻布裁剪成的衣服俗称麻布衫，在陇东南民间并不是一种上档次的服饰，但如果所捻搓的麻线纤细而均匀，所织成的麻布虽然不及今天机器生产的布匹，但同样白净厚实、透气耐用。除了在农业劳动的时候可以穿着，也有平时穿着的，多少有些装饰展示功能，体现出手艺的精湛与工艺的精巧。至于男耕女织的劳动分工，在陇东南民间棉线纺织主要是女性的工作，但诸如麻线纺织常常是男性的工作，许多男子并不以此为耻，还利用冬春两季闲暇时间聚集在大庭广众之下边聊天边搓捻麻线，且往往彼此切磋技艺、比赛工艺。虽然麻布衫已具备一定的装饰展示功能，但由于其厚实耐用，多用在从事农业劳动的时候，类似于农用工作服。女性也常用麻线做麻鞋，往往有透气、柔软、舒适、不致脚病的特点。相对来说，更上档次的应该是用羊毛搓捻成线所织造的褐子，既可以裁剪缝纫成为被面，也可以裁剪缝纫成衣服，都有着很好的保暖御寒功能，也在相当程度上有着装饰展示功能。值得一提的是诸如捻羊毛线之类的活儿仍然由男性完成而不是由女性完成。人们总是认为愈是乡村可能愈封建，愈有男尊女卑的传统观念，但在诸如捻麻线和羊毛线等活计方面似乎并不如此，至少比人们想象的要通达灵活得多。陇东南民间羊毛制品还有冬天用来裹脚的毛帘子、毛袜子和用来围脖子的围巾，大多为男子农闲时挑制的羊毛制品。其中毛帘子用来冬天裹脚穿生鞋，一可防止生鞋磨破脚，二可保暖，确保脚不皲裂，三可由于透气不致脚气病。类似擀毡而成的毡帽也较为普遍。

陇东南民间并不盛产棉花，但纺线织布之类的活计还较为常见，至少在20世纪80年代以前，许多家庭主妇往往将纺线织布作为"副业"私下交易以换取零钱补充家用。由于织出的棉布往往表面皱皱巴巴，并不平整，所以还要顺势展开，在上面刮上面浆，刮布均匀，洗净晾干，是为浆布。经过刮浆使棉布平整耐实、整齐美观，以便运输、销售和存放。然后是染布。染布可上色彩并不丰富，常常以蓝色和黑色为主。经过染色的棉布可以制作衣服，或作贴身内层，由于是纯棉制品，所以穿着舒适透气。但棉织品的加工和剪裁往往由家庭主妇完成，男性参与度不高。棉布衣服常男女有别，男性以对襟为主，女性以偏襟为主。纽扣一律为盘扣，用棉布废料扭结编织而成，而不是一般塑料或金属制品，男性衣扣为单数，女性衣扣为双数，且袖子与肩连体为连袖，不像今天许多机器制品将肩与袖分开裁制缝纫而成，衣领也常为立领，不是今天许多衣服款式的翻领，往往短为衣，长为袍，闲时着袍，忙时着衣。冬着棉袄棉裤、羊毛打制的毛衣毛裤；春秋着夹袄，内外双层，外多深色，里多浅色；夏着单袄，往往显得短小精悍、干净利落。一般为自家制作，往往是家庭主妇的杰作，并不在市场购买。值得一提的是布鞋，也往往是自家制作。鞋底常用废弃的破布借助平滑的石板层层黏糊平整，然后按照主人脚的大小肥瘦，依据鞋底样裁制而成，然后用白色棉布包裹，用专门的麻线密密纳钉，讲究的是针脚细密整齐，有条不紊，穿起来经久耐用；鞋帮也往往用破布黏糊而成，但并不十分厚，然后用新棉布包裹，同样参照脚的大小肥瘦，依据鞋帮样裁剪而成，穿起来常常有透气、软和、轻便的特点。有些特别讲究的鞋底通常在鞋底周边黏糊白色棉布，做成后故意刮得毛茸茸、白纷纷，再配上黑色鞋帮，黑白对比分明，算是造价较高较为美观的布鞋。

与棉花有关，几乎家家户户都有两种劳动工具：一是纺线车，一是织布机。家庭主妇常常是纺线车和织布机的主人。她们常常没日没夜地用纺线车和织布机织做着家庭日常生活的服饰，并借此添补家用。织布机常常安顿在地上，家庭主妇可以足不出户进行劳动；纺线车常常安顿在炕上，家庭主妇可以不下炕便进入劳动状态。织布和纺线常常是家庭主妇的看家本领，是勤劳致富的最基本手段。有些缺少劳力的人，借助织布纺线来与人家缠工，以达到养家糊口的目的。陇东南常常有一句"六月里麦子黄，绣女请下床"的说法，其实陇东南家庭主妇有几种劳动是可以不下炕的，除了在炕上纺线，还有绣花之类的针线活。绣花主要用于枕头、鞋垫之类。枕头上主要绣一些具有象征意义的图案，诸如喜上眉梢、花开富贵之类，所有图案并不一定十分逼真形象或合乎构图和解剖学原理，看似有些粗糙甚或拙劣，但大概只有深谙抽象派、立体派之类现代绘画的人才可能知道其中蕴含的最为原始却也最为现代的艺术气息。连同鞋垫之类几乎都是评价家庭主妇乃至乡村少女心灵手巧的基本标准。乡村少女表达自我情感的最朴素办法便是纳一个有精致图案的鞋垫，或在手绢上绣一个诸如鸳鸯戏水之类象征主义的图案。除了织布机和纺线车，还有一样劳动工具，便是缝纫机。许多现代城市人即使收一个裤边，都得去专门的缝纫店，今天的陇东南乡村这些活还是属于家庭主妇的，而且很长一段时间内，几乎家家户户都有缝纫机，一家老小的衣服都是家庭主妇自己缝制的，很少去专门裁缝店，有段时间，还将缝纫机作为乡村少女出嫁的彩礼，有所谓"三转一响"的说法，即缝纫机、自行车、手表和收音机。谁家如果有缝纫机，尤其蝴蝶牌缝纫机那可是颇令人羡慕的，家庭主妇常常能从中获得不少生活幸福感。

人类在其原始时代用兽皮、树叶或草根包裹身体，但这并不具有多少文明性质，至少不能代表人类文明高度发展的结果。诸如蓑衣、斗笠之类的草制品服饰，在陇东南民间似乎并不多见，更常见的往往是草帽和草鞋。陇东南民间最常见的农作物是小麦和玉米，所以就地取材，变废为宝，常常用小麦秆掐成草辫，然后连缀盘成草帽，用玉米棒子包皮搓打草鞋。草帽有轻便、廉价的特点和遮晒、防雨淋的功能，草鞋也有轻便、廉价的特点，同时还有防滑、防水、防起泡等功能，往往是自家自制自用，也有利用农闲专门打草鞋出售而填补家用的。20世纪之前的乡村集市大体都能看到成串搭挂在肩上叫卖草鞋的村民，或成堆成堆码在街头巷尾的出售品。

二、服饰的陇东南乡村美学智慧

陇东南乡村服饰在近代尤其近年来因接受城市乃至西方服饰影响逐渐

走向趋同，但这并不意味着这一地域的人们在其历史发展的每一个阶段都必然地与其他地域有着完全相同的美学智慧。其实陇东南乡村服饰在新石器时代便有着非常突出的成就，可以说为中国服饰史的发展提供了不可多得的历史见证，自远古时代便奠定了乡村服饰美学智慧的最基本方面。

一是物尽其用，且不污染环境的生态之美。按照原生态制品、半人工制品和人工制品的分类，诸如生鞋等皮制品往往因为加工程序和工艺极其简单多为原生态制品，草帽、草鞋等草制品因为加工程序和手艺略为复杂多为半人工制品，而麻布衫、褐衣由于加工程序和手艺更为复杂多为人工制品。但无论其加工程序和工艺复杂的程度如何，都体现了就地取材、变废为宝、物尽其用，且不污染环境的生态制品的特点。这是陇东南民间最原始粗放，同时也最聪明智慧的服饰习惯。这些服饰往往是每家每户家庭主妇自己动手制作而成，一般情况并不购买。经济条件并不宽裕的情形下变废为宝常常最能显示家庭主妇的针线水平和理家能力，往往一件春秋用夹袄夹裤到秋后装上棉花，便又成了棉袄棉裤，棉袄棉裤打春前后掏去棉花便又成了夹袄夹裤，至于缝补衣服、洗晾衣服等更是家庭主妇的活计。许多棉衣由于成年累月地穿着，多次拆洗翻新，难免多在肩膀、肘子、膝盖、屁股等部位有破损，家庭主妇便使用圆形、椭圆形、正方形、长方形之类几何图案的布片打上补丁，有些甚至重重叠叠，将艰苦朴素的生活作风发扬到极致。而且往往是父母的衣服孩子穿，兄长的衣服弟弟穿，姐姐的衣服妹妹穿，形成了陇东南民间服饰最为亮丽的接力赛。李渔认为："妇人之衣，不贵精而贵洁，不贵丽而贵雅，不贵与家相称，而贵与貌相宜。"① 陇东南民间服饰可能达不到李渔所讲的层次，但"笑脏不笑旧"是家喻户晓的服饰准则。一段时间尤其是改革开放以来，人们大多以为陇东南民间服饰习俗是原始落后的，至少不能代表人类科技进步等文明发展的最新成果，于是改而采用流行的机器裁制的成衣。虽然显得经久耐用，色彩鲜艳，图案丰富，时髦新潮，走向了与城市乃至西方服饰的接轨，但

---

① 李渔：《闲情偶寄》，上海古籍出版社 2002 年版，第 264 页。

从根本上使陇东南民间服饰丧失了乡村美学的根基，尤其丧失了取之于自然回归于自然的自然生态观念，变废为宝、物尽其用的资源意识，人尽其能、推陈出新的创造精神。而且由于布匹往往为化学纤维，制造了不少服饰垃圾，造成了生态环境的破坏。使现代文明社会许多人始料不及的是，包括陇东南在内的中国乡村在追求大众化、时代化、西方化的同时，却导致了中国乡村美学精神的彻底缺失，使绵延数千年的中国最朴素也最持久的民间乡村服饰传统面临失传的危险。

　　二是以御寒保暖、装饰遮羞为主，兼及展示诱惑、驱邪避害诸种功能的综合之美。古老的中华民族，往往渔猎之民多以皮为衣服的原料，农耕之民多以草为衣服原料。陇东南民间农耕与狩猎兼具，所以常兼用皮和草作为衣服原料。人们总是不能清楚阐释服饰功能的先后，尤其在御寒保暖、装饰遮羞、展示诱惑、驱邪避害诸种功能之间。或认为服饰最初的功能是御寒保暖，但最古老的人类往往穴居而有体毛，无须借助服饰保暖御寒；或认为服饰的最初功能是装饰遮羞，但最古老的人类似乎并不以赤身裸体为耻，至少所有人都赤身裸体的时候，装饰遮羞便多少有些多此一举；或认为服饰的功能在于弥补肤色的单调，以达到刺激挑逗诱惑异性、展示魅力的目的，但古老民族的群婚制虽然使挑逗诱惑显得特别重要，但习以为常的频繁性交使得服饰并不因其富有神秘感而显得多么具有诱惑力；或认为原始民族畏惧大自然的威力，将服饰作为原始刑具，以期博得神灵的同情怜悯而免遭伤害。诸如此类的功能阐释各有道理，也均有偏颇，因为所有这些阐释其实都建立在现代服饰观念的基础上，都是对原始民族的一种主观推测和臆断。无论服饰的起源基于什么原因，但陇东南民间存在诸如此类的服饰却是事实。

　　除了服饰，发型也常常是一个时代展示诱惑、凸显风姿的时代风尚的缩影。20世纪七八十年代，可以说是一个新旧交替最为突出的时代。人们既能够看到老人遵循晚清遗俗，男性后脑勺长辫子以及女性高高挽起的发髻，也能看到中年男子的偏分头和女子的齐耳短发，还能看到青年男子的小背头和女子的结实双辫子。

　　三是但随乡俗，不求见异于人的通达之美。每一个地域的文化都可能通过服饰表现出来。如列维－斯特劳斯所说："每一个文化都在人的身体上打上了自己的印记，如服装样式、发型和饰物、身上的损伤和行为举止。"① 人们虽然可以标新立异，但要真正融入当地最好得入乡随俗。如孔子所言"君子之学也博，其服也乡"，是谓"君子贵乎学问之广博，其衣服则但随其乡俗，而不求见异于人也"②，至少文明时代的人们应该如此。或者说服饰的价值不在于整齐划一，关键在于合乎乡俗。而合乎乡俗的根本在于发挥特定地域乡村自然条件和人文传统，因为各地的地理位置、气候植被和生活条件往往有着鲜明的地域特色，无论哪一地域的民间服饰至少原材料得主要依赖当地自然条件，色彩款式得合乎生活和劳动习惯。所以说所有民间服饰其实没有绝对的美丑善恶，只要合乎自然条件和人文传统，便毫无例外地有着存在的合理性，并不一定如近代以来都得崇洋媚外、寻求整齐划一的西服。康有为对此有深刻反思。他曾主张改着西服之意，但戊戌变法的失败使其有痛改前非的机会，著《欧洲十一国游记》极称道中国服饰之美：一是中国的气候，备寒、湿、热，所以其材料和制裁的方法能适应多种气候，合于卫生；二是丝织品美观，为五洲所无；三是脱穿容易；四是贵族平民服饰有别，西洋强贵族服平民之服，中国则许平民服贵族之色。总体而言，西洋服饰千篇一律，并无趣味，中国不必模仿。③ 这并不意味着服饰可以保守传统而不加革新。其实吸收西方元素改装而成的中山装和旗袍颇有特色，尤其融合满族妇女传统服饰、南方服饰和西洋礼服而设计的"高领、紧身、贴肉、无袖，两边高开衩，加上烫发、高跟鞋、玻璃丝袜、胸花，充分显示女性体态美和曲线美，同时有一种端正、稳重、雅致的风格"④ 的旗袍，真正可以用"惊艳绝伦"

① ［法］克洛德·列维－斯特劳斯：《面对现代世界问题的人类学》，栾曦译，中国人民大学出版社 2017 年版，第 102 页。
② 《礼记·儒行》，孙希旦：《礼记集解》下，中华书局 1989 年版，第 1398—1399 页。
③ 参见吕思勉：《吕著中国通史》，华东师范大学出版社 2005 年版，第 228—229 页。
④ 叶朗、朱良志：《中国文化读本》，外语教学与研究出版社 2008 年版，第 296 页。

来赞美。只是这种服饰改制未对陇东南民间服饰产生深刻影响，而且很大程度上似乎与基于男耕女织简单劳动分工的陇东南民间服饰相比存在水土不服的缺憾。

尽管一切民间服饰其实都有着合乎当地自然条件和人文传统的特点，或原材料乃至服饰款式的设计灵感很大程度上源于自然的赐予，但同时也寄寓着一定的审美理想和趣味。格罗塞明确指出："人体的原始装饰的审美光荣，大部分是自然的赐予；但艺术在这上面所占的意义也是相当得大。就是最野蛮的民族也并不是纯任自然地使用他们的装饰品，而是根据审美态度加过一番工夫使它们有更高的艺术价值。他们将兽皮切成条子，将牙齿、果实、螺壳整齐地排成串子，把羽毛结成束子或冠顶。在这许多不同的装饰形式中，已足够指示美的原则来。"① 也许陇东南民间服饰的乡村美学特点正是借此获得彰显的。一是服饰材料来源的地域性；二是服饰设计理念的地域性。应该说服饰原材料的地域性虽是显而易见的，但并不是绝对不同的。充其量只是在普遍性和多样性方面有着特殊地域性，但使这一特殊地域性真正变为现实的更重要的是设计理念尤其是审美理想和趣味的地域性。或者说正是这种包含审美理想和趣味的设计理念的地域性才使服饰原材料的地域性获得最为圆满的展示。强调陇东南民间服饰的乡村美学特点，其实是对原材料与设计理念之地域性的双重强调和张扬。

虽然近代以来陇东南民间服饰可能呈现出日益保守的趋势，但这并不意味着其对中国古代服饰史的发展毫无建树和贡献，事实上是在许多方面都有开创性贡献，甚至在某种意义上有着奠基意义。至少 1973 年在天水秦安大地湾遗址出土的人头器口彩陶瓶明白无误地证明了陇东南民间服饰的这一贡献。从器口以下清晰可见女性滑顺而下的齐颈头发和齐眉的刘海，端直而微微隆起的线杆鼻子和过度柔和的鸭蛋脸，镂空的一双微微睁开的眼睛、小小的鼻孔和樱桃般小嘴及近乎夸张的耳孔，无不标识着清秀、妩媚、姣好的面容，尤其瓶体简单明了的弧边三角纹、斜线纹及变体

① ［德］格罗塞：《艺术的起源》，蔡慕辉译，商务印书馆 1984 年版，第 77 页。

鸟纹组合成的图案，形象地展示了女子服饰的简单朴素和雍容华贵的神采与风韵。许多学者的注意力集中于彩陶瓶人头的发型。王仁湘、贾笑冰在《中国史前文化》中指出："甘肃秦安大地湾遗址出土一件仰韶文化人像彩陶瓶，瓶口塑有生动的人头像，前额和两鬓为齐眉的短发，脑后为平垂的短发，有这样整齐的梳理实在是意想不到，可能为当地当时成年男子的标准发型。马家窑文化陶器上见到一些彩塑和彩绘人头像，面部都绘有一些下垂的黑色线条，很明显这是披发覆面习俗的写照，当是青壮年妇女的流行发式。另外，甘肃礼县还见到辫发盘绕在头上的陶塑人头像，说明当地也有编发的习俗。多种多样的发式，也常常用作不同年龄和不同性别的人的标志。"① 沈从文《中国古代服饰研究》则作了这样的阐述："1973年，甘肃秦安县大地湾出土了一件难得的艺术珍品——人头形器口的彩陶瓶，时代属仰韶文化庙地沟类型，距今约五千多年。头像作圆雕式，塑造得逼真而朴素，尤以发式表现得最为具体，前额头发齐眉，向后披发齐颈，并梳理得非常整齐。不知在五千年以前，究竟用什么工具或方法才能作这样的修剪。这种发式，在相当长时间内和相当广的古羌人地区有普遍性，同例还见于秦安寺嘴出土的人头器口红彩陶（素无彩绘），东乡东塬林家出土的人面纹彩陶盆残片，以及甘肃永昌鸳鸯池出土的马家窑文化，彩陶筒形罐上的人面绘纹，前面提到的人头形象的发式具有共同式样，一直延续到商、周时，某些作牺牲具惩罚性的人形的发式也作披发齐颈样子。"② 虽然在服饰特别是女性服饰方面的确存在如列维-斯特劳斯所说的"很多习俗的产生不是由于某种内部的需要或是有利的偶然情况，而是仅仅出于一个愿望，即不想与邻近的社群相似"③ 的现象，有些女性为了与他人形成对比，显示自己的与众不同，通常借服饰的标新立异以求表彰自己的存在，但天水秦安大地湾遗址出土的人头器口彩陶瓶和礼县出土的陶

---

① 王仁湘、贾笑冰：《中国史前文化》，商务印书馆1998年版，第77页。

② 沈从文：《中国古代服饰研究》，上海书店出版社2002年版，第8—9页。

③ ［法］克洛德·列维-斯特劳斯：《面对现代世界问题的人类学》，栾曦译，中国人民大学出版社2017年版，第44页。

塑人头像的确体现了陇东南乡村确实是为中国服饰史作出过贡献的。虽然不能说引领原始先民服饰的新潮，至少可以说为研究中国早期服饰史提供了可资佐证的宝贵资料。

四是兼及原始宗教巫术的象征之美。也有人比较关注人头器口彩陶瓶的瓶体及其象征意义，且都与人口繁衍生息联系了起来。如《甘肃通史》作者认为："与头像相呼应，整器宛如一位身着华丽外衣的怀孕少妇。匏实多子，在民俗文化中向来被认为是繁殖力强盛的象征。"①《天水通史》作者明确阐述为："人头器口彩陶瓶塑造的是一位身着花衣的怀孕少妇形象。寓含祈求人口繁衍的精神意念，具有图腾崇拜的神圣性。"② 但这些阐述并没有与流传至今的陇东南民间服饰习俗直接联系起来。其实陇东南民间服饰习俗中有向亲戚邻居乞讨布头布片以缝纫连缀成百家衣来保佑小孩长命百岁的习俗。从这个意义上讲，大地湾出土的人头器口彩陶瓶其瓶体的花纹图案十分类似于百家衣。百家衣的图案多为方块状或椭圆状，只是为了将不规则的布头或布片相对统一地剪裁为基本相近的图案花纹，形成变而未变的美学效果。因为所有图案如整齐划一未免显得单调，但若所各具其态，又可能显得凌乱。也许黑色条纹或为三角形，或为柳叶形，或为直线形，恰与红色底色的各种图案交相呼应，体现了用黑、红色两种不同麻布布头或布片连缀在一起的整体效果，以寄寓长辈祈求上苍保佑孩子平安无事、吉祥长寿的期望。值得注意的是，有些图案明显近似略带夸张的嘴唇或阴道的形状，且在大地湾出土的曲腹彩陶盆也能看到类似花纹图案。也许用弗洛伊德精神分析学理论来阐述，这可能有性意识或性本能暗示的寓意，恰与人口繁衍同出一辙。不过如此明目张胆地渲染和展示性本能或性意识与后来的儒家文化并不相符，或有其他更重要的寓意也未可料。更具体地说，也许红褐色圆形图案代表的是日，镶嵌其中的柳叶状墨绿色图案代表的是月牙，或近红褐色圆形为阳，镶嵌其中的墨绿色柳叶状

---

① 祝中熹：《甘肃通史》先秦卷，甘肃人民出版社 2013 年版，第 417 页。
② 宋进喜：《天水通史》先秦卷，中华书局 2014 年版，第 194 页。

为阴，以寄寓阳中有阴、阴中有阳，乃至外阳内阴、阴阳平衡的宇宙观念和生命意识。或更确切地说，凸圆形图案为阳，扁平形图案为阴，红褐色为阳，墨绿色为阴。外阳内阴，阳中有阴、阴中有阳，阴阳平衡，是中国人对生命乃至宇宙的朴素哲学认识，甚至可以看成太极图的雏形。

《礼记·儒行》所谓"衣服则但随其乡俗"，实则为中国民间服饰确立了最基本的乡村美学原则。这一乡村美学原则并不仅仅体现于服饰原材料的取材和设计理念的选择方面，更可能表现在其他更多领域，甚至包括与服饰相关的诸多习俗禁忌。许多人都以为弗雷泽仅仅是一个西方学者，其实他对中国民俗尤其服饰方面的习俗的了解可能超过了绝大多数中国人，至少超过了那些接受了西式教育试图用所谓的"普世价值"排斥甚或替代地域民俗文化的现代中国人。弗雷泽指出："原始人相信自己身体各个部分和自己有着触染关系，即使那个部分已从身上脱离出来，这种触染关系仍然存在，因此，这些部分，如剪下的头发和指甲，倘受到损害，也会损害自己。所以，很注意不让它们丢在容易受到损害的地方或落到坏人手中被施加巫术以为害于己。"① 陇东南民间忌讳小孩子脱落的牙齿落到地上遭践踏长不出新牙，忌讳身上的毛发乃至衣物饰品等落入他人之手遭到陷害。这实际上是张扬人之与生俱来的身体发肤等受之父母，不敢轻易毁伤糟蹋的道理。看似极其寻常的乡俗往往有着丰富而深刻的文化内涵，只是这种内涵在流传过程中往往被人们遗忘，仅将其习俗的程式保留了下来。陇东南民间有着对服饰的特别忌讳，至少不会轻易将儿童的服装转送给并不熟悉的人，因为人们深信某些居心不良的人会借助这些服饰对儿童施加不良影响甚至伤害。虽然这种习俗可能随着破除迷信和移风易俗而有所冲淡，但并没有完全消失。至少在陇东南乡村至今仍然存在着与阿赞德人有些类似的巫术现象，他们会把看似极其正常的现象归结为巫术的作祟，对看似偶然的现象作出富于必然性，然而有些不可思议的阐释，虽然这种基于禁忌的类似巫术的乡俗可能并不为许多现代人所赞许，但并不仅仅是一种自

---

① ［美］弗雷泽：《金枝》上，汪培基等译，商务印书馆 2013 年版，第 385 页。

欺欺人的迷信和子虚乌有的骗局，它可以在某种程度上获得一种信仰的力量，用以解释科学知识所无法解释的自然现象，甚或用来满足人们治疗某些医学所无法治愈的疾病、挽救某些人力所无法挽救的生命的渴望。① 虽然这种解释、治疗和挽救可能仅限于心理治疗和精神抚慰，但仅此也便有了存在的可能和研究的必要，至少作为一种禁忌可用来在一定程度上抑制日益膨胀的唯我独尊、夜郎自大心理，甚或肆无忌惮、为所欲为的现象。

　　所有民间服饰都建立在一定乡俗的基础之上，陇东南民间服饰实则没有理由亦步亦趋地仿效其他地区，特别是盲目仿效城市乃至西方服饰。或正是由于盲目仿效，恰恰使原本基于陇东南乡俗的服饰逐渐丧失了独特的乡村美学特色，最终走向了日渐衰落的不归之路。中国人向来强调同则不济、和实生物，陇东南民间服饰的价值恰恰在于遵循了这一基本准则，很大程度上彰显了"衣服则但随其乡俗"的乡村美学原则，但城市化乃至西方化常常以强调同一性排斥差异性的方式很大程度上扼杀了包括陇东南民间服饰在内的乡俗乃至乡村美学原则。遗憾的是康有为已深为悔恨的盲目趋同西方服饰的做法目前却基本变成主流意识。目前除了为数不多的少数民族在隆重节日还依稀保留着其独特的服饰所彰显的乡村美学特色，在汉族地区其实已经没有多少可以大书特书的乡村美学特色了。

---

①　参见［美］杰里·D. 穆尔：《人类学家的文化见解》，欧阳敏等译，商务印书馆 2009 年版，第 158—159 页。

第二章　基于饮食的陇东南乡俗及器物美学智慧

　　虽然中国乡村饮食自然受到城市饮食乃至西式饮食的影响，但历史上相对闭塞的陇东南乡俗却至今仍很少受到西式饮食的影响，如肯德基、麦当劳之类可能遍布所有中国城市，影响甚至奴役了中国城市儿童的口味乃至饮食习惯，但对陇东南乡村饮食的影响似乎极少。陇东南乡村饮食至多也只受到了中国城市饮食的影响，但真正奠定乡村饮食基础或占据乡村饮食主体地位的仍然是家常便饭，培养乃至造就了一代人乃至祖祖辈辈乡村的饮食习惯。在某种意义上讲，专门的饮食专卖店特制和出售的食品并不代表乡村饮食习惯，能代表乡村饮食习惯形成乡俗的只能是家家户户制作并习以为常的饮食。

一、饮食的陇东南乡村民间表征

　　人们常常将虽在其他地方也能购买到，但只有某些地方才能成为家常便饭的食品作为特定地区饮食习惯乃至乡俗的基本内容。陇东南乡村饮食多种多样，且某种程度上呈现出相互融合的趋势，但真正能代表乡村饮食习惯形成乡俗的往往不是特定饮食专卖店或大饭馆制作的食品，而是陇东南家家户户习以为常的家常便饭。陇东南家常便饭并非只出现在某一特定地方而在其他地方不可见的食品，而是虽然相互融合、你中有我、我中有你，但相对来说为陇东南当地居民最容易普遍接受，受到人们特别欢迎，食品味道最为独特，且形成人们饮食习惯的主体食品。一个地方乡村饮食往往集中体现在特色小吃方面，尤其是特定地方早餐之中。早餐种类的多样性、营养的丰富性和味道的独特性，常常能折射出这一地方人们的生活观念、生活方式和生活质量。

能代表陇东南乡村饮食习惯形成乡俗的饮食往往具有这样的民间表征：一是具有食材的地域性，有着就地取材，且能最大限度地利用并彰显当地最优食材的特点，也就是虽然各地可能有类似食材，独以此地食材品性最为良好、最为常见；二是具有工艺的地域性，虽然各地可能有类似食材，唯独此地制作工艺最为独特，往往不能为其他地域所仿效，即使有所仿效，也不能走向千家万户，成为千家万户熟能生巧的看家本领；三是具有品性的地域性，虽然食材可各地流通，工艺也可相互借鉴，但独与此地水土、气候等自然条件相融合，离开特定地域即使有同样食材和工艺也制作不出相同的食品，且能为当地人所普遍接受的独特口味。概言之，陇东南乡村饮食往往最大限度地具备食材最司空见惯、工艺最家喻户晓、味道最老少皆宜等特点，且能最高层次地体现食材最优质、工艺最精良、味道最独特等民间表征。

天水以呱呱和浆水面等著名。呱呱往往以荞麦、冰豆、豌豆和粉面为原料，其中最受欢迎的是荞麦呱呱。先把陇东南地区盛产的荞麦用小磨粉碎成"荞糁子"，入水浸泡加工，提取淀粉加水入锅，小火烧煮，随煮搅动，直到荞麦粉变得黏稠，在锅底搽结成厚厚一层锅巴，取出入盆内加盖，经过回醒，再将黏稠成块的呱呱捏扳成大小略有不同、形状各异的小块，调辣子油、芝麻油、芥末、酱油、食盐、醋、蒜泥等调料，常趁略带温度食用。味道以辣咸为主，常常越是辣得满嘴通红的呱呱，越能伴随咋舌、红脸、冒汗，最大限度地享用美食的刺激。天水浆水面制作，关键在于搽浆水。常用包菜、芹菜、苦苣、苜蓿、萝卜、土豆、黄豆芽等为原料，切碎煮熟或在沸水里烫过，装入盛有原成品浆水作为"脚子"（或俗称"引子"、酵头）的水缸，再浇入开水，用少许小麦或玉米面粉勾芡，煮熟后倒进浆水缸，搅匀加盖，待发酵有酸味即可食用，其中包菜、芹菜浆水最为多见，以苦苣、荠菜尤其地软等野菜为上品。其次在于炝浆水。将食用油倒入锅中加热，待油熟再放入葱花或蒜末、辣椒丝，待变黄倒进浆水煮沸。提味以野生小蒜或韭菜花最佳。然后才是擀面条、切面条、煮面条等环节。擀面条以薄为度，切面可宽可细，煮面可硬可绵，因口味习惯而异。一般以劲道滑顺为美，陇东南乡俗有"擀薄切宽，浆水炒酸"的口诀。浆水面有做工简单、食材低廉的特点，往往味道清爽，有明目和胃、活血化瘀、消炎利尿、排脓消肿、生津止渴、清热祛暑等功效。浆水面一般以小麦面为主，也有用荞麦面、玉米面，甚至黄豆面等杂粮面中的一种或多种混合使用的。在武都甚至还要加入一定量豆花，营养更丰富，称豆花杂粮浆水面。

　　陇南以武都洋芋搅团、豆花及西和锅盔、杠子面等著称。一般挑选北山日照多水分少的面饱水少的洋芋为食材，蒸熟去皮晾凉，在石窝或曰石臼中用棒槌砸细砸柔，或倒入镂空的树桩木槽用木榔头砸细砸柔。食用时再浇上调料醋水或酸菜浆水，调上蒜泥、辣椒、葱末、韭菜、香菜、香油和食盐等，亦有清凉滑柔之特点和消炎解暑治疗便秘之功效。武都洋芋搅团也见于华亭等地。武都豆花子属黄豆制品，往往取黄豆去壳筛净，洗净后放进水缸内浸泡到泡醒为度，捞出后按比例加水，用小石磨拐磨成浆，用纱布袋子将磨出的浆液分批次装入，捏紧袋口用力揉压，让压榨出的生浆进入锅内大火煮沸，撇去面上的泡沫。待到一定时候，将原成品豆腐浆水冲入锅内，用勺子轻轻搅匀，数分钟后，豆浆即凝结成豆花。豆花比豆腐脑老，比豆腐嫩，从锅中舀出盛碗，趁热调以胡椒、姜粉、虾皮，及勾兑熬熟的淀粉卤汤即可食用，口感麻辣清香。陇东南地区每逢过年时间，家家户户都用自家地里收成的黄豆自磨自拐自制豆腐，往往一个村庄有好几户人家支锅设点。不管谁家的豆腐，出锅前人人都可从锅里直接抓吃，不会有人责怪，虽然有些烧口，但因能品尝到刚出锅的原汁原味的鲜豆花，别有一番风味。华亭等地名曰豆花，实为豆腐脑。最香的要数豆腐呱呱，颜色焦黄，形似蜂窝，不细不粗，不腻不糟。自从不用小磨手工拐浆而改用机器磨浆，不用柴火而改用煤炭烧锅，人世间便不再有这种美味佳肴了。西和锅盔重在和面与揉面，这是制作锅盔、决定锅盔内瓤柔软度的根本。有所不同的是素锅盔往往和面时不加入食用油，使面团浑然一体，以麦香本色为美；油锅盔则必须分层次加入食用油，使面团层次清晰可见，再加油香。锅盔形似月亮银盘，直径尺余，厚四寸见方，重约5斤左右，一般可贮存半月左右。往往靠吊炉，上烤下烙，上下两面均匀加热，整体升温，内部熟透，外部不致发焦。火色重者黄里透棕红，火色轻者白里见乳黄。无论火色轻重，内瓤雪白柔软如海绵，麦面本色喷香。也有将烙锅分三层，最上叫"鳌盖"，中间叫"火盖"，其下叫"镳"。旁设一"烘锅"，烘锅口内置一铁网。烙前将三层锅置于锅圈，在炉膛里生些许香砟子炭火，待炭火着到七八成，用夹剪将大炭火夹于"火盖"，中号炭夹到"烘锅"锅膛，碎炭留在"镳"底下，最后将三层锅再放到原处。最考究的是"三番二转"，才能确保火色均匀，皮面微鼓，皮底金黄，内瓤熟透。静宁锅盔虽有名，但不及西和锅盔厚实柔软。西和杠子面是用上等小麦面粉和特制草木灰水（作用同碱面），用温水搅拌，揉成面团，用白布捂盖一小时左右，然后放在倾斜的案板上，用一根杯口粗的木杠子，一头插入案板靠墙的墙孔中，一头由杠子面师傅骑在杠子上碾压，待面压开后，用擀面杖推擀，多次洒上粉面，折叠滚擀，直到把面擀压至薄如纸，韧如绸为止，或可包扁食，更多切成宽、细面条，单碗下锅，佐以蒜苗、韭菜，调以辣子、醋、食盐等，味以酸辣为主，原料简单，劲道爽滑，热凉均宜，本味突出。陕西岐山臊子面虽然劲道，但不及西和杠子面制作方法独特。

庆阳以臊子面、羊羔肉、荞剁面、搅团最为别致有名。臊子面大多为小麦面擀成的细长面，不仅汤要好，而且面要和好、揉好、擀好、切好、煮好。其制作要经过和面、揉面、馇面（揉好的面在密闭环境搁置一段时间）、擀面、切面、煮面、捞面、浇汤。臊子一般用猪肉或羊肉切成一般大小的肉丁，加入盐、姜粉、大香、辣椒面和花椒等调料，装入瓮罐保存，随用随取；也可用新鲜猪肉、羊肉现做现吃。汤的制作相当讲究，先用清油将葱花焓炒，然后加入臊子、熟猪油和辣椒面，再放入白萝卜丁、豆腐丁、黄花、木耳、海带，加水煮熟，再放入鸡蛋、菱形薄饼和菠菜。这样做成的臊子汤，色鲜、油厚、味浓，香味扑鼻，诱人馋涎欲滴。食时先上臊子汤，再上清水面条，然后用筷子将清水面条捞到盛有臊子汤的碗内，可一碗汤食用两三碗面条，也可一碗汤一碗面条食用。庆阳俗语曰："煮在锅里莲花转，挑在筷子打秋天，捞在碗里一条线，吃在嘴里活神仙。"因其食时声如哨子声，故有称"哨子"面。类似臊子面也见于天水秦安、陕西岐山等地，也有称作口水面或过桥面的。羊羔肉是庆阳环县等地立春至端阳节后前后地方风味名吃，肉嫩味鲜，不膻不腻，非常可口。做法较多，以清炖和蒸做较为普遍。清炖羊羔肉，色泽金红，细嫩溢香，味道美爽。制作时选择好肥羔，宰剥开膛后，除去内脏蹄脚，浸泡洗净，切成小块；然后用烧沸的植物油，把切成条状的干辣椒油炸后捞出，再将肉块下锅猛炒；随后放入生姜、花椒、胡椒粉、食盐等佐料，并适量加汤，以肉烂汤干为宜；快炖熟时，再加葱花、味精，用温火炖至熟；食用时需备一盘香菜、大蒜。蒸做羊羔肉，肉色金黄，味道鲜美，仍是将宰杀、洗净的羊羔肉切成小块，再加姜粉、花椒面和少许大香、葱花等佐料。蒸做前需在清水中将羊羔肉浸泡一小时入笼；蒸熟后加过油葱花，味精调拌，即可食之。环县羊羔肉似乎不及靖远羊羔肉著名，相对最有特色的要数荞剁面。庆阳北部环县、华池、庆阳县等地用荞面制成的传统名吃花样繁多，主要有荞面饸饹、荞面削面、荞面搅团、荞面煎饼、荞面凉粉等，以荞剁面最为有名。荞剁面的做法是，先用温水将荞面和成面团，用擀面杖擀成或薄或厚的面饼，再将面饼放在置于锅沿的剁面专用案板之上，然后用双手执起两头有柄的特制剁面刀，由前向后边剁边移动，在一阵节奏有致的刀响声中，将一根根长细均匀的荞面条抛进沸腾的煮锅里，待面条煮熟后，或捞入肥美的羊肉、猪肉臊子汤碗里，或捞入用食醋或浆水特制而成的酸汤碗里，或在干面条中调入油、盐、油炸辣面、臊子、葱花等调味品。其次有搅团，原料为麦面、玉米面或高粱面等，先将部分原料和面水入开水锅，待锅再沸加入余料，用擀面杖或其他类似粗长筷子在锅里旋转搅动，次数越多越好，有"搅团若要好，三百六十搅"之说，待面水成团熟后出锅摊开在案板上，冷却切成条块状，盛入碗中加佐料即可食用。选料较粗，工艺简单。其他地区也有称作馓饭的。另外如面辣子等也别有风味。

平凉以静宁烧鸡、平凉酥饼、泾川罐罐蒸馍、华亭核桃饺子较为著名。静宁烧鸡，也叫静宁卤鸡，以当地特产的肥嫩母鸡为主料，将活鸡宰杀，放净血，立即放入60℃—70℃的热水中浸烫、煺净毛，开口取出内脏，冲洗干净。然后放入清水中浸泡2小时左右，以去除血水，再捞出，上架，晾干表皮水分。将调料装入纱袋内，入清水锅中，再加入盐、糖，进行烧煮，制成卤水。将经过整形的白条鸡按大小顺序入卤水锅内，先用大火烧沸，撇去浮沫，再改小火焖煮数小时，至鸡熟烂即可出锅，出锅后抹上香油即为成品。有个大丰满、形色美观、肉质鲜嫩、外表晶亮、卤色褐红、肉香味厚、爽口不腻等特点。平凉酥饼又叫平凉酥馍，分汉民的暗酥饼和回民的明酥饼、扯酥饼三大类。暗酥饼表面不见酥，吃到口里才觉酥，有五香味的咸酥饼和包糖馅的甜酥饼两种。明酥饼表面油亮，进口酥软，也分甜咸两种。明暗两类酥饼均采取包酥方法制作。扯酥饼采取扯酥的方法，外表金黄，内里脆香。技艺高超的厨师，能用不同手法做出牛舌头、麻鞋底、一道眉和方块等十多种。泾川罐罐蒸馍主产于平凉泾川县，洁白如玉，因整体上大下小、形如小罐而得名。面粉和后经反复揉搓，回饧做馍。皮薄层多，硬而有韧，凉食酥而不黏，后味香甜，耐于久贮。罐罐蒸馍酥软可口，醇香味长，热柔冷酥，具有长期存放不霉、不馊、不变味之特点。用开水浸泡，如棉蕾试展，白莲初绽，其味不减，是旅途必备之佳品。罐罐蒸馍，过去一般将红麦俗称"齐麦"洗尽春皮，水浸捂，趁着潮气上石磨磨细，用绸箩底或银箩底的箩箩后，再将用黄酒糟配制的酵头，入干面粉发酵酿成硬面大块，将前一天发好的面千揉万搓拉成精丝，用全力揉后揪成剂子揉十几分钟，旋成下小上大四寸高的馒头面团。

用硬柴烧火，保持蒸笼干爽，馍入锅火力加大，使蒸汽更圆，随即蒸成色形味俱佳的罐罐蒸馍。蒸熟馍馍为一层层面包裹，也叫千层馒头，可层层剥着吃尽。华亭核桃饺子，是将核桃破皮取仁，用文火煨炒至淡黄飘香，吹去核桃上的细皮，再趁热擀压成泥状，加盐，然后与煮熟过凉水后的红、白萝卜，嫩白菜心或豆腐充分搅拌混合，同时佐以葱姜末、熟清油、五香调料，拌为饼馅，包皮下锅。华亭核桃饺子的特点是内馅含有核桃仁，且有形似核桃者，虽为菜饺，营养丰富，有肉饺质味，不腻不淡，清香爽人。

除此以外，天水甘谷的油圈圈、清水的瞎扁食、秦安的涎水面、麦积三阳川豆腐、张家川羊肉泡，陇南徽成县油茶麻花、两当荞面窝窝、康县面茶、文县竹筒米饭及豆花面等也较为有名。另外，如定西岷县点心更是难得的美食。内馅是蜂蜜拌面粉，点心皮为白面和油，放在铁鏊里用木炭火烤熟，吃起来像烙甜包子。清末民初以来吸收南北风味，在馅里增添绿红丝子、玫瑰花、核桃仁、花生米、冰糖、白砂糖、豆沙和各种香料等新原料，再烙印上各种花鸟图案，形成了独特风味，具有皮薄个大、内馅丰富、皮酥香甜等特点。

应该看到，虽然基于物质器皿等各个方面的相互融合在所难免，但相对于服饰、建筑和行具而言，似乎饮食最为保守，且往往随年龄的增长，不是强化饮食习惯的互通性乃至变通性，而是强化其或固化饮食习惯的保守性。许多人愈至年老愈怀念过去尤其童年时代的饮食习惯，且常常将过去饮食习惯作为童年记忆乃至人生最美好记忆的核心内容。这种记忆可能很大程度上有着与生死相关的哲学意味，但从最基本层次而言，显然具有乡村记忆的性质，甚至成为乡村记忆中印象最深刻的内容。正是由于人们的口味愈老愈保守，往往最习惯也最怀念儿时母亲制作的家常便饭的味道，使得陇东南乡村饮食很大程度上与人们的怀旧情绪乃至乡村情结紧密联系起来，使得乡村饮食成为陇东南乡俗中相对最为保守、最为全面的部分，至少比其他如服饰、住宅等因城市化和西方化呈现出的同质化程度要轻一些。正因如此，饮食往往是研究一个地方地域文化乃至乡俗的活化石。虽然陇东南乡村饮食尤其地方小吃往往最能发挥当地人的想象和创造力，最擅长花样翻新，但食材不外乎玉米、洋芋、小麦、小米之类，烹调的手法也不外乎煮、蒸、炒之类，调味品也不过酸菜、辣椒、醋、蒜和葱之类，万变不离其宗，有着相对独特而稳定的地域特色仍然是一个不争的事实。

即使如此，也并不表明陇东南乡村饮食习惯绝对没有发生改变。改革开放前除了为数不多的国营饭馆，一般很少有饮食摊点，即使城镇里的人都只能在家里就餐，至于乡村更是每家每户毫无例外地在家里就餐，偶尔到谁家串门碰上饭熟，也可趁着吃几碗，并不生分。现在城市诸如结婚丧葬等红白事情已流行在大型饭馆乃至宾馆宴请，乡村只能出资邀请厨师在家设宴请客，常常由亲戚邻居帮厨，仍有几分乡村气息，但不再是家常便饭，而是诸如"八大菜"、"九碗饭"、"满汉全席"之类。如陇南徽县流行八宝饭、红烧牛肉、清蒸丸子、清蒸羊肉、清蒸鸡块、羊肉小炒、酸菜豆花、河池拌三片、青菜炒豆腐之类清蒸九碗三行子。改革开放初，乡村人们见面常用问候语仍然是"吃过饭了没有"，但现在慢慢少了起来。足见生活条件的转好，已经改变着乡村饮食习惯。

二、饮食的陇东南乡村美学智慧

陇东南地区是中华文明的发祥地之一，尤其大地湾遗址一期文化遗存已经发现的黍等农作物实际标志着中国饮食文化在史前时代已经有了一定基础。虽然原始先民在没有学会钻木取火之前可能过了相当长的"食草木之实，鸟兽之肉，饮其血，茹其毛"①及食鱼的生活，但相对来说，作为草木之实的谷物和蔬菜才是饮食文化最丰富多彩的内容，同时也是人们能最大限度发挥想象力和创造力的部分。陇东南地区作为中国农耕文明的

---

① 《礼记·礼运》，孙希旦：《礼记集解》中，中华书局1989年版，第587页。

发祥地，理所当然以食谷为主，并由此构筑起饮食文化的体系。所以发展至今的陇东南地方名吃大体以谷物为主，且最为丰富多彩，显然代表了陇东南乡村饮食的核心内容，且由此彰显出独特美学智慧。

一是具有就地取材、因势利导的养生之美。陇东南地区最常见的农作物是小麦、玉米、荞麦和洋芋，最能代表陇东南乡俗的饮食也大体取材于此，制作乡村饮食的看家家当和工具不外乎一口铁锅、一块案板、一把切刀、一把勺子四样装备，往往单凭不同手艺，各个农户便能各尽所能各显神通，使随处可见的各种食材物尽其用，制作出花样翻新、各尽其妙的乡村饮食，无论大街小巷，还是家家户户，都能享受到风格各异的习俗饮食。不仅不同食材本身有着独特养生作用，更重要的是就地取材、因势利导的制作技艺本身蕴涵着人们对养生之道的深切感悟，特别是彰显着人们对自由创造与朴素生命的透彻体悟。这是陇东南乡村饮食美学智慧的主要体现。

做小麦面条最常见的是用擀面杖在平面案板上擀面，在陇东南乡村却不尽如此。如西和杠子面是将面放在后高前低有斜度的案板上用固定于前面墙孔的杠子挤压和面，使其柔韧度发掘到最大限度，再用擀面杖擀薄。而流行于陇东南各地尤以庆阳、平凉两地最为多见的饸饹面，是将和好的面团成棒放入饸饹床内压制而成，再配以不同汤汁便有不同味道：配以浆水便成为浆水面，配以清油炝的豆腐粒、洋芋粒等便成为臊子面，配以炸酱便成为炸酱面。同时擀制的小麦面，如果不是切成面条，可以切成一定几何图形，装上不同馅儿便有不同名称：用特制的圆圈状模具压制出圆形面片，捏上肉馅便是肉煮角子，捏上菜便是菜煮角子，捏上豆腐便是豆腐煮角子，捏上地软便是地软煮角子，往往因内馅不同而味道各异。如果不是入锅水煮，而是做得更大，放在笼床蒸，便可以做成圆形的肉包子、白菜包子、豆腐包子、地软包子、洋芋包子等，也可以做成长条扁形的脚角子，而且就包皮也有不同造型的捏法，或成核桃状，或成荞麦状，或圆如球，或扁如脚，或封口花纹圆形收缩如花朵、如辐条，或封口对折斜面整体挤压如齿轮，或斜面交替缩口如莲藕。与煮角子有所不同，如果不是将面团擀成大块面片，用模子压制而成圆形包皮，而是将面团分割成小面团，搓成圆棒状，再将圆棒状面团分别切成较铜钱略大的圆柱形面团，然后逐个压扁，一手转动面团，一手用小擀面杖围绕圆心向圆周方向擀出擀薄，再在中厚边薄的圆形面片中心放上馅儿，沿中线对折成扇状，用两手大拇指与其他手指缝执中线，从两边向中间双向对折挤压封口，便成为饺子，因为内馅不同而有不同名称如肉饺子、菜饺子等，其中以肉与茴香馅饺子味道最香。如果切制成梯形或三角形，用肉馅捏制而成叫馄饨，用萝卜等菜捏制而成叫扁食。如果不是将小麦面擀成片，而是揉捏成小疙瘩，放在草帽或簸箕上搓出的成卷的食品又叫麻食。如果不是将面和成大面团，而是直接和成米粒大小的颗粒状下锅煮食带汤，又叫拌汤，其中配之以浆水为浆水拌汤，配之以醋汤又为醋拌汤。也可能并不擀薄，也不和成大小不同的面团，而是选上等精粉，用化入碱、食盐的温水和面，用力搓至软硬适中，分别打成小块，搓成一个个一尺左右拇指粗条子，用油布覆盖醒一段时间，待锅中水开将分开的面体再搓细一些，然后均匀用力扯出粗细匀称适中的面条下锅煮熟，配以炒出的外皮微黄细小较硬的豆腐丁、油辣子、葱或蒜苗末可食，具有宜清耐嚼、筋道可口的特点，这便是徽县江洛棒棒面。如果不是打成细条而是粗条块面团，压扁扯长，便是西和长道扯面。

荞麦之降血压、降血脂、降脂肪的功能近年来才受到人们的重视，且由于产量的原因，曾经不被看好的荞麦面却有了独特效力。同是荞麦面，可擀制成面条，也可压制成饸饹面，其中荞麦饸饹面最讲究，常将精制荞麦粉用温水和成面团，取适量面团捏成棒状放入饸饹床内，直接压入饸饹床下面的开水锅，煮熟后捞入温水盆，或用清油拌过放置案板上，食用时加入不同佐料如肉汤、素汤、杂酱等，色黑条细，筋韧爽滑，清香利口，有健胃消暑之功效。也可用荞糁子入水浸泡加工，提取淀粉加水入锅，小火烧煮，随煮搅动，直到荞麦粉黏稠成团熟透，才盛入形状各异的盆子冷却回醒做成凉粉，或不断搽到锅底成焦黄状呱呱；也可将荞麦面散成糊状，用筷子分批次加入滚烫沸水中煮熟，因形似骨头，民间俗称水骨头或油骨头；更有糊状的荞麦面摊在布有食用油的平底锅中摊成薄薄馅饼，加裹不同肉类和菜类而成卷饼的。

相对来说，曾经较为平民化而今大多数地方已多用来饲养牲畜的玉米，也有多种制作方法。或分批次散入滚烫的沸水 360 度搅制直至柔软黏糊、热气腾腾，陇南地区将佐以清油炝制的豆腐粒、洋芋粒等的酸汤食用的叫搅团，将佐以浆水食用的叫馓面饭；天水等地也有相对稠的叫馓饭，相对稀一些的叫搅团。也可以将相对稀一些的馓饭盛入漏勺中摇晃或用勺抿下水盆或落到案板，而成为漏鱼或称面鱼，再调入浆水汤或醋汤佐以调料食用，也可加蒜泥凉拌食用。或和入馓饭擀制成面条面片水煮后食用，或在锅里布上酸菜或洋芋等加水适度，上面在盖上适量玉米面，穿刺成透气眼，先大火煮沸再细火慢糇，分批次由上层逐渐搅拌成疙瘩，直至到底，将洋芋或酸菜搅拌均匀，如果火候、水分把握恰当，疙瘩便不粗不细、不干不黏，虚软疏松，酸甜可口，陇南叫疙瘩子或糇糇子；如果布入锅底的不是洋芋块而是洋芋条，或将洋芋去皮，擦成较粗的丝，用清水泡一会儿，沥干后一层层加上玉米面粉拌匀，上蒸锅蒸熟，加入去籽切丝的青椒、红椒或干辣、葱花，用清油炒熟，再与蒸好的土豆丝翻炒，加入盐、味精调匀出锅。若喜欢麻辣味道可加适量花椒粉，如此做出来的虚蓬蓬的食品在天水被称为洋芋叉叉。或将玉米面盛入勺子，压瓷实，逐次送入滚烫的开水，搅拌成不大不小的疙瘩，再逐次抛入锅中开水，待稠度适当后煮熟，盛入碗中，加以醋或浆水，称之为玉米拌汤。或可用馓面饭的方法将玉米面散入锅中沸水，不待稠至馓面饭，称之为糊巴汤或称护心汤，热气腾腾，有养胃生热之功效。值得一提的是玉米馓饭锅底的呱呱，如果刮去表层的馓饭，单就薄薄一层呱呱而言，如果火候较大，便搽成硬硬一层锅巴，黄澄澄、硬邦邦，干脆爽口；如果火候较为温和，便是搽成柔软可折叠或蜷曲的馅饼，但明显比馅饼筋道柔韧，当然也可作为馅饼卷菜吃，也可在铲锅前划成菱形小块，和着浆水吃，味道倒比玉米面片还要受用，爽滑柔软不亚于小麦面片。最为简便本色的应该属熟面，常常是将玉米与切条甜菜分别炒熟搅拌，盛入缸罐或口袋，待食用时取入碗中，或干吃，或和入开水吃，最上等的是与烂熟的柿子拌着吃，这曾经是出门人最好的方便食品，类似于现在的方便面，最能体现玉米面的橙黄与甜菜的甜美，具有原生态特征。

陇东南乡村饮食并不挑剔食材，只是选择随处可见的最普通食材如面粉之类，但由于能充分了解和认识不同食材的习性，因势利导，采用不同工艺便可制作丰富多样的美味食品。这显然是技艺娴熟高超的必然结果，而娴熟高超技艺的最高境界必然是道。道的精髓绝对不是无视食材乃至事物习性而一意孤行，知其不可而为之，以致四处碰壁，伤己害物，而是顺任自然，因势利导，各尽其才。人们总是慨叹庖丁解牛的技艺，其精髓在于深入认识牛的骨骼结构，因势利导，乃至以神遇而不以目视。技艺的最高境界其实与道的最高境界息息相通，其精髓都是生命的自由解放，而不是固执己见，乃至作茧自缚。宗白华指出："人类这种最高的精神活动、艺术境界与哲理境界，是诞生于一个最自由最充沛的深心的自我。这充沛的自我，真力弥满，万象在旁，掉臂游行，超脱自在，需要空间，供他活动。"①虽然人们可能认为将制作食品的技艺与道相提并论，与艺术境界、哲学境界相提并论有些玄乎，但正是这看似玄乎的技艺中却蕴含着艺术乃至哲学的境界。

现代人向西方学习追求生命的自由解放，却寄希望于科学技术，试图借助解放生产力的方式赢得生命的自由解放；或寄希望于艺术，试图通过想象的满足赢得生命的自由解放；或寄希望于哲学，试图通过解释和改造世界的方式实现生命的自由解放；或寄托于宗教，试图借助对弱者的精神抚慰而达到生命的自由解放。所有这些设想，虽然可能赢得暂时或幻觉的自由解放，但不能真正赢得心灵的自由解放。人尽其才，物尽其用，也许只是生命自由解放的表象，其根本在于心灵的无所执着、平等不二、周遍无碍。吕思勉认为："中国人烹调之法，在世界上是首屈一指的"，"中国

---

① 宗白华：《中国艺术意境之诞生（增订稿）》，《宗白华全集》第 2 卷，安徽教育出版社 1994 年版，第 368—369 页。

人对于饮食，是奢侈的"。① 如果理解没有错误，他的第一句话揭示了饮食技艺的丰富和高超；第二句话指饮食口感乃至快感之丰盈则不无道理，如果指用力过多，便不一定全对。如果指中国人满足和沉溺于饮食的快感，乃至奢侈的快感，显然也有道理。马克思也指出："人（工人）只有在运用自己的动物机能——吃、喝、生殖，至少还有居住、修饰等等——的时候，才觉得自己在自由活动，而在运用人的机能时，觉得自己只不过是动物。动物的东西成为人的东西，而人的东西成为动物的东西。"② 马克思认为动物的机能与人的机能颠倒的情形便是异化，而不是自由的体现。但如果借指中国人善于琢磨食物乃至事物的品性，使食物品性与人自身创造性获得最大限度的彰显，便不一定正确。因为使食物品性与人自身创造性获得最大限度彰显恰恰不是生命的最大浪费，而是生命自由解放的体现。或者说生命的自由解放在于心灵的自由解放，而心灵的自由解放更关键地体现于创造的自由与成功的快乐之中，而不是饮食的快感乃至奢侈的快感之中。

　　陇东南乡村饮食并没有采用极其奢华的食材，也没有采用罕见的佐料，更没有采取需花费极大精力才能学会且掌握的烦琐技艺，只是在对相同食材的处理方面略作不同的简单变化和改动便能制作出风味各异的食品。这既不是对食材的奢侈浪费，也不是对工艺乃至精力的奢侈浪费，而是对食材品质的最大程度利用和对人的创造性的最大限度发挥，是食物生命和人自身生命的最大自由。人们慨叹庖丁解牛的技艺高超似乎在于熟能生巧，殊不知其真正的精髓恰在于能将技艺的创造与艺术的创造合二为一。养生的真谛不在于食材的名贵奢侈，也不在于工艺的精细复杂，更不在于生活的繁复劳神，恰在于食材的简单、工艺的简单，乃至生命的简单。简单才是自由的保证，才是养生的真谛，简单往往与奢侈、复杂、繁复背道而驰。或者说满足于奢侈、复杂、繁复生活的庸人往往将原本简单

① 吕思勉：《吕著中国通史》，华东师范大学出版社 2005 年版，第 222 页。
② 《马克思恩格斯选集》第 1 卷，人民出版社 2012 年版，第 54 页。

的生活复杂化，在折腾自己的同时，也浪费了他人的生命；深谙养生乃至道真谛的人常常能将复杂的生活简单化，使原本简单的生活回归于简单，在不折腾他人的同时也不劳损自己的生命。尤金·N. 安德森指出："中国人饮食中的大部分花色品种之所以被保持是由于传统的医学信念，主要基于药用理由而食用的许多食物的营养价值格外地高。"① 这一看法对几十年前的陇东南城镇可能比较准确，而在当时的陇东南乡村，并不是所有人都能有意识地关注饮食的药用价值和养生价值，充饥才是长期以来最基本的生活需要。近年来，随着日常生活质量的普遍提高，越来越多的陇东南乡村人才开始注意食物的药用和养生价值。

满足于粗茶淡饭，是陇东南乡村饮食之一大特色。如陇东所谓"蒸馍馍加辣子，不吃是瓜子（傻子）"，以及陇南所谓"粗茶淡饭，只要安然"、"有吃没喝，一盆大火"、"福不可重受，油饼不可夹肉"等谚语，都表达了人们知足常乐且惜福的思想观念。人们甚至更加明确地提出了"有福慢慢享，有话慢慢说"、"话不可说绝，福不可享尽"的幸福观，好多人常常几颗煮洋芋加酸菜便是一顿饭。立足于粗茶淡饭的花样翻新，才是陇东南乡村饮食养生之美的精髓，且也是陇东南乡村饮食传统的核心内容。陇东南乡村许多人并不笃信佛教，但对杀生害命还是有所忌讳，除非祭祀山神土地之类，否则不轻易杀生害命，至少不像城里人对屠鸭宰鸡杀鱼处之泰然、行若无事。陇东南乡村饮食并不恪守素食习惯，但仍不以肉类为主，而以谷类为主食，一年到头只在开春前做些肉臊子之类并可管用一年。这可能主要因为经济相对拮据，以致不将大鱼大肉之类作为家常便饭，也可能由于习惯了与鸡鸭牛羊等家畜家禽长时间相处，多少有了感情，尤其诸如马、牛、羊、猪、狗、猫、兔之类常常通人性，难免会激起人们的恻隐之心。这种恻隐之心虽然是人之常情，但对长期喂养家畜甚至某种意义上与之相依为命的乡村人家而言，更加顺理成章。虽然并不是所有乡村人都能认识，但显然与养生也不无关系。朱丹溪《格致余论》早

① ［美］尤金·N. 安德森：《中国食物》，马孆译，江苏人民出版社 2003 年版，第 102 页。

就认识到，乡村百姓吃的是气味淡薄的素食，到老动作灵便，身体健康，而富贵之人，多食肥肉荤菜，却体弱多病寿短。有云："人身之贵，父母遗体。为口伤身，滔滔皆是。人有此身，饥渴兴，乃作饮食，以遂其生。彼昧者，因纵口味，五味之过，疾病蜂起。病之生也，其机甚微，馋涎所牵，忽而不思。病之成也，饮食俱废，忧贻父母，医祷百计。山野贫贱，淡薄是谙，动作不衰，此身亦安。均气同体，我独多病，悔悟一萌，尘开镜净，日节饮食。《易》之象辞，养小失大。孟子所讥，口能致病，亦败尔德。"更有汉代《盐铁论》、《潜夫论》等典籍还特别崇尚简单食品，有谴责"侈饮食"的倾向。陇东南乡村饮食至今尊重家畜家禽生命，也习惯于粗茶淡饭养生，恪守着中国尊重一切动物的生命，崇尚最为广博宽容的生态伦理学的文化传统。

正因如此，陇东南乡村人们也养成了节俭的饮食习惯，如所谓"稀饭好吃，断顿难挨"、"惜衣的有衣穿，惜饭的有饭吃"等，同时也注重保健的饮食习惯，如有"早吃好，午吃饱，晚吃少"、"咸菜是引食草，不引吃不饱"、"消食的萝卜胀食的葱"、"桃饱杏伤，梅李子下树送葬"、"一顿吃伤，十顿喝汤"、"五谷养人哩，五谷害人哩"、"饭后百步走，能活九十九"等谚语可以作证。注重饮食保健也几乎是所有民族共同的习惯和传统，如《塔木德》有云："每次吃饭后吃点盐，每次饮酒后喝些水，这样你就不会因疾病受到伤害。吃饭不吃盐，喝酒不喝水的人，白天有口臭，夜晚喉咙疼。"①

二是具有原汁原味、素白无华的本色之美。中国饮食的传统是崇尚原汁原味、素白无华。尤金·N.安德森有这样的阐述："食物味在自然，贵在新鲜，这些看法是中国社会食物观念最核心的重要内容，这种观念将食物、健康和伦理合为一体。主要的原则是在所有的事物当中应该保持清晰和纯洁。男人和女人都应该诚实可信，食物应该纯洁新鲜。前者为一个

---

①　塞妮亚编译：《塔木德》，上海三联书店2015年版，第87页。

健康和谐的社会所必需，后者则为个人健康所必需。"① 很长时间以来中国乡村便是如此，但近年来却受到滥用农药、添加剂之类的空前挑战，使得食品安全问题成为人们健康生活的最大隐患。但即使在并不滥用农药、添加剂之类的时代，也不是所有人都崇尚原汁原味、素白无华，至少许多达官显贵喜用诸多烦琐复杂的烹调和腌制手艺使食物很大程度上丧失原汁原味、素白无华的特点并将其作为贵族生活的标志甚或摆阔炫富的资本。

人们可能熟悉《红楼梦》第四十一回写茄鲞的段落："贾母笑道：'你把茄鲞搛些喂他。'凤姐儿听说，依言搛些茄鲞送入刘姥姥口中，因笑道：'你们天天吃茄子，也尝尝我们的茄子弄的可口不可口。'刘姥姥笑道：'别哄我了，茄子跑出这个味儿来了，我们也不用种粮食，只种茄子了。'众人笑道：'真是茄子，我们再不哄你。'刘姥姥诧异道：'真是茄子？我白吃了半日。姑奶奶再喂我些，这一口细嚼嚼。'凤姐儿果又搛了些放入口内。刘姥姥细嚼了半日，笑道：'虽有一点茄子香，只是还不像是茄子。告诉我是个什么法子弄的，我也弄着吃去。'凤姐儿笑道：'这也不难。你把才下来的茄子把皮劙了，只要净肉，切成碎钉子，用鸡油炸了，再用鸡脯子肉并香菌、新笋、蘑菇、五香腐干、各色干果子，俱切成钉子，用鸡汤煨干，将香油一收，外加糟油一拌，盛在瓷罐子里封严，要吃时拿出来，用炒的鸡爪一拌就是。'刘姥姥听了，摇头吐舌说道：'我的佛祖！倒得十来只鸡来配他，怪道这个味儿！'"《红楼梦》中的这道茄鲞一是从食材造型来看失了茄子的本色，二是从食材的味道来看失了茄子的本味，由于失了本色本味，以致让做了一辈子农民的刘姥姥都分辨不出来。陇东南乡村饮食崇尚本色本味。一是绝不使主体食材丧失本色，往往制作工艺比较简单快捷，即使相对工艺复杂、程序繁多的制作方法，也不以改变主体食材的原貌，让人认不出来为代价，更不为展示和表演制作工艺而包装得花里胡哨；二是绝不喧宾夺主，使其他佐料的味道掩

---

① ［美］尤金·N. 安德森：《中国食物》，马孆译，江苏人民出版社 2003 年版，第 109 页。

盖乃至改变主体食材的本味。无论采用什么食材，一般极少使用佐料，即便使用也以不改变主体食材的主体地位及其本味，追求原汁原味为主旨；三是绝不众星拱月，陇东南乡村饮食往往将谷类食物作为主食，或无须其他菜肴，也能单纯成顿。最值得一提的是，许多地方往往将洋芋看成菜肴，不直接用作主食，陇东南乡村饮食却直接将其作为主食，用几颗烧熟或煮熟的洋芋充当结结实实的一顿饭，甚至不要其他任何点缀，至多只是用浆水拌汤作为副食，以起到滋润作用。

　　洋芋是陇东南乡村饮食百吃不厌的食材。虽然制作工艺各异，均以不失本色本味为主旨，常常想方设法凸显为人们所不大熟悉的本色本味。除了洋芋搅团之类工序较多外，其他如切成条状、块状，或油炸，或水煮；也可并不切开，整体烧烤或水煮。整体烧烤莫如饭后柴火炉中用余火热灰埋于其中，待烧熟不带火疤，擦去灰土，表皮通体焦黄微硬，内瓤烂熟绵软呈雪花状，热气腾腾、余香满口；整体蒸煮，往往外皮裂开，宛如盛开的花朵，不用费劲剥离，便呈现出粉白的内瓤，热腾腾、棉嘟嘟，别有一番滋味。可适当撒上椒盐，或佐以酸菜，也可不加任何佐料，单纯享受洋芋的本色本味。20世纪七八十年代流行蓝色洋芋，刚蒸煮出锅熟透的洋芋常常外皮自动脱落，整体呈现的内瓤雪白如初，圆融酥软如雪球，细看每个小小的粉状颗粒，如冰糖般晶莹剔透、闪烁夺目。稍不留神或拿捏不稳便散落一地，虽然不似天女散花，但宛如散雪在地，无论是牙齿好的青壮年，还是没有牙齿的老人和婴儿，几乎不用咀嚼便可直接下肚。或放入碗中略加捣抹，便如雪白的米饭，小的颗粒比米粒还要小许多，不是面粉，也胜似面粉，但比面粉晶莹剔透，大的颗粒可如口大，不是棉花糖，也胜似棉花糖。其本色本味之香现在由于洋芋品种的改变和革新已经很难再享受得到了。

　　可以说诸如洋芋等陇东南乡村饮食往往兼备华丽繁复之美与平淡素净之美。不能说洋芋之美便是"绚烂又复归于平淡"的美，但无疑达到了"质地本身放光"这一真正本色本味之美的极致。至少蒸煮得裂开花的蓝色洋芋能最典型地彰显这种"质地本身放光"的美，且达到了极致。宗白华指出："两种美感、两种美的理想：华丽繁复的美和平淡素净的美。贲卦中也包含了这两种美的对立。'上九，白贲，无咎。'贲本来是斑纹花采，绚丽的美，白贲，则是绚烂又复归于平淡。所以荀爽说：'极饰反素也。'有色达到无色，例如山水花卉画最后都发展到水墨画，才是艺术的最高境界。所以《易经》杂卦说：'贲，无色也。'这里包含了一个重要的美学思想，就是认为要质地本身放光，才是真正的美。"① 相对来说，作为陇东南乡村饮食较有华丽繁复之美的莫过于洋芋丸子。丸子常常不是擦成条状或扁粗或细丝，而是擦成细小颗粒，捏去水汁，仅留淀粉，加上食用油、盐、花椒等调料与洋芋颗粒搅拌均匀，捏成乒乓球大小颗粒，放入笼床蒸熟，再佐以其他调料、香菜、胡萝卜丝等，全体呈青蓝色，黏柔可口。当然呈现出青蓝色并配以其他佐料的丸子其实较之《红楼梦》的茄鲞，仍有不失本色本味的特点。有人认为西和杠子面，没有蔬菜配料，只有盐醋，佐以韭菜、葱花之类，没有多少营养价值，但这种饮食吃的正是面条或扁食原汁原味的本色麦香；至于西和锅盔，尤其素锅盔，更是除了麦香味，别无其他味道。静宁锅盔虽不及西和锅盔厚实、虚软，但同样彰显着本色本味的特点。王符《潜夫论·务本》有云："百工者，以致用为本，以巧饰为末。"② 现在许多饮食正好相反，常常以巧饰甚或包装为美，而不大在乎食品本身的质量，大有华而不实之风，尤其中秋前后市面上出售的名牌月饼之类。

三是具有清淡平和、周遍含容的和谐之美。陇东南乡村饮食往往有着食材滋味的清淡平和、本味悠长，就餐礼俗的融洽温馨、彬彬有礼，就餐器具的周遍含容、灵活自如等特点。最能代表陇东南乡村饮食的家常便饭往往崇尚五味清淡平和，虽然如呱呱尚辣、豆花尚麻，但与鲁、川、粤、闽、苏、浙、湘、徽八大菜系，尤其是偏辣的湘菜、偏麻的川菜等全国其他乡俗的饮食相比，还是比较偏于五味清淡平和。尤金·N. 安德森写道：

---

① 宗白华：《中国美学史中重要问题的初步探索》，《宗白华全集》第3卷，安徽教育出版社1994年版，第459—460页。

② 王符：《潜夫论·务本》，《诸子集成》第8册，中华书局1954年版，第6页。

"中国烹饪最独特的东西，那就是佐料的混合。中国食物的特点是用各种复杂和精致的东西来提味，这也许包括了葱、蒜、花椒、酒、酒精、各种真菌、麻油（往往放入就是为了增加香味）、米醋（在很多地区）、糖、麦芽糖浆、五味子、八角等，并几乎总是包括了一种或另一种发酵的大豆配制品。显然没有一样菜肴配齐上述全部调味品，但很多菜肴都有独特的配套调味品。……食物配制的最后阶段往往留给就餐者。佐料、调味汁、蘸水之类放在餐桌上，而不是用于'点缀'食物。"① 陇东南乡村日常家庭饮食虽然并不十分讲究如此丰富的佐料和提味品，如老葱蘸盐便可成为简便饮食，以致有"老葱蘸盐——乡里人过年"之类的歇后语，但并不意味着陇东南乡村饮食仅仅以盐、醋、葱、蒜、辣椒、花椒之类作为调味品，尤其在特定节日款待客人会尽量使用较为丰富多样的调味品，以达到提味的目的。但无论多么丰富多彩，都不可能违背五味俱淡乃至中和之美这一底线。

　　食物及其调味品的搭配，从来不是一个简单的学问，常常关涉一个人的性格、品位、境界，甚或人生哲学和政治哲学智慧。虽然不能说一个偏食挑食的人就一定是一个孤陋寡闻、自以为是的人，但性格偏激、固执、不易变通、不随和的缺陷必定存在。而且这不只关涉性格、心胸、见识，也可能关乎人的健康。按照中国养生学的观点，偏执任何一种味道，嗜好过度，都可能影响到健康。如《黄帝内经·素问》有云："味过于酸，肝气以津，脾气乃绝。味过于咸，大骨气劳，短肌、心气抑。味过于甘，心气喘满，色黑，肾气不衡。味过于苦，脾气不濡，胃气乃厚。味过于辛，筋脉沮弛，精神乃央。"② 其实食物的食用及调味品的搭配，更关涉一个人的道德修养和品格境界。如《吕氏春秋·本味篇》有云："调和之事，必以甘、酸、苦、辛、咸。先后多少，其齐甚微，皆有自起。鼎中之变，精妙微纤，口弗能言，志不能喻。若射御之微，阴阳之化，四时之数。故

---

① ［美］尤金·N. 安德森：《中国食物》，马孆译，江苏人民出版社 2003 年版，第 151 页。
② 《黄帝内经·素问·生气通天论》，张志聪：《黄帝内经集注·素问》，中医古籍出版社 2015 年版，第 17—18 页。

久而不弊，熟而不烂，甘而不浓，酸而不酷，咸而不减，辛而不烈，淡而不薄，肥而不腻。"[①] 而且还关涉人生智慧甚或政治智慧。中国古代很早就将饮食的味道平和与治国安邦联系了起来，如《古文尚书·说命下》所谓"若作和羹，惟尔盐梅"[②]，不是说掌握好咸酸，便能治理好国家，而是调和羹与治理国家一样都得考虑各方因素的均衡平等、相融共存。至《左传·昭公二十年》更明确提出了这样的观点："先王之济五味，和五声也。以平其心，成其政也。"[③] 可见，食物及其调味品的搭配关系一个人的性格境界，同时关涉其身体健康问题，更关涉其人生智慧和政治智慧。人们不难得出结论：一个偏于某一特定食物和味道，甚至因此而排斥其他食物和味道的人，必然是一个心胸狭隘、充满偏见，乃至自以为是的人，这种人为人处世往往剑走偏锋，治国安邦便厚此薄彼、顾此失彼；也许只有那些并不挑食偏食，甚至对一切食物和调味品并无偏好的人，才可能因为有着清淡平和的饮食习惯，以至具有较为和谐的人格、和谐的人际关系、和谐的宇宙关系。可见，不仅健康的身体，甚至健全的人格，以及和谐的生命境界和政治智慧都可能开始于饮食的五味清淡平和。

现在许多大型饭馆或宾馆常注重就餐硬件设施高档完备和环境高雅整洁，陇东南乡村饮食则更强调一家大小围坐在土炕上，中间支起一张炕桌，长辈居中，其他人依照年龄辈分左右两边长幼有序依次排列的安静祥和、其乐融融的人文环境。西餐强调用餐卫生，常常每人一份，各不相让；陇东南乡村饮食则正是通过晚辈给长辈夹菜送饭来体现敬老尊贤的礼仪，通过长辈给晚辈夹菜送饭来表现对晚辈的关爱照顾。虽然不能说传统的中国家庭教育开始于饭桌，但饭桌前的这种谦让却潜移默化地影响并强化了长幼有序、敬老爱幼的最基本家庭伦理观念。人们常说"积善之家必有余庆，积不善之家必有余殃"，这个观念在饮食乡俗上表现无余。如果一个家庭遵循敬老爱幼、长幼有序的家庭伦理，次次将第一口饭菜送给

---

① 《吕氏春秋·本味篇》，《诸子集成》第 6 册，中华书局 1954 年版，第 141 页。
② 《古文尚书·商书·说命下》，《十三经注疏》，上海古籍出版社 1997 年版，第 175 页。
③ 洪亮吉：《春秋左传诂》下，中华书局 1987 年版，第 746 页。

老人，无形之中便使这一家庭成员普遍受到熏陶和教育，步入辈辈良性循环的轨道；相反，如果一个家庭不遵循敬老爱幼、长幼有序的家庭伦理，次次先下手者为强，甚至轻视和虐待老人，则会导致辈辈相传、恶性循环。因为每一个人都有从幼小无知，到身强力壮，再到体力不支的过程，善待每一个老人实则就是善待未来即将步入老年的自己。所以往往可以从一家人就餐的礼数看出这家人的盛衰，从一个地区和国家的就餐礼数看出这个地区和国家的盛衰。可见，就餐乡俗的温馨融洽、彬彬有礼，绝对不是一个表面行为，而是牵涉一个家庭、地区和国家兴衰存亡的大事。关于每顿做什么饭，一般是公婆做主，儿媳每次做饭前都得征求公婆意见，绝对不敢擅自做主，可见过去中国每一个家庭最受尊重的人常常是辛苦一生、德高望重、年老体弱的老人，而不是为所欲为的"小皇帝"。今天在某些地区尤其城市颠倒为一家子围着"小皇帝"转，以致将辛苦一生、老来丧失劳动能力的老人作为生活的累赘和负担，被忽略甚至无视其存在，更有甚者还不给吃喝，遭受虐待。

陇东南乡村饮食之最庄重、最宏大的场面应该是新人婚庆宴和亡人去世三周年纪念宴，一般得邀请亲戚本眷、亲朋好友、乡里乡亲参加，其中婚庆宴尤其如此。去世三周年纪念宴虽不及婚庆宴，但因为是亡人脱离地狱审判和酷刑赢得六道投生的关键时间，所以也不乏喜庆之意。中国有曾子所谓"慎终追远，民德归厚矣"①的传统，因此三周年纪念宴也可称"追远宴"。有些人不知晓这更关键的一点，往往视其为答谢宴，借此酬谢为操办丧礼操劳辛苦的亲戚邻居、亲朋好友、乡里乡亲等。诸如此类的陇东南乡村宴会往往有丰富的文化内涵和氛围，且明显超过了城市宴会。卫三畏这样描述中国宴会礼仪："如果宴会很大，主客之间进行令人厌烦的推让，不肯坐上最高的位子，要浪费十来分钟，直到主人落座，大家才一一就位。一开始，主人站起来，拿着酒杯，向客人致敬，声明酒菜菲薄，很是抱歉，唯一愿望是向各位表示敬意罢了。宴会进行到一定时刻，

① 《论语·学而》，朱熹：《四书章句集注》，中华书局1983年版，第50页。

大家同时起立答谢，为主人的健康干杯。不曾见过像西方那样发表祝词的习惯；为健康干杯时，礼貌要求将小酒杯底朝上，表示已经饮尽。"① 卫三畏所描述的虽然是中国宴会的共同特征，但主要还是城市宴会，至少与陇东南乡村相比还有些逊色：一是陇东南乡村虽然也有为座次推辞礼让的习惯，但主要还是按照辈分及年龄确定位次，一般居中者为上，左右次之，其余依次类推，如老子有"吉事尚左，凶事尚右"② 的说法。按照陇东南乡村乡俗，最尊贵的客人如男主人舅舅家、女主人娘家、媒人保亲、风水阴阳先生等红白喜事关键人物，及德高望重的老人等，一般得安排在主房炕上，其他人等由于炕上无法全部安排，只能退而求其次，在院落或者其他房屋的炕上。二是敬酒人一般必须双膝着地跪在炕沿上双手举杯，向在炕上落座的客人敬酒，且每杯酒按先后顺序都有特别的说法和讲究，诸如一心敬、喜酒双杯或两相好、三星高照、四季发财、五魁首、六六顺等，有些乡里人特别讲究这些套路和礼数，如果敬酒人说不出正规说辞，便可推辞不喝。敬酒人也并非只有一个，常按辈分大小或亲疏程度由几个人依次跪在炕沿轮番敬。陇东南乡村一般在宴席下位留出一个缺位，称之为席口，如果宴席不是设在炕上，敬酒人也得毕恭毕敬地站在席口双手举杯，现在城里人敬酒流行先喝为敬，而且也不一定都双手举杯。三是宴席还有许多专用措辞，如把倒酒称为"看酒"，说把酒倒上，不能说"倒上"，只能说"看上"；说将酒倒满，不能说"倒满"，只能说"敬起"，最起码也应说"看起"或"满上"，而且"满上"也似乎只是城里人的说法，乡里人很少用。四是陇东南乡村敬酒，一般得提前温酒，将温好的酒倒在酒壶中，给客人上酒得一手执壶，一手托壶底，仍有双手奉敬的意思。即使敬完放置酒壶，也不得将壶嘴朝向客人一方，只能朝向席口或自己一方。陇东南乡村看似烦琐的礼仪讲究也确实体现其保持传统和弘扬文明的程度。

---

① 卫三畏：《中国总论》上，上海古籍出版社 2014 年版，第 561—562 页。
② 奚侗集解：《老子》，上海古籍出版社 2007 年版，第 83 页。

陇东南乡村饮食秉持使用筷子的中餐习惯和传统，能用筷子对付所有食物，很大程度上彰显着一视同仁、大制不割的美学智慧。西餐常用刀叉并多有分工，有时得配上勺子，折射出擅长制作工具，崇尚分工协作、井井有条生活秩序的理想；中餐则一双筷子包揽天下，以不变应万变，表彰着灵活多变、运筹自如的生命理想。西餐强调用叉子选定食物并送入口中，从来不考虑也无法用叉子送食物进别人口中，张扬着唯我独尊的自我意识或人人独立的个体观念；中餐则用筷子选定食物，不仅考虑自己的饮食，也不忘用它送到其他人面前，有着关注自己更尊重他人的观念和意识。西餐用刀子分割食物，彰显出善于具体问题具体分析的优势；中餐则喜欢用筷子整体夹入或软性分割，表现出善于整体看待事物的特点。进一步讲，西餐往往培养和强化人们的独立意识和扩张观念，中餐则造就和表彰人们的谦逊品质与和谐意识。或更明确地讲，西餐彰显矛盾斗争的社会理念，中餐则强调和睦相处的生活态度。罗兰·巴特把筷子作为"转移食物"，对立于西餐的餐刀和叉子的"不切、不抓、不毁、不穿"的饭食工具的特点赞美为"最美的功能"①。虽然他的这种描述并不一定十分准确，但其揭示的某些温文尔雅的和谐品质还是显而易见的。其实陇东南乡村饮食沿用中餐餐具的最大优势和最美特点在于：能无一例外地采用筷子平等对待一切食物，有周遍含容、平等不二的美学智慧，并不像西餐刀叉那样切割食物分而食之，仅用刀叉照顾自己而未顾及他人的特点，以致多少暴露出区别对待一切食物，以及自己与他人的自尊、自卫甚至自私、自我膨胀和自我扩张观念。

在人类衣食住行等物质器皿生活中，饮食显然是最能发挥想象力的领域，因此也是最为花样翻新、最具地方风味的领域。一件服装常穿一年半载，也可新三年、旧三年、缝缝补补又三年；一间或一座住宅可住半辈子甚或两三辈子；一个行具，无论拐子、马驴、车辆都不便轻易更换。饮食

---

① ［法］罗兰·巴特：《罗兰·巴特随笔选》，怀宇译，百花文艺出版社 2005 年版，第 275 页。

却至少一日两餐或三餐，每餐可自由搭配食材，以不发生食物中毒为限，每餐可变换不同刀法、工艺，每餐可酸甜苦辣咸各有侧重。陇东南乡村饮食一年到头多为一日两餐，午餐为上午 9 时左右，晚餐为下午 4 时左右，如有"十月天气锅里转，麻利媳妇两顿饭"的说法，这基本上延续和保持了古代饮食一般分为上午 9 时左右的朝食或谓饔，以及下午 4 时左右的辅食或谓飧的习惯；① 夏季昼长夜短又值夏收农忙季节，一般一日三餐，在午餐和晚餐之间加晌午餐，往往午餐时间不变略微作提前，晚餐稍微推后至 6 时以后，下午 3 时左右加晌午餐。为了不误农活一般不生火做早餐，不过饿了随便咬两口馍而已，权作副餐，正餐为午餐。现受学生作息时间影响，有与城里趋同一日三餐的倾向，往往 12 时左右午餐也是正餐，多以炒菜吃馍为主，6 时左右晚餐为副餐，多为面条，年龄大的人常早 7 时左右生小火炉或火盆坐炕喝罐罐茶、吃烤馍当早餐，其他人往往半个饼子、一两个馒头充饥，权作陪餐。

凡有所食，皆成性格。不同饮食习惯往往形成不同性格特点。孙思邈《备急千金要方》之《食治》"序论"第一引述道："夫食风者则有灵而轻举，食气者则和静而延寿，食谷者则有智而劳神，食草者则愚痴而多力，食肉者则勇猛而多嗔。"② 所谓"食风者灵、食气者寿、食谷者智、食草者愚、食肉者悍"的说法，虽是针对不同饮食习惯的人和动物而言，但人作为同时食风、气、谷、草、肉的动物，理所当然拥有最大限度的包容性特征，当然由于对其中食物有特殊嗜好也可能导致最大程度的差异性，以致使得不同饮食习惯的人们可能具有的性格特征乃至生命境界也因此而有较大差别。西敏司指出："除了生活里一切事务必然带来的诸多烦恼，与生物内在天性的繁殖冲动外，就属觅食行为最能表现出我们的生物本性。在现代世界，人类苦难的主要根源——这点自古皆然——仍然是饥

① 参见许嘉璐：《中国古代衣食住行》，北京出版社 2011 年版，第 107—108 页。
② 孙思邈：《备急千金要方》，《中华医书集成》第 8 册"方术类一"，中医古籍出版社 1999 年版，第 507 页。

饿。"① 人们只有在忍饥挨饿，甚至威胁到自身生命安危的情况下，仍能保持敬老爱幼、先人后己的道德情操，才是最值得称道的。所以饮食也常常是考验一个人道德情操的试金石。

历史发展到现在，饮食已经在很大程度上成为人们生活的一种享受，成为人们追求自由的一种最切实可行的行为。虽然陇东南乡村大部分人可能限于生活条件尤其长期以来养成的吃苦耐劳的品质和节食的习惯，可能对饮食尤其对食物的取材、厨艺，以及味道、营养价值等缺乏相应要求，但能吃得上稀罕的山珍海味或豪华大餐仍是他们可津津乐道的幸福话题。这并不意味着饥饿已经永远远离他们，或他们的子孙永远不可能遭受饥饿的困扰。一些相对年轻的乡村人可能对此缺乏警惕，甚至与城里人一样家里几乎不存余粮，但年老的乡里人尤其是真正挨过饿的人对此不敢稍有马虎，因为只有饥饿到极限，真正威胁到人自身生命存亡的时候，才可能最大限度地彰显食物的力量，才可能最大限度地暴露人自身的动物性特质，才可能最大限度地考验人自身的生存意志和道德力量。许多酒足饭饱，不知道饥肠辘辘是什么滋味的年轻人最容易忽略食物对人们饮食习惯乃至生死存亡的价值和意义。没有最起码的食物，无论多么伟大的人抑或趾高气扬、自以为是的人，都可能只有等待死亡这一条道路。这才是颠扑不破的冷酷事实。"深挖洞、广积粮"的忧患意识在任何时候都应该是明智的人们应该汲取的生活智慧。

人们以为饮食有满足食欲的动物性本能成分，常能在很大程度上带来生存的极大快乐甚或自信，虽然马克思将这种基于动物性本能的快乐视为人类异化的结果，但在温饱问题长期不能得到很好解决的时代确实有着令人向往的性质，至少一饱口福的食物美味尤其集体聚餐常常能最大限度地激发人们对自由的充分体验。美国学者西敏司指出："自由的滋味与食物的美味之间的关联，比乍看之下紧密得多。自由的滋味听起来至高无上、超凡绝尘（或者能使人因此尊贵）；食物的美味则相当平凡，属于身体的享受。然而这两种'味道'其实相去不远。我们可以在许多方面看到，

---

① ［美］西敏司：《饮食人类学》，林为正译，电子工业出版社 2015 年版，第 5 页。

这两种状似迥异的感受其实有相通之处。"① 虽然今天的陇东南乡村已基本解决了饥饿的困扰问题，但并不意味着饥饿作为人类苦难的主要根源的问题获得了永远解决。虽然长期处于饥饿状态和习惯于粗茶淡饭的人们可能对食物味道没有特别要求，也可能并不在乎食物的味道、口感甚或营养价值之类，有些甚至对事物的品种、类型也似乎无所谓，但并不意味着他们对饮食只是满足于充饥和填饱肚子的欲望层次，只是表明了他们对饮食没有过多的苛求，这在很多情况下只对自己而言，且很大程度上有着自我克制乃至牺牲的美德在其中。陇东南乡村未婚女子经过训练基本上接受了这一自我克制乃至牺牲的美德，她们对提供给自己尊敬的长辈乃至崇拜的神灵的食物从来不敢有所马虎，不仅能将自认为最精美贵重的食物毫不吝啬地献给自己的长辈乃至崇拜的神灵，尤其对供奉于神灵的食物不能品尝，只能按照自己的饮食习惯和感觉将味道调至恰到好处。她们保留了长辈们代代相传的遗训，能不约而同地将品尝供奉于神灵的食物视为有罪过的行为。正是由于所有这些乡村未婚女子自小接受了这一禁忌习俗，视供奉食物为最庄严肃穆的行为，所以也常常将这些供品视为有特殊功用的食物，慷慨地舍予期待长寿的孩子、病愈的老人，以及祈求早生贵子的孕妇等。这可能是陇东南乡村女子最富于牺牲精神的伟大传统，同时也是这些地方的人们虽然长期地处边远落后地区仍然生生不息的根本精神。

　　也许陇东南乡村饮食的最大美学智慧在于简易。人们尽可以将这种生活方式阐述为返璞归真，但类似阐述可能造成如此印象，以为在过惯极度奢华的生活之后，人们突然有一天恍然大悟，抛弃了既得一切甘愿回到最原始、最质朴的生活状态。这种回归显然需要极大生活勇气，也需要极大生存智慧。对过惯了最质朴生活，且也无缘过奢华生活的陇东南乡村的人们来说可能一切如常，似乎没有什么值得吹嘘和玩味的特别之处。诸如一个习惯于吃洋芋酸菜的人似乎并不觉得生活有多么苦，但对一个习惯于西餐大菜的人来说可能确实有些苦不堪言。其实老子所谓"见素抱朴，少

---

① ［美］西敏司：《饮食人类学》，林为正译，电子工业出版社 2015 年版，第 32 页。

私寡欲"[①] 只是揭示了人生的本来状态，并不是极度奢华之后的返璞归真。陇东南乡村人们简易的生活乃至饮食方式绝不是他们着力追求的结果，而恰恰正是这种无所执着之中顺理成章的生存乃至饮食方式，才真正揭示了其顺任自然的美学智慧。这种智慧也体现在饮用水方面，至少与城市相比确实如此。彼得·霍尔指出："大型城市都是大规模的城市，规模大就暗示着复杂。村庄从水井或小溪中取水，小镇从恰好流过他们的小河中取水；他们把垃圾埋到地下或倒入那些相同的河溪中，不会有很多麻烦。但大城市比他们需要更多的水，需要比本地水源能提供的还要多的水；因此，他们必须拦住河流以兴建巨大的上游储水库，或从遥远的江河流域引水，或者双管齐下。接着他们不想受到流行疾病的困扰，为了远处的下游地带着想，他们就必须把垃圾送到较远的净化场，以避免水源被污染。"[②]

在陇东南乡村，虽然某些地方因为持续的干旱实际上已经很大程度上改变了人们的简易生活方式，其饮用水也可能带有人工储水的性质，但对绝大多数地区来说，其饮用水仍然具有纯天然矿泉水性质。文明的进程常常有些匪夷所思：人们并不是在心安理得地享用最原始、最淳朴的生活，当他们盲目追求进步、日思暮想地期待过上城里人奢华生活的同时，却可能丢掉自己原本最值得珍惜的最宝贵生活方式乃至智慧。这仿佛是造物主开的一个巨大玩笑。人们不能一味地鼓吹城市化，更不应该满足于城市化的自来水和下水道，以为所有这些才是现代文明给予人们的最大生活便利。其实丧失了人类赖以生存的土地和粮食，仅仅满足于诸如自来水和下水道给予人们生活便利的短视行为，将最终可能吞噬乡村生活最为宁静、恬淡的生活节奏和秩序，将可能成为人们走向弱肉强食、血腥竞争社会的前奏。人们不应该忘记彼得·霍尔发人深省的提醒："一个建造了完善的引水渠和下水道系统却只对其不富裕的国民施以小恩小惠的社会，是一个

---

① 奚侗集解：《老子》，上海古籍出版社 2007 年版，第 47 页。
② ［英］彼得·霍尔：《文明中的城市》第二册，王志章等译，商务印书馆 2016 年版，第863—864 页。

注定走向血腥毁灭的社会。"① 而一个连诸如饮水安全、食品安全、空气安全、环境安全等所有这些最基本生活条件都无法保障，都成为现代工业文明发展的牺牲品的社会，其危险性可想而知。

---

① ［英］彼得·霍尔：《文明中的城市》第二册，王志章等译，商务印书馆 2016 年版，第 877 页。

第三章　基于住宅的陇东南乡俗
及器物美学智慧

　　陇东南乡村住宅作为人们安居乐业的处所，往往有着悠久的历史和独特的成就，但限于乡村经济条件并未形成似乔家大院之类较大面积的建筑群落，或没有多少展示与观赏价值，更多只具居住与实用价值。这也可能是中国绝大多数地方乡村住宅的共同特征，但正是这种看似极其寻常的乡村住宅却可能蕴含着并不为人们所完全知晓的美学智慧。

一、住宅的陇东南乡村民间表征

　　陇东南乡村住宅除陇东一带还有少量窑洞，绝大多数地方都是建造房屋居住，房屋往往有偏檐与鞍架两种。偏檐房后背墙最高，房梁顺背墙由墙间柱子撑起，顺水檩在房梁与前檐手墙间斜搭，屋顶顺房梁依顺水檩斜下，坡度倾向一面，短小的欹跨于后背墙柱与前檐墙柱之间，后背墙柱与欹、顺水檩构成三角形房屋木质支架结构，椽与房梁平行横挂于倾斜而下的顺水檩之上。偏檐房往往后背墙高，进深窄小，不大防震，逐渐被鞍架房取代。鞍架房是顺房梁方向分前后两面依坡度倾斜而下，因形似马鞍得名。常常前后檐都有墙柱，墙柱间有粗大欹子，欹子中断有枂柱撑起上梁和中檩，椽垂直搭于上梁中檩与前后檐檩之间，有顺水椽的说法。鞍架房依靠杩柱、栿、椽构成双三角形木质支架结构，往往进深宽，光线好，安全性能高。椽上覆盖竹篱笆，条件好的人家覆盖望板或木条，再覆盖上草泥，泥上从前后檐依次黏合遮压青瓦，整理排列至房顶，顶上坐屋脊，多为青色砖和筒瓦构成，房屋两端跌水微翘，构成简单造型，使其不显得突兀。值得一提的是，明清房瓦常比现在的更宽大。从远处瞭望屋顶青瓦青砖构成的乡村住宅景象，往往能勾起人们的无限乡愁。人们即使不进院落和房门，也可从屋顶砖瓦的颜色和外形判断一家人的光阴和历史。一般来说，古旧的豪华屋顶掩饰不住昔日的辉煌和光耀，而崭新鲜亮的青瓦青砖又可呈现出新近的富裕境况。条件好的人家，还从前檐檩弥出椽子构成挑檐，下有柱子，柱子下有圆形柱脚石，形成较宽的檐廊，东西耳旁包檐，房门相对，人可借较宽敞的檐廊穿行于正屋门和耳房门之间。夏天可在檐廊吃饭乘凉，农忙时可堆积粮食等。

　　陇东南乡村住宅往往有单面房院、双面房院、三面房院、四面合院，当然也有少量无围墙的敞开院落。其主体建筑多为横长方形住宅，一般坐北朝南，出于冬季阻挡西北风、夏季接纳东南风，以及全年采集阳气和光线的考虑，往往门窗开于南面墙。除非背靠祖山为南山，才不得已依山坐南朝北，门窗也只得开于北墙。墙体长期以来以石脚为基础，上为板筑土墙或土坯墙，或前檐墙为土基墙，其他三面为板筑土墙或土坯墙，这样至少外围墙结实、坚固、耐用。由于板筑墙或土坯墙是用凸圆底尖石杵子连带夹板逐层加高打击筑造而成，往往下宽上窄，墙面并不十分平整，且有斜度，后来逐渐改为四面土基墙，用土基加泥浆黏合而成，由于土基是用平底石杵及专门模子打制而成，往往是较为正规的长方体形状，墙面平整，至少不再有板筑墙的坡度。后来条件转好，外围三面墙仍然是土基墙，前檐墙逐渐改为砖墙，用窑烧制而成的砖夹带水泥浆堆砌而成，往往墙体单薄，占地面积少，墙面垂直度和平整度较好，防渗水、防倒塌性能较好，坚固耐用，后来进一步优化，有四面墙均用砖堆砌而成的。条件好的人家还在前檐墙尤其窗户下手墙采用砖雕或瓷砖图案。四面围墙墙体也因为条件变化大体经历着石脚板筑墙或土堑墙、土基墙、砖墙的变化过程。

有些地方大门往往位于中轴线，与一进一院或两院或三院正屋房门同在中轴线，不仅遥相呼应，且门与门一一对应。陇东南乡村住宅无论单面房院、双面房院、三面房院还是四面房院，其大门的中线，都与正屋房门的中线等交集于院落的中心点即中宫。许多人家大门并不是正朝南或朝北，如果主体建筑坐北朝南，大门方向往往朝东南或西南方向；如果主体建筑坐南朝北，大门方向往往朝东北或西北方向，除非由于地势或院落周边其他环境因素的限制而有例外。大门上方状板都刻着一定字样，多"耕读第"，或"勤俭持家"，或"诗书传家"之类。人活着离不开吃喝拉撒睡，所以卧室、厨房和厕所的方位常至为重要。除了卧室的方位有较大灵活性之外，厨房和厕所往往有最理想的方位，而且最理想的方位也往往是最常见的方位。一般厨房在东北面，厕所在西南面，这主要出于环保的考虑，因为陇东南地区位于北方地区，夏天往往刮东南风，冬天往往刮西北风，厨房和厕所的这种设计往往具有避开厨房炊烟与厕所臭气的效果。与此相联系，除非由于地方和周边环境因素限制，也往往将贮存易臭易燃易爆的牲畜圈、杂物贮藏室、柴草棚等设计于西南面。当然还有其他乡俗的原因。

其中单面房院中的单面房作为主房，除少数依南山祖山坐南朝北之外，一般依北山祖山坐北朝南，陇东南乡村有谚语道："有钱修北房，冬暖夏天凉"。房屋往往单数间居多，通常多为五间，少则三间，看院落大小而定。无论三间、五间，中间三间往往打通，并不隔墙为正屋。其中中间一间为正堂，可能比其他隔间要大些，或与其他隔间一样，中间正堂靠背墙一般设有供桌，条件好的为张板桌或团桌。张板桌与团桌的不同在于前者桌面为长方形，后者为正方形，后有更窄更长的条桌，有些两头卷起，成吉祥云状，也叫作卷桌。即使条件最差的人家也一定得在此处设一桌子，最小最简陋的桌子叫财桌。正堂桌面是一家人最神圣、最肃穆、最敬重的方位，一般每逢传统节日，要在上面摆放福禄寿三星、财神等神灵和祖宗牌位，由家长带领一家老小点香蜡、烧黄表纸，供茶果表虔诚敬奉，即使过大年给德高望重的长辈磕头，也不是直接面对本人，而是面对正堂的。由此可以认为陇东南乡俗最敬畏的地方其实是统一的，有些类似于伊斯兰教的敬仰麦加方向，不同之处是麦加的方向是唯一的，而陇东南最敬畏的地方常常因为正堂桌面也就是香案方向而改变。除此而外其他地方或可随意摆放杂物，但正堂桌面绝对不允许乱摆乱放，一年到头每时每刻都不敢马虎。有些城里人不懂而将洗脸盆置于其上，虽没有人责怪其亵渎神灵祖先，但议论其不懂礼数乃至乡俗还是有的。现代城市建筑尤其是楼房设计最大的败笔便是没有全家人共同维护和敬畏的地方，以致逢年过节，尤其老人去世，竟然找不到一个可以摆香案的地方，即使随便找了一个，也因为是临时动意，少了几分敬畏感。

正堂东西不打隔断墙的两间，一般靠东面一间紧靠窗户墙处盘起土炕，坐于炕上正好可从窗户望出，查看出入大门的人等，靠背墙空出长条状空间做碳箱。从名称看应该是装木炭的，但现在许多人家其实已经用煤代替了碳，一年到头也用不了一碳箱的木炭，所以常常改用来装洋芋或其他蔬菜，类似于贮藏室。或因为上面罩有木质碳箱而得名。有些木质碳箱有底，分割成为若干单元，往往成为贮放碗筷碟子的地方。碳箱上面是木柜，柜子一般分上下两层，用来装衣物之类，类似于城里人的大衣柜，当然也可贮放其他，如布匹或其他贵重物品等，常是两个形状相同的柜子背靠墙并排放置，前面空出的地方正是可以灵活揭开和关闭的碳箱盖子。柜子上面摆放被子枕头之类，可以是晚上睡觉用的，也可专门作为摆设让人看。如果是上好的绸缎面被子，加上女主人做工精致的绣花枕头，便是一家人家庭境况和聪明才智的集中展示。大多数人家土炕盘在靠东一间，也有少数人家靠西间。不管是靠东西哪一间，空出的一间一般顺墙摆放些立柜，用来贮藏粮食和面粉之类。过去有人相亲往往趁主人不注意用手敲打柜子以探里面是否装满粮食，如果装满粮食便是家境殷实的人家，是可以出嫁女儿的；如果柜子空空如也，便可能得慎重考虑这桩亲事。如果作为主房的横长方形住宅不是三间，而是五间，便意味着不隔墙的三间正屋东西两头还各有一间耳房。其中东头隔间的耳房通常作厨房，除了设置锅灶、案板，还有更大的锅灶，为灶头，上面摆放灶神。厨房常常是家庭主妇最容易因为干活劳苦而生气发牢骚的地方，按照陇东南民间的说法，她的一举一动都会被灶神记录在案，每逢腊月二十三日祭灶的一天便上天汇报，或来年受到惩罚，或死后算总账。总之是需要陈设、行为、语言都要干净的地方。其中陈设的干净与否直接关系一家人的身体健康，而行为和语言的干净又关涉心灵的健康。所有这些最终关系着一家人的和睦与幸福。西头的隔间耳房，常常是下一代人的土炕，是儿孙辈睡觉休息的地方，或作牲畜圈，为马牛羊猪乃至鸡鸭栖息的处所。有所不同的是，有包檐墙的耳房常常门户相对，没有包檐墙的耳房门户与正屋房门同向。有些地方也有建为两层楼的楼板，多为木板所建。一楼多与一层单面房相同，中间正堂、东西两面各为立柜贮藏室和土炕居室；二楼主要为贮藏室，往往是一些不便用木柜贮藏的东西，包括农具等。

双面房院，如果不是由于字向与年月份相合与否的原因，便是由于正方形或长方形院落整体布局的缘故，虽最理想的院落为正方形，其次才是长方形，但并不是所有人家都能取得正方形，这便使主房也就是正房另一面的陪房也就是偏房位置的确定夹杂着更多其他因素。一般情况因为北房冬暖夏凉、西房早阳早暖、东房晚阳晚热、南房夏焖冬冻而有"穷死不纳账、冻死不住南房"的说法，往往考虑顺序是先北房，再西房，再东房，最后才是南房。除此而外，如果是正方形院落，可能主要出于字向与年月份的相合与否，哪一方位有利便修哪一方位的陪房；如果是长方形院落，可能主要考虑在正房之外相对宽敞的地方修建。如果正房是北房，那么无论偏房是东、西、南中的任何一个方位，肯定都是下一辈或牲畜居住的处所，也可能是堆积和贮存杂物的地方。双面房院的房屋构成不外乎二字形或曲尺形，除此而外不会有其他布局。如果双面房都是三间，正房没有耳房，正房三间仍多打通分三单元，中间为正堂，偏东为卧室，偏西为贮藏室；另一陪房为晚辈卧室，或厨房，或贮藏室，或牲畜圈，依次安排。

　　如果是三面房院，通常为缺口形，也就是三面环绕连体而一面无房。横长方形院落最常见的布局是东北西连体而南面缺口。通常的布局是东西偏房门中开，东偏房与东耳房相连，西偏房与西耳房相连。东西偏房无论大小一般三间，可以打通，也可隔间，可以贮存粮草，也可住人。如果住人，往往是下一辈或按照年龄与结婚时间先后，年龄大结婚早的居西房，年龄小结婚晚的居东房，一般靠北盘炕住人，中间为活动区，靠南为贮藏区。纵长方形院落，常常是北西南连体成缺口形，其次是北东南连体成缺口形。东西偏房一般仍然靠北盘炕住人，中间为活动区，靠南为贮藏区，南房一般为更下一辈或年龄更小结婚更晚的居住处所，或贮藏室或牲畜圈。如果三面房都是三间，正房没有耳房，正房三间仍多打通分三单元，中间为正堂，偏东为卧室，偏西为贮藏室，另两偏房为晚辈卧室，或厨房，或贮藏室，或牲畜圈，依次安排。如果是四面合院，通常北房五间为正房，中间打通三间靠东为最长辈居所，靠西为粮食贮藏室，中间为正堂；两旁耳房中东耳房为厨房，西耳房为晚辈居所或贮藏室；东西偏房，为晚辈居所，靠北为土炕，中间为活动区，靠南为贮藏室；南房往往为贮藏室或牲畜圈。

　　陇东南乡村住宅除了偏榻与鞍架两种瓦房，还有土窑。与钢筋水泥楼房相比，瓦房本身有冬暖夏凉的生态屋性质，且破旧的瓦房拆除或翻修不会产生建筑垃圾，有明显的环保房功能，但毕竟得占用一定耕地面积，而且近年来有侵占良田倾向，更具有生态环保屋性质和特点且不侵占良田的是窑洞。窑洞具有更明显的冬暖夏凉、不产生建筑垃圾、不占用良田的特点和优势，其更可贵的特点是结合天然冲沟地形建筑而成，往往依沟壑土崖开门作窑，甚或依沟壑低洼处形成地坑院，也可依旋坑四周劈齐形成长方形或正方形院落，依院落四周开门作窑，分别为沿山式窑洞、半敞式窑洞和下沉式窑洞，里面可盘土炕住人，亦可贮存东西，窑洞上面仍然可以种树种草，有效防止水土流失，往往远眺见庄稼树木不见村落，进村落见炊烟不见庭院，进院落见房门不见房顶，真正出神入化地体现了人工与自然的完美结合的特点。比较而言陇东窑洞似乎以半敞式窑洞最为多见，往往依山开门开窗，最常见的是一门一窗一窗眼，往往是右为窗，左为门，上面正中为窗眼，进门通道右侧靠窗户盘有土炕，再靠窑洞里面为人们的活动空间及贮藏室等。用《中外传统民居》的观点说："陇东地区的地下窑洞，根据天然地形修建，是人工与自然的结合。"[1] 这种窑洞最大的优势便在于冬暖夏凉，最大限度彰显了"天人合一"的特点；有所不足的是，采光和通风受限，以致遇到暴雨，在雨水无法及时潜入底层的时候，往往可能形成淹没地坑院，甚或浸塌窑洞的现象。《墨子·节用》所谓"古人因陵丘掘穴而处焉"[2]，《周易·系辞下》所谓"上古穴居野处，后世圣人易之以宫室"[3]，《新语》所谓"天下之民穴居野处，未有室屋，则与禽兽同域，于是黄帝乃伐木构材，筑作宫室，上栋下宇，以避风雨"[4] 的说法，在陇东南乡村住宅尤其陇东窑洞有所体现，大约五六十万年前古人便可能开始尝试在天然黄土断崖上凿洞而居的居住形式，直接影响了今天在黄土高原随处可见的形制相似的窑洞建筑群。现在随着生活条件的好转，好多人家已经开始分段掘空地坑，然后用砖和水泥箍起窑洞拱顶，浇灌水泥砂浆，然后回填土层，里面也用水泥抹平窑壁和顶部，粉刷一新，采光亦有明显改观，而且往往在相距不远的崖面依次开掘多个窑洞另设厨房等不同功能的窑洞。

二、住宅的陇东南乡村美学智慧

陇东南乡村住宅看似简陋、朴素，没有多少文化内涵和美学智慧，但这只是一种表面现象。倒是许多现代住宅作为一些有知识却缺少文化的所谓专业设计师炮制的现代建筑，往往没有多少文化含量，至少没有寄寓较

---

[1]　荆其敏、张丽安：《中外传统民居》，百花文艺出版社 2004 年版，第 264 页。

[2]　《墨子·节用》，《诸子集成》第 4 册，中华书局 1954 年版，第 104 页。

[3]　《系辞下》，李道平：《周易集解纂疏》，中华书局 1994 年版，第 630 页。

[4]　《新语·道基》，《诸子集成》第 7 册，中华书局 1954 年版，第 1 页。

为特别的象征意义，只是外表看似精致、富丽堂皇而已；陇东南乡村住宅表面看来似乎有些简单粗陋，至少装饰方面可能没有多少讲究，也没有形成较高的审美价值，但做工尤其木活方面常常分毫必究，最讲究的乡村住宅往往其木质结构不用一枚铁钉等金属品，且许多文化方面尤其建筑学和风水学的考量也是必不可少的，至少不像城里人所想象的那么简单粗陋，也不会像许多现代钢筋水泥住宅楼那样仅仅考量承重力学，却不在乎住宅本身的适合人居与文化寓意。刘敦帧所谓“我国的乡村住宅中蕴藏着许多宝贵资料，等待我们去发掘和研究”① 的观点，显然十分明智，也至少体现了一个精于乡村住宅研究的学者的理性思考和判断。至少大地湾遗址新石器时代乡村住宅的发现证明了生活于这一地域的人们在远古时代便有着辉煌的建筑成就和独特的美学智慧，甚至可以说为中国建筑史的研究提供了不可多得的历史材料。

（一）建筑的构架之美

陇东南乡村住宅主要以木材为建筑材料，往往以梁柱式建筑之“构架制”为最大特点。这种以木构梁柱为骨架的住宅，其主屋每每建在一个高起的土层基座之上，而且撑起一个外檐伸出的坡型屋顶，常有单面坡顶与双面坡顶两种。前一种便是偏檩房，后一种便是鞍架房。无论偏檩房还是鞍架房，都是用柱子承重，依靠柱子前后纵向设栿，下无隔断墙为明栿，较为粗大且有隔断墙为暗栿，较为细小，左右横向设梁檩。所不同的是，偏檩房梁檩仅前后两根，因藏于后背墙与前檐墙之中为暗，背墙杩柱亦藏于其中与栿檩构成三角形撑架；鞍架房往往前后有三根梁檩，中梁檩为明，前后檐梁檩藏于墙体为暗，且栿更粗大，杩柱位于栿中段，前后与栿、椽构成两个三角形撑架，由此前后纵向的整体栿撑起更大完整三角撑架，并左右横向的梁檩，以及柱子构成房屋木架结构，往往由于前后左右四根柱子构成一间房屋单元。这种骨架式或框架式构架的最大优势是便于

① 刘敦帧：《中国住宅概说》，百花文艺出版社 2004 年版，第 117 页。

人们不大受限制地筑墙和开设门窗，以最大限度起到阻挡风雨、接纳光线的功用，并使其成为中国乡村住宅乃至所有建筑的共同特征和品质。梁思成指出："此构架制之特点，在使建筑物上部之一切荷载均由构架负担；承重者为其立柱与其梁枋，不借力于高墙厚壁之垒砌。建筑物中所有墙壁，无论其为砖石或为木板，均为'隔断墙'，非负重之部分。是故门窗之分配毫不受墙壁之限制，而墙壁之设施，亦仅视分隔之需要。欧洲建筑中，唯现代之钢架及钢筋混凝土之构架在原则上与此木质之构架建筑相同。所异者材料及科学程度之不同耳。中国建筑之所以能自热带以至寒带，由沙漠以至两河流域及滨海之地，在极不同之自然环境下始终适用，实有赖于此构架制之绝大伸缩性也。"① 陇东南乡村住宅以木材为主要材料的梁柱式建筑之"构架制"特点，不仅可以较少产生建筑垃圾，为后代腾出诸多建筑空间，且也能在很大程度上为后代提供推陈出新的便利条件和创造空间，使人们最大限度利用墙倒屋不塌的特点，在并不承重的墙壁尤其前檐手墙或窗户上分别制作各种各样的富于寓意的砖雕和木雕图案，如用喜鹊闹梅图案以寄寓喜上眉梢、用花瓶中插四季花图案以寄寓四季平安、用两个百合根和万年青图案以寄寓和合万年等。梁思成以为中国建筑木质构架其科学性不及西洋钢架及钢筋混凝土，实则主要靠焊接与水泥黏合的钢筋混凝土构架并不比单纯靠卯榫之构架更精确。

但应该看到，陇东南乡村绝大多数住宅还是比较简陋的，甚至可以用简单粗糙、没有整体设计、没有标志建筑、没有规则章法来描述。也正因此，以住宅作为核心的乡土景观较之城市景观也明显有着朴实无华甚或简陋寒酸、杂乱无章的缺憾。严格来说，无论就单个建筑，还是整体景观而言，都没有多少引人入胜的审美价值。如约翰·布林克霍夫·杰克逊所说："乡土景观的空间通常很小，形状不规则，很容易受到用途、所有权、规模迅速变化的影响；房屋，甚至村庄本身，不断扩大、缩小、改变形态、改变位置；总是存在大量的公共用地，如荒地、牧场、林地，在这

---

① 梁思成：《中国建筑史·雕塑史》，百花文艺出版社 1998 年版，第 6 页。

些地区自然资源以零碎的方式被利用；其中的道路主要是小道或小巷，从来无人维护，也很少是永久性的；最后，乡土景观是分散的小村庄，是田野的集合，是人烟稀少的海上的小岛，或一代一代改变的废弃地，没有留下雄伟的纪念物，只有废墟或者少量更新的迹象。"① 陇东南乡村以住宅为核心的乡土景观大体也是如此。只是如果认为这些乡村住宅、乡间小路，以及空闲用地似乎都处于无序状态，多少还是有一定程度隔膜。事实上，陇东南乡村住宅、小路和空闲用地等看似随意闲置却往往各有其主。虽然乡土景观总体而言，缺乏整体设计，也没有人家会愿意遵守设计规则，于是其布局往往显得七零八落，看似存在随意而非理性的机动性和嬗变性，也没有长远目标，时常因户主辈分变化不断翻修改动，越是光阴好的人家往往会将祖父乃至父亲辈新修的住宅推倒重建，而且追逐花样翻新，好多人甚至其父辈和祖父辈也常常因后代推翻自己的建造而引以为荣。但这并不意味着陇东南乡村住宅乃至整体景观便全然处于无序状态。每一户人家都以其家庭院落作为自成体系的独立家园，无论宅院多么窄小都可能同时有容纳人的居室、灶房，及容纳动物的牲畜圈、家禽窝，还有贮藏室、柴草堆积地、厕所等，所有这些均环绕院落周围，如同城市住宅的一套相对完整房间，乡村往往以院落为一个独立单位。其次，不同人家虽然各自独立设计，其所谓设计师便是户主本人，充其量参考一下阴阳风水和木匠的意见，并无专业设计师，也没有请专业设计师设计的意愿。因为所谓专业设计师并不一定熟悉乡村生活，不一定更接地气，不一定能设计得经济实惠、经久耐用。陇东南乡村住宅乃至景观限于自然条件、审美眼光和文化修养，看似只是一种无意识盲从地方风俗的武断嬗变，但并不全然如此，即使某种程度上存在盲从风水原理的倾向，但就其初衷而言绝非仅仅是迷信，更多还是出于对自然的敬畏和对人自身生命的尊重。即使看似没有长远目标，没有面向未来的历史感，没有永久建筑，甚或落得一

---

① ［美］约翰·布林克霍夫·杰克逊：《发现乡土景观》，俞孔坚译，商务印书馆 2015 年版，第 199 页。

片废墟，但这也并非全然消极，且很大程度上有着生态建筑和生态景观的性质和优势。也许即使最粗陋的乡村住宅乃至景观也较之以钢筋水泥为原材料的城市建筑明显有着更长远的考虑，那就是绝对不为后代制造任何建筑垃圾，相较之下看似有长远目标的城市建筑和景观倒显得有些短视。

如果说每一个看似简陋、随意甚或有些破败，也没有专门设计师设计的院落作为独立单位构成了各自家庭的独立家园，那么所有这些并不完全相同的几个、几十个，甚或上百个独立家园往往构成一个个更大的独立家园，这些更大的独立家园便是一个个村落。所有这些村落所形成的村庄更多是由一个家族构成，许多直接以家族姓氏命名村庄，如有所谓郭家河、符家庄、王家山、魏家沟、赵家湾等。虽然这些村庄中的各个家庭宅院有各自的风水讲究，但并不意味着这一更大的家族式村庄也能由专门的风水或阴阳先生整体规划和设计，因为一个村庄的形成往往是数代人繁衍生息的结果，不是其中某一代人或某几个人能改变的，特别是这个村庄所处地理位置、地形地貌、山形龙脉和走向等也不是人力所能左右的。人们判断一个村庄的优良中差的依据只能是祖上以来人丁兴旺、五谷丰登的程度，以及不同村庄出世的最大富人和官员的数量和级别。由于长期历史发展和环境影响的缘故，这些相互邻近的不同村庄竟然确实有着各自不同的特点，无论人们的价值取向、品德才貌还是习惯性格等都会略有不同。所有这些看似并不严密的判断却往往在某种程度上决定了附近多个村庄一代代人婚姻嫁娶的价值走向。绝大多数村庄都有着各自的山神土地、家神宗祠及其他方神庙宇，以及学校、小型商店药铺等，这便是构成一个村庄的最基本元素。当然也不是所有村庄都具备这些元素，有些三三两两，由为数不多的几户人家构成的小村庄不一定有独立的学校、商店、药铺，但绝对不可能没有山神土地和家神宗祠或其他方神庙宇。正是这种在陇东南乡村的人们看来司空见惯的构成却往往蕴含着不可忽视的人文传统，而且这些传统往往在最初的城市中也能够见到："最初的城市把圣祠、城堡、村庄、作坊和市场形成一个整体后，后来一切的城市形式多少都采用它们的物质结构和公共机构的形式。这一结构的许多部分至今对人类的联系仍然是重要的，即使是当时最初源自圣祠和村庄的那部分，也是如此。如果没有家庭和邻里这些最基本的群体，那么，最基本的道德规范——亲睦邻人，爱护生灵等等——能否世代相传而不受损害便大可怀疑了。"① 这不是说发展缓慢的乡村保留了最原始落后的城市形式，而是最初的城市设计很大程度上借鉴了乡村的美学智慧。

（二）法式的定制之美

无规矩无以成方圆。陇东南乡村住宅并不是按照木料大小随意建造的，往往有着固定的法制，诸如取正、定平、举折、定功等木工活基本功都有严格规定，即使制作板凳、地桌、炕桌、椅子等家具也同样有定制。至于建造住宅更强调严密精确定制，不能差之分毫，其精确程度非一般人所能想象，否则必然影响建筑的严密性和安全性，更关系到住宅的凶吉祸福。人们可能以为建造住宅主要看地方大小，间数随人而定，如现代住宅楼楼层数往往按设计尤其造价想建几层便建几层，未必有特别的讲究。陇东南乡村住宅间数却明显多由单数构成，或三、或五、或七、或九，非迫不得已绝不会有四、六、八间之双数。如《鲁班经》有明确规定："一间凶、二间自如、三间吉、四间凶、五间吉、六间凶、七间吉、八间凶、九间吉。"② 一般以为中国人多以奇数为阳为吉，以偶数为阴为凶。其实强调住宅间数主要考虑凶吉祸福，也与生活用度的实用性不无关系。单间数一则可名正言顺地设立正堂，以标识家庭乃至家族礼仪文化传承的基本脉络和核心观念；二则可使正堂两面房间空间得到充分利用，不会因为分割走道而浪费；三则可腾出相对宽绰的空间，以聚全家人气。《阳宅撮要》引述黄时鸣"每栋间数，宜单不宜双，三、五、七间为吉"，也强调"知

① ［美］刘易斯·芒福德：《城市发展史》，宋俊岭等译，中国建筑工业出版社 2005 年版，第 580 页。
② 午荣：《鲁班经》，海南出版社 2003 年版，第 38 页。

冷暖聚散之说，而屋之义思过半矣"①。一栋住宅的凶吉祸福，主要看冷暖聚散：屋冷气散为凶，屋暖气聚为吉。这主要还是为了最大限度利用空间。如果是单数如三间屋，往往走道和活动空间仅占三分之一，其他空间作为卧室和贮藏室之类可占三分之二；如果是双数如两间，往往走道和活动空间，与卧室和贮藏室之类空间各占二分之一。陇东虽每个窑洞相互隔离，但也流行以三五个一字形排列的现象，很少见到窑洞呈双数一字形排列的。如果说陇东南乡村住宅的最大优势在于能有效处理有与无的关系，使老子所谓"有之以为利，无之以为用"②的美学智慧获得最大限度发挥，那么诸如走道和活动空间，与卧室和贮藏室的布置和安排显然是最为重要的方面。

朝廷在特定历史时期还制定专门法典规定间数，以区别政治地位的尊卑等级秩序。如《唐六典》竟有这样的规定："王公以下屋舍不得重拱藻井，三品以上堂舍，不得过五间九架，厅厦两头，门屋不得过五间五架；五品以上堂舍，不得过三间五架，厅厦两头，门屋不得过三间五架，仍统称乌头大门；勋官各依本品；六品、七品以下堂舍，不得过三间五架，门屋不得过一间两架。……庶人所造堂舍，不得过三间五架，门屋一间两架。"每一构架其实都有严格尺寸规定，如三架屋后车三架法为："造此小屋，切不可高大。凡步柱只可高一丈零一寸，栋高一丈二尺一寸，段深五尺六寸，间阔一丈一尺一寸，次间一丈零一寸，此法则相称也。诗曰：'凡人创造三架屋，般尺须寻吉上量。阔狭高低依此法，后来必出好儿郎。'"③按照这种规定，陇东南乡村住宅大多只能是两三间，而现代以五间居多，也是废除封建制的结果。陇东南乡俗中某些看似不合情理的禁忌乃至规程等都可能蕴含着神秘意蕴，但由于建筑术本来有不依赖书籍，仅靠师徒口口相传的乡俗，使得许多意蕴和奥妙对没有长时间亲身实践的人来说是很难真正掌握和体悟的，也不可能直接从书本中查找和研究出来。

① 吴鼐（上为才）：《阳宅撮要》，《阴阳宅风水大全》，中州古籍出版社 2007 年版，第124 页。

② 奚侗集解：《老子》，上海古籍出版社 2007 年版，第 26 页。

③ 午荣：《鲁班经》，海南出版社 2003 年版，第 64 页。

如梁思成所说："盖建筑之术，已臻繁复，非受实际训练，毕生役其事者，无能为力。"① 从这种意义上讲，对陇东南乡村住宅诸多美学智慧还有待于进一步发掘和研究，尤其对某些看似毫无道理甚或有些神秘莫测的建筑、风水尤其巫术之类乡俗可能蕴含的最为返璞归真的文化内涵和美学智慧，更有加强研究和阐发的必要。

（三）自然的祥和之美

中国人不仅将住宅看成供人们生活的某种条件和手段，更是看成蕴含自然规律和人文精神，关涉人凶吉祸福的根本。有谓："夫宅者，乃是阴阳之枢纽、人伦之轨模。非夫博物明贤，无能悟斯道也。就此五种，其最要者唯有宅法，为真秘术。凡人所居，无不在宅。虽只大小不等、阴阳有殊，纵然客居一室之中，亦有善恶。大者大说，小者小论。犯者有灾，镇而祸止，犹药病之效也。故宅者，人之本。人以宅为家，居若安即家代昌吉。若不安，即门族衰微。"② 普通百姓虽然并不十分笃信风水，但为顺应自然规律，即使自己不大懂得具体门道，也得求助于风水阴阳先生，不敢有所马虎。这是陇东南乡村对自己不大懂但不得马虎的事情的基本态度，是对事物最基本敬畏态度的体现。

这些看似有些不近情理的风水，仔细推敲也不乏经世致用的变通之美。诸如故宫等皇家宫廷建筑，所有大门一例建在中轴线上，一进几院所有大门呈一字排列；陇东南乡村住宅如果主房坐北朝南、东西走向，大门往往开在靠东南墙角处，走向也往往朝向东南；如果主房坐南朝北、东西走向，大门一般靠东北墙角，且走向也往往朝向东北。当然限于地理位置也常有例外。刘敦桢对乡村住宅很有研究，特别强调其独特价值，但针对具体问题的论述，也难免存在不接地气的偏颇，如他认为："大门不位于中轴线上的住宅是受以往以正定中心的北派风水学说的影响而形成的。这

① 梁思成：《中国建筑史·雕塑史》，百花文艺出版社 1998 年版，第 11 页。
② 《宅经》，《阴阳宅风水大全》，中州古籍出版社 2007 年版，第 4 页。

派人认为住宅与宫殿庙宇不同，不能在南门中央开门，应依先天八卦以西北为乾，东南为坤，乾坤都是最吉利的方向，因而拿来作为决定住宅大门位置的理论依据。所以路北的住宅，大门开于东南角上，路南的住宅大门位于西北角上。东北是次好的方向，多在其处开井或作厨房，必要时也可开门。独西南是凶方，只能建杂屋厕所之类。这种荒谬的迷信不仅支配了以往北京住宅的片面布局，而且在不同程度上影响了山西、山东、河南、陕西等处的住宅。虽然如此，住宅的布局毕竟不能脱离人们的生活需要与各种自然条件和经济条件，因而我们在这些地方仍然发现不少例外。"[①]刘敦帧批评这种住宅大门的开设方向单纯出于先天八卦的考虑不大公允。因为这种设计看似完全没有道理，仔细思考也不乏出于环保和便利方面的考量，至少将诸如厕所等设计于西南方位明显利于环保，且也不是绝对不能变通，他声称发现例外便证明了这一点。比较而言，陇东更多流行大门以南墙中央开门，或不避与正堂门在同一中轴线，也有将正堂偏东一侧，以使南墙正中央开大门与主屋正堂门相错。涂尔干指出："区域、季节、事物和物种的分类支配了中国人的全部生活。这种分类是家喻户晓的风水信条的原则，通过风水，它决定着建筑的朝向、村庄和房屋的建设以及坟墓的位置。之所以有些事务要在这里完成而有些事要在那里实施，之所以某些事务只能在这么一个时间去做，这全都取决于基于这种传统体系的种种根据。而且，这些根据并不只是考虑了地理因素的占卜，它们同时也来自于对年、月、日、时的详察：此时此刻吉利的方向换一时间可能就会变得不再吉利。"[②]涂尔干所叙述的这一习俗，至今没有受到丝毫削弱，几乎每一个长年累月生活于陇东南乡村的人们都十分清楚。

　　值得注意的是，陇东南乡村住宅的建筑材料和法式定制甚至风水原理在远古时代已见雏形，至少可以从天水秦安大地湾四期文化"F901"建筑看出这一特点。这一考古发现至少证明陇东南乡村早在新石器时代已有

---

① 刘敦帧：《中国住宅概说》，百花文艺出版社 2004 年版，第 117 页。
② ［法］爱弥儿·涂尔干、马塞尔·莫斯：《原始分类》，汲喆译，商务印书馆 2012 年版，第 85 页。

平地起建的建筑。这组房屋建筑，主屋为坐北朝南的横向长方形建筑，东西长 16 米，南北进深 8 米，中轴线偏南有圆形火塘，塘口高出地表面至少 50 厘米，塘底收缩低于地表，火塘与前檐主门相对；中轴线东西偏北有两个对称粗壮大立柱，木质，柱表有草泥护膜，与前檐所开的侧门相对。背墙与前檐墙各有东西向 8 根立柱，前檐立柱较背墙立柱粗壮，估计起着连接东西屋檐支撑南北向枋梁的作用，从火烧堆积物可见圆柱形或正方体木椽，是典型的木结构房屋。主屋地面为混凝土，四壁为木骨泥墙及墙表料姜石烧制混凝土，墙体仅起隔断和封闭作用，并不承重。东西隔断墙靠北各有一门通往东西厢房，后附有后室。主屋前檐外有东西向道路或檐廊，南北各有东西向廊柱，疑为公共活动处所，明显具有后来陇东南乡村住宅木构建筑的基本构架和功能。《中国建筑》有这样的评价："在我国目前已知的所有新石器时代建筑中，大地湾的这座'F901'面积最大、功能和结构最复杂、工艺水平也最高。所以有学者认为，它应该是中国宫殿建筑的早期雏形。"[①] 如果大地湾"F901"建筑是最早宫殿的雏形，那么建于主屋的火塘便可能并不是一般意义的炉灶，更可能是祭祀用的炉塘，与湖塘、主门同处中轴线、靠北与两大立柱位同一线处可能设有类似今天张板桌或团桌专门用来供奉神灵和祖宗的最为庄严、肃穆、敬重的设施。即使不排除普通住宅的可能，也不影响其正堂位置的独特设置。只是如果真正为普通住宅，正屋的火塘可能就是炉灶，也可能是烧烤食物的灶台。其实陇东南乡村住宅的神秘并不仅限于无据可考的新石器时代建筑遗址，即使对流传至今的住宅及其所承载的乡俗，人们也可能知之甚少，因为有些乡俗可能在流传过程中仅沿袭了相关形式甚或法式定制，而其之所以成为法式定制的原因则逐渐被人们遗忘以致失传。

中国人最讲究住宅的阴阳之道乃至自然规律，且每每将其与人的凶吉祸福联系起来，如所谓："大矣哉，阴阳之理也！经之阴者，生化物情之母也；阳者，生化物情之父也。作天地之祖，为孕育为尊，顺之则亨，逆

---

① 徐怡涛：《中国建筑》，高等教育出版社 2010 年版，第 119 页。

之则否，何异公忠受爵，违命变殃者乎！"① 而修葺便被视为续气乃至平衡阴阳的基本手段。中国木构建筑其寿命限于木材未能持久耐用，"实缘于不着意于原物长存之观念"，"修葺原物之风，远不及重建之盛；历代增修拆建，素不重原物之保存，唯珍其旧址极其建造年代而已"②。正由于中国建筑向来以木材为主要材料以致有不能长久保存的缺憾，也多了一些折腾人力的弊端，才使其在很大程度上提供了修葺以推陈出新的便利条件。看似简陋、朴素的陇东南乡村住宅同样讲究尊重和顺应自然规律，且将顺任自然看成建造乃至修葺住宅都必须遵循的道理。这恰恰是"道法自然"③ 精神的体现，是习惯于战胜自然的西方人所不大理解的。刘易斯·芒福德也指出："在被人类掠夺了资源并造成损伤的环境中，人类不可能达到高层次的经济生活。"④ 人们也许以为以木材为主要材料的中国建筑其最大优势在于生态环保，不会过多制造建筑垃圾。这虽然是一个主要方面，但不是唯一方面，还在于遵守阴阳变化的自然规律，造福于住户，将祥和之美发挥到极致。

（四）"巫术"的顺势之美

人们对故宫建筑进行修缮却不大明白其中奥秘，其实对陇东南乡村住宅等同样如此。有些是陇东南乡村木匠等人所共知的规矩，如装梁必须将中檩梁安放于木马之上，由造主设案祭拜，木匠开凿槽子嵌入五色粮食及铜钱，用椿木楔子封口，呈三角形裹上红布用铜钱钉固，待吉时前念诸如"上梁大吉"、"发财万年"之类的祝祷词，适值吉时得将中梁架于屋顶摆正，其时地上的人往中梁上抛撒上梁馍馍，或称为过梁馍馍，木匠还要抛撒五色粮食，只是现代一些读书人并不知晓；有些陇东南乡俗是秘而不宣

---

① 《宅经》，《阴阳宅风水大全》，中州古籍出版社 2007 年版，第 5 页。

② 梁思成：《中国建筑史·雕塑史》，百花文艺出版社 1998 年版，第 10 页。

③ 奚侗集解：《老子》，上海古籍出版社 2007 年版，第 66 页。

④ ［美］刘易斯·芒福德：《城市文化》，宋俊岭等译，中国建筑工业出版社 2009 年版，第 374 页。

的，如造大门必须在门框上板子中装入老皇历之类，盘牛马牲口槽也有特别的讲究，必须偷八字好、生儿育女多的成年女子穿过的旧鞋，且不得让其主人知晓，盘入草槽以保牲口多下骡驹、马驹和牛仔等。陇东地区地处黄土高原，本来没有较为完整的大块石料，却能够用石刻牲口槽，正面槽沿外壁刻有精致的花纹图案，如鸽子等，而且槽沿刻有石孔，显然是用来拴牲口的。虽然不明白其中的巫术及寓意，但绝对不是无缘无故的。肯定来说，所有这些不过是巫术之具体应用：以五色粮食和铜钱寄寓五谷丰登、财源滚滚的意思；以老皇历以寄寓天长地久、幸福绵延不断的意思；以多子女母亲的鞋寄寓多子多财的意思。用弗雷泽的观点，这种"基于相似律的法术叫做'顺势巫术'或'模拟巫术'"①。陇东南乡村住宅以中梁为最重要，不仅平时有所谓"上梁不正下梁歪，中梁不正塌下来"的说法，从起造伐木、起工架马、起工破木、立宅架马、开柱眼、动土平基、定磉扇架、立柱上梁、盖屋泥屋、砌地砌阶，到屋成退土，都得选择吉日。其中尤以上中梁最为重要。不仅得选择吉日，而且如《鲁班经》得"凡造作立木上梁，候吉日良辰，可立一香案于中亭，设安普庵仙师香火，备列五色钱、香花、灯烛、三牲、果酒供养之仪，匠师拜请三界地主，五方宅神，鲁班三郎，十极高真，其匠人秤丈竿、墨斗、曲尺，系放香桌米桶上，并巡官逻金安顿，照官符、三煞神，打退神杀，居住者永远吉昌也"。② 按照陇东南乡俗，上中梁得鸣放鞭炮，丢上梁馍馍，必须将蒸出笼的馍馍点上红色小点，抛撒上梁，供扛中梁上墙头的人捉拿，更重要的是让地上大人小孩抢成一团，大人抢到也往往送给小孩，相传吃到上梁馍能够平安长大，亲戚邻居也得前来恭贺。无论抛撒上梁馍馍，还是五色粮食，主要可能还是烘托氛围，更多也是寄寓五谷丰登、六畜旺盛、人丁兴旺之顺势巫术的意味。上梁既然如此神圣，自然少不了许多传说，或某某家因上梁时间不对而光阴速败，先死造主，后死骡马人等；或某某家

① ［美］弗雷泽：《金枝》上，汪培基译，商务印书馆2013年版，第26页。
② 午荣：《鲁班经》，海南出版社2003年版，第33—34页。

上梁，阴阳先生故意卖关子，说上梁时间为戴铁帽拿铜碗的外乡人经过的时间，大家正等待得不耐烦时恰有一外乡人头顶铁锅手托铜火盆叫卖而来之类，更使这一本来有些神圣的时刻多了几分神秘色彩。陇东南乡村存在的这种乡俗有些类似于阿赞德人。虽然几乎每个阿赞德人都知道由于虫蛀和柱子腐朽等原因可能导致年久失修的旧粮仓坍塌，但阿赞德人所关注的是这个粮仓迟不倒塌早不倒塌，偏偏是这些人乘凉时倒塌，而不是另一些人，他们总是在所有这些看似没有必然联系的纯属巧合的时间与空间交叉点归结出巫术作祟的必然原因。① 类似的事情如果发生在陇东南乡村，人们同样会作出各种绘声绘色的阐释：如果正巧某人本来不在此处刚来乘凉便被压在下面，或某人虽压在下面但退到墙角躲过一劫，或某人本来在此乘凉刚刚离开便发生了倒塌，人们更会神乎其神地作出诸多基于巫术的阐释，比如建造粮仓时辰不对，或字向不对，或某个女人曾跨过栿梁，或某某命犯煞星，或正好本命年，或命有贵人等。当然人们也更会与因果报应联系起来加以解释。

择吉虽然只是为人们增添了几分束缚，但也使人们多了几分敬畏。人们之所以每天与人见面并不择吉，而结婚却得择吉，也许并不是因为吉日多么灵验，而是通过择吉这一来之不易的选择增加人们对婚姻庄严神圣的感性认识，也增添人们对婚姻的敬畏担当。隆重的仪式以及烦琐的准备过程也许并无实际意义，实际意义仅在于强化人们的感性认识，以更进一步强化人们对天命、大人、圣人之言的敬畏，以成就人们的君子意识和风范。如孔子所谓："君子有三畏：畏天命，畏大人，畏圣人之言。小人不知天命而不畏也，狎大人，侮圣人之言。"② 有些仪式看似烦琐无聊，但正是这烦琐无聊的准备与期待，才真正具有了出乎意料的价值和意义，甚至有了成就君子人格理想的价值和意义。从这个意义上讲，似乎并不是所有烦琐无聊的仪式和程序都可以取缔，也许正是由于现代社会因破除迷信

---

① 参见［英］E. E. 埃文思-普理查德：《阿赞德人的巫术、神谕和魔法》，覃俐俐译，商务印书馆 2010 年版，第 116 页。

② 《论语·季氏》，朱熹：《四书章句集注》，中华书局 1983 年版，第 172 页。

以致废除了许多看似烦琐无聊的仪式和程序，才使许多人变得那么肆无忌惮乃至无法无天。有些仪式看似仅仅为空洞无物的形式，但这空洞无物的形式恰恰是内容的本身，或比有内容的形式更具有不可替代的价值。西方美学强调有意味的形式，这种形式自然应该包括陇东南乡村住宅建造过程中的诸多禁忌乃至仪式；反之，轻而易举的形式虽简便易行，但也因此省略乃至缺失了许多看似无意义实则有深刻寓意的仪式。

（五）生命的绵延之美

陇东南乡村住宅讲究建筑构架、法式定制、风水乃至巫术的根本在于祈求人丁旺盛、五谷丰登、六畜兴旺，归根结底在于期待生命乃至幸福的世代绵延。他们可能没有过多的奢望，往往只是"三亩薄地一头牛，老婆孩子热炕头"的安逸、静谧、幸福的生活。这也许是乡村最没有诗情画意，也最富于诗情画意的生活，至少在人们的构想中代表了安逸静谧、朴实无华、单纯率真、天人合一的生命绵延之美。也许这首《庄稼院里的女王》并不专门写陇东南乡村生活，但分明折射出了包括陇东南在内的中国乡村最为常见、最无情趣却也最富诗意的生活图景：

> 她从田野里归来/身上染着草叶的清香/
> 纯净的露水打湿了衣角/脸上闪着宝石似的汗光/给小猫，
> 逮回一串蚂蚱/高高地插在草帽上/给小妮，掐来两朵野花/
> 美美地别在两鬓旁/啊！我质朴的妻子/庄稼院里的女王/
> 回到家，放下耙子抓扫帚/鸡围她转，鹅绕她唱/
> 大灰兔向她行着注目礼/猪圈里，一群小崽前呼后嚷/
> 她行使着神圣的权力/乐滋滋地来回奔忙/
> 提着沉甸甸的食桶/挥起铁勺当指挥棒/
> 啊！我能干的妻子/庄稼院里的女王/她围着古老的锅台/
> 天天谱出深情的乐章/灶膛里点着红荆野蒿/蒸得棒子面饼子喷着
> 清香/

　　每天，为父亲烤好旱烟叶/每顿，给母亲送上热饭汤/

　　夜晚，她把月光搓成思念的带子/遥遥地、遥遥地投到我的前窗/

　　啊！我贤惠的妻子/庄稼院里的女王

　　这里没有喧嚣，没有焦虑，没有成功的光耀，却有生活的本真，有生活的淳朴，有生活的地道。这个生活图景的核心在于生命的绵延，在于顺任自然，在于人与自然的和谐发展。而人与自然的和谐发展离不开人丁旺盛、五谷丰登、六畜兴旺这三大主题。这才是生命绵延的基本内容。

　　正是由于乡村的这一和谐与绵延之美，使得诸如"斜阳照墟落，穷巷牛羊归。野老念牧童，倚杖候荆扉"等看似极其寻常的乡村景观在诗人眼里有了兴味盎然的诗情画意，最起码也使陇东南乡村住宅作为当地人生存艺术有了其最质朴的表现形式："乡土景观平凡而真实，虽为下等文化且不曾被国家或地方政府所保护、所珍惜，却绵延数千年而生机勃勃，是'生存的艺术'，也是草根信仰之基础，是和谐社会之根基。"① 遗憾的是，现代城市工业文明盲目扩张最终使其越来越丧失了生命的本真，同时也丧失了存在和发展的根基。如刘易斯·芒福德所说："一个没有根基的世界，远离生命的源泉；一个火成岩般的世界，生命形式都被凝结成了金属；城市无目的地扩张，切断了一切本土存在的联系、糟蹋自己的家园，犹如水中捞月；纸面上利润越来越多，生活越来越被间接的代用品所替代。在这种制度下，越来越多的权力集中到越来越少的人手中，离真实越来越远。……在这个世界上，只有被印到纸上的东西才是真实和显而易见的。都市最实质性的街谈巷议不再是发生在人们在十字路口、在餐桌上或者是在市场中面对面相遇时，一小群人在报纸上写文章，另一小群人在电台作广播，这些提供了每天对运动和发生的事件的阐释。"② 所以有识之士应该认识到乡村美学智慧的重要性，并将其作为未来城市发展不可或缺

---

① 俞孔坚：《回到土地》，生活·读书·新知三联书店 2014 年版，第 3 页。

② ［美］刘易斯·芒福德：《城市文化》，宋俊岭等译，中国建筑工业出版社 2009 年版，第 294—295 页。

的智慧源泉。刘易斯·芒福德有这样的设想："我们必须使城市恢复对母亲般的养育生命的功能，独立自主的活动，共生共栖的联合，这些很久以来都被遗忘或被抑止了。因为城市应当是一个爱的器官，而城市最好的经济模式应是关怀人和陶冶人。"①

　　也许乡村并不是人们的生活乐园，那里有闭塞、落后、贫困、艰辛等与生俱来的缺憾和不足，但人们宁愿在与吵闹、喧嚣、庸俗、倾轧的城市对比中，夸大乡村的安逸、静谧、淳朴、逼真，诸如陶渊明、王维对乡村生活的憧憬和构想。威廉斯写道："乡村现在代表着孤立的自然的丰富生命，或者是生命根本进程的季节性节奏。这些情感都不新鲜。新鲜的是它们同一种情感框架相融合，在这种情感框架中大地和它的一切生灵——动物和农民一样——是对生命力和休憩的可能性的肯定，而这与城市那种呆板秩序，那种人工制定的日常程序形成刻意的对比。"② 如果说威廉斯只是强调了与城市相比乡村生活所具有或被构想出来的宁静、纯洁、纯真、自然等生活方式，那么这种构想其实很早便存在于中国乡村住宅的基本理念之中，中国人不仅精辟地概括出人与住宅、人与天地的息息相关，而且很大程度上表彰了中国人并不偏信命运，敢于自强不息、厚德载物，借助"人宅相扶，感通天地"达到生命乃至幸福绵延的目标和信心。而渴求和期待包括人和动物等在内的一切生命的大化协同、生生不息，应该是在任何时代都不会过时的永恒话题。值得一提的是，按照陇东南乡俗，家家户户都得帮工，也就是无论谁家修房，全村人都要去帮工，每一家都只管饮食不付工钱，按日计算工时，待自家修造房屋时别人家也得按照工时帮工。越是人缘好、德高望重的人家，帮工越多，越能体现最为淳朴的互助协作关系。近年来这种乡俗由于商品经济冲击也有一定变化。

　　人们可能以为只有受过高等教育的人才有文化。其实看一个人是否有文化主要不应看有无学位和职称，而应该看他是否兼通天地自然大道。兼

---

① ［美］刘易斯·芒福德：《城市发展史》，宋俊岭等译，中国建筑工业出版社 2005 年版，第 586 页。

② ［英］雷蒙·威廉斯：《乡村与城市》，韩子满等译，商务印书馆 2013 年版，第 346 页。

通天地自然大道，而且能够运用于为人处世之一言一行之中才是有真正的学问，甚至生命智慧。至少可以从他们对知识乃至生命的态度来衡量其文化和智慧。有些人虽有博士学位和教授职称之类，但仅仅将知识作为养家糊口的手段和工具，内心深处并不真正敬畏乃至敬仰知识和智慧。这种人充其量只是有学问的野蛮人。真正有文化的人，应该是从骨子里敬畏乃至敬仰知识和智慧的人。从这个意义上讲，陇东南乡里人虽然没有学位职称之类的光环，但他们敬畏乃至敬仰知识和智慧，而且往往将诸如此类的敬畏和敬仰铭刻于每天出出进进的大门上方，以"耕读第"、"诗书传家"之类家规家训的方式潜移默化地提醒和鞭策着子孙后代。雷达在其写家乡的两篇散文《还乡》、《新阳镇》中都提到了天水乃至陇东南乡村住宅的这种题词，他在《还乡》中写道："我终于跨进了门楣上写着'耕读第'三个大字的家门，字迹的斑驳显示着它的古老。陇东南一带，即使赤贫的农家也不忘在门上漆这三个字，表示对农耕、读书、孝悌的敬重。"① 其实梭罗《瓦尔登湖》所描述的不正是这种最适意的半耕半读生活吗？更为可贵的是，陇东南乡村虽然没有多少人拥有文凭和职称，但只有他们才真正懂得顺任自然、人宅相扶、感通天地、天人合一的天地大道，真正懂得不相信命运，不怨天尤人，自强不息、厚德载物、协同发展的生命绵延之道。

不可否认，现代社会的城市化使人们的居住条件有了很大改观，至少传统土木结构房屋显然无法容纳今天越来越多的人口，于是钢筋水泥式高楼大厦应运而生。但是钢筋水泥式高楼大厦却不可避免地存在类似火柴盒或鸟笼式住宅的拥挤感和疏离感，这也可能是现代城市文明一个无法治愈的病痛。正如彼得·霍尔所说："它们不是世俗的乌托邦，而是充满压力、冲突和痛苦的地方。那些认为它们是令人厌恶和不愉快的人能够并且会脱离他们，而进入田园牧歌般的城郊和花园城市；如果那是他们想要的，政策会帮他们实现的。城市从古至今都是不断变化的地方，是为那些

---

① 雷达：《还乡》，载《皋兰夜语》，东方出版中心 2014 年版，第 18 页。

能够忍受厨房高温的人准备的地方，是通过行走在街上激发人们肾上腺素的地方，有时候是利欲熏心的地方，但是绝对是值得居住、长久记忆和庆祝的地方。"① 人们常常将"进不去的城市，回不去的乡村"作为现代人的生存困境，其实"进得去却扎不住的城市"又未尝不是进入城市却有着无根的漂泊感的现代城市人的生存困境的一种真实写照呢？没有错综复杂的人际关系，虽然很大程度上减少了人们的应酬负担，但没有多少熟悉面孔以致生活在漠不关心的陌生人环境中的城市人，怎不会产生融不进去的漂泊感和无根感呢？

---

① ［英］彼得·霍尔：《文明中的城市》第三册，王志章译，商务印书馆 2016 年版，第 1410 页。

第四章　基于行游的陇东南乡俗及器物美学智慧

虽然陇东南城市行游方式已经有了很大变化，但乡村的变化似乎并不十分突出，至少最原始的徒步出行仍然占据主体地位，尤其近距离出行更是如此。行游作为人类的一种基本生活方式，可能在服饰、饮食、住宅尚未获得充分发展的时代便最为本能地存在着。如果说服饰、饮食和住宅的流动较为有限，至少其最基本特点和功能并不以流动作为主要方面或终极目的，而行游却有所不同，直接地以流动本身作为最基本特点和功能。处于欠发达地区的事实决定了在陇东南人们的出行和运输方式显然具有最为传统也不乏变化的特点。

一、行游的陇东南乡村民间表征

陇东南乡村出行方式主要有步行、牲口驮行、车辆运行等。由于陇东南地区山大沟深，至今有很多地方是车辆乃至牲口无法行进的，所以步行仍然是最基本而且最深入的出行方式。步行最大的优点是具有活动筋骨、强身健体、保护视力，欣赏自然、增强美感、陶冶情操，增强记忆、清醒大脑、激活思维等功效，仍然是迄今为止最为健康、环保、生态的出行方式。

用毛驴、骡马驮行是一种涉足范围仅次于步行，运行速度更快于步行，且节省体力和时间的出行方式。在陇东南经济并不发达，车辆极为少见并未进入普通百姓家的时候，它往往是乡村行游最为体面的一种方式，是嫁娶时显示家庭财富的一种手段和方式。所谓"宁给高人拉马垂镫，不给低人出谋划策"的说法便证明了这一点。当然，也因毛驴、骡马价格不同而显示不同档次。骡子最显摆，马次之，毛驴更次之。这种显摆还可能存在于每年祭祀神灵的戏场。

车辆运行，最健身环保生态的是自行车。除非道路陡峭、乱石林立、凸凹不平的道路，一般步行能达到的地方，自行车便能达到，且更方便快捷，更省时省力。除了自行车之外，还有驾毛驴、骡马车。往往吆牲口套架子车出行，显然较之骑自行车，更舒适些，但所到之处受限制，一般道路宽度最起码能容纳架子车轮。较为现代化的出行方式是摩托车，当然更方便快捷、省力省时。最具现代气息的出行方式是乘坐拖拉机、汽车之类。因有手扶拖拉机、大型拖拉机、吉普车和小轿车之别，陇东南乡村曾有"大队书记嘚腾腾，公社书记东方红，县委书记帆布篷，地委书记两头平"的顺口溜。近年来，农用机动车进入乡村，好些地方只要有盘山公路，便有农用机动车通行。靠近公路的地方也有公共汽车等商业运行模式运输工具，出行状况大为改观。

陇东南乡村货物运输方式主要借助人力、牲口、车辆运输等。其中用脊背背是最基本的方式，往往因为搬运物不同而有不同的盛放和装载工具。最常见的是背斗。有些农户家可以自行编制，往往将树枝烧烤弯曲成弓形，将弓形最弯曲处交叉成脊柱，再用竹条编制而成，口大而下收拢，侧面平展处依身材高低栓背系，有些比较细心周到的人家，还在靠背处用草编作垫子，以免背斗磨破脊背。背斗的装载功能较强，几乎可以用来装载一切能够容纳的农作物、肥料等。连同庄稼茎秆一并运载往往有专门的背麦架，常常用三个横板条将两根略微弯曲的长条木棒连接起来，在弯曲的一面靠背处装上背系，配有背板背垫，打背时将背架扣在地里，将带秆小麦、苜蓿、荞麦等农作物根部朝外，头部朝内交叉压叠，用绳捆在背架上。背时抬起将胳膊伸入背系可上背。还有一种背架不是用来背带茎秆农作物的，而是背负诸如土基子等正方体或长方体物体的，形似背带秆小麦的背架，只是更短，常常在背部有横向支撑架。其他如装有粮食的口袋、麻包等多用肩扛，也有用背背的。这种运载工具和方式大概历史最为悠久，在山大沟深的偏远山区至今仍然可以见到。用脊背背载运输是极为辛苦的。陇东南山歌对此有描述，如《郎背背子妹牵挂》：

（一）

入伏的天气热难当，背子压在郎身上。

盘盘路，路盘盘，盘盘路上打旋旋。

漆木板子做桶哩，豆儿大的汗滚哩。

一身一身出汗哩，不由人的呻唤哩。

盘盘路儿上山了，背得力尽汗干了！

搭上一拐没十步，何日儿走到赵家渡？

（二）

背子压在郎身上，偏偏疼在妹心上。

葫芦开花要搭架，郎背背子妹牵挂。

天爷一黑雨下家，郎的背子盖啥家？

盖去要盖棕单哩，活拔妹的心肝哩。

小郎背的背子大，贤妹脚小替不下。

妹要能变男子汉，把我小郎替两天。

在诸如此类的山歌中提到了一种辅助工具，这就是平枴。因为用脊背背东西最大的问题是得有歇台。也就是每到体力困乏的时候得靠着歇台作暂时性休整，而用来进行暂时性休整的歇台必须有高出路面且与人个子相称的台子，或为窝状，或为平台，因为装载的物件形状而不同，但也经常碰到好长的距离没有歇台的情形。这时候便需要平杩。平杩是用一根比人腿稍短的木棒上面装有更短不到一尺的横木做成的工具。人们常把上一次用平杩与下一次用平杩的时间称为一拐。

除此而外便是用牲口驮运，或用驴车、马车、牛车拖运。驴性情温和，但耐力较差，驮运或拖运的物体重量轻，速度慢，而且应变能力更差。牛耐力好，但承载重量轻，速度也慢，所以往往用"老牛拉破车"来形容低效率。比较而言，骡马尤其骡子承载能力强，耐力好，速度快，是较为理想的驮运或拖运工具，但骡马尤其骡子性情烈，不好驾驭，非身强力壮的小伙子常常难以驾驭，所以有"骡马无常性"的俗语。用骡马驮运，无论再重的东西，必须由人将它搭在背上，否则骡马是不会自己驮上背的。所以有"好骡马得有好脚户看"的说法。陇东南地区往往将吆牲口驮运货物的人叫做脚户。有些陇东南民歌如《热火大天咋走来》向人们描述了吆骡子驮运货物的情形：

> 热头像火的入伏天，小郎吆脚下四川。
> 骡子驮的油口袋，热火大天咋走来？
> 骡子四蹄起火哩，小郎脸上皮落哩。
> 铁棒槌打了烂锣了，心上热得火着了。
> 给人吆脚挣钱哩，叫我小郎为难哩。
> 挣下银钱全家用，热坏身子郎得病。
> 干着急来没办法，小妹把郎替不下。
> 要得把郎能替下，死了变个儿子娃。

至于车辆的运输，最基本、最原始的往往有手推车和架子车两种，基本上都属于人力车的范畴，尤其是手推车。手推车常常是独轮车，下面一个硬轱辘，上面套有近似梯形的车架和两个把手，说到底就是两个岔开的木条上再装上横向两三块小木板或木条之类。相对较为豪华的车辆便是架子车，其豪华主要在于常常在平行而较之手推车更长的把手之间做较为平整而且宽敞的车厢，说是车厢其实是沿着把手做了凸起的车沿，没有前后挡板，当然也有做上临时挡板的，这样也算形成了一个三合口的车厢，更讲究的还在车沿左右两侧部位做上耳子，显得相对美观些，下面为装有橡胶充气轮胎的车轮。陇东南乡村至今还能够看到这些简易车辆。两轮架子车不仅可以人拉，也可以套上毛驴、骡马之类的牲口，人只需坐在前面车沿上便可以轻松驾车了。至今仍然能够在陇东南乡村看到走村串巷的小商贩，常常用毛驴拖着架子车运点蔬菜水果之类，换点零花钱以补充家用。

目前最为常用也显得高档的应该是拖拉机等其他农用机动车。陇东南乡村庄户人家即使在装车方面都能够显示出高超的本领，以及聪明才智。有许多人装载的柴草常常又高又大甚至高出车辆好多，真正有只见柴草不见车辆和驾驶员的情景。其超高超重的情形在城市街道上见不到，而且也是不允许的。

二、行游的陇东南乡村美学智慧

乡村行游是最为自由的，只要不践踏庄稼，可以漫山遍野，想走什么地方便走什么地方，想怎么走便怎么走，一切随兴之所至，无拘无束，至少没有如斑马线和红绿灯等交通规则之类的限制。陇东南乡村行游乃至生活的最大优势也许便是这种自由，以及由此表现出来的为习惯于城市交通规则的城里人所没有的随意、洒脱。也许陇东南乡村的粗放和落后也在于此，但这并不能改变其行游的自由洒脱和无拘无束。也正是基于这一点，使看似有些原始朴素的陇东南行游蕴含着不可忽视的美学智慧。只是这些美学智慧并不像服饰、饮食、住宅那样可以借助艺术形式获得彰显，如服饰和住宅被列入艺术范畴，有所谓服饰艺术、建筑艺术之类的提法，虽然人们似乎并不十分肯定饮食的艺术性，但类似于食雕的造型艺术其实已经或多或少介入饮食领域。唯独行游似乎并未摆脱其原始朴素的形态，使人难以将其与艺术相提并论，但这并不影响陇东南行游本身所具有的自由洒脱及其美学智慧。

（一）从房前屋后到田间地头的劳作之美

乡村行游并不都是自由的，至少并不绝对自由，更多的时候还得受制于行游目的和动机，诸如生存乃至养家糊口需要的制约。虽然前往劳作场地的行游往往受到目的地的限制，受地理环境、气候条件等因素制约，但毕竟不受交通规则限制，理所当然地有着城市交通道路所没有的更直接目的性、更充分随意性、更适度灵活性，乃至更大自由度。杰克逊指出乡间小路往往具有这些特点："与地形、土质高度适应，因时因地而变化"；具有"灵活多变、未经规划，但毫无疑问是向心的"；"往往无须维护，但它们是远途旅行者最大的困扰，对想派出军事武装或官方贸易团队的政府来说，都是一种桎梏"。① 陇东南乡间小路大体也有类似特点，同样由当地人按照实际需要因地制宜地创造出来，除了受诸如山水走向、地势平坦陡峭等因素制约之外，尽可能考虑不踩踏庄稼、不穿越农户住宅等因素，也往往具有未经规划、灵活多变、没有专人维护、使外乡人倍感复杂和迷惘等特点；虽然理所当然有一定目的地，但不一定非得有向心。村与村之间的乡间小路理所当然也以通向附近村庄为目的，村庄里面的乡间小路往往以通向各家门户为目的，周边的乡间小路往往以通向自家田地为目的。所有这些目的虽然可能有交集，但这一交集并不具有城市道路十字街道一般的规划性、方正性等特点，仍然可能显得弯弯绕绕、灵活多变。从美学的角度来看，虽然劳动创造了美的提法作为一种常识并不一定十分准确，但劳动本身除了辛苦，还有一定乐趣，且这些乐趣常出自自我创造，而非天上掉下来的馅饼。也正是凭借这一点，使陇东南行游尤其劳作之行走有了特别的美学智慧。虽然商品大潮的冲击几乎无处不在，但陇东南乡村至今没有完全摆脱自给自足农耕文明的某些传统影响。改革开放在很大

---

① ［美］约翰·布林克霍夫·杰克逊：《发现乡土景观》，俞孔坚、陈义勇等译，商务印书馆2015年版，第35页。

程度上激发了农民的劳动热情，也在很大程度上解放了农民，使他们可以更合理、更自由地安排作息时间，并且可以不受制于人民公社时代生产队烦琐僵化的劳动纪律约束，即使是受纪律约束的生产队劳动，也还能使人们在有限范围内获得尽可能多的自由散淡。陇东南乡村与运输有关的生产队劳动主要是给农田送肥和收割庄稼运回生产队。由于陇东南许多地区山大沟深，不适合于用车辆运输，又加上牲口数量少，劳力多，所以常常用人工冬春送肥、夏秋收获。

　　冬春送肥，常常开始于天麻麻亮的时候。许多男性，无论大人还是放寒假的中小学生都尽力起早，力图跑在送肥队伍的最前面。说也奇怪，同样是送肥，起身早跑在最前面的人往往最轻松，落在最后面的常常最吃力。即使送肥的次数一样，背的重量也一样，甚至人们力气也一样，但落在后面的往往也吃力，因为他们除了承受肥料的重量之外，还得承受心理的压力；而走在最前面的人，虽然送肥的次数、重量和力气一样，但往往还能享受到走在人前的荣耀和幸福，所以至少在精神层面显得更为轻松。而且跑在最前面的人，常常几个人聚在一起，如果有一个会说古今也就是民间故事的，便觉得更为轻松愉快了。正因为这样，最会说古今的成年人常常最受年轻人尊重和爱戴，因为他们带给年轻人更多的轻松愉快和幸福自豪。落在后面的人看到前面的人有说有笑，心里更加沉重，便觉得更吃力了。许多人提起生产队劳动，可能更多觉得效率低下，但也不排除某些乐趣。特别是送肥，又臭又累，即使数九寒天，许多人都汗流浃背，但争先恐后的心劲与有说有笑的快乐加到一起，使这一切辛苦和劳累变得轻松愉快得多了。现在想起来，真正的文学大师似乎并不一定是那些动不动便能写几十万字小说的作家，倒是那些有讲不完的故事的农民。他们似乎用不着构思和谋篇布局，常常现编现讲，而且遣词造句不加修饰便因为口语化而显得极其生动形象，明显较之有些作家的文绉绉句子有生命力得多。有些农民甚至能够出口成章，而且每每朗朗上口，不像现在有些诗人的诗句不知所云，也很少被人记住。许多人可能不明白，生产队凭什么能使人有这样的积极性，其实靠的是工分。一般在冬季送肥开始前，生产队便安排专人按照各人专用背斗容量称过承载的肥料重量，并一一记录在案，有些背斗稍微大些背不满的，还要在背斗外面画上刻度。虽然大家不言不语，但各自都监督着其他人送肥的量度和次数，心底里谴责那些少了斤两的懒汉，于是一般情况下没有人会在众人眼底下因为偷懒耍滑而丢了面子。现在想起来，整整一个早上送肥所挣工分其实分配不到几两小麦，按照劳动效率计算大概是不划算的，但那时候似乎没有人这样计算，而且也没有其他办法获得更大效益。

夏秋的收获，往往是放了暑假和秋收农忙假的中小学生被安排了从农田往回运输庄稼的任务。夏季是小麦，秋季是玉米和洋芋，特别以夏季收割小麦为时较长。大人们作为主要劳动力往往承担着割麦子的任务，运输的任务便主要落在了不大会割麦子的中小学生身上。他们往往几个或十几个人聚在一起，可以说是用小跑的方式运输小麦的，其目的是能够在完成生产队规定的一天最大任务的间隙，尽可能挤出更多时间在凉树底下打牌。虽然背小麦常常也使人汗流浃背，甚至能使擦汗的手巾一次次拧出水来，使各自背心干后留下一坨一坨的白色盐分地图，但这一切劳累都可能在短暂的打牌消遣中化为乌有。但如果说打牌确实消除了疲劳也不全对，因为第二天上午起身时实际腰腿都是硬的，甚至半夜翻身都觉得疼痛难忍，但劳动一会儿后便恢复了灵活自如。

除此以外，行走于房前屋后到田间地头的劳作还有寻猪草和给牲口割草两种活计。前一种主要属于女孩子和家庭主妇。她们常常早上带着露水给猪寻草，或下午带着夕阳寻草归来。现在城市养猪主要依靠饲料及添加剂，猪催长得较快，但肉并不香。陇东南乡村养猪主要依靠勤劳妇女们寻来的猪草，越是手脚勤快的妇女往往不惜从这个地里跑到另外的地里，或从这个山坡跑到那个山坡，所以每每能够寻找到最鲜嫩的猪草，洗得干干净净，剁得精到细致，再拌上玉米面等，且能够确保按时供给，以保证猪按时进食，养得肥肥胖胖。长期以来，好多女主人还对所养的猪有了情感，以致要买要杀，女主人都会感到心里不好受。虽然人们都骂蠢猪，其实猪确实是有灵性的，所以它们似乎对卖出和屠杀有一定预感。虽然每逢这一时间，女主人往往会比平时更加精心喂食，但猪常常并不像平时那样淡若无事，有些甚至会绝食。它们虽然不能决定去留和生死，但完全能够选择进食或绝食。与女孩子和家庭主妇有所不同的是，男孩子乃至家庭主要男劳力都会承担起割草喂牲口的任务。他们往往将刃镰乃至镰刀磨得飞快，然后爬行在田间地埂或山坡上割草。谁不怕辛劳，不怕危险，愿意从这个田间地埂爬到另一田间地埂，甚至到人迹罕至的山坡割草，谁便能割到牲口最喜欢吃的最鲜嫩的草。不懂的人可能以为牲口进食是比较粗糙的，其实它们也挺精明的，如果碰到臭草或别的不喜欢吃的草，便用鼻子闻，而且用嘴唇翻来翻去寻找可吃的草苗。家畜家禽其实是陇东南乡村生活的一个有机组成部分，而且很大程度上直接影响着一家人的生活质量，所以没有人敢马虎对待。

美学家们总是强调劳动产生了美，乃称劳动之美。陇东南乡村农家子弟们也许并不懂得美的哲学意蕴，但他们肯定没有消化不良、食欲不振之病，也不会有辗转反侧之失眠之症。这也许便是劳作之美的真正内涵。而且更为重要的是，只有真正参加过长期体力劳动、体会过汗流浃背、浑身散架的疲惫的人才能真正体会到脑力劳动的自由与幸福，至少无须忍受身体肌肉拉伤和皮肤磨破之类的苦痛。现在有些中小学生和研究生动不动便想到自杀，觉得压力山大，其实任何一种压力与关系到生命存在与否的压力相比都是可以忽略不计的。劳作之美的极致其实是生活的最易于满足的最幸福体验，以及生命力的最易于激发的最圆满完成。如果说劳动可以使人形体变得美丽，免不了有几分自欺欺人，因为青筋暴露、汗眼大开、皮肤粗糙，显然不是美；如果说是美，也只能是身体健壮之美。劳作之美的根本在于心胸开阔，生命意志乃至幸福感的强化。当然劳作之美毕竟还是出于不得已的养家糊口的目的，至少在原初动机方面还是有着并不十分自由的缺憾，但正是在这并不十分自由的劳作之中，人们还是能够最大限度地找到足以忘却劳作之苦的乐趣和幸福，而且能够使这种乐趣和幸福发挥到极致。这便是劳作之美的真谛所在。

（二）从左邻右舍到乡里乡亲的走动之美

相对于劳作之美的自由愉快，串门便显得更加轻松自由。如果没有劳作，人们便不可能养家糊口；如果不串门，便丧失了获得劳动之余缓解疲劳、闲暇洒脱的机会。因为人们如果没有什么特殊目的，一般没有带假面具串门的必要。许多现代城市人基本上已经习惯于门户相对而不相往来，即使要到朋友家聚会，最起码也得提前有电话约定；但陇东南乡村却没有这种必要，往往是不请自到、不约自去。可以说陇东南的乡村生活并非人们想象之中的"鸡犬之声相闻，老死不相往来"，而是常常将诸如"远亲不如近邻，近邻不如对门"之类的说法，作为生活的基本智慧，所以串门几乎是陇东南乡村生活的每日必修课。一天之内的夜晚、一月之内的雨雪天、一年之内的农闲时间，都是串门的最好时间。夜晚收工吃过晚饭之后，人们便到邻居家串门，坐到一家的热炕上，天南海北、漫无边际地聊起天来，可以从盘古开天辟地到当今政策新闻，从祖宗三代到子孙后代，从天气变化到一年收成，无所不谈。但无论谈什么，都无须敷衍塞责、口是心非。因为没有人强迫他们必须察言观色、言不由衷，而这正是串门的乐趣所在，是劳作一天之后缓解疲劳、放松自己的一种休息手段。文人总是纠结于诸如艺术和美起源于劳动还是休息娱乐，陇东南乡村没有人将其作为高深学问，但他们每每能将二者炉火纯青地结合起来，不必在乎孰是孰非，更不必厚此薄彼或非此即彼。

陇东南地区流行大人们聊天孩子不得搅扰的乡俗，但课业负担并不十分沉重的中小学生们也可以旁听他们天南海北的聊天，从中可增加许多见识，甚至是课本和书本上学不到的知识。新中国成立前当过的红军的人可以谈谈如何爬雪山过草地的事情，也谈如何被马步芳打撒，以致颠沛流离；给国民党当过兵的人可以谈国民党如何抓兵、如何练兵、如何当逃兵，甚至如何打仗之类，及军官们如何如何克扣军饷被斩头示众，被共产党抓了俘虏后如何领了盘缠回家的事情；参加过抗美援朝战争的人也可以直言不讳地谈如何在美国佬的飞机轰炸下逃生，如何荣立三等功的事情。

所有这些故事其实都是一部部精彩而深刻的小说，而且无论他们当年属于哪一个党派，参加过哪一场战役，是否在战场相遇过，这一切都变得无关紧要，紧要的是老老实实过日子。美学家们常常将对过去错误的自我嘲笑看成审美快感的机缘，而这些故事的叙述者们并不懂得审美快感为何物，他们只知道，凡是经历了的都是生活，凡是生活便有着令人咀嚼的味道，这种味道可能无色无味，可能是苦后甘来的自慰，也可能是甘后的再次品味。也许只有当事人才真正了解其中的味道，对其他人来说不过是对未知生活的一种有益补充，对人生经验的有益尝试。

他们当然也并不仅仅谈论当年的战争经历，也可以谈论乡里乡亲的一些轶事趣闻，但并不常常是评头论足的背后议论。他们谈的更多的是某某人念书念傻了，不会日常生活了，或某某人看似疯子，但其荒诞不经的许多疯话偏偏一一应验。如果说对自己过去生活的反思与嘲笑往往是自我超越和提升的体现，因为一个人只有在超越了过去的自己，提升到一个更高的层次和水平的时候，才可能有胆量和气度对过去进行自我嘲笑。相反一个不大自信也没有能力超越和提升自己的人是没有勇气承认错误的，即使被别人指出都会恼羞成怒、大加辩解。但人生的经验并不完全来自自己，而且越是有智慧的人越可能无须自我经历便可以在他人经历中吸取经验和教训。有所不同的是，陇东南乡村不识字的农民只能从老人的格言和谚语、周围人的切身经历和遭遇，以及秦腔戏曲人物故事中吸取经验教训，但读书人可以在此基础上，通过阅读更多更高层次的人的人生经验和教训来吸取经验教训。

与串门相比，走亲戚并不很频繁，但往往更亲热。陇东南乡村流行"亲戚越走越亲，好久不走生分"、"亲戚望的亲戚有，邻居望的搬着走"以及"过家要细，待客要盛"的谚语，无论走亲戚一方还是接待亲戚一方，往往都极为亲热。走亲戚一方得穿戴一新，无论年轻媳妇、男女孩子、老年妇女虽然不能说盛装一番，至少得穿得干干净净、落落大方，而且得备有一定人情，人情随时令节日而有所不同，如正月拜年最为隆重，过去生活困难时一般为挂面、酥饼、麻花之类的食品，后来条件转好，往往为茶酒、点心、奶制品等，血缘关系较亲的往往得双份，尤其是晚辈向长辈拜年。其他时间走亲戚，如二月二、五月五、八月十五等，一般分别为豌豆、花馍馍、水果之类，但也不排除其他食品和礼物。生活困难，普遍吃不上白面的时候，还可以是花卷，甚至是手擀面条、洋芋、小麦之类；条件好转后，还有送大肉、衣物、布匹及更值钱首饰的。即使有些亲戚家境并不十分宽裕，一般都能尽其所能地盛情款待，没有大鱼大肉，但上一碟土鸡蛋，一碗荞麦面，一碗豆腐粉条，都是极常见的。迪萨纳亚克这样写道："礼物可能仅仅是象征，但是，特别是在原始社会中，给予者常常要给最好的：最上选的水果、最漂亮的织物、最肥或最值钱的动物。人们不仅要对礼物本身竭尽全力，而且对礼物的赠送方式也煞费苦心：通常这种赠予要通过相互美言而加以仪式化，赠予者称赞接受者非同寻常的个人（或名义上）品质，接受者感谢赠予者的慷慨、趣味等等。"① 这种情况也常常发生在陇东南乡村。不过一般意义的走亲访友的仪式也可能就是借助时令季节性节日而已，除非双方系儿女亲家之间的往来可另当别论。陇东南乡村虽然也有"礼多人不怪"的说法，但也不是千篇一律，而是具体问题具体分析，一般尽心尽力即可。相传有一女孩因为童年时期捐献一枚铜钱，使得寺院住持念经持诵；后来当了王后，虽然捐了很多金银财宝，却并未得到寺院住持的念经持诵。这是因为向寺院募捐关键不在于价格的多少，而在于虔诚的程度，是看心不看行。所谓百善孝为先，看心不看行，看行天下无孝子；万恶淫为首，看行不看心，看心世上无完人，也是这个道理。现代城市社会使得人们习惯于以金钱多少和价格高低来判断亲疏程度，这在很大程度上是商业化、世俗化甚或庸俗化的必然结果，最合乎情理也最为明智的做法只能是按照真诚的程度而不是金钱和价格的多少，但遗憾的是有些人已经忘了这一最基本的观念。真诚才是走亲戚乃至与人交往最可宝贵的精神，其他的一切都可能因伪装显得俗不可耐。所以走村串户需要的是真诚而非其他的伪装。真诚才是交往之美的极致。

　　陇东南乡村至少邻村之间往往彼此熟悉，套来套去都能套出亲戚关系。

---

① ［美］埃伦·迪萨纳亚克：《审美的人》，商务印书馆 2005 年版，第 158 页。

人们虽然并不经常走动，但基本上都知道每一家的底细，无论是祖宗几辈子血缘关系的来龙去脉，还是成败得失、穷富贵贱的家庭史乃至家族史，即使有所不知，也不费吹灰之力便可打听得清清楚楚。无论谁家有红白事情，都能一传十、十传百，很快人尽皆知。虽然一个村子，往往可能有几千人口，基本上都能做到有力的出力，有钱的出钱，相互帮扶、相互照应。因为谁家都有红白事情，尤其白事无可避免。孟子强调"敬人者人恒敬之"①，陇东南乡村对这一句话的理解更为透彻、地道。一个人可以选择婚姻的时间，但不可能选择自然死亡的时间。将生命看得更加淡然，便成为陇东南乡村最富于智慧的事情。他们虽然对亡者也会感到悲痛，但都能淡然处之，谨慎对待生死攸关的事情。城里人可以对面不相识，但在陇东南乡村即使今天也还是完全的熟人社会。如果村子里来一个外地人几乎谁都能认出来，而且很快便会传遍整个村子。所以城里人经常发生偷盗的事情，而且即使有保安、警察等专门人员负责，也多半成为无头案；而陇东南乡村一旦发生偷盗案，人们很快便心知肚明，知晓是谁家手脚不干净的乡村混混干的。待了解清楚之后，如果不好意思揭破，便选择站在对面山坡上叫骂一阵子，事情过后还按照以前的生活程序和节奏彼此和睦相处。如果觉得可以揭破面子，便径直找其说明情况，如果承认了，趁此机会退还人家便算了事，此后这两家人谁都不再提起，更不扩散，照样按既定模式相安无事地生活着。在这一点上不像有些城里人虽然表面都十分礼貌客气，其实骨子里并不待见对方。这可能是陇东南乡村淳朴人际关系的基本形态。

还有两种走村串户、吃百家饭睡百家炕的行当，往往与最直接的生计有关。一种是常年性的货郎担。他们往往拿着拨浪鼓，挑着百货箱，以响亮的拨浪鼓声作为走村串户的标志，或配以独特而有韵律的特定吆喝声，或本身便是一种响亮而不费人力的吆喝声，加上货郎担所担诸多针线、梳子、头饰、儿童玩具等，都是最能吸妇女孩子眼球的东西。货郎担出卖各具其态的糖葫芦及变化万千的西湖镜，或称为稀罕镜，通过转动盖子呈现

① 《孟子·离娄下》，朱熹：《四书章句集注》，中华书局 1983 年版，第 298 页。

姿态各异的花卉图案等，最能吸引妇女孩子的眼球。在相当一段时间，尤其在乡村人们外出不多的时代，货郎担常常是打破宁静闭塞乡村的一种独特而有趣的声音，并且也是宁静闭塞乡村了解外面世界的一个重要窗口，每每能给没有见过外面世界的儿童以无穷无尽的遐想和憧憬。这些走村串户的货郎担往往赚的是孩子的压岁钱和妇女的私房钱，当然也不排除成年男子。还有一种是只在冬末春初行走乡村的春官，他们肩上搭着帘搭，其实就是一个搭在肩膀的中间开口、前胸后背两端收束的布袋，往往触景生情、咏物抒怀，见男女老少都有不同的喜话，大体不离六畜兴旺、五谷丰登、科举及第、功成名就、发家致富之类，都是一些大人小孩喜欢听的唱词。这是陇东南乡村最有文化修养和品位的一种行乞方式。他们往往出口成章，话成诗、韵成曲，虽然行乞但不失做人的自尊和体面，并起着宣传农历、教化人心的功能和作用，是春天的喜神，是文明的使者。所不同的是货郎担往往收的是钱，而春官更多收的是面，顺势装入帘搭。

　　走村串户尤其串门子、走亲戚作为走动和行游的一种方式，可能比不得庄子所标榜的逍遥游之境界的洒脱自由，但并不是没有自由，至少比劳作之美更能彰显出自由之美。也许在庄子看来，陇东南乡村行游可能有些像燕雀之自由，不及鲲鹏展翅九万里那么无拘无束、自由自在，但常常更切合实际，更符合陇东南乡村生活条件和处境，不应该受到人们的质疑和批评。因为串门子走亲戚，一般情况并没有特别明确甚至功利性目的，如果有功利目的，也主要是借助走动以强化亲密之感。应该说，城市文明发展的初期阶段仍在很大程度上保持了乡村的这一特点："在过去历史上大部分时间内，村庄和乡村一直是清新生活的储存库，受祖先行为模式的约束，使人们保持人性、通人情，但又对人类的局限性和人类的可能性两者都有自知之明。不论城市的统治者们有多大的错误和过失，仍然是可以纠正的。"[1] 虽然这种走动之美可能并不比诸如群体乃至单体游戏娱乐活动

---

[1]　［美］刘易斯·芒福德：《城市发展史》，宋俊岭等译，中国建筑工业出版社 2005 年版，第 570—571 页。

更自由，但其淳朴、本分、善意的亲和之美还是存在的。

（三）从社火类群体娱乐到踢毽子等单体娱乐的游戏之美

越是辛劳的人越能体会到游戏的价值和意义，越是有游戏的渴望。陇东南乡村最普遍的游戏娱乐活动可能多种多样，但最有乡村文化品位的应该算乞巧和要社火两种。乞巧作为未婚女子的节日往往在七月初一到七月初七进行，相互拜巧一般在初三到初六之间，先是同一个村子不同乞巧点之间相互拜巧，后是邻近村子之间相互拜巧。前往拜巧的人往往一路上唱着乞巧歌，到另一乞巧点附近的时候，另一乞巧点要派专人唱乞巧歌迎接，待迎到乞巧点后便交由前来拜巧的人作为主角演唱，待拜巧结束启程返回，这一接受拜巧的乞巧点要唱乞巧歌相送。彼此之间以诸如此类的方式加强不同女子团体的关系往来。相对于未婚女子乞巧节的相互拜巧，每年正月，以村子为单位或同一村子不同地域划片组成社火点，也存在到邻近村子或社火点要社火的情形。有所不同的是，乞巧仅限未婚女子参与，其他人只能观看；社火则以青壮年男子为主，男女老少均可参与，既可以是观众，也可以是表演者。乞巧点较为零散，常常一个村子有多个，往往十几人到几十人不等；社火点较集中，常常一个村子最多一两个点，一般仅一个点便有成百上千人参加。乞巧点与邻村只能对应于乞巧点，社火到邻村则针对自然村而非社火点；乞巧点到邻村系相互拜巧，只针对乞巧点，往往可以在一个自然村的多个乞巧点拜巧，社火出村庄则针对自然村，不可能一个自然村表演两次以上。乞巧拜巧只对应于乞巧点，如果某一村庄没有乞巧点便不存在拜巧的程序；社火则无论某一村庄当年有无社火，有社火的村子都必须到历史上有相互出演历史和传统的村子去，当然也有视具体情况经过双方协商增设出演点的。乞巧点常常随时前往即兴表演，即使唱词也随时调整变化，甚至可以现编现演；社火则有固定套路和程序，尤其社火曲常常是传承已久的，即使个别有所调整，但不失大谱。乞巧的接待仅仅歌唱迎送，社火的接待得提前一天或至少在当天上午派响马前去商定具体时间及表演场地等，响马常常随身携带大课铃，老远便尽人皆知，第二天或当天晚上出动社火，表演方得依约按时定场地前去表演，接受表演的一方作为接待方常常一传十、十传百成群结队前去观看，且得摊派一定人家轮流制作凉菜、购买些饼干及烟酒等接待。前去耍社火的表演方常常接受这一接待，将凉菜、饼干、烟酒之类发给相关耍社火的人员享用。尤其凉菜往往是夹一筷子送于人们手中，然后进行抓吃，似乎也没有觉得不卫生，照样吃得津津有味。

社火节目中必定有两种与行走有关，一种是纸马，常常由少年儿童拴系腰间，身前为纸糊马头、毛驴头，身后为马尾或驴尾，配有课铃，能够在社火场子里行走而朗朗作响，深受孩子们欢迎；另一种是船媳妇儿，常常由长得英俊的男孩子装扮，除了表演节目之外，停在场外的时候，也坐在纸糊的船只中一言不发、一笑不笑。船媳妇儿是一台社火的亮点，往往最能引来喜欢热闹的妇女儿童逗戏，无论说多么难听的话都不生气，多么可笑的话也不能发笑，越是能够表现小家碧玉般的相貌端庄清秀、温柔娴静，越能受到人们的好评。也正是这两个传统节目常常将社火本身作为游戏娱乐活动的属性发挥得淋漓尽致。人们似乎没有多少钱能买得起成群结队的骡马、毛驴，便通过纸马使这种现实中难以充分满足的愿望得以虚拟满足；人们也许从来没有见过船只，也没有见过足以渡船的河流，便作出一个虚拟的船只来满足这种划船行走的心愿。由于山大沟深的陇东南乡村最受阻碍的便是山路交通，便虚拟出一个可以用来划船的水路交通。人们可能朝思暮想的是娶一个端庄清秀、温柔娴静的媳妇儿，便由男孩子装扮一个出来供人们逗戏取乐，为人们提供满足其挑逗愿望的合法嬉戏机会。这两个社火节目往往将社火游戏娱乐的特点演绎得异彩纷呈，将未获满足的欲望在幻想中获得满足的属性表现得淋漓尽致。

诸如此类的相互拜巧或社火出庄表演完全建立在平时群体交往和友谊的基础上，并不具有任何比赛乃至竞技的性质，单纯出于自娱自乐，只是这种自娱自乐一旦走出村庄，便往往代表一个村庄或一个村庄某些片区的表演能力和层次，其表演的好坏主要依靠人们的口碑，以及久而久之形成的相对固定的印象，诸如"那里的狮子那里的龙，那里的老虎跳进城"

之类的顺口溜。无论名声如何好，也只是一个名声，并不能因此获得某种切身利益如物质奖赏之类。即使表演并不出彩，也只是私下议论，时间一长也便没有人再去理会和纠结。也许诸如此类自娱自乐活动的最大特点是有表演性，而无关切身利益。即使如此都得认真对待，不敢马虎，甚至连乞巧女子的梳妆打扮、挑龙男子的动作灵巧等都成为人们进行视觉炫耀并且接受他人挑剔评判的内容。虽然不能说青年男女便有达尔文所谓向异性展示自己美的风姿以引起异性关注的动机和欲望，参加乞巧和社火的女子也无须出于向异性炫耀乃至求爱的欲望和动机而精心打扮，但也不会轻易放弃难得的展示和炫耀的机会。即使没有什么昂贵的化妆品和香水之类，也能尽其所有梳妆一新以达到视觉炫耀的目的。参加社火的小伙子即使平时不修边幅，甚或邋里邋遢，也会在参加诸如此类活动时将自己装束得干净利索，这不仅仅是出于维护一个村庄或乞巧点形象的需要，更是为了向邻村表达起码的重视和认真态度的一种方式。迪萨纳亚克指出："人类和其他动物的奇异装束的进化效果的区别在于人类把自己的时间精力投入到其外表具有超越个人意义的吸引力这一事实当中。看上去英俊、漂亮、充满活力和健康，不仅是赢得配偶、声望、艳羡和个人生育成功的一种方式，也同样表明这个人拥护和尊重其社会群体的道德价值和理想。"①

　　其实，群体娱乐的最重要价值在于使平时各自忙碌的人们借此获得了集体聚会和娱乐的机会。因为人本质上可能是一种群体性动物，其道德修养和文化程度之类只有表现于群体活动才可能货真价实，否则便没有了实际意义。如果说有某种功利性目的，也只是基于潜意识的自我表现本能。无论基于潜意识或别的其他意识活动，本质上都只是一种自娱自乐的活动，充其量只是忙碌间歇中的一种自我放松甚或有限放纵。任何一种自娱自乐活动，如果没有这种自我放松乃至有限放纵便会丧失原始动力。作为群体活动的自娱自乐还有一个最重要的特点和功能是暂时打破积习已久的某些惯常礼仪逻辑，如平时辈分、年龄、性别、身份、地位差异等，能使人充分

---

① ［美］埃伦·迪萨纳亚克：《审美的人》，商务印书馆 2005 年版，第 163 页。

享受自娱自乐的人人有份和共同参与，以及共同出行表演和平等接受接待的机会和权利，西方学者往往将此描述为狂欢尤其节日狂欢。陇东南乡村诸如此类的群体性自娱自乐活动虽然也带有几分狂欢的性质和特点，但并不至于达到西方人所谓狂欢的程度，只是较之平时较为放松乃至放纵些，没有人会因此挑战礼仪制度和文明规训。这是陇东南乡村群体性自娱自乐活动的底线。人们虽然只有在诸如此类的娱乐活动中才能最大限度地发挥自己的主体创造性并获得自由解放，但这种主体创造性和自由解放其实也较为有限，充其量只是对平时更受约束和规范的生活秩序乃至生活方式的一种有限补偿，绝对不是西方美学家所吹嘘的人只有在游戏的时候才真正是一个自由的、完整的人。这不是贬低了陇东南乡村娱乐活动本身的价值和意义，恰恰是使其回归原始本真的状态，或更确切地说也只能是回归有限的原始本真状态。

　　与走动乃至行游活动有关的最具自娱自乐性质和特点的单体游戏娱乐活动要算踢毽子、跳沙包、打秋千、打毛蛋、打陀螺、推铁环等，但它们并非永远只是自娱自乐的活动，在特定时候常常也会作为一种比赛乃至竞技活动受到欢迎。正如迪萨纳亚克所说："做点事情并且使其特殊是我们的人性特点，dromena 有可能采取审美的形态，而且由审美的苦心经营来加以完成。自然舒适的和使人惬意的塑造以及苦心经营的倾向在好多场合中都是显而易见的。"[1] 其中，踢毽子往往是男女共享的游戏娱乐方式。孩子们往往自找一个铜钱，用布包裹缝起，将鸡毛根处剪短分裂开岔缝在铜钱方眼处，再将色彩斑斓的鸡毛插入其中摆布成伞状，踢起来又稳又沉的便是上好毽子。无论男女都可能变换各种动作，以动作难度和接踢次数计算输赢，尤以女子因为身体柔软更为见长。跳沙包主要还是女子的娱乐方式，往往是用布包裹一些细沙子封包而成，但也不排除有些男孩子参与，除了以跳的次数计算成绩外，还有更为灵活多样的娱乐方式。真正只有女子才能参加的娱乐形式为荡秋千，荡秋千往往有时间限制，一般在春节期间，请几位男孩寻找两颗距离适近的树，将绳子两头各自拴在树干

---

[1]　［美］埃伦·迪萨纳亚克：《审美的人》，商务印书馆 2005 年版，第 122 页。

上，在靠近地面的一面绑上木板或木棒作为坐具即可成为秋千，在其他时候得忙家务很少有人做这样的娱乐。如果打秋千也有类似比赛性质，也只能比高比胆子大比动作优美。打毛蛋主要是男孩子的娱乐活动，往往用毛线包裹成圆球形蛋子，借助弹性拍打及次数计算成绩。打陀螺用的陀螺也往往是男孩子自制而成，将木质比较好的短棒子用刀削成上平大、下尖小的形状，并在尖小处钉上滚珠最为理想，用鞭子抽打以至使其转动，以陀螺转动至停止倒下时间长短计输赢。最具有行走乃至奔跑性质的游戏形式是推铁环，铁环也多是男子自己用桶圈或直接用铁丝弯曲成圆环，最理想的是用较粗的钢筋曲成圆环，再配以推架使用，往往以铁环推动乃至转动的时间长短尤其推跑距离和速度来计算成绩。

与完全的自娱自乐活动相比，诸如踢毽子、跳沙包、打秋千、打毛蛋、打陀螺、推铁环等单体自娱自乐活动正是凭其有更为灵活多样的性质和特点，常常最适宜于作为比赛乃至竞技活动来组织。人们可能以为大凡体育比赛乃至竞技往往有物质奖励及奖杯、荣誉证书之类作为刺激。陇东南乡村踢毽子、跳沙包、打秋千、打毛蛋、打陀螺、推铁环等单体自娱自乐活动，即使诉诸比赛乃至竞技活动，也没有什么奖品和证书之类作为奖励和激励手段，因此所谓比赛乃至竞技也只是诉诸形式，具有某种程度的虚拟性。所有的奖励只存在于人们一言半语的口头评价，或不言而喻乃至心知肚明的内心评价之中。也正是由于这种并不见诸物质奖励和激励而仅仅存在于人们内心的内在评价才使其不失为自娱自乐活动，其自由解放的性质和特点也恰恰基于这一点。也正是凭借这一点，使平时本来屈服于物质生产活动的人们才在相对繁重辛苦的体力劳动间歇有了自娱自乐的机会和空间，也以此赢得了作为人应有的某些自尊和某种程度的自由解放。这种自由解放即使十分有限，也已经很是难能可贵了。

也许游戏娱乐活动的根本特征并非完全没有功利目的，只是由于这种功利目的本身往往带有非直接性甚或虚拟性，也因此使人觉得轻松愉快。西方美学家将游戏活动看成人们剩余能量的宣泄，其实可能并非都是如此，更多情况是人们用来充分利用闲暇时间进行自娱自乐的主要手段和方式，或是人们最易于赢得生命自由本真状态的一种手段和途径。

（四）从乡里乡庄到走南闯北的禁忌之美

陇东南乡村流行"儿行千里母担忧"的观念，往往满足于"三亩薄地一头牛，老婆孩子热炕头"、"好出门不如薄家里坐"之类的生活方式，非迫不得已一般不选择外出谋生，有所谓"货离乡贵哩，人离乡贱哩"的说法，但前往陕西赶麦场当麦客，或前往四川、云南托运货物当脚户，或出远门打工、做生意、当兵等还是不可避免的。凡出远门打工、做生意，往往得看日子，有"七不出八不入"的说法，也就是往往逢每月初七、十七、二十七不出门，逢每月初八、十八、二十八不入门。有些人还郑重其事地请阴阳师看日子或查老皇历，看每年每月具体哪一天利于出行，且往往涉及具体哪个方向更有利等常识。如《天水放马滩秦简集释》载："入月一日，旦西吉，日中北吉，昏东吉，［中夜］南吉"，二日、三日同。"入月四日，旦西［南］吉，日中南［西］吉，昏北吉，中夜东吉"。"入月五日，旦南吉，日中西吉，昏北吉，中夜东吉"，六日同。"入月七日，旦南吉，日中西吉，昏北吉，中夜南［东］吉"，八、九、十日同。"入月十一日，旦东吉，日中南吉，昏北［西］吉，中夜北吉"。"入月十二日，旦东吉，日中南吉，昏西吉，中夜北吉"，十一至十八日同。"入月十一日，旦北吉，日中东吉，昏南吉，中夜西吉"，十二至二十五日同。"入月二十六日，旦西吉，日中北吉，昏东吉，中夜南吉"，二十七至三十日同。[①] 勘正字误，概括来说就是初一至初三同为旦西吉，日中北吉，昏东吉，中夜南吉；初四到初十同为旦南吉，日中西吉，昏北吉，中夜东吉；十一至十八日同为旦东吉，日中南吉，昏西吉，中夜北吉；十九至二十五日同为旦北吉，日中东吉，昏南吉，中夜西吉；二十六之三十日同为旦西吉，日中北吉，昏东吉，中夜南吉。

正是由于陇东南乡村的人们深知出行的不易，而且往往关涉人身和财

---

① 参见孙占宇：《天水放马滩秦简集释》，甘肃文化出版社 2013 年版，第 82—83 页。

产安全，以及生意多寡等，所以往往有许多讲究和忌讳。所有这些并不一定成为体系，但相关禁忌无不表彰对出行的慎重。或按照天干占不同日子出行方向的忌讳，如"甲乙毋东行，丙丁毋南行，戊己毋作土攻〔功〕，庚辛毋西行，壬癸毋北行"①；或按照地支占不同日子出行方向的凶吉祸福，如"子，西兑（凶），北得，东吉，南兑（凶）；丑，西兑（凶），东、北吉，南得；寅，西兑（凶），北得，东、南逢言；卯，西、东吉，南得，北兑（凶）；辰，西毋行，北兑（凶），南得，东吉；巳，西兑（凶），南吉，北得，东见疾人；午，西见言，南兑（凶），北得，东毋行；未，西、南吉，东得，北兑（凶）；申，西吉，东、北得，南兑（凶）；酉，西吉，北兑（凶），东少可，南逢言；戌，西、北见兵，东得，南兑（凶）；亥，西见祠者，东、北吉，南兑（凶）"。② 虽然类似的讲究和忌讳在许多接受了新文化影响的人们看来，可能有着封建迷信的性质，所以时至今日并不是所有人都相信甚至按照诸如此类的忌讳来决定出行与否，以及出行日期和方向等，但确实还是有人精通这些，而且每每无偿地为乡庄的人们提供出行参考。

与此类似，一些出远门做生意的人还有其他讲究和忌讳，如果出门看见喜鹊叫便乐于出行，碰上乌鸦叫便退回家中静待时日；或出门碰见男人觉得宜于出行，如果碰上女人就认为不宜出行。所有这些没有道理的忌讳却总是在相对封建的人那里有着深刻影响力。现代的一些迷信观点也是如此，比如有些人总是将六、八视为吉祥数字，而将诸如二、四、七等作为不吉祥数字，似乎更没有道理，只是因为六意味着六六大顺，八的谐音近于"发"，二、四、七的读音更接近"扔"、"死"、"弃"的方言读音等。虽然诸如此类占出行的说法和忌讳并不一定有道理，但其中寄寓的祈求平安吉祥的谋生愿望，以及对出行安全和成败得失的敬畏和忌讳应该还是可以理解的，至少基于力所能及的预测和事先防范还是有着一定的必要性。

---

① 孙占宇：《天水放马滩秦简集释》，甘肃文化出版社 2013 年版，第 141 页。
② 孙占宇：《天水放马滩秦简集释》，甘肃文化出版社 2013 年版，第 143 页。

这种禁忌既不同于基于神灵崇拜的宗教禁忌，也不同于基于良心谴责的道德禁忌，虽然与此不无关系，但至少没有直接关系或最大限度的主导关系，其所有的目的和原则只是自身的出行安全和利益的最大化，除此而外似乎没有比这更为重要的目的和原则。且这种禁忌只关涉自家利益或自家亲人。

（五）从山穷水尽到柳暗花明的禅悟之美

陇东南乡村行游的美学智慧大体基于七拧八拐却又四通八达的乡村道路。习惯于城市道路的人可能对乡村道路一筹莫展，特别是遇到比较大的村庄，他们可能真如城里的鸟儿飞到乡里不灵了：这里没有笔直的让人能一眼望到尽头的直线道路，没有垂直相交、名称清楚的十字街道，没有宽绰而标有让人一目了然道路方向及路线的指示牌，没有严格车行道、人行道以及规则的斑马线，也没有提醒行人和车辆的红绿灯。特别是拐弯抹角的崎岖山道，以及错综复杂的乡间小道，更是让城里人如迷途的羔羊，但这恰恰是陇东南乡村道路的基本特征。这种看似七拧八拐的不规则道路对不大熟悉方位和线路的人可能会造成诸多麻烦：如果没有当地人引导，可能在需要找的人家附近绕来绕去，却怎么也找不到具体住址。也许正是这种七拧八拐、没有任何规律的乡村道路却可能更有利于使人在迷误中深刻体悟到佛光禅师所谓"一片白云横谷头，几多归鸟尽迷巢"的人生哲理。泰戈尔指出："在人生趣味之路上，有许多让人迷路的假象。谁躲过路上所有的危险，赢得完美，就得遵守规则，保持克制。为了品尝人生真味，必须耐得住寂寞。"[1] 陇东南乡村的人们在步入青年时代之前，无须如同有些印度人一样得出家修行，以规则和克制塑造人生，主要还是因为习惯于乡间小道尽管错乱无章却总能曲径通幽达到目的地的多次重复体验，以致虽难免遭遇迷路，总能在不慌不忙中迷途知返，多次强化着对乡村道路"有法无法，无法即法"规则的体悟，不断深化着对人生哲理和美学智慧

① ［印］泰戈尔：《泰戈尔谈文学》，人民文学出版社 2011 年版，第 25 页。

的证悟。所以乡村道路对外地人特别是城里人可能类似迷宫阵，但对当地人来说，从来没有因此限制其正常出行和人际交往，且往往能多次重复性地体验陆游所谓"山重水复疑无路，柳暗花明又一村"、王维所谓"行到水穷处，坐看云起时"的禅悟。"世事洞明皆学问，人情练达即文章。"穿行于乡间小道本身便是体悟学问、证悟美学智慧的绝好机会。人们可能并不理解玄奘徒步前往印度，藏传佛教徒步且三步一叩首前往寺院，也许他们的修行和证悟确实就在这种徒步前行的路途之中，而不仅仅是在寺院的跪拜之中。陇东南乡村虽然并不是每个人都能通过多次重复性熟悉七拐八拐却又四通八达的乡间道路证悟和总结出类似陆游、王维的人生哲理和美学智慧，但只要能在人生道路上懂得"前方无绝路，希望在转角"，懂得迂回曲折亦可终达目的，便是有出息的表现。这正如世界上没有一条笔直的河流，理所当然也没有一条笔直的道路。虽然两点之间最短的距离是直线，但经过迂回顺畅达到目的的道路只能是曲线。看似直线型城市道路设计确实便利了人们的出行，但也因太过张扬人自身的欲望和意图最终破坏了自然的随意和随性，导致了城市道路设计的千篇一律。贝林特指出："小路是具有丰富意义的环境特征。它们并不是作为认知符号，而是作为一种体现其意义的生存符号（如果有人坚持要用这个词的话）而被经验的，让我们行动，使我们的身体，我们自己做选择。"① 这一阐述还没有他所引述的博尔诺夫的观点更形象："路并不是努力通向一个终点，而是存在于其自身。它邀请人来闲逛。在这里，人就在风景之中，融入并消融于其中，成为风景的一部分。当他在这条路上流连时，必须有时间。他必须停下来欣赏风景。"② 也许他俩共同的缺憾是认识到了道理特别是小路本身的意义，却忽视了最能真正彰显道路本身意义的常常不是千篇一律、容易使人产生审美疲劳的笔直大道，而是那千奇百怪、蜿蜒曲折的羊肠小道，不是城市街道，而是乡间小道，是那些蜿蜒曲折的田间小道，以及各

---

① ［美］阿诺德·贝林特：《艺术与介入》，李媛媛译，商务印书馆 2013 年版，第 135 页。
② ［美］阿诺德·贝林特：《艺术与介入》，李媛媛译，商务印书馆 2013 年版，第 136 页。

个村落内部曲径通幽的乡村小路。

乡村道路和徒步出行方式还有城市所没有的其他优势。陇东南乡村的人们虽然因诸多出行禁忌束缚了其生活，但与将生命没完没了消耗于拥挤交通和远距离上班的城里人相比，确实享受着慢节奏生活的舒适感和幸福感：他们大可不必考虑交通堵塞可能导致的时间延误，也无须考虑穿梭于不同道路和街道的时间消耗；他们没有红绿灯的限制，也没有交通规则的约束，除了必须绕开诸如山峰、河流、房屋、庄稼之类，很多情况下似乎没有其他什么障碍物可以阻挡他们直达目的地。他们虽然没有诸如汽车、火车之类方便快捷的交通工具，但相形之下城里人也似乎没有因为诸如此类方便快捷的交通工具使他们紧张的生活节奏有所减缓，更没有使其本来繁忙紧张的生活变得更加舒缓轻松，反而使其更加马不停蹄，以致成了繁忙的快节奏生活的彻头彻脑的奴隶。彼得·霍尔这样描述道："在某种程度上，每个地方，以及一些城市几乎全部地方，城市白天的工作者几乎全部是通勤者或商业旅行者，在傍晚时分他们奔向郊区家园和边缘城市的购物商场，或者退住到他们的堡垒旅馆。在这些地方，城市里闪亮的玻璃外壳神奇得如同浮华的波特金村庄一样，犹如巨型化城市的孤立岛屿，与城市的其他部分以及郊区之间隔着一道宽阔的腐败和遗弃带：这是一片无人区，未经考察便被高架路或者地下交通迅速横贯。"① 如此看来，看似快节奏的城市道路和出行手段并没有真正提高其生活的效率和生命的质量。陇东南乡村人们的生活也似乎没有因为舒缓的慢节奏而影响其最基本的生活内容，而且从人类的本性而言，舒缓的慢节奏较之紧张的快节奏生活更有利于人们的身心健康。如何使繁忙紧张的快节奏生活变得舒缓显然是摆在城里人面前的一个必须解决的问题，而舒缓的慢节奏生活却恰恰是陇东南乡村生活固有的生活方式和美学智慧。

---

① ［英］彼得·霍尔：《文明中的城市》第三册，王志章译，商务印书馆 2016 年版，第 1405 页。

中 编

基于生老病死的陇东南
乡俗及礼乐美学智慧

第五章 基于生长的陇东南乡俗
及礼乐美学智慧

　　活着在任何时候都是人生的最基本愿望，也是人生的最重要主题。当今的中国城市人往往为子女上好的学校、找好的工作、住好的楼房、获得好的医疗等几乎耗尽了一辈子的积蓄，以及时间和精力，但陇东南乡村的人们更多地将生活的愿望退回到最基本、最朴素、最原始的衣食住行等方面，很多人即使穷尽一辈子时间和精力也未能很好地解决诸如此类最基本的生活需求，而且几乎子子孙孙还得自觉或不自觉地沿袭这一生活的内容和终极目标，仍然永无休止地纠结于这些最基本生活需要的满足。虽然这一切在城市人看来可能不可思议，其中却不乏生活的恬淡与生命的豁达。

一、生长的陇东南乡村民间表征

　　中国人相信人的一生如同面部可分为上庭、中庭和下庭：上庭代表童年和青少年时期，主要依赖父母乃至家庭出身；中庭代表中年，主要依靠自己的能力和效率；下庭代表晚年，主要依靠子女乃至赡养能力。陇东南乡村的人们不无例外地在人生道路上与出生、婚姻、子女息息相关，或者说人生的质量基本上取决于家庭出身、婚姻状况和子女成长三个方面。人生的不幸也常常被概括为早年丧父或丧母、中年丧妻或丧夫、晚年丧子或丧女。

（一）出生

人们虽然可以标榜自己的主观能动性，甚至可以选择死亡的方式，但没有谁能真正独立自主地选择自己的出生。这可能是作为人最无能为力，也最原始本真，最平等不二的生活事件。西方政治家喜欢标榜人生来平等的观点，其实这一观点永远只能是一种理想。即使是在一个相对平等的社会，人生来也还是有着诸如肤色、种族、性别、出身阶层阶级、地域的差异，只是在相对平等的社会这一切对人未来生存和发展并不构成极大影响，但发展基础的相对差异仍然是存在的。如果是在一个利益固化、阶层固化的社会，出生便可能决定一个人未来人生发展的方向，以及最终可能达到的社会政治经济地位，甚至即使付出最大努力也不一定能改变这种与生俱来的出生差异。

一个人的出生往往有赖于父母及其他人等的努力，自己却无能为力。临到分娩，陇东南乡村往往由家里人请来医生或接生婆来家里接生。接生婆接生后往往不会忘记倒提婴儿，拍打其屁股，使其哇哇大叫，一则使其吐出口中浊气，二则从声音大小判断其体力状况。婴儿祖母往往自觉承担处理脐带和胎盘的任务，常常暗里悉心掩埋脐带和胞衣，或埋入炕眼门土层下或炕洞等，一般忌胎衣口朝下以免婴儿冒奶，往往认为胞衣的处理结果与新生婴儿后来的成长息息相关。如果是女婴，期盼下一胎转而生男孩，还得将胞衣里外翻过，是为翻胎，以寄托翻女胎为男胎之意。并于第一时间下帖子禀报产妇娘家及男方舅家，娘家可在产妇月子里前来看望。孩子刚出生常请来村里有母乳的妇女喂乳，待母亲下乳后由产妇自行喂乳。如果难产，接生不成功，主家便得考虑在无人知晓的情况下趁着夜色用席子卷着悄然从院墙架出，丢入野外，不得从大门送出，以防冲犯门神，也不得土埋，以防冲犯土神。一般情况下，除了产妇娘家之外，其他亲戚朋友得等到出月之后才能去看望，主家一般忌讳来人采走母乳。有些为了保险起见，往往在产房门扣子上加锁，以取锁住母乳之意。如果确实有人脚重，自从来过产房母乳有所减少，那么主家就会让脚重的这一人家做成一碗饭送给产妇吃，也有人家觉得母乳有所欠缺，便请求亲戚朋友送产妇食物，以寄托增加母乳之意。也有人认为产妇心理豁达、无所顾忌，便不会有被人采去母乳的情形。这归根结底可能还是一个心理问题，以及心理疗法而已。满月也就是出月之后由婴儿奶奶大清早抱出门，在家道附近转悠一会，顺手拣一块土疙瘩带回，路上如果碰到人，这人一般要称赞孩子长得可爱，将来肯定有出息之类祝福的喜话。转悠回来后得将土疙瘩丢入新生婴儿炕后角落。没有人真正清楚取回土疙瘩的象征意义。最有可能的阐释是取土生土长的寓意，以祝福孩子像土疙瘩一样经得起风吹雨打、耐得住摸爬滚打、保得住土生土长，寄寓孩子长得顽强健壮的期冀。有些人家还给祖先烧香点蜡，以表感恩和敬奉之意。出月之时，主人还得给婴儿剃胎发，并由主家妥善收藏，一般藏于门楣之上，以取茁壮成长、以期与门楣齐的意思，最忌讳将婴儿胎发随意处置，以致散落各地被不干不净乃至心术不正的人获得，对婴儿产生极为不利的影响。有些人家还摆宴席，邀请亲戚朋友前来祝贺，但更多人家限于财力或出于惜福的考虑，并不兴师动众，以为这样会有损孩子未来福报。

如果婴儿夜哭不已，也有在交通要道墙壁、树木之上张贴诸如"天皇皇，地皇皇，我家有个夜哭郎。过路行人念一遍，一觉睡到大天亮"字样的纸条，以求借助众人念诵避免梦魇惊啼。婴儿出生百日时一般得祈求亲戚邻居赏赐布条布块，由家庭主妇按照一定几何图形将各种色彩、图案和质料的布条、布块缝合而成色彩斑斓、井然有序的马甲或小袄之类的衣服，称之为百家衣，以期使孩子在众人的祈祷与祝福中平安吉祥；或向亲戚邻居凑钱制作一把百家锁或称为长命锁，主要是买一把铜锁、几颗铜铃，全部拴在红布缠绕缝制而成的绳索上，经常佩戴于脖子，随行发出朗朗声响，可能寄寓锁住孩子、吓走恶鬼，以免妖魔鬼怪侵害之意；或给女孩子穿耳孔，戴耳坠，以残损身体、佩戴刑具，以欺骗妖魔鬼怪婴儿已受残害，使其不再加害；或给孩子起诸如狗儿、狗粪、狗狗、狗食、猪娃、猪粪、丑娃、臭娃、臭女等相对卑贱的名字，以博得鬼怪的同情怜悯而不再加害。

（二）成长

人生的成长主要靠父母亲戚照应和提携，也得自身积极配合和努力。为了让孩子长得健壮平顺，还有一些忌讳，如太阳落山以后不得直呼孩子名字，以免鬼怪听见名字勾去魂魄；不得让孩子将脸涂画得乱七八糟，以免魂魄出游而归认不得容貌；不得让小孩抓麻雀，以免长大写字手颤；不得让小孩绕点着的香头，以免晚上尿床；不得让小孩口吹锅里油烟，以免孩子将来脸上长油点；不得饭后敲碗，以免将来穷如乞丐；不得将小孩头发散落地上让人践踏，以免将来长不高个子；不得将小孩掉的牙齿丢在地上，让人践踏，以免将来长不出牙齿；如果小孩不小心磕掉了牙齿，需新媳妇摸摸没有牙齿的牙床，以使新牙长得出来。陇东南乡村还有一些可保孩子逢凶化吉、遇难成祥的专门解除方法。如小孩茶饭不思、日渐消瘦，得请有经验的老人，或由年老的家长自行叫魂或滕魂。一般得精选一颗大鸡蛋，缠上红扣线，顺着小孩胳膊由手到身上推动，喊叫"三魂七魄上身了"，每喊一声孩子则答应一声"上身了"。待滕魂结束得将鸡蛋放入火炉热灰中烧熟，如鸡蛋破裂便是魂魄上身，而且年长的叫魂者还自称能够从开裂的鸡蛋形状判断魂魄丢失的程度和原因。然后将红扣线装入红布小包缝在小孩常穿衣服的腋下一般不被人发现也不易磨落的地方。如果小孩夜晚外出归来突遇感冒发烧，或外人夜访走后突然呕吐不止，便认定着了剽气，就得有老人刹剽气。在碗里盛上水，口里念叨"一呼千里二呼万里，呼神神到，呼鬼鬼退，保佑孩子肿处散，病处好"之类，烧黄表纸化入碗中，将三根筷子在水碗中旋转搅动，然后相并站立，如果站不住便用一根筷子平放于碗口，其他两根筷子蘸水交并骑于单筷，谓之骑马，如果筷子站住算刹剽气成功，最后连同纸灰水浆倒在大门外路口，算是将剽气送出了门。

如果碰上出生以后与生身父母中的任何一方生辰八字不合，五行相克，总是哭哭闹闹，便得设法拜干亲，认与孩子父母年龄相近、辈分相同、生辰八字相合的男女作干爹或干娘，也就是义父义母，一般得门当户对，且福大命大，儿女双全。虽然也有人认为会有损于干爹或干娘福报，但许多人碍于情面或出于情义仍然愿意担当。也免不了要行规程，即要送义父义母礼物，义父义母也得给婴儿送礼物。有些或基于万物有灵的考虑一劳永逸地将孩子祭拜于村前村后的大槐树或大石头之类的长寿之物，这样可免去好多追节孝顺之类的麻烦；或祭拜于附近传说较为灵验的菩萨神灵等，逢年过节抽空前去烧香点蜡以示敬奉之意；也有剪成纸人烧于特定神庙，以示烧孩子替身，保佑孩子不再受神灵搅扰而能平顺长成之意。

为了使孩子长得健康平顺，有些还请来阴阳先生，由阴阳先生撰写长命保书，请神诵经，或寄保于寺庙，或寄保于家神、土地神以及灶神等自认为较为灵验的地方神灵，其中相当多的地方流行寄保于家神。家神往往是家族内部某位德高望重的祖先，由于生前喜欢孩子，受到全村全族人的敬仰和崇拜，去世后被尊为家神，往往有固定的家神庙，还有坟墓，能保佑家族人丁兴旺、子孙安康。土地神也同样是分管某一特定地域的地方保护神。人们往往每逢初一、十五都可前去家神庙或坟墓前，以及土地庙等烧香点蜡加以祭拜，也可在其他方便时间祭拜，对此没有严格限制。陇东南乡村可能没有严格的儿童命名仪式，大多数人家一直待到寄保时需要明白无误地书写孩子姓名，才不得已让阴阳先生这一乡村最有文化修养的人起名。当然这一名字充其量只能算是个乳名，待孩子报户口或上学时还可重新命名，是为学名。从情理上讲，学名一般得比乳名更有文化内涵，若能从儒家经典如四书五经中找到典故自然更好，如果找不到典故，也尽量不显得很俗气，且往往更要体现家长的期望。乳名如果出自父母意愿，偏父母没有读过书，对子女的起名便脱不了相沿成习的套路，男孩一般多取动物名，如龙虎之类，但很少有起狼豹之类带有残暴、冷酷之类象征意味的动物名；女孩多取花草树木名，如菊花、柳叶之类带有柔顺特征的名字，并不取诸如松柏之类显得有些傲气或阳刚的名字。待孩子长到十二岁要举行赎身仪式，由阴阳先生诵经抽保状亦称抽赎，以示寄保期已满。也有请师公子跳神的，常常头戴神冠，身穿八卦袍，敲打羊皮扇鼓，跳跃转圈，唱诵神曲，举行有关祭祀仪式，相传没有简化的正规程序得由师公子自刺印堂穴出血祭祀。俗称抽赎可以视为陇东南乡村并不十分正规的成人礼。有些遇到本命年，还得举行相关仪式禳解运星。在诸如此类近似巫术的仪式中其实贯穿着一个思想，那便是相信万物有灵和民间崇拜，虽然所有这些看似有着迷信色彩，但其实也蕴含着朴素思想，使人们对历史上曾有贡献于家族的祖先产生由衷的敬意，对大自然无穷造化心存敬畏。尤其抽赎时所念经书，往往含有劝人向善乃至敬畏道德伦理和民间神灵信仰的性质。所有这些借助仪式之类形式强化的基本观念常能真正内化于心，形成根深蒂固的民间信仰内涵，以致影响人的一生，至少可能使人不再敢妄自尊大、为所欲为、肆无忌惮。这可能是原始民间信仰之最可贵的价值和意义之所在。有些地方的抽赎表面看来可能具有迷信性质，至少将生命的禁忌与幸福寄托于地方神灵的做法，在一神教传统的国家和地区看来纯属迷信，但在诸如此类看似迷信的相关仪式之中也有劝人敬畏神灵、积极向善的主题动意，还有引导儿童自食其力、独立发展的某种教育理念。诸如有些地方抽赎，让孩子长时间跪香，以致腰酸膝盖痛，由此培养其忍耐力以及生存毅力，同时还借助儿童自己往书包里收拾课本、笔盒、碗筷等学习和生活用具等祭祀仪式，以宣示和培养儿童的生活自理能力，及长大后离开父母、独立生存和发展的能力。有些阴阳先生甚至明确制止父母对诸如此类祭祀仪式事无巨细的参与和包办，而且明确阐述了诸如此类仪式所具有的培养和训练儿童独立生存意识和能力的宗旨。人们常常指责儒家仪式的烦琐，以及对人的束缚，但诸如此类烦琐的仪式也并非一无是处，其肃穆和庄严的仪式及氛围所蕴含的敬畏以及负责、担当、自立的基本性质也显而易见。现代社会独生子女的生活担当和责任心差固然有多种原因，抛弃乃至抹杀诸如此类看似烦琐无用的习俗也可能是其中原因之一。

在一个人成长的经历中，也许诸如切割脐带、第一次剃发、第一次爬行、第一次站立、第一次行走、第一次续牙等都有着特别重要的意义，都标志着人生道路上具有里程碑意义的成长经历，但所有这些并不一定都得通过具有严格程序和仪式的成长礼仪来完成。一般来说，切割脐带理所当然是母亲分娩之后进行，特别讲究的人家可能得焚香点蜡祷告祖宗保佑平安，以及延续香火。至于第一次剃发则可能是出月的时候，也可能是二月二龙抬头的时候，不一定得有特别礼仪。至于第一次爬行、站立、行走、续牙，虽然是孩子人生道路上所迈出的关键一步，一般不需要举行特别礼仪，但作为长辈的喜悦之情是不言而喻的。

（三）长成

人生的长成意味着逐渐脱离父母的养育，进入可更大程度独立成长的时期。长成的标志是行成年礼，但陇东南乡村很少行专门成年礼，而将结婚视为能自立的标志。青年时代最重要的事情便是结婚。一般经由提亲、相亲、奠酒、商量话、结亲等仪式。传统乡俗先由媒人向双方家长提亲，在男女双方家长和本人有成亲初步意向的前提下，男女双方家长按照属相五行相生相克原理初步推断是否有必要正式提亲，如果五行相生或相合，双方家长都有成亲愿望，即有提亲必要，并且按照双方同意的时间和地点进入相亲程序。相亲是在媒人撮合、两家家长详细打听和了解对方家底家势、有基本意向的情况下，双方家长或本人进行的第一次正式会面，常以对方是否愿意邀请吃饭与接受吃饭邀请为不成文信号确定是否同意亲事，现在有些在外地打工的年轻人常省略这一环节。待双方父母和本人同意，将男女双方生辰八字送于阴阳或算命先生确定生辰八字相合，便进入奠酒也就是订婚程序。由男方择定吉日备三色礼或四色礼与媒人一道前往女方家。女方家邀请家族有名望的长辈和亲房本眷人等参加，并推举一位与双方关系熟悉，且说话办事有分量的人担任保亲，由双方代表及媒人、保亲等面对正堂叩首奠酒祭告祖先，商定彩礼等。传统奠酒仪式是男方买散装白酒，女方家得在男方家酒瓶中灌满凉水带回，倒入男方酸菜缸，是为回酒瓶。男方按照属相和生辰八字初步择定结婚日期，备礼物，请媒人、保亲到女方家商议具体结婚日期，以及嫁妆、陪嫁等，女方往往请能说会道的长辈为女方最后一次争得利益，即是商量话阶段。到择定结婚日期前三天，由媒人和保亲出面带上男方备礼品谓四色礼或三色礼向女方下婚帖，并彩礼、嫁妆等交与女方家，有些故意将男方备彩礼、嫁妆，以及女方陪嫁一并展示于人。同时得给男方舅家下请帖，是为下书。值得注意的是，陇东南乡村对出嫁女儿与娶进儿媳有不同认识：认为嫁女儿麻烦而娶儿媳容易，因为出嫁女儿，不仅得考虑女婿的人品、本领、相貌，还得考虑父母性格、家风家势、家庭经济状况等；但娶儿媳则主要考虑未来儿媳的相貌、人品和针线活，也考虑岳母的脾气性格，其他如家庭经济状况等一般不大考虑。有趣的是，陇东南乡村有些地方将娶儿媳称之为"提媳妇儿"，将娶儿媳进门叫作"提进门"，或可能不是"提"而是"籴"，因为陇东南乡村"d"、"t"不分，如此一来陇东南乡村买来儿媳的特点异常明晰；但将女儿找到婆家称为"寻下下家"，似乎又不见了卖出女儿的迹象。可见，将自己出钱给人家进行了特别强调，但对收了人家的礼钱却讳莫如深。这也在某种意义上体现了爱钱也爱面子的倾向。

　　陇东南乡村将男婚叫成家，女嫁叫成人。这虽一字之差，但折射出男女有别的文化习俗。也就是说，男子只有娶进门媳妇才算成立了家庭，家里没有妻子不成其为家；女子只有出嫁，才算成人。待结婚日期，新娘子得黎明前着红袄红裤、红色绣花鞋，头顶红盖头坐炕哭泣待嫁，有些甚至临近新郎村庄时才停止哭嫁。这一习俗也许有普遍性，如阿诺尔德·范热内普指出："当女儿离开母亲，她要哭，尽管可能是仪礼性的，但也表达了真实伤感。"[①] 对新郎与新娘来说，结婚对新娘的转变与考验常常远远大于新郎。新郎往往保持原有生存环境和社会关系不变，但新娘得经由从一个家庭到另一个家庭，一个家族到另一个家族，一个村庄到另一个村庄，甚至一个乡村到另一个乡村的转变，且往往得很大程度上弱化原有群体融入新群体，隔断原有社会关系，以及与原有生活环境的联系而融入新的社会关系和生活环境。对陇东南乡村非有正式工作的农村户口女子更是如此。所以说女子得有男子所没有经历过的生活适应能力也不为过。男方

---

① ［法］阿诺尔德·范热内普：《过渡礼仪》，张举文译，商务印书馆 2012 年版，第 125 页。

得在天麻麻亮时按照事先商定好的迎亲队伍由德高望重的亲房带领，备四色礼或三色礼，马被装饰一新，头佩大红花，着马鞍、马镫，由拉马员拉着一同前往女方家。在正堂设案祭告完天地祖先，新娘子由本家兄弟直接从炕上抱上马，不能沾娘家一点儿土，随下马员及其他迎亲送亲人员一同到男方家。男方家提前一天张贴对联、悬挂彩灯，门框顶部用红布装饰，有些还镶嵌一面大镜子，闪闪发亮。大门口摆放斗升，斗升中盛放着五色粮食，以寄寓五谷丰登、步步高升之意；有些在盛满五色粮食的斗升上平放一杆秤，以寄寓称心如意之意；有些还摆放水盆和火盆，以寄寓平平安安、红红火火。待迎亲人马到，鞭炮齐鸣，或请唢呐伺候。新娘由其本家兄弟直接从马上抱入洞房，亦不让脚落地沾土。男方村庄男女老少闻声前来观看，按传统乡俗庄里人等前来新郎家一般不得着黑白色衣服，最好也着大红大紫、欢快喜庆色的衣服。不大懂事、心怀好奇的孩子们甚至在新娘子门口围观，如果长得漂亮，便一传十、十传百传遍整个村庄。待一定时辰，由男方请属相相合的男孩子面朝喜神方向，绽开新娘子头发，顺着头发梳三下，并念吉利套话，由属相相合且福大命大的已婚女子担任伴娘梳头打扮，过去常常得挽起发髻，现在不再时兴发髻，当然仅剩下一些象征性仪式了。这虽然是一个象征性仪式，却往往意味着一个女性由少女变成少妇，由未婚女子变成已婚女子，显然是一个具有特定内涵和意味的标志性事件。待早晨八九点钟，太阳正在冉冉升起的时候，在庭院正中面向正屋厅堂方向设香案，新郎新娘祭拜天地，以向上苍宣示结为夫妻共同延续香火、建设家庭之意，再是敬父母酒，以宣示孝顺父母之意，再是夫妻对拜。待白天设宴款待宾客之后，夜晚闹洞房，多有未婚男子等掐媳妇儿等仪式，结束后由伴娘扫炕，口念"一把核桃一把枣，养的娃娃遍地跑；一扫金，二扫银，三下扫出个聚宝盆"之类，手中撒大枣、花生、桂圆、瓜子，以寄寓早生贵子。闹完洞房、扫完炕后，新郎与新娘才真正有了独享结婚幸福的机会。如果新婚夫妇这一天夜里第一次性生活，使得新娘见红，这当然意味着新娘此前为处女，自然喜上加喜。对一个女子来说，可能有太多的第一次，但将第一次性生活献于寄托终生的新郎，往往是其守身如玉、恪守女性童贞及婚姻道德之类妇道的主要体现。与男子相比，女子除了有第一次剃发、第一次出牙、第一次走步之外，往往有着更多需要终生珍重和铭记的第一次，如第一次月经、第一次订婚、第一次结婚、第一次见红、第一次怀孕、第一次分娩等。所有这些都是一个女子人生征途的重要步骤，很大程度上标志着这一女子在人生重要关头抉择的智慧，以及终生幸福与痛苦的根源。此后的类似经历常常显得无足轻重，至少无法与第一次相提并论。有些地方的有些新郎，自然不会忘记将新娘头发剪掉一股或一撮用红头绳捆扎在一起，然后压于席子或床褥下面，以示终生占有，再无反悔或变卦的寓意。《红楼梦》中晴雯将指甲咬下送与宝玉，只能视为她作出的一次无可奈何的补救。也许头发确实对女性有着较之男性更特别的象征意义。女婴的第一次剃发虽然貌似与男婴的第一次剃发没有特别的不同，但其更强调对未来蓄发的象征意义；至于女孩第一次蓄发常常是其作为女性特征的第一次装束标识，后来的结婚仪式中的绽头、盘头，更分别是新娘告别少女时代走向少妇时代的标志，而剪发藏于炕席或床褥下更是其托付终身的标志性事件。如果说见红是新郎对新娘身体占有的开始，那么剪掉其头发压于床褥乃至席子下则是对其终生占有的认同和执着，或是新婚夫妇永结同心、白头偕老承诺的体现。虽然头发对女子而言有着特别重要的价值和意义，但也许是因为人们更喜欢庆贺成长与进步的缘故，总是忽略衰老与退步，以致很少有人关注离婚再婚的仪式，更没有人关注生白头发乃至脱发的讲究。结婚第三天，新娘子下厨做饭，公公婆婆及家人等品尝和测试儿媳的茶饭手艺，是为"吃试刀面"，王建《新嫁娘》对这一较有普遍性的习俗有富于诗意的描述。第十天、半月或一个月先由娘家组织亲戚朋友看新娘子，再由新郎陪同新娘子转头回娘家。

　　结婚后第一要务可能是怀孕生子。如果顺利，新娘子一般会很快怀孕；如果不顺利，便启动求子女程序。或在送子娘娘、观音菩萨，以及家神庙宇祈求生子，往往以求得诸如香包之类作为凭据，待祈求应验得子女后再做一个香包连同以前所求一并还于寺院道观。或趁人不在偷吃相传比较灵验的家神庙或其他寺院道观的献果等，也有求助于大夫药方的。孕妇怀孕期间一般忌吃兔子肉，以免生出孩子唇缺；忌夜间出行，以防招惹孤魂野鬼作祟；忌讳丧房及送丧人群，以免阴气冲犯流产；忌随意挪动家具及变动屋内门以上部分或房前屋后乱挖乱动，以防冲犯胎气；忌将外面捡到的金属制品及其他来路不明的东西带入家中，以免不明物带来晦气冲犯胎气。除了害怕冲犯自家胎气的缘故之外，孕妇还得尽可能减少社会交往及其他活动，尤其不得随意在年关做豆腐或蒸馍馍的人家走动，据说会使人家豆腐跑掉或馍馍蒸生。这虽然不是说孕妇不洁净，但认为会冲犯灶神等神灵是显而易见的。

　　孕妇分娩亦多有讲究。一般不要求其丈夫及生母在场，认为如果丈夫和母亲在场便会踩住婴儿，导致分娩延迟或不顺利。直到婴儿生下来，其丈夫和母亲才可进入产房。再说按照陇东南乡村习俗孕妇分娩往往是在男方家，女方母亲自然多不在场。如果有必要，产后其公婆可以帮助清理胎盘，包扎脐带。产妇坐月子期间，一般窗户紧闭，饮食以谷子、糜子粥等清淡食品为主，甚至不容许调入盐分，认为将来会落下病根，以致年老后夹不住尿；也不允许见冷水，以及风吹，也不容许洗澡，以及外出走动，更不允许做家务活，认为也会落下病根，以致将来脚手发凉、脚腿和胳膊怕冷酸疼；有些甚至认为女子时的病根也可以借坐月子时间进行治疗，以至剜了病根。总之衣食起居多有顾忌乃至禁忌。西方人强调产妇应该加强营养，似乎对陇东南乡村的人们来说有些行不通。也有些人家学会了用诸如鸡汤之类补身子的做法，可也有人认为因此落下了病根。除了有些条件较好的人家还得忌生冷一百天，陇东南乡村大部分人家往往待坐月子结束后即可逐渐介入轻微家务劳动，也往往开始恢复社会交往和活动。有些地方流行女子娶进门后只有生了孩子，其婚姻才得以确定下来，陇东南乡村虽然没有这么势利，但一个女子从结婚、怀孕，直到生子才算真正融入这一家庭，才可理直气壮参与家庭事务，确是事实。一个娶进门后长时期没有身孕的女子一般在婆家是说不起话的，生了男孩的少妇往往更有发言权，如果生了个女孩，还得时时处处小心谨慎，以防婆家不满。陇东南乡村的人们并未系统学习遗传学，但他们常常用"养儿跟舅舅，养女跟姑姑"来阐述他们对先天遗传规律的朴素认识，似乎也在一定程度上揭示了相貌、性格诸方面的遗传基因。

结婚、怀孕和生子往往最能彰显包括陇东南在内的人类最普遍的生存和繁衍欲望，常常因所处地域不同而习俗千差万别。虽然陇东南乡村近年来以自由恋爱为基础的婚姻形式逐渐增多，但传统媒人说亲仍占主要方面，除非少数没有生育儿子的人家必须挑选一女子留在娘家而使男方入赘之外，一般往往以男方娶女方为妻、女方必须离开娘家到婆家生活的有偿婚姻为主。虽然现在的人们基本上能理性接受男女平等的观念，但数千年来女方嫁入男方的根深蒂固传统并未从根本上得到改变。虽然人们可能表面上并无明显的歧视，但骨子里还是有些看不起入赘女方的男子，这些男子往往可能由于家境贫困或其他原因不得已而入赘，否则一般情况下是绝对不会选择这一婚姻关系的。陇东南乡村至今以儿媳为家人，女儿为亲戚外人的习俗仍然屡见不鲜。女子没有继承生身父母家产的权利，而且往往有着变相卖身以补贴家用的义务。最常见的婚姻关系往往是男方娶女子为妻，男方一般给女方一定聘金，少则数千元，多则数万元不等。虽然有人谴责女方这是刮骨卖肉，但女方父母一般并无愧色，甚至可能毫不内疚地将这些聘金补贴家用，或用于供给儿子上学，甚至可以用于为儿子娶妻生子。虽然生有众多女子不是光彩的事情，甚至有人可能怀疑自己因为德行有失而不能生儿子，但经过多年艰辛养育，一旦使女子长大成人出嫁时也能获得可观聘金，也多有靠此发家致富的。也正因为如此，家境贫寒的人家往往因出不起聘金只能倒插门入赘女方。解决巨额聘金问题的较有效办法是借助祖上的亲戚关系降低金额，结成所谓"亲上加亲"的近亲婚姻关系，在这一婚姻关系中女方往往碍于血缘关系不好意思讨要更多聘金。还有一种便是以亲换亲，即男女双方各自将自己的女子嫁给对方儿子，以致形成所谓"两换亲"的婚姻关系。这一婚姻关系的最大缺憾是一对婚姻关系出现问题往往会影响另一对婚姻关系，而且往往是先嫁出女子的一方处于被动地位，而后嫁出女子的一方显然有更多主导权。有些人家往往先嫁出的女子已经到男方家生儿育女，建立了和睦的夫妻和家庭关系，但一旦后嫁的女子因眼光提高不愿意再履行"两换亲"婚约,先嫁出女子的一方只能唆使女子为其弟弟婚姻关系付出代价,或以离婚相要挟,或真正离婚。当这一现象发生时,除非后嫁一方的父母信守诺言,并能迫使其女子服从婚约,否则可能同时导致两桩婚姻告吹。当男女双方并没有十分对等的交换婚姻的时候,也可能采用诸如"三换亲"的方式,形成基于亲戚或亲属关系的三方串联式婚姻关系。如果说"两换亲"婚姻关系中一对婚姻关系出现问题可能影响到另一对婚姻关系,那么"三换亲"关系中一对出现问题便可能同时影响到另外两对的婚姻关系。所以这种意在节省聘金的婚姻方式实则并不十分明智,非到万不得已一般不会采用。还有一种较为经济实惠的婚姻关系便是所谓娃娃亲,也就是男女双方父母指腹为婚,或男方讨要家境贫寒人家的女子从小抓养作为童养媳。这种婚姻关系虽然并不多见,但也不是完全绝迹了。

关于婚嫁中的聘金,虽然存在一些女方贪得无厌的现象,但其借此增加婚姻难度,以确保以后男子珍惜自家女子及婚姻关系的努力,也不是毫无道理,且有着考验男方家底的因素在内。因为家底的殷实与贫寒常常是子女婚后生活的物质基础。当然增加婚姻难度的办法并不仅仅体现于聘金方面,甚至可能存在于诸如婚礼等仪式之中。有些民族流行在婚前棒打女婿以考验其养家糊口及愿意为婚姻付出痛苦和代价的勇气和能力,陇东南乡村流行的闹洞房乃至掐新媳妇,以及近年来出现的抽打新郎的看似野蛮习俗,不知是否与考验男女双方愿意为婚姻付出努力和担当的勇气和精神有联系,但视为某种意义的考验和担当也不是完全没有道理的。虽然近年来人们的婚姻观念有了许多变化,但陇东南乡村传统婚姻观念并未绝迹。如人们对女子未婚先孕,以及乱交等不检点行为仍然嗤之以鼻。虽然有打光棍的男子,没有嫁不出去的女子的现象在陇东南乡村仍然普遍存在,而且近年来由于许多女子外出打工不愿意回家乡结婚导致男多女少的比例严重失调,但女子因声誉不佳而影响到最终婚礼隆重程度以及婚姻质量和层次的现象依然存在。青年男子若条件许可绝不愿意娶婚前放荡或身体有缺陷乃至残疾的女子为妻,除非男子自身家境贫寒或身体有缺陷。

　　虽然要求女子从一而终的观念受到挑战，但男子或男方相对主动、女子或女方相对被动，做丈夫的不仅要求妻子生前为其所有，死后仍必须归葬男方祖坟相伴的传统并未从根本上得到改变。未婚女子虽然有用梳妆打扮以引起男子关注的权利，但其性羞涩而不是性放荡仍然是女子增强自我魅力的主要手段，甚至在某种程度上是女子对男子追求由推脱到默许的表现形式，而且这种相对温和且柔性的表现形式也往往以结婚仪式中的红盖头为限制，既限制其对其他男子的非分之想，也限制其他男子对新娘子的非分之想。如果说新娘子从娘家炕上被抱起或骑马或坐轿或坐车辆嫁到婆家，后又被直接抱到婆家新房炕上，保证必须脚不沾地，不得沾染娘家乃至路上一点儿尘土，是象征其与娘家藕断丝连的彻底断绝，那么红盖头则象征着与外界其他男子藕断丝连的彻底断绝，至于新娘子改变发型的盘头习俗其实更是女子与其自身未婚少女时代藕断丝连的彻底断绝。陇东南乡村传统意义的新娘子哭嫁很大程度上可能出于对婚前并未谋面的男子和未来婚姻生活无所把握的恐惧，以及对父母养育之恩及娘家难舍难分情感的礼仪性表现，但这一切最终因诸多藕断丝连的彻底断绝获得新生活的象征性乃至仪式性表现，尤其婚后在家庭生活中一起摸爬滚打所培养出来的相互依赖、生死不离的夫妻感情而最终宣告结束。

　　与结婚、怀孕和生子比较起来，另立门户才是其长成的主要标志。虽然陇东南乡村没有一个家长热衷或向往儿子们另立门户，但其如树大必然分股一样常常不可避免。一般来说，一个家底殷实、家长德高望重的人家，其弟兄几人往往能相互提携、互相帮助，以至能在一个大家庭里和和睦睦维持好多年，直到德高望重的父母去世才考虑分家的事情。在这期间，所有劳动分工、收入和支出等都可能由父母或父母所委托的掌柜负责调配，其他人只管按照掌柜的安排从事劳动，如数汇缴劳动所得，并按照掌柜的统筹分享一定劳动成果，任何人不得隐瞒或私藏劳动所得。兄弟、妯娌们的诚信、谅解、宽容、负责、担当、合作常常是维系一个大家庭的基本准则。这样的大家庭常常是陇东南乡村家长教育子女的最有力的榜样。除此而外，还有一个能够维持大家庭长期存在的理由便是父母尤其父亲过早去世，以致兄弟姐妹们普遍年龄偏小，生活无法自理。这种情况下长子常常责无旁贷地自觉承担起支撑一个大家庭的使命。这个长子往往有公平、公正，乃至牺牲精神，常常得负责出嫁每一个妹妹，并为每一个弟弟娶来媳妇，帮助他们一个个成家立业。有的甚至得考虑为每一个弟弟盖起能基本满足生存需要的房屋等，不能过早打发弟弟们另立门户。所谓年长一岁为兄的说法在这样的家庭常常显得格外明确，这样的兄长也常常能够赢得众多弟弟、妹妹的尊敬和爱戴。除了这些较为理想而且堪称典范的人家之外，也有儿子一娶来媳妇便或明或暗、或急或缓、或强或弱要求分家另过的，这样的儿子或儿媳往往遭到父母的不满和批评，但父母迫于无奈，最终还是怕伤感情而在极力挽回无效的情况下准许其分家。诸如滋贺秀三所说："虽说维护尽可能长期的同居共财被当作人们的理想并在道德上受到称扬的情况是事实，但另一方面，家族从多数来说终究要分家的情况就如同树若要成长的话就要分枝的情况一样，作为人类自然会采取行动是被加以肯定的。"[①] 分家也常请来亲房本眷或村庄较有声望的人出面协调，将家里的田地、房屋、粮食、钱财等较为公平地分给儿子，直到各个儿子基本认可为止，然后出具相应分单，由儿子和证人们签字或按手指确认，从此以后各家另起锅灶、独立核算收入和支出，算是完成分家。其间自然要吃一顿分家饭，俗称散伙饭，虽然要求分家的儿子们内心可能十分高兴，家长也在情理上乐于人丁兴旺，但没有人真正能像吃结婚宴那样兴致勃勃、高高兴兴，即使骨子里最热切期盼分家的妯娌也必须装出难舍难分的样子来。所以陇东南乡村的分家宴虽然应该是值得喜庆的，但出于各种考虑，至少在表面上不可能有着喜庆的氛围。从情感上来说，最不愿意分家的应该是父母，以及还没有独立生活能力或没有独立生活准备的子女。虽然陇东南乡村的人们都深知"好女不靠嫁妆，好儿不靠分家"，但还是有些私心较重的儿子和媳妇会想方设法力图有所多得，也为人情所不

---

① ［日］滋贺秀三:《中国家族法原理》，张建国、李为译，商务印书馆 2013 年版，第94 页。

可避免。在没有计划生育的年代，陇东南乡村有生了很多孩子，仅最终成活的也有男女各五人共十人的。这样的人家，按理来说，人多力量大，其父母晚景应该较好，但也不尽然。陇东南乡村所谓"养儿不要多，一个顶十个"，以及"一个和尚挑水吃，两个和尚抬水吃，三个和尚没水吃"的谚语便明确揭示了这一点。

二、生长的陇东南乡村美学智慧

追求生是人类的本能，同时也是人类意志力的最普通的表现形式。能最彰显生的希望和喜悦的习俗主要体现于诸如婴儿的出生、寄保和赎身等，以及成人之后的结婚、生子等方面。初生婴儿由于抵抗疾病及免疫力较差，可能更多面临生长的诸多不确定因素，于是围绕婴儿的一系列习俗至少可以折射出为人父母对子女的期望，这一期望甚至延续至其结婚乃至生儿育女等诸多重大生活事件之中。无论诸如此类生活事件因为所处地域不同而表现出多么大的差异，但其美学智慧的基本点和主要精神应该是相似的。

（一）以红色为主色调的色彩之美

人们可能以为生长的色彩必然是绿色，因为大自然的造化决定了所有呈现出勃勃生机的植物基本上都是绿色的。但绿色只能是植物的生长之色，而且也不是所有植物的生长之色，因为无可辩驳地存在着紫色的植物、红色的植物，以及黄色的植物等。对于动物而言，更加色彩斑斓。无论自然界生长的动植物多么五彩斑斓，但陇东南乡村认定的生长之色只能是红色。一是孩子的降生本身伴随着母亲的血色并基于母体的血液；二是孩子一出生，下给娘舅家的帖子，只能是阴阳先生叠的方方正正的红色帖子；三是给孩子叫魂所用的线只能是红扣线，用来包裹红扣线的布块也只能是红布块；四是孩子佩戴的长命锁或百家锁其项圈锁链也往往是红色布条缝制而成，即使佩戴铃铛也一律使用红色套圈；五是孩子继保和抽赎所用文书以及包裹文书的布块也一律是红色；六是孩子结婚下帖、盖头，乃至新娘子的布袄、裤子、鞋等一律只能是红色，连同新房门楣也都是用红布装饰过的；七是即使后来禳运星头顶布匹乃至被面也都是红色。所以红色无论如何是陇东南乡村所认定的生长之色。其实这也并非陇东南乃至中国特有的结婚习俗，按照 E. A. 韦斯特马克的观点，"红颜色之用于婚庆仪式……在世界各地，都是十分常见的"①。如果说未婚女子用佩戴小红花、红头绳，用指甲花花瓣中提炼出棕红色染剂之类打扮自己，有着取悦男性，借以表现其性欲或性意向的可能，那么所有这些最终都因红盖头蒙面乃至发髻盘起受到束缚和遏制，但其吉祥喜庆的氛围却因此受到极大张扬。

这恰与西方结婚仪式崇尚黑白色形成鲜明对比。西方人结婚仪式往往在教堂进行，男子着黑色西服以示庄重肃穆，女子着白色婚纱以示纯洁坚贞，意在以此要求人们在上帝面前对婚姻契约关系进行庄重严肃而神圣的承诺。中国人大多不信仰基督教，许多现代婚礼也模仿西方婚礼男性穿黑色礼服，女性着白色婚纱，这也只是徒取其表，并无其实。而陇东南乡村婚俗至今仍然不流行在教堂或宾馆举行，往往要求在宅院面对正堂设案焚香点蜡，祭拜天地。这一仪式与西式婚礼相比似乎有些空洞，因为耶稣基督是有着具象的画像的，无论是否虔诚信仰，但他作为一个活生生的画像必定明明白白地存在着，但天地似乎是虚无缥缈的。天地其实就存在于人们的头顶和脚下，无须画像之类具象而本身便呈现于人们面前，是货真价实的存在。其实西式婚姻仪式如果确实建立在信仰上帝的基础上，也有着同样庄严肃穆的力量，但如果仅仅是一种形式，并无相关宗教信仰作为精神后盾，这种仪式实则真正是虚无缥缈甚或荒诞不经的。而且西方婚姻所崇拜的是一个敢于为了人们的终极幸福而甘愿牺牲自己的伟大殉道者，陇

①　[芬兰] E. A. 韦斯特马克：《人类婚姻史》第二卷，李彬译，商务印书馆 2015 年版，第880 页。

东南乡村所尊奉的天地则是自然规律的载体和代表，实则应该是超越伟大殉道者而存在的。当然西方基督教认定天地乃至大自然也不过是上帝的创造物，但中国式结婚所崇拜的则是高于任何集体的神灵乃至伟人的大自然。所以单纯从尊重自然的角度来看，似乎中国式婚俗更为周遍无碍，因为它常常是将尊重自然规律与头顶三尺有神灵之类的说法有机统一起来的，有着更为明晰的表彰和强化对天地乃至大自然敬畏意识的性质和特点。

也许不同文化传统可能导致对色彩性格的不同解读和阐释，西方可能将红色与暴力、恐怖、死亡等联系起来，中国却将其与吉祥、喜庆、团圆相提并论；西方可能将白色看成纯洁、坚贞、单纯的象征，中国却将其与恐怖、专制、死亡相提并论。其实所有这些没有对错之分，只有传统之分，都是人们对不同色彩经过长期解读和认可所形成的一种文化象征体系的集中体现形式。爱娃·海勒对红色的象征主义作了较为系统的阐述，他认为红色是人们最早命名的颜色，是全世界语言中最古老的颜色命名，往往基于血与火两种基本经验的影响，而"这两种经验在所有的文化和所有的时代都有存在的意义，此象征意义也相应深刻地扎根于意识之中"，他坚持肯定的所谓"血仍然是生命力的本质，其颜色是动物生命的象征色"① 的观点，显然适合于陇东南乡村婚俗乃至中国民俗的文化传统。在爱娃·海勒看来，红色还是法律和道德的禁令，② 但诸如此类的象征意义似乎在陇东南乃至中国乡俗中并不存在。因为虽然城市交通规则中的红灯有着禁止通行的意味，但它对当下中国乡村至少陇东南乡村还是没有震慑力，至于道德的禁令，更没有存在的情形。所以说红色在陇东南乡村乃至中国乡村是生长乃至生命的原始本色或生长乃至生命的主色调显然合乎情理，而且也有普遍适用性。

如果说一个人的身体美往往基于一般身体特征、性特征和种族特征的

---

① ［德］爱娃·海勒：《色彩的性格》，吴彤译，中央编译出版社 2015 年版，第 48—50 页。
② 参见［德］爱娃·海勒：《色彩的性格》，吴彤译，中央编译出版社 2015 年版，第 70—72 页。

成分而适度发展。没有人可能对自己民族异性所展示的人体美视而不见或无动于衷，如 E. A. 韦斯特马克所说，"一个堪称很美的人，必须是男性或女性的标致样板。男性机体以肌肉系统的发达而著称，女性机体则以脂肪成分的发达而著称。人们认为，发达的肌肉可以使男性更为健美，而丰满的形体则可以使女性更富姿色"，[①] 而且"女性最显著的第二特征还在于丰满的臀部和乳房，因而这些部位也就被看作女性美的主要特色"[②]。此外美还有民族标准。美的身体特征无疑有利于繁衍，往往是生命、活力和健康的表现。陇东南乡村无论男女是否婚前见面，几乎在有条件讲究和挑选的情况下绝对不会放弃对身体特征的讲究和挑选的机会。但这一标准可能并不完全相同于城市人。人们往往以女性身体特征的健康作为基本条件，也就是能选择脸色红润的女性，绝不选择面色苍白的女性；能选择身体健壮的女性，绝不选择纤弱的女性；能选择吃苦耐劳的女性，绝不选择懒惰贪睡的女性。很显然，陇东南乡村虽然没有专门的乡村美学，但没有哪一个人对此一无所知，他们并不仅仅限于对人体特征的欣赏，更在于对其性格特征、家庭教养，以及性格、道德和智力诸因素的综合考量，对姿色乃至精神素质的整体把握，且往往能因为精神素质适当降低形体姿色。在这里红彤彤的肤色，并不是作为高血压的病症来看待，恰恰作为青春、生命、活力和健康的标志受到人们的欣赏和青睐。

　　陇东南乡村以红色作为生长乃至生命的主色调，其实并不是一种落后、狭隘的观念，恰恰是最能体现人类原始象征意义的生命观念。用生存智慧并不等同于文化程度来评价陇东南乡村婚姻乃至生命观念不算过分。其实退回到生命的最基本方面，流淌的血液显然是生命存在的基础与见证，而血液流动的停止乃至凝滞必然是生命枯竭乃至死亡的标志。所以陇东南乡村将红色作为生长乃至生命的原初意义和根本意义显然合乎生命本

① ［芬兰］E. A. 韦斯特马克：《人类婚姻史》第二卷，李彬等译，商务印书馆 2015 年版，第 518 页。
② ［芬兰］E. A. 韦斯特马克：《人类婚姻史》第二卷，李彬等译，商务印书馆 2015 年版，第 519 页。

质。陇东南乡村将这种文化传统应用于生命的出生、生长乃至长成的所有阶段所有活动所有细节之中，显然只是表彰了生命之最普遍、最根本的原始意义，是不能作为落后和闭塞的色彩象征体系遭到人们遗忘乃至否定的。

（二）以喜庆作为主情调的情感之美

虽然陇东南乡村的人们并不是每天都快乐，也不是经常快乐，但快乐显然应该是他们的主情调。他们虽然也可能有怒哀乐等情绪，但这一切没有哪一个比快乐更重要。快乐并非必须建立在洞房花烛夜、金榜题名和衣锦还乡等生命的三大辉煌和荣耀之中，即使平平常常，没有任何成败得失的日子也应该是快乐的。虽然活着是一种本能，是包括人在内的一切动物乃至植物的本能，即使一只性情温顺的羊也会面临屠杀而惊恐和挣扎，而且在其奄奄一息的弥留之际仍哀叫不止；即使一头看似愚蠢懒惰的猪，也能清楚意识到在生命最后一刻来临时做最后垂死挣扎的必要性；至于一头身强力壮的老牛面对即将遭到屠杀的命运，不仅要发出怒不可遏而又无可奈何的吼叫，还会豁出浑身力气作最后的拼搏，力争将生的希望坚持到最后一秒钟。所以快乐地活着，而且将活着的希望坚持到最后一秒钟，其实是一切动物生命的本能，陇东南谚语"好死不如赖活着"便是对这种生命态度的最精彩诠释。所以活着是快乐的，是值得庆幸的，也是值得庆贺的。没有什么能比活着更值得庆幸，更具有现实意义。既然活着几乎是包括植物和动物在内的所有生物共同的追求和生命本能，那么一个人即使极其普通平凡，以致虚度光阴，一辈子碌碌无为、一事无成，只要他能够健康活过一天便都是光彩的、幸福的、值得庆贺的。这是因为如巴金所言"没有一个生物是不乐生的"①。生长乃至生命是快乐的，这并不意味着生长乃至生命永远只以快乐为特征，但即使最痛苦的分娩，其快乐的成分也要远远超过痛苦，因为极大的痛苦换来的必然是快乐，而且是最大的快

---

① 巴金：《生》，转引自陈子善、蔡翔：《生》，人民文学出版社 2007 年版，第 5 页。

乐。这就是陇东南乡村以喜庆作为主情调的根本原因。

如果将孩子的降生与结婚分别作为生长乃至生命的标志性事件，那么诉诸这一标志性事件的极富象征意义的红色书帖、红色盖头等显然都是以吉祥喜庆作为根本象征意义的。如果孩子的降生可能意味着孩子生的本能欲望，以及临产母亲生育的本能欲望常常是大痛大喜的有效组合，是以极大的痛苦换取极大的快乐；那么诸如结婚这一生命长成的标志性事件似乎并没有多少痛苦，而且可以说是一个人降生以来第一次也可能是最后一次被作为主角受到乡里乡亲广泛关注的幸福时刻。如果说一个人作为主角受到人们较为广泛的关注一般有降生、结婚和死亡三次，降生以及由此而举行的百日宴是作为人生来第一次被当作主角受到关注，但大体来说往往仅限于亲属，且新生儿本人缺乏深刻记忆，未必能记忆犹新地体验到生命的幸福感；最后一次是作为亡者在葬礼上受到人们的广泛关注，但这一次由于本人已经死亡不可能充分体验到生命的幸福感，所以结婚以及结婚宴会往往是一个人生来唯一一次作为主角受到人们广泛关注且能充分体会到生命幸福感的时机。明恩溥认为在婚礼上中国人"可以自由进入新婚夫妇的房间，就像在市场上买牲口一样打量新娘，并公开地评头论足"①。明恩溥以为这是不礼貌的，是对新娘的不尊重，但他有所不知的是，这可能才是绝大多数乡村女子一生中唯一一次被当作主角受到广泛关注且能充分体验到幸福感的最庆幸的事件。对陇东南乡村一辈子没有能走出家庭和村庄的妇女更是如此。如果说传统乡村婚俗女子临嫁可能因为第一次以"嫁出去的女、泼出去的水"的姿态，有离开生身父母，及对未来陌生环境一无所知的恐惧乃至痛苦，或更具体地说，这种痛苦只是对过去生身父母的长期依赖最终结束所导致的无所适从的痛苦，以及对未来公婆家生存环境一无所知或无所把握乃至揣测不安的痛苦，但这种痛苦随着自由恋爱以及年龄的不断增长常常变得无足轻重，因为这一天是不可避免的。对一个女子来说，作为由一个涉世未深的少女走向独立生存的少妇的标志性事

---

① ［美］明恩溥：《中国的乡村生活》，电子工业出版社 2012 年版，第 166 页。

件，其快乐的成分显然压倒痛苦的成分。对每一个人来说，如果有些事情可以避免，或可不发生，那么面对这种事情便可能有举棋不定的痛苦；但当一件事情不可避免，且必须发生，而且非发生不可，那么面对这种事情其实没有必要痛苦，人们理所当然甚至义无反顾地面对这一痛苦，或将诸如此类的痛苦击得粉碎。诸如结婚宴席之类的仪式确实是以众多人的喜庆冲淡乃至掩盖新娘子的短暂痛苦，甚至以众多人员饮食的狂欢，烘托乃至打造喜庆氛围。诸如此类的婚宴，也常常是乡村混混大显身手的好机会，他们可以肆无忌惮地大吃大喝，可以完全不顾主家的禁忌和约束，也不受整个村庄伦理道德规范的约束，极尽超越人际关系的狂欢属性。其实不止乡村混混，连平时有些循规蹈矩的小伙子也可以借助闹洞房，将这种人际关系狂欢发挥到极致。他们可以变着法子折腾新郎新娘，即使平时并不十分合群，不大开得起玩笑的新郎新娘在这特别的时间还得最大限度地抛开往日的拘谨和严肃，尽可能陪着人们享受这种人际关系的狂欢。

　　中国人向来有着较为严格的伦理道德规范，压抑较多，因此借助一切机会尤其饮食狂欢等获得近乎异化的自由解放也是较为普遍的事情。许多人压根儿不知道所谓异化，也并不在意学术理论的诸多阐述以及由此而形成的禁忌，所在意的更多只是生活乃至特定时间、地点的特定事件所赋予的难得的狂欢机会，而且一旦这种禁忌乃至约束有所解禁，便可能不顾一切地将其发挥到极致。陇东南乡村传统婚俗过去不大有公公婆婆化妆的规程，闹洞房也只是几个熟悉的小伙子趁机掐几下新郎新娘，但现在中国乡村比较多的地方把公公婆婆打扮得滑稽可笑，虽然佩上貌似凤冠霞帔之类冠冕堂皇的东西，但画得怪模怪样的面容无疑只是突出了滑稽可笑的一面。当然这也可以看成强化庆幸情调的一个有效举措。至于有些地方出现的可以棒打新郎新娘，借此检测新郎新娘共同承受生活压力甚或打击的意志和能力的现象，虽然也多少可以通过抢打与躲闪之类造成取乐的效果，但毕竟不大文明。至于有些地方闹洞房有虚拟色情甚或性交动作表演节目等，明显有野蛮化、粗俗化倾向。将西方文化狂欢演绎为肉体暴力等显然是人性中某些压抑性本能获得无节制宣泄的表现，至少有悖于中国传统。

陇东南乡村至今对二婚还有诸多限制，一般不得举办婚礼，至多也只能请几个熟人晚上吃一顿饭，而且也不会有多么喜庆的氛围。

能将喜庆主情调发挥到极致的是婚庆宴。除此之外还有与生的庆幸相关的喜庆活动便是举办诸如六十大寿、七十大寿、九十大寿之类的寿辰宴。在陇东南乡村主要还是经济条件较好的子孙后代聚到一起为年老的祖父母或父母在家里举行的喜庆宴会，最多也只是邀请几位亲房本眷的老人参加，或同结婚宴一样在较大范围内举行，但不像城市人一样在饭馆中举办。虽然条件可能显得比较简陋，也不乏其乐融融的氛围，长寿面是少不了的。当然也不是所有老人都喜欢举办诸如此类的家庭寿宴，有更多的老人不愿大张旗鼓，主要还是出于自己降生之时恰是母亲命悬一线在鬼门关受难之时的考虑，这种出于感恩图报而不大张旗鼓举办家庭寿宴以怀念逝去的亲人和祖宗的传统，现在已经不多见了。陇东南乡村的人们花费于黏合乃至维系正常人际关系的时间显然有些多，而且似乎别无例外以贺岁、婚庆、祝寿之类宴请活动作为形式。这虽然可能更多源于生活困难时期改善饮食状况乃至质量的考虑。

除此而外，按照陇东南乡俗，即使叫魂用的红扣线和红包裹，及佩戴的长命锁、铃铛之红色项圈锁链等，所赋予的阻止魔鬼等邪恶力量等因素本身也具有吉祥如意的成分，而且与活着的庆幸这一主情调有着紧密联系。爱娃·海勒指出："基于血的心理和象征性意义的作用，红色便成为代表所有正面的生命情感中的主导颜色。"① 也许这并不仅仅是陇东南乡村的主情调，它显然彰显了人们乐观的人生态度，是值得提倡的。陇东南乡村的人们并不懂得也无须懂得西方快乐哲学乃至享乐主义哲学的具体代表人物和主要观点，他们所要的不是一门学问和知识，而是一种行为方式乃至生活方式，甚或生活艺术。在这一点上，通常是那些并不真正懂得概念范畴和知识谱系的人最有发言权，因为他们的人生态度直接地表达并且实践于生活方式之中，而不是记录于书籍呈现为一种概念范畴和知识谱

---

① ［德］爱娃·海勒：《色彩的性格》，吴彤译，中央编译出版社 2015 年版，第 50 页。

系，他们有的是最为本真也最为原始的生活态度和生活方式。

（三）以敬畏作为主心骨的精神之美

也许并不是每一个陇东南乡村的人们都知道孔子所谓君子"三畏"的观点，但陇东南乡村绝大多数人都能将诸如此类的生活哲学贯彻于自己的生命活动之中，且每每能因地制宜、因时制宜。从这个意义上说，他们才是真正的生活哲学家甚或实践家。倒是某些片面接受过科学知识，以破除迷信自居的年轻人或知识分子因为自视甚高和自我的无节制膨胀，以致胆大妄为、无法无天，丧失做人的基本道德底线，凭借略通文采的便利，不惜以尖酸刻薄、充满戾气的暴力语言肆意在互联网上散布较之日常生活更为夸张、偏激和不负责任的论调，且将其目无法度、自以为是、心胸狭窄、嫉妒成性的本性装饰得很像愤世嫉俗的慷慨正义之士似的，而这种装饰充其量只能是掩耳盗铃。

一为敬畏自然。一般城里人敬畏自然毕竟隔了一层，对他们来讲雨天出行与晴天出行的区别可能只是雨伞和太阳伞的区别，尤其没有乡村生活背景的城市人更是如此。但陇东南乡村的人们往往会深切地感受到雨天与晴天的区别。晴天意味着可以干农活，雨天意味着不能干农活，只能在家干其他活；晴天意味着牛、羊、骡、马、驴得到庄稼地去，雨天便意味着它们只能待在圈里吃草；晴天意味着可以到野外给牲口割草，雨天意味着牲口将没有山坡上的草可吃；晴天道路干燥，出行无阻，雨天如果不穿雨鞋将寸步难行。他们既怕久晒不雨，又怕久雨不晒。虽然这也会影响到城市人的生活和心情，但他们的心情其实是模糊的，并不深切；乡村人的心情也会因之受到影响，但他们心情不是空洞的，而是与一年的收入乃至家庭光景的多寡得失密切相关的。所以他们对自然的理解其实最为直接也最为深切。

不仅如此，他们真正懂得把握天气和气候等自然规律的重要性，有"庄稼汉要吃饭，四季把节算"的谚语，懂得"惊蛰下一点，九九倒回转"、"甲寅乙卯下，四十五天泥里爬；甲寅乙卯晴，四十五天放光明"等天气和气候变化的自然规律，也懂得诸如"茬口倒顺，胜似上粪"、"菜子茬肥，荞麦茬薄，麦茬翻好顶上粪"等农作物生长的自然规律。他们也懂得马牛羊猪狗猫兔等家畜家禽的生活习性，有所谓"牛耕地、马碾场，骡驮驮子力量强"，而且也对家畜家禽真正有感恩意识，如所谓"提起镢头，记起蔦牛"、"家养十只羊，光阴年年强；家养几只鸡，零钱没问题"等。除此而外，还对天打、火烧和其他生物如松鼠、老鼠及飞鸟等对食物的耗费有所认可。这表面看来是对自然规律的认同，其实也是对自然界其他生命的尊重，如认可将庄稼的三成甚至一半作为飞禽走兽等野物的食物，有所谓"收五分，碾三分，放到仓里算十分"、"黄八成，收十成，十成开镰丢三成"、"割在场里是伙的，装在仓里是我的"等。这其实就是尊重自然界一切生命的广大博爱精神，与"爱鼠常留饭，怜蛾不点灯"有异曲同工之妙。

陇东南乡村还常将自然神灵化为诸如山神、土地，以及其他神灵，也因此形成诸多习俗禁忌。如对整个村庄背靠的主山不敢乱挖乱动，否则冲撞了山神土地，便会受到惩罚，导致整个村庄一年不平顺，甚至可能发生正月初一死人的现象，如此一来便得动员全村庄的人耍社绺（圈）庄禳解；如果有燕子等鸟类在自家房屋上筑巢，虽然影响整个家庭的卫生，也不敢赶走，以为如此会将家里的喜气驱走；逢年过节，无论午饭，还是晚餐，家庭主妇都得格外留心，凭借平时经验下食盐、酱油、醋等调味品，尤其不得用嘴舌品尝，因为第一碗必须献给神灵和祖先，否则会慢待神灵和祖先，招致惩罚。人们还借助平时烧香点蜡的祭拜活动，以及佩戴长命锁、穿着百家衣等方式表达对神灵鬼怪的敬畏，且将这种敬畏贯穿一个人从出生到成人的全过程。虽然西方人类学家往往斥责诸如此类的万物有灵论实则是一种原始思维甚或野性思维的体现，但这种思维本身所寄寓的敬畏自然的精神还是十分明确的。E. A. 韦斯特马克认为"在中国，春季和腊月被认为是最佳的结婚时期"，虽然他强调"绝对不能认为，这样的迷信也是源出于性生活的周期性"[①]，但这一陈述和阐释并不一定符合

---

① ［芬兰］E. A. 韦斯特马克：《人类婚姻史》第一卷，李彬等译，商务印书馆 2015 年版，第 94 页。

实际，至少并不符合陇东南乡村结婚习俗的实际。陇东南乡村近年来虽然也时兴用"五一"、"国庆"等节日操办婚礼，但大多数仍然请阴阳先生按男女双方生辰八字和属相选择所谓黄道吉日举办婚礼，多不限于春季和腊月，倒是在当年乃至来年没有举办婚礼的黄道吉日的时候才迫不得已于腊月三十偷婚，但这一习俗并不十分流行，非迫不得已，一般还是倾向于选择黄道吉日。选择黄道吉日有多种讲究，不是一般人能弄明白的，但几乎所有人都知晓所谓"好日子天占"即黄道吉日往往下雨这一朴素的常识。类似的现象也见于下葬，有所谓"有钱难买下葬雨"的说法。

二为敬畏大人。陇东南乡村伦理道德和文化理想是通过特定文化体系得以传承的。这个文化体系的核心曾经是乡绅，由于乡绅在土改和新中国成立之后被彻底推翻，于是被接近于乡绅、终身未离开乡土的土生土长、德高望重的老人取代。其实在乡绅出现之前的乡村也存在着这种文化体系。由于乡村往往以血缘关系为基础纽带，同一家族不同亲房必定有年长者，而且这些年长者中必定有德高望重的，这些人也许没有一定的政治和经济地位，但其中一定有一些伦理道德水平高、做事开明公道、思谋全面透彻、影响和感召力强的人，这些人经过多次结婚之类红事情、丧葬之类白事情，以及其他突发的或经常的群众性事件的长期思谋、协调、组织和指挥的实践，便逐渐锻炼和培养出了一定的领导能力、感召能力和影响能力，并最终成就为具有一定统领全族乃至全村人能力的领袖。这些领袖可能是一个人，也可能是凡事相互协商的几个人，且往往注意训练和培养更低辈分和年龄段的诸如此类出类拔萃的人物，以致形成了领袖团队。这些人虽然没有名义上的行政权力，但大家乐于接受其组织协调，向他请教做人、做事方面的注意事项和策略方法等。这便是乡村社会自发的民间管理集体。

这种民间管理集体常常与一定的社会政治组织如村民委员会之类并行存在，共同形成了家有家长、村有村长、族有族长的相对模糊的层级管理形态。当然村长或大队长往往是官方认可的基层组织，家长和族长等则是一种看似松散实则更加令人心悦诚服的社会自治群体。陇东南乡村有一些谚语揭示了这一点，如"出门看天气，进门看脸色"、"要想庄稼好，请教八十老"之类。尊敬德高望重的老人，往往成为陇东南乡村最基本的文化体系和管理形态。这是因为承办婚丧嫁娶之类红白事情，调节打架斗殴之类日常琐事，尤其耕种收割之类基本农活等，都需要而且也确实产生了这些方面的行家能手。他们确实在某种程度上代表了一个乡村最基本、最朴素的生活观念和文化理想，往往是这个乡村伦理道德和为人处世的典范。所谓"七十二行，庄稼为王"、"十年学个读书人，十年学不会个庄稼通"、"家有千口，主事一人"之类谚语便彰显了陇东南乡村能人作为知识和技能的最杰出代表的价值和意义。所有这些乡村能人往往不仅是渊博知识和精湛技能的杰出代表，而且是一个村庄思想观念、道德良知、行为规范的表率和楷模，其榜样示范作用是有目共睹的。

现代城市文明以无可辩驳的科学性和权威性解构了乡村能人及其固有的尊严和地位，但在过去特别是新中国成立以前却不是这样。《礼记》有云："先王之所以治天下者五：贵有德，贵贵，鬼老，敬长，慈幼。"① 极个别德高望重、出类拔萃的乡村能人甚至会被奉为家神供奉于专门庙宇。这个庙宇在某些时期曾被人们当作封建迷信拆除殆尽，但其实际是一个家族乃至村庄伦理道德和文化理想的最高载体，是一个家族乃至村里人们思想观念和价值体系的最高寄托。家神作为家族发展史上曾经存在的某位最德高望重的祖先，最受孩子爱戴，最受整个家族和村子里的人们普遍敬仰和崇拜，且在家族后代经历中多次被验证具有保佑家族和村庄子孙后代化险为夷、遇难成祥的超乎寻常神通的人，才被人们普遍尊奉为当之无愧的家神，以至成为陇东南乡村每个生命个体人生理想和生命境界的最高标杆。如果说陇东南乡村确实有为大家所约定俗成的公认的主心骨，那么这个主心骨必然是以家神或类似家神的祖先为核心、以民间诸神为基本形态的民间信仰。人们崇拜家神，也潜移默化地使整个村庄的人自觉或不自觉地以家神为典范，为家族的繁衍生息和兴旺发达献计献策，也激励许多人

---

① 《礼记·祭义》，孙希旦：《礼记集解》下，中华书局1989年版，第1214页。

自觉或不自觉地成长为乡村能人，以至成为不同时代不同辈分的人直接可感和效仿学习的榜样。这种以家神为典范，激励每一代人成长为乡村能人或以乡村能人作为学习和效仿榜样的文明传统，作为一种现实化、日常化、行为化的民间信仰，才是维系一个乡村最持久、最具体、最有效的纽带。如果说诸如家神等民间信仰也是人们逐步建构的产物，那么这种民间信仰的逐渐建构本身便体现了陇东南乡村对德高望重、卓有贡献的乡村能人近乎持久的敬仰和崇拜，从而也造就了一个村庄的民风淳朴、心地善良、品德良好等社会风尚。

有人主张不应当将中国流行的宗教分为儒、释、道三家，而应该分为没有受过教育的人们信仰的宗教和饱受教育的人们信仰的宗教。[1] 其实这一说法并不十分准确。一则儒、释、道并非都是宗教，即使最具宗教性质的佛教严格来说也既非真正宗教亦非真正哲学，至少与诸如基督教、伊斯兰教等一神教还是有着明显区别。因为是宗教必有信仰，是信仰必定导致执着和束缚；是哲学必有概念范畴和知识谱系，是概念范畴和知识谱系必定增添人们记忆和学习的负担和困惑。而中国儒、释、道文化的共同精神便是追求无所执着的智慧。二则虽然人们有着是否接受过正规传统教育的区别，一般来说，接受过正规教育的人们可能对儒、释、道文化有较系统的理解和认识，而未接受过系统教育的人们可能仅停留于感性认知的层面或未能形成系统认知，但儒、释、道文化经过数千年的潜移默化已经不同程度地深入到每一个中国人的心灵深处，已经成为整个民族的集体无意识，并持久地发生着最深刻的影响和作用。所以将儒、释、道信仰与民间信仰完全对立起来的说法并不一定十分准确。或更严格来说，中国没有真正意义的类似于西方基督教式的宗教。在这一点上，似乎卫三畏的观点具有一定道理："中国没有通常意义的'宗教'一词。'教'字的意义是'教导'或'教义'，适用于所有具备信条、信念或仪式的派别和会社；

---

① 参见［美］罗伯特·芮德菲尔德：《农民社会与文化：人类学对文明的一种诠释》，王莹译，中国社会科学出版社2013年版，第108页。

祖先崇拜从来不称为'教'，因为每个人在家里都要遵守，就像服从双亲一样；这是义务，而不是'教'。"①

从这个意义上说，中国本土充其量只有信仰，而没有宗教。当然人们也不能因此否认儒、释、道信仰与民间信仰之间的区别。对陇东南乡村的人们来说，儒、释、道文化是构成民间信仰的核心，但也存在与儒、释、道信仰并不完全一致或并未真正纳入儒、释、道神灵体系的地方神灵信仰，每个地方都有仅属于当地的山神土地神，有些地方还有仅属于他们当地的相关地方神，有些被直接称为方神，每年还有专门祭拜的方神会及木偶戏、皮影戏甚或由演员直接登台出演的大戏。每一个家族都有仅属于本家族的家神，每逢初一、十五便有一些人前去烧香点蜡叩头祭拜。这种带有明显地域性的民间信仰虽普及面不十分广泛，但对特定地域的人而言却往往有更持久、更具体、更有效的认可度。虽然诸如山神土地、家神庙所供奉的也许只是一个神牌，也就是当地阴阳风水先生在黄表纸上刻有神灵名号的纸质牌位而已，条件好的地方也可邀请画匠画出相关画像张贴正堂或制作成牌位供于香案。在陇东南乡村还有听说某一地方的山神土地比较灵验而偷走牌位的现象。当地人哪怕知晓哪里人偷走了也不追究，只是再补一个换上即是。人们之所以对山神土地、家神和其他方神尊奉有加，可能只是觉得这些神灵有求必应、倍感亲切而已。一些人也经常给村里人绘声绘色讲述自己出门在外，在某一夜晚或深山老林突然迷路或遭遇豺狼虎豹等猛兽，因内心深处默默呼唤山神土地或家神保佑，果然迷途知返或化险为夷的经历，于是一传十、十传百，越传越神乎其神，倒是对儒、释、道神灵，由于非专门皈依和信仰而不易在第一时间想起来。这便可能是民间信仰在某种程度上较之儒释道信仰更有影响力的原因。

三为敬畏老人言。也许越是落后的地方，其日常语言和方言中越可能保留着更多文言词汇；同样的道理，越是落后的地方，其日常行为和习惯越可能保留着更多传统的东西。敬重老人言便是相对封闭、落后的陇东南

① 卫三畏：《中国总论》下，上海古籍出版社2014年版，第717页。

乡村数千年来保留下来的一个优良传统。如今许多接受过高等教育的知识分子可能对《弟子规》所谓"父母呼，应勿缓；父母命，行勿懒；父母教，须敬听；父母责，须顺承"诸句颇有微词，但正是诸如此类的孝道才是维持中国社会几千年稳定而持续发展的基石。绝大多数乡村混混虽然调皮捣蛋，对父母的话可以全当耳边风，对乡村老人还是得礼让三分，不敢过分造次，否则会遭到众人的唾骂。陇东南乡村是以血缘关系为纽带的礼俗社会和宗法社会，人们往往自觉或不自觉地以人际关系亲疏作为处理许多事情的出发点和立足点，虽然敬重血缘关系较近的亲房本眷中最博闻强记、德高望重的老人，但也能超越血缘关系亲疏的限制敬重整个村庄最德高望重的老人，特别是那些人口不足千人的小村庄。这一点从正月初一清晨的拜年也能看出来：人们虽然先是成群结队地给亲房本眷年龄最长、最德高望重的老人拜年，为亲房本眷有去世老人不过三年的人家点纸，但其后便是超越这种较为狭隘的血缘关系限制，给全村年龄最长、最德高望重的人拜年，及对有去世老人却未过三年的人家点纸。陇东南乡村老人的思想观念并不因年纪衰老而因循守旧，有些老人的思想入时和新潮程度往往是年轻人望尘莫及的。有些老人虽然在家里人看来多少有些唠叨烦琐，但在其他人看来，无疑是一个村庄最宝贵的百科全书和活辞典。他们对历史故事的记忆可能更多源于诸如秦腔等传统戏曲，但熟悉程度惊人，有些人大字不识一个却能滔滔不绝背诵好几十甚至上百部戏曲剧本；他们对当地风土人情、逸闻趣事烂熟于心，常常无须请教，便一五一十讲述出来，且每每与当时当地情境相吻合；他们常常能随时背诵几十甚至上百上千首山歌、春官唱词、社火曲，对诸如"黑虎掏心"之类几十种社火入场统（圈）场子的套路和程式了如指掌，而且有着近似于学科的体系性；有些老人还有社火表演的诸多绝活，能不择时不择地在大庭广众之下表演，让在场的年轻人叹为观止，他们所表演的这些绝活好多在现在看来无疑是濒临灭绝或已经灭绝的非物质文化遗产；他们特别熟悉陇东南乡村常说的"老年人的口歌子"，也就是老年人的口诀，即相沿已久的谚语、歇后语、格言俗语之类，这往往是陇东南乡村数千年来流传最久、用途最广的民间智慧的最高体现形式，是最具生命力和美学智慧的部分，而且也是较之圣人言更朴实、更形象、更具体、更接地气的民间精神财富。有些德高望重、博闻强记的老人的离世往往会带走一个时代无法复原的记忆。

敬畏老人言往往体现为重视家族后代的教育，陇东南乡村的人们认为，一个人几乎在其幼年时代就具备了后来发展的所有潜力，甚至决定了未来发展可能达到的最高层次，有所谓"从小看大，三岁知老"的说法。这也从一个侧面反映了人们对幼儿教育尤其幼儿思想品质、才学胆识等方面潜力开发的重视。一个人的成长可能离不开良好的家庭环境和教育，"龙生龙、凤生凤，老鼠的儿子会打洞"、"老子烧砖儿子不离窑门"、"啥鸟下啥蛋"、"跟上好人学好人，跟上师公子跳小神"等所谓老人言或谚语已十分明确地阐述了这一点。比较而言，家庭和环境等毕竟是外因，起决定作用的仍然是内因，诸如"打铁要自身硬"、"好骡子要靠好人吆"、"歪木头、端木匠"等所强调的不仅是教育者本身的重要性，而且也可以看成是对受教育者自身因素的提醒。人活着的意义在于过程而不是结果，在于坚持不断的努力，而不是时断时续的迟疑不决和半途而废，所谓"不怕慢，就怕站"、"八十老人面前站，一日不死要吃一日的饭"便强调了这一点。虽然不能说贫穷是可耻的，但毕竟不是值得炫耀和标榜的事情，因为在一个利益并不固化的社会机制中，勤奋努力者永远比一劳永逸更有成功的胜算，而懒惰懈怠在任何时代都可能是贫穷落后的代名词，财富是人创造的，并不仅仅是从家庭乃至家族继承下来的，良好的家庭和家族条件的确能为人们的未来发展奠定基础，但并不起决定性作用，也不是不可改变，如所谓"穷没根，富没苗"。如果一个人懒惰成性、不能有效战胜自己的惰性和惯性，必然会导致贫穷和落后，有谓"勤汉刨地头，懒汉打捞嘴头"、"人哄地皮，地哄肚皮"。无论一个人知识有多少、能力有多大，其事业成功的关键在于能够持之以恒，也取决于为人处世及与人交往的具体行为和基本原则，所谓"过家要细，待客要盛"、"兔子不吃窝边草"等便提供了这一方面的智慧。当然人的欲望是无止境的，生命的幸福并不经常地与物质财富和社会政治地位完全等同，性格决定命运，心态决定幸福指数，在一定程度上明白诸如"蠢牛丑妻家中宝，快马俊妻杀人刀"、"房是招牌地是累，挣下银钱催眠的鬼"的道理，懂得一点安贫乐道的处世哲学，也不失为一种保生全身之智慧。

也正是长期以来形成的尊重老人及老人言的传统，才决定了陇东南乡村在长期历史发展进程中确实是一个礼俗社会的事实，在很多情形下，是依靠礼治而非法治达到社会治理的目的的。人们尽可以振振有词地批判这种社会治理的落后，但正是这种看似落后的社会治理方式却绵延数千年，以致一度成为中国社会超稳定秩序得以长期维持的基本保证。费孝通指出："礼是社会公认合式的行为规范。合乎礼的就是说这些行为是做得对的，对是合适的意思。如果单从行为规范一点说，本和法律无异，法律也是一种规范。礼和法不相同的地方是维持规范的力量。法律是靠国家的权力来推行的。'国家'是指政治的权力，在现代国家没有形成前，部落也是政治权力。而礼却不需要这有形的权力机构来维持。维持礼这种规范的是传统"，"礼并不是靠一个外在的权力来推行的，而是从教化中养成了个人的敬畏之感，使人服膺；人服礼是主动的"。① 明恩溥也不得不承认这样一个事实："中国人的伦理准则无论从理论上还是从实际上看都非常崇高。社会生活是精心安排的，其细致程度在西方人看来几近刻板，但数千年经验的积累使得中国人具有了适应它的智慧。"② 但这些阐释似乎不及孔子到位。孔子云："道之以政，齐之以刑，民免而无耻；道之以德，齐之以礼，有耻且格。"③ 这就是曾经的中国乡村之所以实施礼治而不是法治，用道德和礼仪而非制度和刑罚，主要因为在孔子看来道德和礼仪能激发人们的羞耻感，而制度和刑罚只能助长人们的无耻感。中国传统社会治理其实就是以上下一心获得荣誉感而非羞耻感作为基础甚或人的存在价值和自我实现价值的。换句话说，历史上的中国社会以人的善乃至基于善的荣誉感作为执政基础，西方社会则主要以人的恶乃至基于恶的原罪感作

① 费孝通：《乡土中国》，上海人民出版社 2013 年版，第 48—49 页。
② ［美］明恩溥：《中国的乡村生活》，电子工业出版社 2012 年版，第 211 页。
③ 《论语·为政》，朱熹：《四书章句集注》，中华书局 1983 年版，第 54 页。

为执政基础。这里没有先进与落后、正确与错误之别，只有适合与不适合、存在与不存在的区别。如果整个社会激发出善的荣誉感，而不是恶的无耻感，这个社会便是具有良好道德和礼仪水准的上进社会；如果整个社会所激发出来的只是恶的无耻感，这个社会便是一个没有良好道德和利益水准的堕落社会。说到底，陇东南乡村维持乃至传承礼治的最主要方式，往往见于日常生活，特别是婚丧嫁娶等红白喜事，及节日和相关祭祀仪式之中。无论日常生活中看似不经意的座次、婚丧嫁娶正式仪式中的座次，还是殡葬队伍出场次序等，都有特别规定，不敢稍有含糊，都必须执行所谓"君臣有义，父子有亲，夫妇有别，长幼有序，朋友有信"① 之"五伦"。如今这一传统随着现代城市文明的日益发展逐渐变成明日黄花。

　　近年来陇东南乡村也受到城市文明的影响，以致因太过宠爱小孩，奉其为掌上明珠或小皇上，使诸如此类礼仪程式受到某种程度的削弱。人们可能责怪陇东南乡村生活较之城市生活多少有些烦琐，认为以城市为标志的现代文明对以乡村为载体的传统文明的否定才是社会进步的根本保证，但不能忽视一个基本事实：看似简易的城市文明却可能正因为无所敬畏，才使人们丧失了人之成其为人的根本属性，导致了诸多难以负担的现代文明副产品。彼得·霍尔在关于城市的批评中写道："城市秩序总是比纯粹的物理秩序要复杂得多；甚至更重要的是，它也是一种社会秩序和道德秩序。它并非只是指大城市有更多的人居住其中；它是指大城市容纳了许多不同类型的人，这些生活在极其复杂的社会关系中的人，出生地、种族、社会阶层和财富都不同，甚至在区别人的各个方面都完全不同。乡村和小镇的传统道德约束通过关注程度和熟悉度得以施加，通过惯常的社会关系和长期接受的宗教限制得到加强，在这儿却开始衰落：礼俗社会被法理社会所取代；一个大家为一人的社会——至少某种程度上如此——被一个人为己的社会所取代。随着熟悉的社会学上的对疏离感和道德沦丧的不断抱怨涌现了出来。随着传统限制的削弱，犯罪成了一个社会问题；如今，必

---

① 《孟子·滕文公》，朱熹：《四书章句集注》，中华书局 1983 年版，第 259 页。

须想出逮捕和惩罚罪犯的正式手段，在村子里，这个任务可能会采用非正式和传统的方式来完成。"① 有着数千年礼治传统的中国，在法治尚不健全的情况下，更应该充分发挥礼治传统的作用。也许正是这种基于敬畏的看似烦琐甚或有些迂腐的礼仪乃至规范可能比维持城市秩序的法治更简便易行，更方便快捷，更行之有效。当然这不是说法治没有必要，而是说我们在提倡法治的同时也应倚重礼治。因为一个没有法治的社会可以使每个人都成为法治的牺牲品，但一个没有礼治的社会同样可以使每个人都成为挑战道德底线的罪人。

（四）以延续香火为目的的创化之美

陇东南乡村谚语有"养儿防顾老，栽树避荫凉"的说法。人们为了超越有限的肉体生命，必须自觉地承担起传宗接代的神圣使命。所谓"不孝有三，无后为大"② 便是对男子神圣使命的明确规定，如果祖宗的血脉断于自己一代，不仅是自己的最大不幸，更是对祖宗的最大不孝，对辈辈单传的独子尤其如此。中国人往往羡慕多子多福，对辈辈单传常常心有余悸，所谓"冰在薄处裂，绳在细处断"，越是单传越意味着面临香火中断的更大危险。让祖宗的血脉在子孙后代中获得延续乃至发扬光大，显然是男子最神圣的使命。滋贺秀三阐述道："像这样的在通过男系的血脉来延长扩大同一的生命而持续生存这一观念之下，每个人作为处在各自的地位上负担着上自祖先下连子孙的庞大生命的一节而被赋予了其存在的意义，同时也给定了其社会性的位置。"③ 相当一段时间，人们将诸如此类的古训狭隘地限定于儿子，明确地排除了女儿，但生儿育女不是人们自己能完全左右的，如果求助于观音菩萨也无济于事的时候，陇东南乡村的人们便通过入赘和过继两种办法解决。如果有女儿没有儿子便借助入赘的方

① ［英］彼得·霍尔：《文明中的城市》第二册，王志章译，商务印书馆 2016 年版，第 865 页。
② 《孟子·离娄上》，朱熹：《四书章句集注》，上海古籍出版社 1983 年版，第 286 页。
③ ［日］滋贺秀三：《中国家族法原理》，商务印书馆 2013 年版，第 44 页。

法，将其他娶不起儿媳妇的人家的儿子入赘为上门女婿，甚至让其改名换姓，沿袭女家的姓氏以续香火。如果终身未娶或膝下无子女，便只能采取过继的办法来延续香火，一般得过继弟兄所生儿子即侄子作为自家儿子；如果选择其他人家的孩子，便是收养。虽然入赘的上门女婿改了姓氏，但大多并不一定能享受到作为儿子应有的尊严和地位，关键在于妻子对丈夫的态度，以及上门女婿自身条件和努力情况。相对来说，过继的儿子地位略有保障，但无论入赘的上门女婿还是过继的儿子都一律享有财产继承权。如果入赘的女婿或过继的儿子不幸中道去世，不论因为疾病还是意外事故，如果留下一帮子女，便得想方设法再入赘一个上门女婿，这时候最理想的往往是与中道去世的丈夫的弟弟合婚，多经过大家尤其老父母的劝说，作为弟弟便责无旁贷地承担起与曾经的嫂子结为夫妻一道抚养哥哥子女的使命。如果既没有入赘女婿，也没有过继儿子，以及养子，还得在本人去世时指定一个作为名义上儿子代行孝子职责。所有这些情形在陇东南乡村比较多见。也许正是基于"无后为大"这一神圣使命及其带来的精神压力，才使中国乡村往往以家庭乃至家族作为基本单位获得近乎顽强地延续。明恩溥在《中国的乡村生活》中写道："毫无疑问，没有哪个民族比中国人更重视或更成功地维持自身的繁衍。"[1] 也正是由于中国人更看重繁衍生息，以至想出了种种办法，尤其关涉家人特别是子女平安健康的问题方面丝毫不敢马虎，某种程度上还存在"死马也当活马医"的现象。即使有些行为乃至习俗在他们看来也不一定十分靠谱，也常常不遗余力地去实施。为此人们还往往前往寺庙、道观或到阴阳风水、算命先生处抽签打卦算命以解决疑惑，也到寺院道观请求咒符张贴家中门顶、庭屋墙壁，或包裹缝在衣服胳膊腕处，或做成香包佩戴身上，或燃烧成灰，化水口服，有些甚至到寺院道观求得香灰或到学校、官衙取得路上尘土化水饮服的。所有这些看似不可思议甚或带有巫术性质的求签打卦、恭请咒符习俗，最起码也是一种心理甚或精神疗法，至少有宽慰人心、求保平安之

---

① ［美］明恩溥：《中国的乡村生活》，电子工业出版社 2012 年版，第 171 页。

意。包括陇东南乡村在内的中国人为了生命的繁衍和香火的延续，为了恪守"不孝有三，无后为大"的圣人之言，可以说无所不用其极。

　　延续香火的最基本手段便是谈婚论嫁、娶妻生子。现代城里人的结婚观念往往强调自由恋爱、两情相悦，这种习俗对陇东南乡村有明显影响。但按照男女双方出生年月日时辰及对应天干地支即所谓生辰八字谈婚论嫁的习俗仍有广泛影响。最常见的是按男女双方属相合婚，如鼠遇龙、猴、牛大吉，与羊、马、兔、鸡相配不宜，其他属相平常；牛遇鼠、蛇、鸡大吉，与龙、马、羊、狗、兔相配不宜，其他属相平常等。甚至还有"黑鼠黄牛前世修，青虎黑猪上等婚。金龙玉鸡两相投，白蛇红猴一世福。蛇兔联姻家豪富，牛羊成亲儿女稠。红马白羊两情愿，玉兔黄狗到白头"，以及"羊鼠一旦休，白马怕青牛。金鸡怕玉犬，龙兔泪交流。虎蛇如刀错，猪猴不到头"之类的合婚口诀。其根本是考察金、木、水、火、土五行相生相克，而且往往将五行与干支联系起来，或正五行，如天干中甲乙属木、丙丁属火，地支中寅卯属辰属木、巳午未属火等；或纳音五行，如甲子乙丑海中金、丙寅丁卯炉中火等。如果男女双方是同一属相，一般出生时间相差得超过百日，否则得进行禳解。另外，还得考虑男女双方家庭尤其丈母娘的德行品质，有谓"拉猪娃子要看猪母子"的谚语，即是认为丈母娘的贤惠、孝顺、本分会直接熏陶和影响其女子。除此而外，还看重儿媳妇祖宗三代有无狐臭及猫鬼神：如果气味有问题，或有猫鬼神则慎之又慎，甚至断然不许成亲。气味具有遗传性，可能殃及子孙；有猫鬼神则常常平白无故增加两亲家交往的难度，以及婚姻家庭的平顺。据说有猫鬼神的人家往往比较小气，以致鸡毛蒜皮之类纠葛，都可能导致亲家的磕磕碰碰，以及头疼脑热等疾病。以致使有猫鬼神的人家，即使其女子多么善良、贤惠、漂亮，都可能在婚嫁方面招致嫌弃。可见敬畏老人言，实则还包含着诸多民俗禁忌，一般人不得轻易冒犯，害怕可能招致意想不到的报复或报应。

　　如前所述，陇东南乡村在指靠儿子延续香火这一方面明显存在重男轻女的倾向：以为生了男孩便是正宗的香火延续和传承人，生了女孩而没有生男孩，便是人生的一大缺憾，就必须考虑招赘过继或收养，且无论是入赘的女婿还是收养的养子原则上都必须随养父姓。一个人特别是没有弟兄的单传者，几乎无一例外地通过诸如此类的办法达到延续香火的目的。虽然有很大程度的封建陋习成分，但也与陇东南乡村主要依靠体力劳动维持生存的基本现状有很大关系，在体力劳动方面儿子显然比女子更具优势。当然乡村混混虽然多是男性，但并不一定能承担这一使命。通常的做法是亲房本眷想方设法替他娶一妻子来约束，或通过生儿育女诸手段强化其养家糊口的责任意识以克服无所事事或不务正业的混混习惯。更重要的是生儿育女的最终结果往往有道德警示作用。不生育或只生育女婴，可求助于医学，也可求助于巫术、宗教，甚至可求助于道德考量，尤其在求助于医学、宗教和巫术仍不见效的情况下，人们唯一能做的便是扪心自问，拷问自我及祖宗积德成善的情况，甚至往往将生儿子、生女儿、无子女等分不同情况依次视为本人及祖宗不同德行的果报，也有认为是前世因缘的现世果报的。陇东南乡村乃至中国人之所以有顽强维持生命繁衍和延续的传统，除了因为对"无后为大"圣人之言的敬畏，还有对因果报应之类圣人之言的笃信和敬畏的缘故。这才是陇东南乡村文化精神的核心内容，而且也是维持种族繁衍生息的重要因素。

陇东南乡村不仅重视生命的繁衍生息，更注重传宗接代的创造进化。人们正是由于对"富不过三代"的周期律有深刻的理解，所以才特别重视教育，因为几乎每一个人都不愿意别人超过自己，但没有人不希望自己的后代超过自己，不希望自己的子孙后代一代更比一代强的。所谓"儿孙自有儿孙福，莫为儿孙做远忧"仅仅是一种自我开脱之词，其实很少有人能在对待子孙方面真正超然物外，杜甫可以耻笑陶渊明，但他自己其实也无法做到。这几乎是一种人和动物共有的本能。犹太人也有类似观点，有所谓："父亲爱自己的孩子，孩子爱他们的孩子。"[1] 正是出于对子女近乎本能的抚爱，许多人才明白必须替孩子作长远谋划。人类特别是婴

---

[1]　赛妮亚编译：《塔木德》，上海三联书店 2015 年版，第 49 页。

幼儿的发育速度，与其他动物相比明显有些缓慢。好多动物一出生，很快便能独立行走，且学会自己觅食，但人类却需要较长的发育过程，从学会吃奶，到学会爬行，再到学会行走，以及咿呀学语，三五岁仍然离不开他人哺育。但正是由于这一看似缓慢的发育过程却为人们学习基本生存技能乃至差异化发展提供了充裕的时间，也为人类长大后智力乃至知识技能明显超过其他动物奠定了扎实基础。迪萨纳亚克这样论述道："新生期的孤立无助和漫长的不成熟期是在人类幼儿中被选择出来的，而且已经成为我们物种最显著和最关键的特征。不成熟使人类可能更多地依赖于习得的、文化上慢慢灌输的行为而不是先天的、遵循遗传程序的行为。当然，人类婴儿在某些关键时期有学习某些事情比学另一些更容易以及更敏捷地学习特定事务的倾向。但是，正是长期的童年所许可的易变性和不成熟性才使不同社会不同成人有广泛差异的文化行为成为可能。"① 迪萨纳亚克的阐述看似比较专业、晦涩、深奥，其实也不过阐明了陇东南乡村的人们所熟悉的《三字经》之所谓"性相近，习相远"的道理。陇东南乡村的人们当然懂得"子不教，父之过"的古训，更没有人否认"跟上好人学好人，跟上师公子跳小神"等道理，也正是由于对"挣下光阴是大家的，学下知识是自己的"、"万贯家财，不如一技在身"、"活到老学到老，学到八十仍嫌少"、"积钱不如教子，闲坐不如看书"、"好铁要经三回炉，好书要经百回读"、"众人里面有圣贤，土石里面有金银"等陇东南乡村谚语所揭示的道理有深刻的理解，常常将拜师学艺神圣化、礼仪化、仪式化，不仅得备有烟茶酒或其他三色礼，而且要求学徒必须行三跪九拜之礼，终生视其若父，如所谓"一日为师，终身为父"。

当然陇东南乡村相对于犹太人的教育仍存在某些差距。犹太人抚育孩子，更重视抚养乃至教育，甚至有所谓"父亲是把自己抚养长大的人，而不是生育自己的人"② 的说法，而且在小孩第一次上课时，必须穿上最

---

① ［美］埃伦·迪萨纳亚克：《审美的人》，商务印书馆 2004 年版，第 256 页。

② 赛妮亚编译：《塔木德》，上海三联书店 2015 年版，第 56 页。

好的衣服，且在教室里会得到一块用蜂蜜写有希伯来字母和简单《圣经》经文的石板，使孩子一边诵读字母，一边舔石板上的蜂蜜，随后还要吃蜜糕、苹果和核桃，以此来告诉孩子知识是甜蜜的，而且一个教师所教学生不得超过 25 名，如果超过这个人数，就得请助教。陇东南乡村的人们自然无法做到这一点，甚至在全民重视教育的现代城市似乎也没有真正做到。至于如犹太人那样教育学生必须懂得"任何有知识的人都不会贫穷"[①] 的人更寥寥无几，许多人只是将学习知识和技能作为将来获取职位和薪酬用来养家糊口的一种手段。陇东南乡村除了为数不多的人真正拜师学艺之外，其他更多的人只能算是自学成才。除了诸如木匠、毡匠、铁匠、画匠、石匠、瓦匠、纸活匠、阴阳、风水、医生等为数不多的具有较高技术含量的手艺得专门拜师学艺之外，其他更多手艺如打草鞋、编席子、绑笤帚、拐豆腐、拌醋、织布、染布、织毛衣、缝衣服，甚至砌墙、粉墙、挂挂面、酿酒等几乎不必拜师学艺，往往是在日常生活中耳濡目染的结果。也不是所有生活用品和劳动工具都能亲自制作，如铁锨、镢头、锄头、铁铲、鹤嘴锄、犁铧、镰刀、木锨、木杈、簸箕、筛子、草耙子、甩棍、连枷、背斗、背麦架、平栳、竹篮、菜笼、织布机、纺车、水瓦罐、瓦盆、漏勺、木勺、斤升、斤斗、马鞍、马笼头、马镫、烟瓶等大多由专门手艺人制作而成，不过其中许多工具还得主人买来后自行加工，有些可将相关手艺人直接请到家里，按照自家材料和需要量身打造，如犁、风车、石磨、羊毛毡等。在陇东南乡村，手艺人与其他人之间确实没有根本区别，每个人都有一双灵巧的手。好多人一般时间做农活，一到农闲或有需要的时候便出门攘艺。虽然并不对所有技艺都十分熟练精湛，也不是所有手艺都能对外挣钱，但自家吃穿用度，以及几乎绝大多数生活用具和用品的制作都还能胜任得了，当然也不排除许多人样样都会一手。卫三畏指出："他们靠艰苦劳动来补偿工具不良的缺陷。他们的农业用具少而简

---

① 赛妮亚编译：《塔木德》，上海三联书店 2015 年版，第 100 页。

单，也许现在制造的和多少世纪以前使用的相仿。"① 也可能正是由于劳动分工的不细致和手艺的不精湛，使中国乡村农具的种类和创新受到很多限制。陇东南乡村的人们都知道"艺多不养家"的谚语，都懂得手艺不在多而在精的道理，但整个社会发展水平以及自给自足经济特点，使得许多人出于自家生活需要必须通晓更多手艺，才能更方便、更经济地维持生计。近些年随着中小型机械化或半机械化农具如播种机、脱粒机等农用工具的出现有了很大改观，同时也使传统农具及其制作技术面临失传的危险。

在长期以来形成的缺乏变化的慢节奏生活中，手艺确实有养家糊口的功能，这是被祖祖辈辈多次验证的事实，因此有着敬畏技艺、敬畏师傅，将技艺作为谋生不可或缺手段的传统。然而这种经验在现代城市工业文明时代快速变化的生活方式和节奏面前可能显得并不十分灵验了，有些盛极一时的手艺可能因为生活方式变化而被无情淘汰，另一些看似百无一用的手艺却可能变得异常火爆且获得空前发展。诚如彼得·霍尔所说："技术变化的力量给社会带来了不得不面对的挑战；但是，社会构建自身的方式并不是必然的。在同样的过程中，技术在它向前发展的道路中也会创造出选择和机遇；当面对这些选择和机遇的时候，城市社会要能够并且必须决定自己的发展方向。以前经常出现的技术进步是一个矛盾体，既是坏人也是英雄：一方面消灭工作岗位、工厂和整个工业以及生活方式；另一方面，创造出巨大的新的经济机遇以及解决城市社会出现的棘手问题。"② 现代城市文明这一看似并不经意的变化可能在很大程度上挑战包括陇东南乡村在内的人们的生活方式，以及建立这一生活方式之上的各种文化传统。无论人们愿意与否，都不得不面对这一点。但这一点也可能恰恰导致陇东南乡村诸多民间技艺乃至生活用品和农具的逐渐消失，于是将诸如此类饱含民间技艺元素的生活用品、劳动工具等完好无缺地保存下来，作为

---

① 卫三畏：《中国总论》下，上海古籍出版社 2014 年版，第 586 页。

② ［英］彼得·霍尔：《文明中的城市》第三册，王志章译，商务印书馆 2016 年版，第 1408—1409 页。

一种乡村记忆乃至农耕文明，收藏、保护和陈列于乡村记忆博物馆便显得可能而且必要。

　　应该看到，随着现代城市文明和机械化生产的发展，男女孩子的身体特征和发展潜力也发生了很大变化，原来适合男子拼体力的手艺逐渐被大机器生产所代替，而许多精细但重复性手艺却由于男子耐不住性子使女子更显优势。然而在陇东南乡村，如果说其相对恶劣的生活条件决定了人们只能依靠舒缓的生活节奏来应付农耕劳动，在这方面女性似乎并不比男性更有优势，因为越是山大沟深的生活条件越可能依赖强壮的体力，而不是单纯的熟练技巧。虽然这种熟练技巧也确实有十分重要的意义，但较之强壮体力仍显得有些相形见绌。现代城市生活的人们却并不单纯依靠体力来养家糊口和维持生计，更多依靠熟练的工作程序和技术来显示其能力。在这一方面女性较之男性显然具有得天独厚的优势。虽然城市文明的这一现状在短期内可能并不对陇东南乡村重男轻女观念构成颠覆性影响，但所谓"生下儿子是名气，生下女儿是福气"的说法已经有一定市场，这种变化对陇东南乡村重男轻女观念构成的冲击和挑战会越来越明显。

第六章　基于衰老的陇东南乡俗
及礼乐美学智慧

　　人生来必然有衰老的那一天，这是任何人不可抗拒的自然规律。虽然一天天看好像没有变化，但时间一长，无论身体器官、生活感受、生存能力均有愈来愈明显的衰老迹象。只是有些人表面看来衰老得慢，有些人则明显衰老得快。这主要取决于生活环境与物质条件、劳动成本与工作效率、生活方式与人生态度等。但无论是快还是慢，衰老是必然的、不可避免的。相对城市人口来说，陇东南乡村的人们可能衰老得更快些。

一、衰老的陇东南乡村民间表征

　　人的衰老是不可避免的。但到底从哪一天开始衰老的，或什么时候起才算是老年，则没有基本统一的看法，有谓五十而知天命是为衰老，有谓七十而从心所欲不逾矩是为衰老，或有其他不同的说法。甚至可以说，对任何人而言，衰老其实开始于婴儿时期，甚或出生的那一刹那。其突出特征，一是身体器官的老化，往往体现为眼睛、耳朵、牙齿、头发乃至体力的退化；二是生活感受的钝化，主要表现为视力、听力、消化能力、行动的灵便能力等有所退化；三是生存能力的退化，主要表现为体力劳动尤其生活自理能力的退化。陇东南乡村有不少民歌确实细致形象地描述了人的衰老，以及衰老所导致的诸多生活困境。如平凉泾川《老来难》有谓：

老来难，老来难，劝你莫把老人嫌；当初只嫌别人老，如今轮到我头前。

千般苦，万般难，听我从头说一番；耳聋难与人说话，差七差八惹人嫌。

雀蒙眼，似鳔黏，鼻泪常流擦不干；人到面前看不清，常把李四当张三。

年轻人，笑话咱，说我糊涂又装憨；亲朋老友人人恼，儿孙媳妇个个嫌。

牙又掉，口流涎，食物难嚼囫囵咽；一口不顺就噎着，卡在嗓喉噎半天。

真难受，颜色变，生死就在两可间；儿孙不给送茶饭，反说老人嘴好馋。

鼻子漏，如浓涎，常常流落胸膛前；茶盅饭碗人人嫌，席前陪客个个烦。

头发少，顶门寒，凉风吹得脑袋痛；冷天睡觉常戴帽，拉被蒙头怕风钻。

侧身睡，翻身难，浑身疼痛苦难言；盼明不明睡不着，一夜小便六七番。

怕夜长，怕风钻，时常受风病来缠；肺虚气短长咳嗽，一口一口吐黏痰。

腿又痛，腰又酸，行动坐卧真艰难；扶杖难行二三里，上炕如同登高山。

记性差，糊涂缠，常拿初二当初三；提起前来忘了后，颠三倒四惹人烦。

老来难，说不完，人生不能常少年；劝你莫把老人嫌，尊老爱幼美名传。

陇东南乡村的人们似乎衰老得更早。一是因为生活环境和物质条件差。山大沟深、交通闭塞、资源匮乏，无论衣食住行等物质生活方面任何一点微不足道的需求，都得付出艰辛的体力劳动，而且有些甚至终其一生只是解决了衣食住行等物质生活需求方面的最基本问题，很难说还有更高层次的发展空间和生存需要，更有终其一生连诸如此类的物质需求方面的最基本问题也没有得到很好地解决，过分的心理操劳和体力透支已使他们未老先衰。二是因为劳动成本高而效率低。生活环境和物质条件好的地方可以轻而易举获得的劳动成果，在陇东南乡村由于生活环境和条件差，得付出艰巨的劳动，即使获得基本相同的劳动成果也得付出成倍的努力，且不一定能心满意足，劳动效率显然极其低下。三是生活方式和人生态度趋于消极。陇东南乡村大多数人家相对于城市人其早婚早育的现象非常突出。不到四十岁就有抱孙子的现象，四十五岁左右抱孙子已经极为常见的，有所谓"早得儿孙早得福"的说法。所以一个二十岁左右便生儿育女的男子，到三十岁左右虽然不能过上饭来张口、衣来伸手的生活，但大多数除了打理田地的农活，对日常家务乃至杂事可以不闻不问，甚至对诸如生火熬茶、端饭倒水之类的活计都可以呼唤子女来代劳；而一个四十岁左右便抱孙子的人，至少从有人叫爷爷的那天起便可以心安理得地以老人自居。虽然四十岁左右的人还不可能安享清福，尤其在上有老下有小的情况下，但至少可以在心理上以老人自居。家庭主妇也一样，虽然非常辛苦，但如果有不外出上大学的女儿在家，便可以当甩手掌柜了，洗衣做饭之类的家务活尽可以安排女儿去做，到儿子结婚，儿媳妇进门，这一切顺理成章地又由儿媳妇打理，自己只需指手画脚出主意了。但不是所有陇东南乡村妇女都能够"坐享清福"，外出打工以及忙里忙外挣些外快填补家用者不乏其人。所以往往是较差的生活环境与物质条件、较高的劳动成本与极低的劳动效率、消极的生活方式与人生态度，使陇东南乡村在充分享受慢节奏、低效率的安逸和贫困生活的同时，也较为普遍地出现了未老先衰的现象。

最能典型代表这一消极生活方式的莫过于喝罐罐茶。这几乎是陇东南乡村极为普遍的一种生活习惯。最为壮观的情形是每逢红白事情，首当其冲要考虑的是准备十几个甚或几十个茶罐，人们三五成群地围坐于火盆前，依照长幼有序的礼节你一盅我一盅轮番享用这又热乎又滋润的茶水；条件更好的人家可以为每人准备一个茶罐，互不相扰，各尽其能。每人手里抓着一个烤得有些焦黄但更干脆爽口的馍馍或馒头，边吃边喝边聊。即使没有遇到红白事情的平常日子，不能说好多人家都有祖宗三代各守一个茶罐的景象，但两代或夫妻两个各守一个茶罐的景象还是较为普遍的。这个容量不大、上下收缩、腹部微鼓、有单耳手柄和鸭嘴流槽的陶制茶罐，看似粗陋古朴，却漫无节制地消磨着陇东南乡村本来没有多少劳动效率的老老少少的宝贵时光。罐罐茶的茶叶是经过精心炮制的，或滴入食用油炒茶，谓之油茶，有些甚至在油茶中加入油面，以及核桃仁、杏仁、花椒、食盐等，虽然少了茶的本味，但也多了几分余味。虽然这个其貌不扬的茶罐每次可能只需要不多的茶叶，但一日两次或三次的用量，以及成群结队地饮茶这一雷打不动的生活习惯，常常消耗了大量的有效劳动时间。这可能是生活节奏快的城市人享受不起的奢靡生活。城市人耗不起的不是茶叶，而是宝贵的工作时间。陇东南乡村家家户户都耗费金钱、时间在饮茶上，有些人甚至为此付出家庭失和、情面撕破的代价。20世纪六七十年代有些经济拮据的人家短粮少柴，没有钱称茶，往往背着妻子偷面买茶，劈了家具烧柴，为了一盅茶搞得一家人大打出手、鸡犬不宁；有些人顾及本分，不以面换茶，不劈家具烧柴，但以树叶代替茶叶，以穰柴代替硬柴，常常没有喝一盅，却已经搞得灰尘满脸，类似灶王爷；有些人家境虽较好，能喝得起茶、用得了柴，但年老之后，常常因为头昏眼花手颤，即使熬好一盅茶却倒不到盅子里，喝不到口里，要儿子儿媳腾出时间专门替他熬茶。虽然慢节奏、低效率的生活方式养成了陇东南乡村未老先衰的现象，但陇东南乡村并没有对衰老进行很消极的评价，甚至对拒绝乃至抗拒生老病死自然规律的行为进行了一定程度的奚落和嘲讽，有所谓"人老三件宝：贪财、怕死、瞌睡少"的谚语。

　　一是"贪财"。在陇东南乡村确实能够看到很多喜欢钱财的老人。20

世纪 70 年代，有儿子给他六七十岁的父亲五元钱，而父亲理也不理，大概是嫌少。也有随身捡垃圾，坐到哪儿都随身捡一堆细小柴火，将家里几乎弄成垃圾坑的。所有这些现象，仔细研究大体出于这些原因：一是阔绰习惯型。中青年时代曾在乡里风光一时，手里总是有零花钱，出手大方。老年后体力下降，手中多少有些不宽便，即使子女不时有些贴补，仍觉得手头不够宽裕，但偶尔又希望在朋友面前显摆阔绰，或改善一下自己的饮食状况，或给亲房本眷孩子点零花钱等。二是节俭习惯型。生平省吃俭用，勤劳成为习惯，即使手头零花钱够用，衣食住行、烟茶酒均由子女供养，没有吃穿用度的顾虑，也可能觉得闲着无事，试图随便拣点垃圾之类，倒卖后得些零钱，积少成多，必要时可救一时之紧，或给混得吃紧的子孙后代上学、住院、结婚、修房等重要事项有更自主的接济和照应，陇东南谚语道"平时有积攒，紧时有钱花"、"娘有爹有不如自己有"。三是自给习惯型。家境本来拮据，吃穿用度没有保障，随行捡一些柴火，至少可让自己喝罐罐茶不再消耗家里柴草，或少消耗一些家里的东西。有所谓"出门不弯腰，进门没柴烧"。一些老年人有好吃嘴的习惯，不外乎找一些年轻时代尤其童年时期吃过且印象深刻的食物，偶然碰到这样的机会又不好意思向子女开口，于是平时积累点钱财以满足口福。

　　二是"怕死"。这其实说的是陇东南乡村老年人对生死的一种态度。有些老人出于怕死的原因，一有头疼脑热便要打针吃药，或进医院看病的，如果未能如其愿，就以为子女不重视而闹情绪；也有"不畏死"的，大约是怕花钱，即使有病而硬撑着用体力抵抗疾病，子女要带其去医院看病还不大情愿，只有患上大病才不得已住院治疗的；也有即使患上大病也不愿住院治疗，除非是如中风会导致瘫痪，给自己和子女生活造成诸多生活不便甚或负担的疾病才同意配合治疗的。更有子女孝顺，但嫌日复一日，没有任何变化和新鲜感，觉得活着无聊，试图自杀，又怕会给子女留下不孝名声，自己死后不得按照正常死亡进入祖坟，只能推天度日，以待死期的。也有觉得活着没有劲儿，有些厌倦，以致即使患病，也或不吃药，或趁机将药塞到炕眼里烧着的。所以怕死可能关涉人的本能，但并不是所有人都如此，陇东南乡村不怕死、顺任自然、坦然等死，甚至急于赴死的老人也大有人在。这些坦然赴死者，既不是有执着信仰而甘愿赴死的殉道者，也不是信奉无神论，以致试图一了百了的，他们往往受到儒、释、道传统文化的影响，至少朦胧接受过诸如"生前欠人一文钱，死后变只鸡儿还"之类灵魂不死、因果报应的观念，或对此也有些半信半疑，但实在觉得子女成家立业，儿孙满堂，不再有什么牵挂，于是坦然面对死亡，甚或急于赴死的。这些老人绝对不是因为老无所养，或遭人轻视，陷入孤独而有轻生念头，他们只是觉得无所牵挂，才时刻准备着欣然赴死。当然也不排除日渐严重的因为老无所养，甚至受到子女虐待而不得已自寻短见的，但这种老人并不意味着不怕死，实是事出无奈才不得已选择轻生的。

三是"瞌睡少"。老年人常有失眠的情况，有些老人一晚上翻来覆去睡不着，睁着眼睛盼天亮，时常天未亮便起身转悠，怕睡得时间长会更加腰腿疼痛、关节滞涩。前面所引陇东南民歌"侧身睡，翻身难，浑身疼痛苦难言；盼明不明睡不着，一夜小便六七番"所描述的情形，其实是较为普遍的。有些老人自己睡不着，便看不惯年轻人贪睡，催三喊四，叫子女们早起。这在年轻人看来多少有些不近情理，但这恰恰是陇东南乡村老人赐予子孙的最大财富，因为一个人一天乃至一辈子工作效率的高低主要看早晨时间的利用情况。一般来说，养成早起生活习惯的人，往往身体更健康、精力更充沛、时间利用率更高、工作效率更好。所谓"人勤地不懒"、"天上下宝，还要人起早"、"早起一时，松缓一天"都是对这一生活智慧的高度概括。陇东南乡村老人不仅要求子女早起，自己更是以身作则，在年轻人还没有起身时，老年男子便拿起粪斗外出，走遍村庄各巷道特别是那些马牛羊猪粪便最多的角落和道路，有些爬山越岭，到野外羊群出没最多的地方拾粪，有些甚至用扫帚不一会儿便收拾一背斗。人畜粪对城市人来说无疑是垃圾，是招惹苍蝇蚊子，制造恶劣卫生环境的罪魁祸首，但对习惯于用人畜粪便作为肥料的陇东南乡村老人来说则无疑如获至宝，所谓"庄稼一朵花，全靠粪当家"、"庄稼没粪，不如不种"都是对绿色农业生产的高度概括。倒是有些懒汉才将肥料全部寄托于化肥，但化肥对农作物乃至土壤造成的危害越来越严重。陇东南乡村老人对此深有感触，有道是"化肥有个怪脾气，只长庄稼不肥地"。当然也不是所有老人都睡不着，也不排除有些老人头一放到枕头上，便一觉睡个大天亮的，但他们同样对"人勤地早"深有体会。老年妇女在年轻人起身时已经洒扫庭除，整理院落，做到了内外整洁，然后着手其他家务活或准备老头子拾粪回来喝罐罐茶的事情了。

当人们调侃"人老三件宝：贪财、怕死、瞌睡少"时，其实或多或少还是对老人怀有某种偏见。作为用身体知觉来感知并且存在于世界的人存在不可避免的缺憾，甚至是致命的缺憾，这种缺憾决定了人们常常最大限度地依赖于自身的实践和直接经验而不是他人的知识和间接经验来感知世界，但人生是有限的，并不是所有事情都能直接实践的。某些直接实践往往须等到一定年龄甚至特别时期。比如一个人要知道老人的困难和苦楚，非得等到自己年老，要知道疾病和死亡，非得等到自己生病或死亡，这其实只是蠢人的偏见，真正通达的人并不偏执于"耳听为虚，眼见为实"的套话，还得借助"若要知道，打个颠倒"之类谚语进行换位思考，或用听老人言的方式来弥补自身缺憾，如有所谓"场碾光了麦没了，会活人了人老了"之类谚语揭示了人生来具有的致命缺憾，凡事并不必非得经过亲身实践才能信以为真，也不必非得等到老了才知道做人的经验和道理。如果说伟人之所以是伟人，是因为他站在巨人的肩膀上，那么聪明的人之所以聪明就是因为他能够借鉴老人的生活经验，站在老人经验的基础之上。这当然并不意味着亲身实践不重要，或无须亲身实践，实际上凡是亲身实践过的经验往往更加真切、透彻、有效，陇东南谚语之所谓"要知父母恩，怀里抱儿孙"就充分肯定了这一点。

人们经常说老来难，但年轻时候的认识毕竟隔了一层，即使一个通情达理的人，也可能只是知道某些难处，对真正的艰难苦楚还是不会体验得更深切到位。就一生而言，最难堪的绝对不是幼年时期，因为幼年时期常常有父母呵护，基本不会有大的闪失和危险；一个人最难堪的也不是青壮年时期，因为青壮年时期常常是一个人最为年富力强、最能身体力行乃至呼风唤雨的时候；一个人最难堪的是老年时期，因为老年时期虽然有丰富而曲折的人生经历和宝贵经验，明知许多事情应该这样不应该那样，但已经没有了返回去重新开始的机会，所以只能寄希望于子孙后代，但子孙后代偏偏当作耳边风不闻不问，甚至视其为落后迂腐，且老人自己也因体力、劳动能力和自理能力下降而被子孙视为累赘和包袱。也许人的悲哀和缺憾正在于凡事得切身经历才能体会深刻，以致无论老人如何提醒，都不一定有深刻体验，许多事非得马失前蹄才能痛改前非。作为陇东南乡村老人来说，最痛苦的也许不是自身遭到误解或遗弃，而是许多人生经验和教训并不能变成子孙后代的宝贵财富，反倒被当成垃圾抛弃，许多人家还得陷入辈辈总结经验而屡屡遭到抛弃，非得重蹈覆辙才能洗心革面的恶性循环之中。也许聪明人与蠢人的根本区别不在智力，而在于聪明人能从长辈身上吸取经验教训，有则改之，无则加勉；蠢人则非得碰得头破血流，以致一败涂地，才能痛改前非，领悟老人经验和教训的重要性；更愚蠢的人甚至一败涂地都不懂得老人经验教训之宝贵，还得一而再、再而三地重蹈覆辙。

二、衰老的陇东南乡村美学智慧

陇东南乡村老人可能没有多少美学智慧，至少不比那些学者能滔滔不绝地讲出许许多多道理来。或许他们并不会讲述什么养生之道，至少在某些接受了现代城市文明的城市人看来，习惯于乡村落后生活而且有些迂腐唠叨乃至跟不上时代步伐的人们是不配谈论深奥莫测的美学智慧的。但是大家却可能忽略了一个基本事实，这就是智慧并不等同于知识，而且知识有可能会阻碍乃至妨害智慧的获得。因为真正的智慧常常是不自觉的，是无心而获得的，有时甚至是迫于生活的无奈客观上形成的。即使是这些客观上形成的不自觉的美学智慧，也是值得引以为鉴的。更何况许多美学智慧还清晰地呈现于谚语乃至生活本身之中。陇东南乡村老人的智慧不是学问，不是建立在一套学术概念基础之上的知识体系，而是他们的生活习惯乃至生活方式本身，他们的生活习惯和生活方式本身便是智慧的体现。

（一）认老服老的顺任之美

既然衰老是不可避免的，是人类无法抗拒的，那么最明智的做法只能是顺任自然，任老服老。因为衰老所导致的视觉、听觉乃至心理感觉能力、劳动能力以及生活自理能力都会有不同程度的退化。这是极其正常的现象。陇东南乡村老人没有与年轻人较劲的愿望，而且深深体会到"猫儿老了不逼鼠"的道理。一般老人容易出现的普遍缺陷是倚老卖老，借此对一切不符合其生活观念和生活方式的事情加以指责，以致制造出许多麻烦和矛盾，但如果一个人能真正体会到"猫儿老了不逼鼠"这一陇东南谚语的深刻内涵，便可能不再自以为是、我行我素。其实人类自身的一个致命缺陷便在于总是以自我身体知觉感知并存在于世界，以致对世界的许多看似客观理性的判断其实只是一种身体知觉的感性甚或直觉性反应，并不具有极其理性而明智的思想基础。有所不同的是，有些人总是试图借助对自己的正确定位和冷静思考降低被感觉牵着鼻子走的片面、武断甚或自私的可能，有些人却往往将感性甚至直觉性反应误以为基于理性和明智的真理性认识而借题发挥。在这一点上，并不是年龄大的就一定比年龄小的更明智，也不是知识层次高的人就一定比知识层次低的更高明。事实是有些偏执、认死理的老人或知识分子也可能固执己见以致死不改悔。但认老服老的陇东南乡村老人不该属于此列。既然能够正确把握自己，量力而行，适度参与某些活动，深刻体悟到衰老的不可抗拒，就不必与年轻人过不去，与自己的青年时代过不去，过去的毕竟已经过去，陇东南乡村谚语"好汉不提当年勇"、"老了不要装少年，穷了不要充富汉"便特别强调了这一点。有些青壮年男子可以一顿饭吃结结实实六大碗玉米面糁饭，从院落东头到西头一个来回便是一碗，往农田送肥一背斗二百多斤，可谓能吃能干；年龄大的人每顿只能吃一小碗，也不可能一背斗背二百多斤，既然不能以饭量好、力气大、速度快取胜，便只能承认现状，以少吃多餐、少背多遍次、"慢工出细活"来彰显老人自身经验丰富和技术熟练的独特优势。况且人的真正价值其实不在于所有经验和技能方面都出类拔萃，而在于某些特定方面无可替代。常常发现有些人总是企图在一切方面都超过别人，其结果只能是自己心理失衡却弄得人际关系紧张。陇东南乡村老人深知"艺多不养家"的道理，也没有一个明智的人会试图在所有方面都超过别人。人真正的竞争对手不是别人，恰恰是自己，或人最大的敌人只能是自己而根本不是别人，一个能够战胜自己的人才是真正的强者。陇东南乡村老人并不崇尚人与人之间的攀比和竞争，更强调"人比人去没活了，马比骡子没驮了"、"鸡儿尿尿，各有巧道"的谚语。这其实是说，事物的发展不是一个比一个，而是每个人和事物都能最大限度地发挥自身特长，以至人尽其才、物尽其用。老子"知足不辱，知止不殆，可以长久"①正是阐述知足才能长久的道理，也应该包含认老服老，以至知足知止才能长久之意。这其实也是认老服老、顺任之美的精义。

与男性可能在饭量、体力和劳力方面不认老服老相比，女性可能更多在相貌方面不认老服老。赵树理《小二黑结婚》中的三仙姑之所以闹出许多笑话，就在于她在相貌方面不认老服老，明明脸上布满皱纹，却想打扮得花枝招展，与她女儿小芹相较量，其结果必然适得其反。妇女们在梳妆打扮方面常常最不愿意认老服老，总是试图买一些化妆品，甚至不惜花费大量精力来掩饰自己业已衰老的事实，但这一现象主要存在于城市人尤其演艺界，对陇东南乡村妇女来说几乎不存在。这不是说她们不爱美，而是她们确实没有条件臭美，只能顺任自然，反倒落得心安理得，处之泰然，也少了几分折腾和麻烦。其实皮肤白皙细腻确实是一种美，但饱经风霜也未尝不是一种美，而且可能是一种更富于魅力的成熟之美，甚至是一种天然去雕饰之美。陇东南乡村的人们虽然并不一定都能透彻理解"相由心生"的哲学内涵，但相信"相貌不顶饭吃"、"蔫牛丑妻家中宝"、

---

① 奚侗集解：《老子》，上海古籍出版社 2007 年版，第 115 页。

"隔山的金子不如到手的铜"、"绣花枕头一包草"等谚语的更现实，更理性的审美观念却一点儿不输于城市人。

（二）粗茶淡饭的养生之美

陇东南乡村至今好多地方并不十分宽裕，经济拮据的状况并没有得到根本改变或普遍改变。"民以食为天"、"人不吃饭不行"、"人是铁、五谷是钢"，这些是陇东南乡村谚语对粮食和饮食的基本表述。但长期以来相对贫困的物质生活使得大多数老人必须对自己老年境况有充分的心理准备，所谓"头盅不酽到底薄"的谚语，就是对早年贫困而老年一般不会多么富裕的心理预期和认可的表述。既然人生的童年时代甚至最为年富力强的青壮年时代都充满艰辛，没有能享受富足和幸福的生活，那么老年的生活绝对不会富足和幸福到哪里去。他们既然有诸如此类的心理准备，即使到了晚年真正过上艰辛的生活，也不会有很大的心理落差，也不会责备于子孙后代。即使自己深陷多么困难的生活处境都几乎无一例外地想着让子孙后代过上比自己更宽裕、更幸福的生活，好多人甚至宁愿为此牺牲自己的一辈子。所谓"草活一年需留根，人活一世留子孙"便表达了陇东南老人乐于为子女作出无私奉献的心愿。有些父母年老体衰还要替子女守家护院，积累财富，所谓"一顿省一口，一年省一斗；一天省一把，十年看匹马"的谚语形象地阐发了这种根深蒂固的勤俭节约观念，而且这些观念往往愈是在年老的人那里愈能得到不折不扣的贯彻落实。现在的城市人都普遍采用了燃气，烧煤显得过时，而煤的使用又使烧柴火显得过时，烧柴火中的烧硬柴又使烧穰柴显得过时，但陇东南乡村很长时间采用烧柴烧饭。一般人家能用诸如树枝、玉米棒、木渣片等硬柴火，这在20世纪80年代应该是比较奢华的，更多则用玉米秆、麦草、荞草等农作物茎秆甚至诸如麦衣即小麦颗粒包皮作柴火，最节省的常常是两根玉米棒加一把麦衣，还能够使火苗着得很旺盛，好多人家甚至舍不得用一根火柴，往往等邻居家生火后讨一点火星子用玉米穗子或叶子包裹，用嘴吹着后作为火种来烧火做饭，几乎天天如此、年年如此。所有这些在今天用惯了火柴尤其一次性燃气打火机的年轻人看来，简直是不可思议的，但这正是陇东南乡村数十年前最为普遍的日常生活现象。如果说陇东南乡村最有可能在父母辈与子女辈之间发生某种矛盾，这种矛盾的焦点主要还是子女嫌父母太过唠叨，父母怪子女太过浪费。陇东南乡村老人省吃俭用一辈子，且经历过20世纪60年代大饥荒时期饿死人的生活，总是看不惯子女们的铺张浪费，总是试图通过苦口婆心的劝导，让子女"六月里防天寒，丰收时防歉收年"，但已习惯于现在相对宽裕生活的子女可能觉得有些迂腐唠叨。陇东南乡村老人对子女的赡养深感欣慰，但并不主张铺张浪费，且每每以粗茶淡饭作为最具养生价值的饮食，加上不知疲倦、马不停蹄的日常劳作，一般不会出现诸如肥胖、高血脂之类疾病。如果说陇东南乡村饮食也有什么养生秘籍，这个秘籍便是粗茶淡饭、吃苦耐劳、勤俭节约所形成的"有钱难买老来瘦"，以及真正意义的"清贫乐"生活观念。

相当一部分陇东南乡村老人顿顿洋芋蕃面、酸菜浆水，这在城里人看来绝对不可思议，至少没有多少营养价值，更没有养生学理论依据，但他们缺油少盐的日常饮食却客观上形成了最具养生性质的家庭饮食习惯，并因此偏偏活到七老八十，甚至九十上百。也许正是这种缺油少盐的粗茶淡饭，甚至没有过多污染的粮食和水源才真正成就了他们的健康生活。如果说所谓"一方水土养活一方人"还有某种生活智慧，那么这种智慧的核心便是清淡即福、平淡即福。这种看似有些寒酸的缺油少盐的粗茶淡饭反倒比多有污染的油汤油水以及海参鱿鱼之类的大鱼大肉要绿色环保得多、健康安全得多。也许陇东南乡村老人根本不知道什么叫养生，什么叫营养，他们只知道是"尽人事，知天命"及"死生有命、富贵在天"① 的道理，但他们缺油少盐的粗茶淡饭饮食习惯以及安于清贫的生活方式却恰恰蕴含着某些宝贵的养生之美，这种养生之美的核心精神必然是老子所谓"复归于婴儿"② 及杜光庭所云"婴儿者，未分善恶，未识是非，和气常

---

① 《论语·颜渊》，朱熹：《四书章句集注》，上海古籍出版社1983年版，第134页。
② 奚侗集解：《老子》，上海古籍出版社2007年版，第72页。

全，泊然凝静"① 的境界。养生之道强调回归婴儿，不过是要人们既不执着于物质享乐，也不执着于精神享受，以至顺然天性、无所执着而已。如关尹有云："均一物也。众人惑其名，见物不见道。贤人析其道，见道不见物。圣人合其天，不见道，不见物，一道皆道。不执之即道，执之即物。"② 由此可以将众人、贤人、圣人区别开来：所谓众人往往执着于物质享乐，贤人执着于精神享受，唯有圣人二者均无所执着，以至成其为圣人。应该看到，现代城市文明的发展确实在许多方面为人们提供了生活的便利，但也为人们养成缺油少盐的粗茶淡饭饮食习惯，以及安于清贫、少私寡欲的生活方式制造了诸多不可逾越的障碍。如果说世界永远是均等和平衡的，那么这个均等和平衡可能更多体现于陇东南乡村人们不自觉的饮食习惯和生活方式却恰恰成就了他们安全健康的饮食习惯和生活方式。也许陇东南乡村的人们并不十分知晓杜光庭为何许人，也不知道什么叫复归于婴儿，更不懂得"未分善恶，未识是非，和气常全，泊然凝静"的真正哲学内涵，但他们长期以来养成的缺油少盐的饮食习惯和少私寡欲的生活方式却恰恰使其最接近"未分善恶，未识是非，和气常全，泊然凝静"的婴儿境界，使他们可以更为轻松地、自觉或不自觉地身体力行"复归于婴儿"的养生之道，并深受其益。

陇东南乡村能人应该包括阴阳先生、风水先生、医生、手艺人和教师等，理所当然也应包括走出乡村进入城镇乃至大城市的工作人员，但由于外出工作人员常年在外并不参与乡村红白事情以及日常生活事件，基本上不会对乡村生活产生影响。所以相对来说还是常年居住乡村的手艺人和乡村教师往往更受人们尊敬。当然一个人能否受到尊敬往往与其德高望重的程度有关，并不与手艺尤其手艺所关涉行业有直接关系，但毕竟手艺人接触面更广，影响更大。在诸多手艺人中，相对来说似乎阴阳先生更具影响力，他们常常是一个村庄最谙传统文化、最具文化修养的人，这些人虽然

---

① 奚侗集解：《老子》，上海古籍出版社 2007 年版，第 72 页。
② 关尹：《关尹子》，《道教经典精华》下，宗教文化出版社 1999 年版，第 667 页。

同样因人而异，但相对其他手艺人而言，似乎并不具有专门的应用技术，而更多涉及人的生老病死等根本问题，往往更受人们敬重。虽然对阴阳先生、风水先生、手艺人都可能有用盘子呈上酒及钱物即工钱的"上利施"乡俗，但阴阳先生往往没有固定工价，更不会明码标价，且接利施时也多眯着眼睛，仅此一点便保留着某些君子喻于义而不喻于利的传统风尚和文化精神。他们虽然不及《白鹿原》中的朱先生，但有着几近于朱先生的影响力，而且常常最懂得养生的道理，甚至明显超过了诸多乡村医生和教师。一个老阴阳先生坚持每天早上用茶罐煮花椒喝，以求发挥其散寒除温、解郁结、消宿食、通三焦、温脾胃、补右肾命门、杀蛔虫、止泄泻等功用，常常被人们传为养生的灵丹妙药。诸如此类的保健养生方法和手段常常极为简便易行，且效果较佳。既然陇东南乡村多以阴阳先生作为最高文化修养的代表，理所当然也常常以其代表陇东南乡村养生的最高美学智慧。虽然这些方法和手段并不比现代医学更高明，但由于更接地气、更易于操作而受到人们的信服，说到底不过是一种饮食疗法或药粥疗法而已。

（三）养儿防老的孝道之美

现代城市工业文明时代，特别是西方发达国家往往实行社会养老，由政府和慈善机构承担养老责任和义务。这可能是现代城市工业文明发展的必然选择。因为现代城市紧张而繁重的工作压力和节奏往往使子女无法全面有效地承担起家庭养老的义务，但这种制度虽然保证了养老的全面实施和顺利进行，却不可避免地在一定程度上缺失了家庭养老的天伦之乐，特别是作为子女应尽的责无旁贷的尊敬老人为其养老送终的义务。中国自古崇尚家庭养老，儒家常将周文王时代视为理想社会的范式。如孟子指出："所谓西伯善养老者，制其田里，教之树畜，导其妻子，使养其老。五十非帛不暖，七十非肉不饱。不暖不饱，谓之冻馁。文王之民，无冻馁之老者，此之谓也。"[1] 孟子显然将保证父母和老人衣

---

[1]　《孟子·尽心上》，朱熹：《四书章句集注》，中华书局1983年版，第355页。

食无忧作为子女特别是儿子的责任和义务。但孔子所谓孝道不限于此，认为尽孝道就是养其亲而敬其老，并非仅限于衣食层面的赡养，借此使尽孝道有别于豢养动物。如孔子有谓："今之孝者，是谓能养。至于犬马，皆能有养；不敬，何以别乎？"① 折中的说法自然是，所谓孝道当有不同层次："大孝尊亲，其次弗辱，其下能养。"对这一阐述，有人作了这样的解释："自天子至庶人，孝道有三：有大功大德，俾人颂美其先而尊重之，上也。生事、葬祭之以礼，全父母遗体，没身无毁者，次也。事父母尽其色养者，下也。"②

中国人认为养儿防老、子承父业是天经地义的事情。儿子在其中起着继嗣、承祀、承业等更丰富的作用：不仅是父亲的继承人，更是其人格、血脉的延续人，自觉承担着养老送终、祭祀祖先、延续香火的神圣义务，责无旁贷也是其财产的承继人，且父子一体的传统决定了父子永远是一个真正意义的命运共同体。"如果父亲是富豪，决定了儿子生来就享受富的恩惠；如果儿子获得了地位，父亲也享受与此相应的社会上的声望。没有父亲高贵而儿子微贱这样的事，也没有儿子富有而父亲贫穷这样的事。"③这种父母出于养儿防老而不惜省吃俭用，极力积累财富，并将其作为遗产留给子孙，让子孙过得比自己舒适幸福的愿望，与子孙承继父母祖辈家业，以图光宗耀祖的愿望珠联璧合，事实上构成了中国人传宗接代的最强有力情感乃至精神纽带。特别是每一代人都宁愿牺牲自己的幸福，绝对不让子孙受苦受累的行为及其所表现出来的奉献精神，更是为下一代树立了可供终身学习和效仿的榜样。这也许正是中国社会超常稳定并生生不息的基石。

陇东南乡村的人们特别重视言传身教，往往从子女的起名到祖宗祭祀、养老送终及丧礼操办等方面都极为直观且真实地率先垂范着子承父业和养儿防老的事无巨细的责任和义务。但这并不意味着陇东南乡村的人们

---

① 《论语·为政》，朱熹：《四书章句集注》，中华书局1983年版，第56页。
② 《礼记·祭义》，孙希旦：《礼记集解》下，中华书局1989年版，第1225页。
③ ［日］滋贺秀三：《中国家族法原理》，张建国等译，商务印书馆2013年版，第139页。

必然笃信神灵的存在，更多情况也只是像孔子那样"祭神如神在"① 而已。更确切地说，不过是一种礼俗，虽然不是每个陇东南乡村的人们都知晓"礼乐不可斯须去身"② 的道理，但大体都十分重视礼俗，且将其诉诸一切生活细节和行为习惯的礼俗之中。平时给子女起名，一般得忌讳亲戚邻里长辈和年长者的名字，日常说话办事都得讳其名号。人们往往将给晚辈或年幼者起名冲着长辈和年长者名号视为冒犯，而且这种冒犯并不仅限于相同字形的冒犯，还包括字音的冒犯，而且还将晚辈或年幼者称长辈或年长者名号也视为不尊敬、没有教养的行为。没有一个长辈会直呼晚辈为儿女、侄子、侄女、孙子、孙女，同一辈分年长者对比自己年幼者如堂弟、堂妹、表弟、表妹等也不会当面直呼其为堂弟、表妹之类，都是直呼其名，甚至乳名；但晚辈只能称长辈为爷爷奶奶、爸爸妈妈、伯父伯母、叔父叔母，称同辈分中年龄大的为哥哥、姐姐之类。由于同一村庄或附近不同村落往往有直接或间接血缘关系，在年龄与辈分之间只能以辈分为重，并不能像城里人那样由于彼此间没有血缘关系，可按照大概年龄来判断辈分，甚至也可像许多人那样没有严格的辈分观念，以至在同一单位父亲将谁称之为叔叔，其子女却也称其为叔叔，似有乱了辈分的嫌疑。有些人可能更新潮，以至无论年龄大小一律直呼其名。陇东南乡村这种看似有些不大平等和民主的称谓礼仪体系，可能既不是宗教性的，也不是政治性的，更不是经济性的，甚至也可能不纯粹是道德性的，因为对辈分的冒犯实则并不关涉道德品质，充其量只是更多关涉人们的教养乃至人文素养。但诸如此类的教养乃至人文素养常常是陇东南乡村的人们判断和衡量一个人教养层次乃至综合素质的一个重要标准。梁漱溟这样阐述道："虽后来'礼崩乐坏'，然中国人社会生活的进行，始终要靠礼俗。礼之一物，非宗教、非政治；亦宗教、亦政治，为中国所特有；居其文化之最重要部分。"③ 犹太人也有类似要求，如《塔木德》有云："赡养父母，作为对

---

① 《论语·八佾》，朱熹：《四书章句集注》，中华书局 1983 年版，第 64 页。
② 《礼记·乐记》，孙希旦：《礼记集解》下，中华书局 1989 年版，第 1029 页。
③ 梁漱溟：《乡村建设理论》，上海人民出版社 2011 年版，第 41 页。

父母养育之恩的回报，是永无止境的。只要你对万能的造物主的敬重还没有消失，赡养双亲的律例将与你同在"，"不管你是十恶不赦的罪犯，还是遵纪守法的臣民，都得把孝敬父母看成是自己的天职，哪怕你落魄天涯，衣食无着"。① 儒家甚至对祭祀有更严格的规范，如《礼记》有云："孝子之祭也，尽其悫而悫焉，尽其信而信焉，尽其敬而敬焉，尽其礼而不过失焉。进退必敬，如亲听命，则或使之也。孝子之祭可知也：其立之也敬以诎，其进之也敬以愉，其荐之也敬以欲。退而立，如将受命，已彻而退，敬齐之色不绝于面。孝子之祭也。"② 正是由于注意到人们对子女尽责往往出于本能且顺理成章，孝敬父母乃至长辈则多出自道义且多依赖于相关人员的自觉和自律的事实，才借助从称谓、起名到养老、送葬、祭祀等方面一系列生活礼数和道义要求加以严格规范，以期通过后天约束、规范、教育和训练来达到强化养儿防老之执行力的目的。儒家不仅将生养丧祭，而且将敬养顺从、光宗耀祖、不辱没父母名声等，作为孝子乃至君子的行为准则。如《礼记》有云："君子生则敬养，死则敬享，思终身弗辱也。"③ "孝子之事亲也，有三道焉：生则养，没则丧，丧毕则祭。养则观其顺也，丧则观其哀也，祭则观其敬也。尽此三道者，孝子之行也。"④

其实在中国几乎每一代人对子女的付出都远远超过对父母的付出。因为每一个子女特别是儿子赡养父母主要集中体现在其丧失劳动力却又体弱多病的晚年，特别是行将去世的一年半载或几个月甚至几天，而父母对子女的养育却可能贯穿婴幼儿、青少年的整个阶段，一直到娶妻生子，有些甚至还关乎中年，承担着扶养孙子的责任。所以，如果说中国人对父子之间的责任和义务有所欠债，也不是父母欠了子女的债务，而恰恰是子女欠了父母的债务，甚至是终生无法还清的养育之恩。辈辈倒欠账，几乎每一代人都无愧于子女，却往往有愧于父母，是包括陇东南乡村在内的中国乡

---

① 赛妮亚编译：《塔木德》，上海三联书店 2015 年版，第 73—74 页。
② 《礼记·祭义》，孙希旦：《礼记集解》下，中华书局 1989 年版，第 1213 页。
③ 《礼记·祭义》，孙希旦：《礼记集解》下，中华书局 1989 年版，第 1209 页。
④ 《礼记·祭统》，孙希旦：《礼记集解》下，中华书局 1989 年版，第 1237—1238 页。

村极为正常的家庭生态。这种倒欠账式的现象也没有什么不合理。抚养子女与养老送终的良性互动当然是最理想的，而换位思考也常常是强化养老送终的一种方法，如陇东南谚语有"大人有疼心，孩子有孝心"、"若要知道，打个颠倒"的说法。强化敬老尊贤、孝顺父母的礼数，作为弥补人类自身本能的诸多缺憾，能最大限度地保障自家香火延续与人类种族繁衍的手段，显然是有道理的。但这并不意味着人们必须尽孝道，而且也不能保证每一个人都能尽孝道。

　　所有诉诸道德舆论却不诉诸法律手段的责任和义务都是软性的，很大程度上依靠人自身的自觉性和主动性，且即使有相关法律作为保障，也并不一定十分奏效，因为好多老人碍于面子宁可忍气吞声，也不愿将家丑外扬：一者子女不尽孝道，是父亲没有进行教育或教育效果不佳的体现，其罪过更在于父亲本人养儿不教或教子无方，声张其子女不孝顺，其实是自揭其短，自曝其丑；二者出于对"虎毒不食子"、"父母嘴里有毒"的顾虑，他们忌讳自己对子女的不经意批评变成对孩子未来不幸命运的诅咒、预言甚或谶语，于是除了极少数人无法忍耐之外，多数人只能选择听之任之。诸如"檐水滴的旧窝窝"或"滴水落旧窝"的谚语，并不是对不尽孝道的人们的一句魔咒，倒是对有一定自觉性、自律性的人们的一种警示。从家庭教育角度来说，自己不孝顺年老体弱乃至丧失生活自理能力的父母，自己的子女到自己年老体弱乃至丧失生活自理能力的年龄时也不会孝顺自己。诸如此类的魔咒虽不十分灵验，但每每能将因果报应的宿命奇迹般降临于每一个不孝顺父母的人身上。自己一手导演的父母衰老后的悲剧其实只是自己未来悲剧的预演，许多不孝顺的人正是以自己的行为给自己制造着将来无力回天的悲剧宿命。有人年轻时候打骂丧失劳动能力的父亲，让他缺衣少吃，挨饿受冻，只能用残汤冷羹充饥，以致他时常以泪洗面，待自己年老后即使孩子孝顺，并未遭到冷遇，也难料未来遭遇不测，或意外瘫痪且较之其父更为严重，其晚景更为惨淡。可见，孝敬父母其实是为将来子女孝敬自己铺路，是将来子女孝敬自己的预演。即使自己孝顺父母，最终遭到子女遗弃，舆论也往往谴责子女忤逆，更不会被人与因果报应联系起来，认为自食其果，至少能落得个问心无愧；如果自己行为不端，不免被人与因果报应乃至檐水落旧窝的讥语联系起来，也是罪有应得。陇东南乡村乃至中国人伦理道德的传承和人种繁衍有赖于最核心的纽带，这个纽带必然是养儿防老和孝敬父母。

中国人对养儿防老的要求比较宽松，如有所谓"百善孝为先，看心不看行，看行天下无孝子；万恶淫为首，看行不看心，看心天下无善人"。这表明尽孝的根本主要在于子女的心理定位和预期，而不全在于日常行为。类似观点也见于格尔茨的论述："虔诚不是做了我们称之为虔诚的行为的事情，而是有这种行为的习惯倾向。"① 陇东南乡村所谓孝道理所当然也主要看内心有无父母和长辈，而不是行为上如何赡养父母，当然必要的赡养和感恩也不可少。大家普遍认识到真正事无巨细的孝道其实也存在难度，所谓"没老人的夸孝心，没娃娃的夸干净"的谚语虽有自我开脱的嫌疑，但也不无力不从心的自嘲。

当然这种养儿防老的孝道之美，目前正在经受着历史上最严峻的考验：陇东南乡村空巢老人和啃老族的出现，随之而来的问题是，家庭养老与社会养老到底哪一个更合理、更富于人性、更有效，确实值得认真思考和研究。有人将中国提倡家庭养老特别是强调道义而非法制手段，解释为中国人相信每一个人生来便有成佛成圣的潜质和能量，且也能通过自身努力成佛成圣；将西方强调社会养老以及严密法制体系建设，解释为他们往往将人作为生来便有原罪或有犯罪先天潜能的人来看待，且也相信人们无论如何都不可能成佛成圣乃至成为上帝，所以必须用法制手段进行严格的惩罚和规训。无论这种阐释是否有道理，但中国偏于道义而西方偏于法制却也在一定程度上属于事实。也许在社会养老并没有受到全社会认可，而家庭养老仍然是主要方式的中国乡村，还得强调道义的力量。

---

① ［美］克利福德·格尔茨：《文化的解释》，韩莉译，译林出版社 2014 年版，第 117 页。

第七章　基于疾病的陇东南乡俗及礼乐美学智慧

"吃五谷生百病"是陇东南乡村对疾病的基本态度。既然所有人都吃五谷，这意味着所有人都不可避免地存在生病的可能，所以疾病便成为所有人必然亲身经历的必修课。人自出生便面临诸多生病的可能，因此也理所当然地存在患病的可能。这是较之生和老更为痛苦的事情。因为生虽然有维持生计、满足生理和安全诸多需要必须付出艰巨劳动的痛苦，但毕竟有成功的喜悦；老虽然有无能为力乃至无可奈何的痛苦，但必定有诸如子女孝顺等心理慰藉；而疾病却更多的是痛苦，除非有大病初愈的自慰和对疾病的健忘之外，更多的是彻头彻尾的痛苦。尤其身患疾病被人像修理机器一般进行手术之后仍然免不了一死，更是痛苦中的痛苦。

一、基于疾病的陇东南乡村民间表征

学会面对疾病，这是所有人必须具备的基本生活能力，也是相对显出公平的生活内容和生命环节。因为所有的基本感受无论头疼脑热、腰腿酸痛等除非是植物人或特殊疾病的人，其他一切人基本都有相似的苦痛体验，至少不会有人感到痛快淋漓，以至乐不思蜀。有所不同的是，有些人由于经济条件和医疗条件较好能得到最好的治疗，同时也能最大限度地减轻疾病的痛苦；

但有些人限于经济和医疗条件则可能承受疾病更大的痛苦，甚至疼痛而死。但陇东南乡村的人们也并不逆来顺受、听天由命地承受疾病的各种痛苦，他们同样会想方设法加快治愈的速度，减轻痛苦的程度，缩短痛苦的时间，而且有着不同于城市人的治疗方法、途径。

（一）单方自治

陇东南乡村绝对不是每一个人都是医生，但除了刚出生的婴儿，及个别乳臭未干的小孩，由于"久病成医"的缘故，使得绝大多数人家都能随便说出几种药物或偏方之类。陇东南乡村一些地方将偏方称为单方。碰上一般常见的诸如消化不良、泄泻痢疾、咳嗽感冒等病症，觉得没有必要请医生，便自己去药店购一两种西药服用，或取一两种单方自治。比如小儿消化不良，便取灶心土化水服用，或将馒头、馍馍炒黄烧焦研末化水服用，或将白萝卜、葱白洗净切块，捣烂取汁服用；小儿食积泄泻不止，将苹果洗净去皮切片，放碗入锅煮蒸熟，用勺子刮果肉泥食用，或煮食苹果，或将大米或小米加水煮粥日服；老人小儿咳嗽不已，便取白梨去核，填入蜂蜜，加热煮熟服用，或玉米须并橘皮加水煎服，或红糖、鲜姜、红枣水煎顿服出汗为止，或将马乳煮沸加糖服用。对付一般感冒，常常将胡萝卜洗净切碎，煎汤热饮发汗；或将大蒜含于口中，生津咽下，至蒜无味吐掉，以治感冒初起、症见鼻流清涕、风寒咳嗽；或干白菜根、红糖加水煎汤服用，以治风寒感冒；或将葱白、生姜洗净，捣烂成糊，用纱布包裹涂擦前胸、后背、脚心、手心、腘窝、肘窝后安卧以治感冒；或将白菜根（疙瘩）洗净切片加水煎好，后加白糖服用以治流感；或将葱白洗净，大蒜去皮切碎，加水煎汤服用以预防流感。除此而外，对付有些医生也无能为力的疑难杂症也往往有奇妙单方，如常将黄瓜洗净切片涂擦患处治疗痱子，用野棉花苞泡水擦抹患处结壳治疗疣子等，有些甚至在诸如偏方大全之类的书籍中都难以找到。

有些陇东南乡村药粥疗法，可谓"百姓日用而不知"。如陇东南乡村习惯于煮食小麦粥，或将小麦捣碎，同大枣、粳米煮粥食用，可养心神、止虚汗、补脾胃，适用于心气不足、神经性心悸、失眠、妇女脏躁病、自汗、盗汗、脾虚泄泻等症。据《饮食辩录》卷二载："小麦粥，主宁神、敛汗、止渴、除烦。先煮小麦，捞去麦取汁入米煮粥食，陈者良。"陇东南乡村喜欢食用韭菜粥，往往是先煮粳米或大米加热至沸，取新鲜韭菜洗净切细或取韭菜籽研末加入，调以食盐，同煮成粥，可补肾壮阳、固精止遗、健脾暖胃，适用于脾肾阳虚所致的腹中冷痛、泄泻或便秘、虚寒久痢、噎膈反胃、阳痿、早泄、遗精、白浊、小便频数、小儿遗尿、妇女白带过多、腰膝酸冷、月经痛及经漏不止。据《本草纲目》载："韭菜粥，温中暖下"。另如取干蒲公英或鲜蒲公英带根洗净切细，煎取药汁去渣，入粳米同煮为稀粥，据《粥谱》载可清热解毒、消肿散结，适用于急性乳腺炎、乳痈肿痛、急性扁桃体炎、疔疮热毒、尿路感染、传染性肝炎、胆囊炎、急性眼结膜炎等。将车前叶洗净切碎，同葱白煮汁去渣，放入粳米或大米煮粥，可利尿、清热、明目、祛痰，适用于小便不通、淋漓涩痛、尿血、水肿、肠炎泻利、黄疸病、目赤肿痛、咳嗽痰多等症，《圣济总录》、《食医心鉴》、《老老恒言》等典籍有载。陇东南乡村多取常见粮食、野菜之类煮粥，属于家常便饭，不料却有养生药膳乃至独家偏方之效用。这体现了中国饮食的一个基本特点：虽然并不是所有人都懂得食物疗法，但会用食物疗法的人并不仅限于医生，一些看似与职业医生无缘，不依赖医术养家糊口的人，都指不定有意想不到且功效奇特的食物疗法及其配方。将食物与药物混杂，以致无意识中代代相传的寻常乡村民间饮食有药物养生的效果，甚或与专业医书的阐述竟然有惊人相似之处，使人们最终无法确定是专业医书影响了人们的日常饮食习惯，还是日常饮食习惯启发了专业医书。尤金·N. 安德森指出："在汉朝和整个中国历史中，药物与食物间的界限模糊，以致根本就不存在界限。许多东西是纯粹的药物，但如果人们逐渐喜欢它们，药物往往也会变成食物；好多食物一旦人们停止品尝，就变成了纯粹的药物；因此所有的食物都被认为具有药用价值，无论有益还是有损，总是对健康有重大影响。"① 至于按摩针灸之类，

---

① ［美］尤金·N. 安德森：《中国食物》，马孆译，江苏人民出版社2003年版，第42页。

更是许多家庭司空见惯的治疗方法，例如认为扣齿、鼓漱可强壮牙齿、帮助消化；旋转眼睛可防止视力疲劳、预防近视远视等等。

（二）请医家治

城市人治病往往得去医院挂号，然后去门诊或住院部治疗，往往显得程序正规而复杂，无论医疗条件还是医疗质量都是陇东南乡村所不可比拟的。陇东南乡村的人们一般情况得请乡村医生来家里治疗，直到乡村医生无能为力的时候才会想到去城市医院治疗。乡村医生往往是同一村庄的村民，即便是乡卫生院大夫，也往往是邻里邻村人，知根知底，倒查三代也清清楚楚。老医生经验丰富、治疗效果好，但腿脚不麻利，请动难度大，看完病后如果没有其他患者且适逢吃饭时间得管饭；年轻医生手脚勤快，随叫随到，但医疗经验不足，有些疑难杂症往往把握不准，甚至可能贻误最佳治疗时间。在人民公社时期，每个公社都有卫生院，每个大队都有赤脚医生组成的乡村医疗队，基本可以满足陇东南乡村的需求。包产到户后撤销了大队医疗队，当年相关赤脚医生都自立药店，独立经营，包括出诊、取药一体化。乡村医生往往为中西医结合式，其中一些也可能在儿科、妇科、五官科、皮肤科、内科、外科的某些门类有自己的特长。虽然老中医有些不好请，但最受人尊敬，他们虽然不能包医百病，但确实比那些仅依靠仪器设备化验了解病情的城市医院大夫更接地气，一般仅靠望、闻、问、切便能医治多种病症，且八九不离十。如果有人性化医疗，这个医疗应属于乡村医疗而不是城市医疗。城市医疗虽然正规但不一定高效，常常是一个重症病人得排队接受各种检查化验，得先预付医疗费才能进入治疗程序，乡村医疗不需要如此复杂的程序，往往直入主题，显得更方便快捷。当然患上重症还得到县及县级以上医院救治。

（三）符咒并治

最轻的疾病或最重的疾病往往求救于符咒并治。最轻的疾病无须请医生，最重的疾病往往医生也无能为力，在这两种情况下都寄希望于符咒并治。所谓符咒并治充其量只是一种精神疗法，并不一定有实效。陇东南乡村的人们在病急乱投医的时候有不少人也难免会投到有些懂巫术、法术的人门前，借助做法或画符咒的方法治疗疾病。一般是请阴阳先生、道士、僧人等用朱丹书写相应字样如"敕令"、"玉帝令"、"佛"等并画一定图案的符咒，加盖相应印章，张贴于出入可见的门前屋内特定地方，以期起到辟邪驱鬼、化险为夷的目的。也有用诸如此类的符咒揉擦或敷贴患处然后烧为灰烬，或直接烧为灰烬化水服用，或缝入衣服随身携带，或夹入头发，或放在疾病可能发生或需重点防护的地方如床头等，或道士、僧侣等用法术咒语和祷辞将小孩疾病转移到小纸人或符图男女身上，然后将这一作为真人替身的纸偶替符，在门外远处十字路口当即烧掉，即认为法术生效，疾病消除。禄是遒《中国民间崇拜》第二卷《咒术概观》对诸如治病符、佛教治百病符、道教治百病万灵符，以及专治诸如咳嗽、呕吐、胀气不消、心疼、头疼、肚中胀疼、眼睛疼、盗汗、流鼻血、胃疼等疾病的咒符均有较详尽的描述。[①] 天水至今仍有人按照病人性别将红纸剪裁成约十厘米长的男女不同人形，由病者本人或他人代替于每年正月十六日将纸人贴在伏羲庙庭院柏树上，将艾蒿贴到与病人患处相对应的纸人特定部位，按艾灸疗法点燃艾蒿，不时吹气使燃，或直接用点燃的香头点戳纸人对应部位，以达到治疗目的。

二、基于疾病的陇东南乡村美学智慧

陇东南乡村医疗条件和质量较之城市肯定不可同日而语，但也在很大程度上体现了作为一个特定地域的人不愿被动接受疾病痛苦而想方设法减轻和缩短疾病痛苦的主观努力。虽然这种努力有些可能无效，甚至是无可

[①] 参见禄是遒：《中国民间崇拜》第二卷，上海科学技术文献出版社 2014 年版，第 16—115页。

奈何、别无他法之后的一种自我慰藉，但这种慰藉确实能在极有限的范围内延缓死亡进程，或减轻疾病症状和缩短疾病疗程。但真正的智慧却往往蕴含于其中，有待于人们去发掘和阐释，而且有些智慧确实有着耐人寻味的美学意义。

（一）久病成医的自强之美

陇东南乡村向来强调坚强意志，尤其对付疾病的坚强意志。这可能是由于贫困的缘故，但也不乏长期艰苦劳动和艰辛生活所养成的习以为常的生活习惯和生活方式作用的结果。所谓"痛不出声、病不叹气"确实是许多人的基本生活态度。陇东南乡村长期以体力劳动作为基本生活方式，其遭受意外伤害的可能性远大于城市办公室生活。或为了能在树上鸟窝里掏一颗鸟蛋摔成腰腿伤残或半身不遂，或为了能在悬崖上采摘一颗野草莓摔得七窍出血、不治而亡，或因为在山坡上放牧牲口一不小心打盹滚落山脚没有来得及说一句话便命丧黄泉。所有这些都使陇东南乡村的人们因为有可能遭受更多意外伤害而承受更多伤残乃至疾病的痛苦。陇东南乡村还由于医疗条件尤其经济条件限制也可能平白无故地增加承受疾病痛苦的几率，如因为患病无钱买药以致病入膏肓、肚子胀得滚圆最终破裂而亡，或因为不识病因不知病名，以致疾病蔓延浑身上下溃烂而死，或在求治路上颠沛劳顿、折腾三四小时仍由于得不到及时治疗而最终撒手人寰等。有些虽不至于丧命，如有人在修建房屋时被意外跌落的椽头击中脚腕，致使脚与腿腕折为曲尺，痛得大汗淋漓竟没有哭喊一声，幸好参加劳动的人中有乡村医生，急中生智一巴掌将歪斜一边的脚复原，但滚落的汗珠宣示了痛苦的程度。

限于医疗和经济条件的限制必然使陇东南乡村的人们得承受更多意外伤残乃至疾病的痛苦，所以学会忍耐乃至接受伤残和疾病的痛苦便成为陇东南乡村人们维持生命必需具备的品质和能力。也许正是这种品质和能力最终锻造了陇东南乡村自强不息的生命品质和美学智慧。陇东南乡村最看不惯那些娇滴滴、病兮兮的人，更看不起那些无病养病、小病大养的人。

面对这样的人，他们只用"土天爷的柺枴——神棍棍"这样一句歇后语来批评。无论谁患上疾病，尤其摊上大病非得住院治疗的人或因无钱长期住院治疗不得已回家护理的人，陇东南乡村的人们都会不约而同前去探望。这在西方人看来可能不可思议，因为探望病人显然无助于病情好转，反而使病人得不到很好休息。但他们有所不知的是，这种看似并不明智的探望，却可能有着精神疗法的性质，至少可以给予病人某种心理慰藉。其实探望病人尤其患有重病甚至不治之症的病人，探望者也十分为难，因为他们明明知道所有的安慰其实都于事无补，但必须如此，否则就是不近人情。诸如"有上不去的天，没过不去的坎"之类的谚语便成为最能派上用场的安慰话语。这句安慰的话，其实并无真正的功效，但也不排除蕴含的自强不息精神。

　　陇东南乡村经济和医疗条件的限制，使得人们有极为普遍的承受乃至忍受疾病痛苦的经历，也更加突出地强化了人们对自我治疗重要性的明确意识和理智判断，所以几乎每个人都有初步判断疾病的能力，如"天黄有雨，人黄有病"、"天黄有雨脚，人黄有病魔"等。如果在陇东南乡村疾病是有颜色的，这种颜色必然是黄色，但这个黄色的象征意义显然不是皇家所崇尚的富贵之色。本人或家里人长期患病甚或久治不愈，这可能是他们"久病成良医"的绝佳机缘。有人正因为自身患有不治之症，或治疗成本大，胜算把握小，以至坚持自学，加上性格脾气好，往往成为陇东南乡村人们比较看好的医生，以至能开出药铺养家糊口。有些人可能因为妻子体弱多病，经常请人看病，最后自己也琢磨成了医生，甚至成了走出乡村的大医生。也许正是由于多个成功案例，使陇东南乡村的人们普遍相信诸如"抓药三年会行医，吃药三年能行艺"的说法。

　　也正由于医疗成本高，经济和医疗条件差，使陇东南乡村的人们对诸如"三分医，七分养，十分防"尤其"春捂秋冻，少生杂病"等有特别深刻的体验，每每能注意保养，做到热不马上脱衣，冷不马上穿棉。所有这些看似寻常的衣食起居习惯的形成恰恰是强身健体的根本。这不仅体现了陇东南乡村人们对身体保健和医疗规律的基本认识，也隐含着经济困难必须重视保养和预防以降低治疗成本的根本动机。《黄帝内经·素问》所谓"圣人不治已病治未病，不治已乱治未乱"①，其实还是强调了平时保养和预防的重要性。《黄帝内经·素问》有谓："久视伤血，久卧伤气，久坐伤肉，久立伤骨，久行伤筋。是为五劳所伤。"② 与此类似，犹太人《塔木德》亦有所谓："不要做得太久，这对痔疮不利；不要站得太久，这对心脏不好；不要走路太多，这对眼睛不好；应该三分之一的时间坐着，三分之一的时间站着，三分之一的时间行走。"③ 陇东南乡村的人们平时也比较重视预防和保健，如有"饭后百步走，不需进药铺"、"大病要养，小病要抗，无病要防"、"大水不到先垒坝，疾病没来早预防"，以及"饭前勤洗手，病菌难入口"等谚语。

陇东南乡村自我保养和预防疾病的真正秘籍并不是什么营养保健品之类，而是陇东南乡村人人得而有之的庄稼、蔬菜等。其中最家喻户晓的酸菜浆水更是自我保养和预防疾病的佳品。曾有药王爷孙思邈见陇东南乡村家家有酸菜浆水缸，便赞叹得养生秘籍传说。酸菜浆水味微酸、爽口甘淡、性寒凉，有清热解渴生津、清肠胃之火、通大便秘结、降三焦热盛之火、解暑之功效，对高血压和口舌生疮亦有一定功效。唐代孙思邈《千金翼》卷十中作"酢浆"，明代医学家李时珍《本草纲目》说"调中益气、宣和强力、止咳消食、利小便"，清代吴仪洛《伤寒分经》认为"其性凉善走，能调中气，通关开胃，解烦渴，化滞物"。无论孙思邈、李时珍等人是否对酸菜浆水真正发表过宏论，但陇东南乡村不假思索地将其作为家庭饮食之最常用食品，有时候还直接作为菜肴食用。因为保养和预防靠日积月累，不是一朝一夕的事情，没有持之以恒、自强不息的生命智慧是无济于事的。将赖以生存的诸多庄稼、蔬菜等自觉或不自觉地作为灵丹

---

① 《黄帝内经·素问·调神大论篇》，张志聪：《黄帝内经集注·素问》，中医古籍出版社2015年版，第6页。

② 《黄帝内经·素问·宣明五气篇》，张志聪：《黄帝内经集注·素问》，中医古籍出版社2015年版，第134页。

③ 赛妮亚编译：《塔木德》，上海三联书店2015年版，第85页。

妙药，是长期生活于贫困山区的陇东南乡村的人们能够生生不息，同时也是久病成医的自强之美的主要体现。

（二）救死扶伤的好施之美

久病成医更多情况下只是体现了一种客观效果，但也不能完全排除主观努力的因素，在诸多主观因素中或多或少有着乐善好施、助人为乐的性质。因为"医不自治"几乎是每一个略懂医学知识的人都知道的常识。有道是"木匠住的呵嚓房，医生守的病婆娘"，有更详尽的谚语是："泥瓦匠，住草房；纺织娘，没衣裳；医生守的病婆娘；种田的，吃米糠；炒菜的，光闻香；卖盐老婆喝淡汤；编席的，睡光炕；做棺材的死路上，木匠住的克叉房。"明知"医不自治"，陇东南乡村仍然有人愿意学医、坚持学医，主要还是因为可以乐善好施、助人为乐。几乎所有人都明白"与人方便，自己方便"，及"命由我作，福自己求"的道理。虽然学医不能直接治疗自己及家人疾病，但可以间接为自己积善成德。手艺不是因为对自己直接有用才有价值，本领也不是因为对自己直接有用才有价值，更多情况下，恰恰因为对他人直接有用才有价值。或者说自私自利、鼠目寸光之人直接为自己，间接为他人；真正有见识的豁达之人，往往直接为他人，间接为自己。

陇东南乡村相信因果报应，虽然不能说出"善不积，不足以成名；恶不积，不足以灭身"的至理名言，但普遍相信"种瓜得瓜、种豆得豆"。人一旦患病甚或无药可救，首先想到的不是积劳成疾的病因，而是因果报应。如某某人患病，许多人便自然而然地联想起他平时做过的事情，如某某少年时曾在全村人吃水泉中打搅水，后来患了偏瘫；某某当儿媳时虐待公婆，年龄大后被儿媳打掉了一口牙齿；某某年轻时虐待父母，晚年因为没有子女赡养而自杀身亡；某某年轻时生活不检点，年龄大后浑身腐烂、无药可救；某某杀猪当屠夫谋生，死时吐血而亡；某某"大跃进"时逼得人砸锅卖铁、鸡飞狗上墙，直到老死无儿无女。所有这些传说，往往有真凭实据，绝不是道听途说，都发生陇东南乡村有名有姓的人身上，而且有许多人甚至是本村庄的，或直接或间接打过交道，有些甚至有深交。陇东南乡村的人们往往不费吹灰之力便能从每一个人的成败得失、凶吉祸福中找到因果报应之类的解释理由。也许正是通过此类有凭有据的生活故事和"生前欠人一文钱，死后变只鸡儿还"之类谚语一传十、十传百，以至代代相传，形成了陇东南乡村社会舆论和伦理道德的集体无意识乃至主流话语体系，也奠定了陇东南乡村为人处世的基本行为哲学基础。

陇东南乡村人决定从医的根本动机，往往同其他医者一样，不过是救死扶伤、积善成德，有道是"救人一命，胜造七级浮屠"。城市医生或直接收取诊断治疗费，甚至还通过用药吃回扣。乡村医生如果没有自己的药铺，便没有任何收取相应劳动报酬的借口，除非人们病愈后感恩图报。有好多治疗往往是突发性的，起关键作用的治疗常常取决于及时性，也不一定与药物有关，如前所述的劳动者突然被意想不到跌落下来的椽头击中脚腕，以致与脚折成曲尺型的突发事件，就是刚好在一起参加劳动的乡村医生急中生智一巴掌还原的。而这一巴掌与药物无关，更重要的是治疗的及时性和应变性。可以想象，这样的病例在这个乡村医生一生中是第一次，也可能是最后一次，但这绝无仅有的一次却挽救了一个人，使他后半生不会因为残废而生活格外艰难。许多乡村医生晚年想起自己一辈子接过生的婴儿长大后有多少生活得幸福安康，有多少大有出息，或获得过救治的人后来健康地活着在各个方面表现优秀，这是多么令人备感欣慰的事情啊！因为人的一生无论多么长寿，毕竟是有限的，能在有限的时间内为他人做更多的有益的事情，确实是令人十分兴奋的。

当然并不是所有人都能成为医生，也不是所有人都能救死扶伤，但陇东南乡村的人们普遍懂得"药方无贵贱，有效是灵丹"的道理，常常自觉或不自觉地运用单方乃至药粥疗法自我治疗进而治疗他人。所有单方乃至药粥疗法对某些试图借此赚钱的城市医生，及祖祖辈辈吃医生饭的乡村医生而言，可能有某种程度的保密价值，对绝大多数陇东南乡村的人们来说，他们压根儿不会以医生作为养家糊口的职业，也无须对某些单方和药粥疗法守口如瓶，关系略微好一些的，便毫无顾忌地告诉对方，只求尽快药到病除。深知"偏方对症治大病"，可以大方地分享出来，正是陇东南乡村最可宝贵的救死扶伤的好施之美的体现。这个好施之美往往与陇东南乡村作为乡土中国的信用乃至诚信有关。费孝通指出："乡土社会的信用并不是对契约的重视，而是发生于对一种行为的规矩熟悉到不假思索时的可靠性。"① 陇东南乡村作为乡土中国的一部分，理所当然建立在祖祖辈辈多为一个家族所组成的村庄的基础之上，而且除了诸如"王"等为数不多的几个姓氏之外，其他姓氏同姓都不得通婚，因为是同一祖宗同一血缘关系。其实大多数情况下谁也说不清这种血缘关系已经经历了多少年多少代，是否还有继续维持同宗同族不得通婚的必要性，但人们却毫不含糊地信守着这种规矩，偶然因为媒人缘故出现同姓氏不同村庄间通婚现象，也确实出现过孩子毫无例外长到一定年龄便夭折的现象。谁也说不清是否因违背了同宗同族不得通婚的规矩，但这一偶然的失误却无疑更加坚定了同宗同族不得通婚的信念。

也许正是基于祖上传下来的诸多有理无理的规矩，使得彼此能说得清祖宗三代的陇东南乡村之间将信守诺言和规矩作为亘古不变的集体无意识不自觉地履行着，以至在许多情况下将规矩与本人的人格信誉相提并论，且明显看得比利益更为重要。这种情况理所当然也存在于乡村医生之中。即使近年来有些乡村医生开始有了自家药铺，也有了一定的经营活动，但并不意味着如同城市医院一样得先付费挂号才能就诊，得先支付药费才能取药。他们依然是先看病后取药，且看病的出诊费和处方费不专门收取，充其量只是暗含于药费之中，至少没有人好意思如同城市医院那样明码标价，而且药费也可待适当时候另行支付，并不一定非得在取药之前支付。当然也有赊账不还，必须经过三番五次催要的，一般情况下都能信守规矩，至多也只是拖到当年除夕之前，如果确有个别人因非常原因不能如期还账，也得在除夕前表示歉意，并明确承诺下年度还账期限。与此相联

① 费孝通：《乡土中国》，上海人民出版社 2013 年版，第 10 页。

系，在陇东南乡村还有一些人至今随叫随到，为患者义务注射药液和打吊针，且从来没有人付费，本人也不允许他人付费，仅仅出于祖上传下来的信用规矩和热情面子。也正是这种富有人情味且饱含规矩信用的乡俗使陇东南乡村至今仍然延续着较为明确的救死扶伤的好施之美。

不是陇东南所有人都能成为乡村医生，也不是所有人都能药到病除，借助救死扶伤达到积善成德的目的，但他们也不会忘记诸如修桥补路等积善成德的方式和路径。这不仅因为能有益和便利他人而使他人感到方便，而且能够使自己因为有益于他人而感到快意和幸福，既能够方便他人而使他人得到幸福，而且也因为方便他人而使自己获得功德和福报。虽然总有人强调人性之恶，以及自私自利的秉性，其实人性并不总是自私自利的，试图有助于他人、有益于他人也应该是人性的主要组成部分。至少人们不会忘记破坏他人幸福最终会给自己乃至子孙后代功德和福报造成损害。所以"宁拆一座桥，不拆一桩婚"、"日间不做亏心事，半夜里敲门心不惊"等并不仅仅是陇东南乡村为人处世的基本准则，更是待人接物的道德底线。"虎死留皮，人死留名"等对陇东南乡村的人们来说不过是一种奢望，因为这些长年生活在乡村的人们比谁都了解所谓"草木一秋"的道理，他们既不可能流芳百世，也不可能遗臭万年，他们最多得到的只是极其有限范围的儿孙说道的好名声或坏名声。正如他们只知道家神爷有恩于这个村庄，而其他人是否也有过什么贡献就不得而知一样，若干年之后的他们照样也不会被人们提及和传诵。虽然诸如留名于世的提法对他们并不一定有多大吸引力，但他们绝对不会因为这一点而为所欲为甚或为非作歹。凡事无愧于良心应该是他们最朴实也最接地气的人生态度。所以诸如"穿衣要干净，活人要端正"之类仍然是他们的人生座右铭，而且一点儿不比某些城市人尤其讲权谋的人践行得差。不有意加害他人且设法有助于他人，以至将诸如修桥补路、救死扶伤等作为积善成德的基本路径，直接造福于他人，间接造福于自己和后代儿孙，便是陇东南乡村救死扶伤的好施之美的集中体现。

（三）乐天知命的达观之美

人们可能不相信陇东南乡村的人们有着乐天知命的达观之美。其实有无这一达观之美，与社会政治经济地位无关，也与知识水平和物质财富无关，仅仅与人们为人处世的心态有关，而且愈拥有物质财富，乃至社会政治地位，愈可能受到各种既得利益束缚不易于形成乐天知命的达观之美。许多既得利益者须得经过自制力极强的苦心修炼甚或大起大落的人生挫折才可能顿悟人生，陇东南乡村的人们处于生活的贫困线上，往往无须花费更多精力放下和舍弃诸多既得利益，因为他们本来赤条条来去无牵挂，所以最容易形成乐天知命的达观之美。

疾病是一剂醒世良药。所谓"吃五谷生百病"的谚语作为陇东南乡村的人们对疾病达观态度的体现，甚至蕴含着了悟人生无常，体悟生命脆弱和短暂，以至认可世事为真、人为假的深刻体验，以及对身体健康重要性的直接体验。因为偶然的一场莫名其妙的疾病，便可能使人命丧黄泉。但是这并不影响他们对生命的乐观态度，而且每每能够将"吃五谷生百病"的达观智慧顺理成章地运用于治疗各环节。既然生百病不可避免，只能冷静面对，甚至从源头整体分析疾病的起因，以致有所谓"病从口入"、"病从虚处发"等归因。既然懂得疾病产生于饮食和虚弱之处，便从孩子时代起教育诸如"春不忙减衣、秋不忙加帽"之类日常生活常识，而且总是将疾病保养预防，以及治疗与为人处世有机结合起来，以所谓"糖甜不治病，药苦除百病"的俗语，让孩子明白"良药苦口利于病，忠言逆耳利于行"的道理。陇东南乡村的人们似乎对疾病有极为清醒的认识和更大的忍耐心，这是因为他们自小便接受了大人们所谓"得病容易治病难"、"病来如山倒，病去如抽丝"、"伤筋动骨一百天"的教育，往往对打针做手术有天然的防范意识和谨慎态度，一般情况下绝对不会如同某些城市人一样一有感冒发烧便注射抗生素，以求立竿见影、药到病除，虽然也寄希望于灵丹妙药，但更懂得"慢病在养，急病在治"、"大病要养，小病要抗"的道理，更懂得"一础子打不出一土墙"的道理。有些人可能并不真正懂得陇东南乡村老中医，他们常常不管病人及其家属多么心急如焚，都会沉着应对、不慌不忙，而且病人及家属愈心急如焚，乡村老中医愈镇定自若、有条不紊。有些老中医到病人家中更不急于切脉，还要慢条斯理地抽烟、喝茶、聊天，甚至扯上一些苦瓜子烂糜子的家常话。所有这些看似有些不近人情，其实老中医的诊断治疗已从病人家属不经意的言谈和症状描述开始，等见到病人至少已经真正完成了望、闻、问、切四种方法和环节中的前三个，因为切脉得等病人情绪尤其医生自己真正镇定下来才能开始，以确保切脉乃至诊断的准确性。陇东南乡村医生看似不冷不热、不慌不忙、不紧不慢的诊断治疗，其实正是建立在更加人情化、人性化和科学化的基础之上，而且其镇定自若的行为和做法本身也给病人及其家属传递出一种稳操胜券、药到病除的治疗信心。相形之下，倒是建立在现代医疗制度和法律基础之上的城市医院诊断治疗开始于挂号收费及化验透视检查之后，而不是开始于与病人及其家属见面的那一刹那。病人也不苛求于家人，常常以"久病床前无孝子"聊以自慰。所有这些家庭环境的豁达、祥和、温馨氛围的营造恰恰有利于病人的恢复。更不像现代城市医院因为医患关系紧张，往往导致病人及其家属与主治医师的相互猜疑、相互约束、相互防范、相互推卸责任的现状。

　　乡土中国作为一个以己为中心存在差序格局的网络，按照费孝通的观点，"一个差序格局的社会，是由无数私人关系搭成的网络。这网络的每一个结都附着一种道德要素，因之，传统的道德里不另找出一个笼统性的道德观念来，所有的价值标准也不能超脱于差序的人伦而存在了"①，但这并不意味着为自己可以牺牲家庭，为家庭可以牺牲家族乃至更大社会团体利益的差序格局，可以使人们无节制牺牲他者利益以服从于最接近于自身的利益。至少与现代城市医院的某些做法相比，陇东南乡村医生还有着较高职业道德水准。某些城市医院出于自身利益考虑，往往不加节制地用药，不仅滥用抗生素，且滥用医疗手段和设备，甚至对患有不治之症的重

---

① 费孝通：《乡土中国》，上海人民出版社 2013 年版，第 35 页。

症病人也滥用药物和医疗手段。这里当然不排除某些病人家属强烈要求的缘故，但更多可能还是出于医生及医院自身利益的考虑。陇东南乡村医生尤其老中医却不这样，通过望、闻、问、切，一旦发现无药可治，便断然停止用药甚至停止开具药方，所谓"治病不治命"绝不仅仅是一种说法，它常常是老中医职业道德的底线：既然无药可救，绝对不平白无故地增加病人家属的经济负担，也不加重临终病人的用药苦痛，更不会像某些西医一样非得将无计可施乃至无药可救的治疗用到病人停止呼吸的最后一秒钟，更不会采用诸如电击或注射强心针之类的手段。这就是因为陇东南乡村医生以"治病不治命"为职业道德底线，将乐天知命的达观之美运用得炉火纯青。陇东南乡村医生虽然也可能行医赚钱，但绝不仅仅为了赚钱而行医，更不将赚钱的手伸向临终的重症病人，以牺牲他临终前应享有的安详、静谧、自在来获取最大限度的经济利益。

虽然陇东南乡村的人们一般不会有悖于乐天知命的达观生命态度，但并不意味着所有人都能达到这一境界，有些人也可能因为一时无法排遣和解除内心深处的苦闷尤其绝望，以致陷入自身的精神危机这一名副其实的致死疾病。克尔凯郭尔指出："绝望是致死的疾病，这是令人痛苦的矛盾。这自身的疾病，总是在死的过程中，要死又死不了，而是死于死。死亡意味着一切的完结，但死于死则意味着活着去经历死亡。"[①] 克尔凯郭尔的论述建立在灵魂不死的基督教文化背景之中，是说真正绝望所导致的死亡疾病往往因为灵魂不死以致无法实现，以致有欲死不能的窘境。陇东南乡村的人们因为陷入绝望以致无法自拔，一时选择自杀也非绝对没有，常常妇女多于男性，老年人多于中青年人。陇东南乡村的人们可能出于对自杀者只能变为游魂饿鬼而不得超生的心理恐惧，即使对生命有所绝望，也不会轻易选择自杀的道路，也常用"好死不如赖活着"来聊以自慰，非事出无奈，一般对灵魂归宿有所顾忌。只有绝望威胁远远大于生命痛

① ［丹麦］索伦·克尔凯郭尔：《致死的疾病》，张祥龙、王建军译，商务印书馆2012年版，第20页。

苦，才可能不顾一切地将这一致死的疾病发挥到极端。

至于陇东南乡村符咒并治的治疗方法，作为一种病急乱投医的举措，确实是一种没有办法的办法，或是一种没有希望的希望。虽然看似有着不近情理的野蛮与无知成分，但与基督教临终前神父的祈祷在本质上没有多大差别，至少都可能有着对临终者最后慰藉的动机存在。不同的是，基督教往往建立在一定宗教信仰的基础上，对病人家属尤其病人可能是终极安慰，但对不笃信基督教的人来说也无异于最后搅扰。陇东南乡村符咒并治的治疗方法就其最终结果而言也可能存在搅扰嫌疑，但毕竟有着更积极的姿态，至少能给病人及其家属以生的希望，比起现代城市医院通过电击等方式唤醒临终病人的方法显得要温和得多。

第八章　基于死亡的陇东南乡俗及礼乐美学智慧

生老病死都是人一生中的重要事件，但相对于前三者而言，死亡似乎更值得关注。因为人们对死亡的体验总是受到很大限制。生，对于个体而言虽然只有一次，却有整个一生的时间可以玩味反思；老虽然也只是一个过程，但相对漫长的时间足以让人们慢慢体会并接受其事实；至于疾病，虽然没有一个人会真正期待，但总是好了伤疤忘了痛，在健康的时间忘了疾病的苦恼以及万念俱灰的体验，从而反复生病进行多次体验，给人们创造了能够悔过自新的机会。唯独死亡与这些都不同，人一生只能体验一次，而且事后无法反思，事前也只能是妄加推测和想象。也许正由于陇东南乡村的人们多次目睹了亲人邻里的死亡，并通过参与操办大体相同的丧葬仪式和程序不断重复体验和表达着对生命尤其是对死亡的理解和认识，才使其有了较为烦琐但也更为实在的生命体验。这些丧葬仪式的程序在现代城市中的人看来可能是烦琐和落后的，但正是在这看似烦琐的仪式和程序中，彰显出了陇东南乡村的人们对死者尊严和生命神圣的高度认同。

一、死亡的陇东南乡村民间表征

不能说陇东南乡村有薄养厚葬现象，但确实存在隆重举办丧葬仪式的现象，有所谓"死人不吃饭，家产分一半"的说法。这与城市恰恰形成了鲜明对比。习惯于城市生活的人也许不习惯乡村大操大办丧事的现象，觉得太过铺张浪费，太注意面子工程；而习惯于乡村生活的人，又可能看不惯城市人对丧事的草率了事，觉得对亡人之死有些不大尊重。所以陇东南乡村往往丧葬持续时间长、参与人员广、耗费资金多，而城市则持续时间短、参与人员少、耗费资金不多。这也许是不同的生活方式和工作压力造成的：城市工作繁忙，生活节奏快，居住空间往往限于狭小的居民套房，还得靠工资购买面粉、蔬菜等生活用品养家糊口，人与人之间多为工作关系，人情面子多限一代，不可能两代甚至代代相续，所有这些决定了不可能举办隆重的丧葬仪式；乡村则往往是独家小院，粮食、蔬菜一般能够自给自足，工作和生活节奏比较慢，自由支配的时间多，而且无论亲房本眷、亲戚邻居、乡里乡亲大体以血缘关系为纽带，人情面子世代相传，这些都决定了乡村更适宜于举行隆重的丧葬仪式，而且几乎家家户户如此，谁也不敢办得寒酸，否则会遭到乡村许许多多熟人的谴责，而且也更有愧于操劳辛苦一生的亡人。陇东南乡村许多人平时省吃俭用但丧葬活动却大操大办，主要还是因为以后再没有机会报答养育之恩，或有某种忏悔意识在其中。

一是死亡前丧葬准备。陇东南乡村向来最不怕直面死亡，绝对不会以所谓"不知生焉知死"来搪塞自己，他们常常在一个人六七十岁身体尚很健康的时候便提前做好死亡准备。一为做寿衣，常常由儿孙后代准备绸缎等衣料，邀请亲戚或村庄中的某个精于此道而且年龄更大的老年妇女来完成，往往从头上的帽子，身上的衣服、裤子，到脚上的袜子和鞋子全部准备齐全，尤其鞋帽还绣有环纹图案，有些还有衬衣、衬裤以及被褥、盖单等，但无一例外都是绸缎，最次也得是棉布，盘结布纽扣男单女双，或件数依然，绝对不允许诸如纤维布料或金属纽扣等不易分解的制品，以图百年之后能够完全地化入泥土。许多人家老人一有重病便以防万一整齐穿着在身，有些甚至在没有疾病的时候便穿着。人们能够解释的理由是好多老人虽然穿着寿衣去世乃至下葬，但后代做梦仍然是平时所穿补着补丁的棉衣，如果提前穿着，而且能和着绸缎寿衣进入后代梦境才算是真正穿着。这里也有个忌讳必须是年龄更大的乡村妇女缝制，不能是年龄更小的晚辈缝制，以取其健康长寿的相似巫术的寓意。二为做寿棺。常常得选择有闰月的年份制作，寿棺常常因家庭经济条件为基础，最好为柏木，其次有松木、白杨木等，以木质坚硬、气味芳香为宜。一般以整木板没有缝隙为佳，也有讲究六叶齐、九叶齐的说法，得用双数或单数木板连缀而成，或男为单数为阳，女为双数为阴，经济条件好的人家可以做成双层，有圆拱形棺帽，甚至雕刻有花纹图案装饰。一般人家只能制作单层正方体寿棺，或雕刻有"寿"字，往往用漆或沥青漆成黑色。有些人家甚至放置在偏房不显眼处，老人会时不时去看看，打扫打扫。陇东南乡村寿棺也多请年长些的老木匠于闰月年份的正月十五或七月十五日破木或称醒木开工，之所以选择闰年仍然是取相似巫术之年度月份越长，象征老人阳寿越长的意义。三为选墓地。陇东南乡村相信"人出在坟里，财帛出在门里"的说法，所以常常将阴宅与阳宅即阴庄与阳庄同等重视，在某种意义上可能更重视阴宅，因为他们认为一个人存在于阴宅的时间显然比阳宅更长。有些条件好的人家常常请一个或多个风水或阴阳先生长年累月地观察龙脉走向并点取穴位。在礼县大堡子山发现秦公大墓之前，已经有河南等地风水先生将刻有祖宗姓名的砖或生前衣物等迁葬于此。当然陇东南乡村每户人家往往都有祖坟，而且提前对后代坟廓有所预留，依据年龄尤其辈分安排妥当，如若坟廓不够用或因其他原因需要重新步坟时，一定会特邀风水和阴阳先生选坟地。

二是死亡后丧葬仪式。依次先为初终报丧。在亡人临终时子女家人齐聚炕头，情不自禁恸声大哭，有些甚至哼出传统恸哭的韵调，到场邻居年长者在亡者炕头地面门后角落缚住倒头鸡，拔一撮鸡头绒毛放置黄表纸，宰割鸡头滴血沾鸡头绒毛于黄表纸作毛血纸，烧倒头纸于亡人炕前地面门后角落，备有象征三魂的三色布条作为出殃布夹于竹棍尖端，由亡人长子站窗外，炕头与门口各一邻居或亲房本眷老人，伴随长子每次大声呼叫"爸（或娘）魂来了"之类三声，由炕上老人将出殃布从亡人头至脚绕三次传给窗外长子，经长子传给门口老人，再由门口老人传给炕上老人，旋转交接传送三次后插于门外显眼处。呼唤亡魂声调悠长、哀婉，程序极具表演性甚或有些滑稽，如果有人因为忍不住破涕为笑，便会遭到亲房本眷批评。按照陇东南乡村习俗，亡人死前必须有男性即使是男婴静候身旁，其殃都不会离身；如果是没有人或只有女性在身旁，殃可能离身而去，还得请阴阳先生收殃。陇东南乡村甚至还认为，亡人死前谁在身旁，谁便是孝子；虽然儿孙满堂，但如果临死前不在身旁，便不算作亡人实落的儿孙。老人擦洗亡人遗体穿着寿衣（或称之为老衣），整理亡人头发、指甲及遗体整洁，在其他人等帮助下由长子哭叫着"爸（或娘）上山了"之类的话并背对背背着亡人下地，将亡人头朝向右停放于正堂中间靠背墙地面盖里朝上的棺木上，如果没有来得及做棺木，便停放于铺有纸张的地面，是为落草，由年长者用三片生麻铁铧于双脚底。停放完毕，设香案供倒头饭，化纸帛举哀行祭祀礼，再为报丧。亡人去世当日，由孝子告知并邀请亲房本眷或村庄邻居等当劳客操办丧事，若亡人为男性得派人专程或捎话带信告知内姊妹人等；如亡人为妇女，得备香蜡礼品委派专人专程请娘家舅父舅母等人集体前来吊丧。亲戚邻里朋友闻讯相继携带纸钱前来吊丧，其中女性亲戚得在未进亡人村庄前就沿路恸哭前来吊丧。主家在正堂地上铺麦草等，孝子坐草铺守灵，凡有亲戚人等前来恸哭吊丧，孝子得一并恸哭祭拜并还叩头礼。回礼毕，孝子免不了得向吊过丧的亲戚人等介绍去世经过、原委等，亲戚邻里也免不了说些宽慰的话。每有亲戚人等来吊丧，孝子都得重复陪烧纸伴哭丧、扣首祭拜、扣首答礼、叙说原委等类似哀悼程序。通过孝子一而再、再而三的恸哭、祭拜、还礼、叙说一次次间断性地释放其痛失亲人的悲哀情绪，又表达孝子对前来吊丧的亲戚邻里的尊重和感谢，同时也通过与亲戚邻里的询问宽慰与孝子的答谢与说明彼此释放悲哀情绪，增进理解和信任。

丧礼一般由亲房本眷德高望重的年长者担任总管料理，负责丧事的一切人员和物资调度和统筹。每日由孝子恸哭献饭，并于黄昏、五更时分由分别恸哭烧黄昏纸和鸡鸣纸祭拜亡人。虽然哭丧的韵调、动作和场景，更多可能出自个人情感的自然表达和丧礼的基本习惯，但已在很大程度上被仪式化为丧礼的基本程式，也是事实。陇东南乡村并不特别出钱雇佣一些人专门哭丧帮腔，但倘若亡人七老八十，也允许当作喜事来办，请来吹鼓手吹奏唢呐等以烘托氛围。虽然也有人对吹唢呐颇有微词，但没有人对亡人亲属哼着抑扬顿挫的特定韵调，以及略带夸张甚或有些渲染煽情的大声哭丧有所不满。因为诸如此类哼着特定韵调的大声哭丧，在某种程度上有宣泄给别人看的成分在内，但也并非不是出于真情实感，且有些撕心裂肺而又缠绵婉转的哭丧往往有非同凡响的催人泪下效果，甚至能引发不沾亲带故的人也一并陪着流眼泪。倒是有些并不十分亲近甚或与亡人生前有些过节的人常因貌似大悲的大声哭丧，遭到人们的嘲弄和非议。陇东南乡村习俗要求所有孝子无论孝男、孝女都必须恸哭声。虽然藏传佛教乃至基督教可能认为这种宣泄给别人看的号啕大哭，可能不利于亡灵的宁静和超度，而不见容于藏传佛教乃至基督教等相关仪式，甚至也可能并不符合道教等宗教丧礼，但陇东南乡村的人们反倒对孝子不恸哭声的行为有些看不顺眼。随着丧事从简日益受到人们接受，恸哭声的仪式也往往有所弱化，在有些城市甚或受到很大削弱。

陇东南乡村丧葬期间，早餐多为六七点钟烤馍喝茶、九十点钟粉汤泡馍，条件好的除了豆腐粉条，还有丸子、夹三等，一般为粉条豆腐碗；晚饭为四五点四凉四热八大碗、四凉八热十全等，诸如馒头、花卷等面食一直都是上好的主食。在经济相对困难的 20 世纪六七十年代，好多人家做白面馒头或花卷，总是在里面加进去白玉米面和揉化的煮熟洋芋，虽然可能在刚出笼时有些柔韧性，但略微一凉就变得硬邦邦的。相当长的一段时间这样的馒头和花卷已经相当不错了。那时候所用白酒也多是散装酒，每个行情的拿了一斤酒，走的时候还要将酒瓶带回去以便将来再用。外村庄亲戚当日吃完午饭，待下午吃晚饭后返回。虽然有许多穷亲戚可能想借此机会大吃大喝一顿，但碍于面子还比较本分。同一村庄其他吊丧人员一般约定俗成不在丧场吃饭，除非坐夜或正巧碰上开饭时间。所供食品一般都是请亲戚熟人中有厨师手艺的人在自家屋里起灶，安排亲房本眷勤快麻利的女眷帮厨，做些切菜、蒸馍、洗碗之类的零散活，生活困难时这些厨师或帮厨偶尔也有趁势拿些东西给家里人吃的现象。与天水、陇南的粉汤泡馍或豆腐碗相比，陇东流行的猪血豆腐也别有风味。虽然孔子"食于有丧者之侧，未尝饱也"① 的传统在一些受到传统文化影响较深、有一定文化教养的人那里依然存在，但并不多见。而且经济情况的普遍好转，不但没有使人们因为富足而知礼仪，反倒更加娱乐化甚至享乐化，而且现在也确实有人以参与丧葬的人数及热闹程度衡量和评断主家办丧事成功程度。由于日渐浮华和浮躁的社会风气影响，使得陇东南地区坐夜习俗在有些县城甚至演变为公开免费赌博窝点，因为有主家不仅为坐夜的人提供烟茶、酒水、棋牌及宵夜饭等，而且白天也一日三餐提供海吃海喝的大好机会，于是总有许多认识或不认识的好赌者借此机会前来凑热闹，更有因分赃不均大打出手的，而且有些可能还是与主家关系熟悉的人。由于陇东南乡村办丧事的人都是亲房本眷、乡里乡亲，彼此熟悉，难以混入陌生人，所以情况略好一些，可乡村混混借此机会聚在一起吃喝玩乐的情形也是有的。有些素质不很高的乡村混混常常趁此机会大吃大喝，肆意浪费财物，烟抽到半根便丢弃。明恩溥指出："英语国家的人若在悲哀时刻娱乐必会受到谴责。中国人则相反，整个服丧过程都贯穿着享乐的内容。世间大概没有其他地方能提供如此轻松吃喝的大好条件。"②。

　　再为入殓成服。亡人去世三天，由亡人儿媳或长女打扫棺内杂物，是为清棺；再由长者清理亡人遗体所有金属制品，包括纽扣、金牙等不得带入棺内，是为理尸；再由木匠和亲房本眷及邻居长者在棺内铺上褥子，将亡人抬入，摆正，用白纸包含打碎筛细的干土放置亡人与棺木空隙处，固定好亡人遗体，洗脸整容，让孝子亲戚邻里友人瞻仰仪容且不得将眼泪哭撒于亡人身上，而后再验棺并由木匠掩棺钉入木楔，顺背墙头朝正堂右侧横向停放。陇东南乡村人们常将亡人的遗容视为判断其临终境况及亡灵归

① 《论语·述而》，朱熹：《四书章句集注》，中华书局 1983 年版，第 95 页。
② ［美］明恩溥：《中国的乡村生活》，陈午晴、唐军译，电子工业出版社 2012 年版，第 130 页。

宿的主要依据：如果脸色白皙，遗容安详，甚或布有笑容，便是生前积德较多，死后灵魂将有较好归宿的明证；如果脸色铁青，遗容痛苦，甚或狰狞变形，便是生前造孽较多，死后灵魂会遭到鬼差殴打折磨的表现。如果亡人是女性，必须由其娘家亲戚验棺，未经允许不得掩馆。如果亡人家与娘家关系不是甚好，娘家则可能故意刁难甚至闹事，例如有的提出必须给亡人铺金盖银，理由是孝子常年在外尽孝不够，入殓环节被无限延长等等，后经多次赔情道歉叩头作揖，才改为铺黄缎面褥子、盖白缎面被子才算了事；还有些甚至大闹主家，打砸家具、拆房揭瓦。入殓当日遮灵，房屋空中起架，中间悬挂孝子白布遮帐将亡人与吊丧人分开，帐前设为灵堂，遮帐正中饰有"奠"字图案，两侧竖挂女儿女婿布帐，也可用白纸代布遮帐。在香案正中间用网状外罩套住亡人牌位作灵牌、前摆供品，如亡人非佛教徒或佛教信仰者，则供品为去毛和内脏的昂胸抬头姿态的整鸡，左右两边依次整齐对称摆放有造型图案的献饭、造型相当的茶酒杯子、筷子，及煎果、水果等各种颜色、品种和造型的供果，再前面为香炉、蜡台、香筒等，香案左右两侧为纸糊金童玉女。正堂或庭院屋檐下悬挂金山银山、金斗银斗及长钱斗课等纸活。近来亦有纸糊小轿车、小飞机、电视机、电冰箱之类。所有纸活都是亲房本眷心灵手巧的人自行制作的，每次遇到此类丧事，都由这些人承担，其他人也常抽空帮忙，且代代有人。绝对不会都到专门纸火铺购买，最多也只是购买金童玉女、拉马人头像。棺木近旁放置长明灯一盏，随时添加灯油以确保昼夜不息，以防亡灵在黄泉路上黑灯瞎火，受苦受难。大门外悬挂纸幡，张贴执事单等，是为出纸。亲戚朋友正式行情，送挽联、挽幛、花圈等。亡人去世第三天黄昏时分成服。由亲房本眷孝子按照辈分、年龄以及与亡人的亲疏关系依次头戴孝帽、身着孝衫、腰束麻缕，脚穿缝有白色孝布的孝鞋分批手拄孝棍叩拜成服，孝棍多用柳棍做成，上按不同辈分旋转缠黏不同颜色纸条，成毛绒状，一般子孙辈为白色，重孙辈为红色。值得注意的是，在陇东南乡村成服时儿子儿媳、侄子侄媳、孙子孙媳都得披麻戴孝，且为生孝，出嫁的女儿及女婿却是熟孝，显得男女有别、亲疏分明。在庭院点燃纸马和拉马纸人之前，得当时给拉马纸人起名，一般为"机灵儿"、"听说儿"之类，并呼唤和叮嘱拉马纸人和纸马好好侍奉亡人，不得怠慢之类。如果亡人生前信奉佛教或道教往往糊有白纸鹤，也当夜焚烧。如果亡人为女性，当晚夜深人静之时将厨房打扫干净，灶台摆放茶酒及其他供品、灶前撒一层薄灰，后门留缝隙，第二天清晨按灰尘上的痕迹判断亡人参灶情况。按照陇东南乡村习俗，或谓"出殃"，有的在灶前撒上灰，察看灰上面痕迹是麻绳，还是铁链，如果是麻绳就认为亡人灵魂罪孽深重；如果是铁链，就认为亡人灵魂已得阎王宽恕。陇东南乡村的人们认为，人死三天，其灵魂正式进入阴曹地府，或被众神佛或其使者迎接去天堂或西方极乐世界，家人请众僧众道士念经消罪赎罪可增加其功德，助其进入西方极乐世界。对没有专门加入佛道门户的亡人，一般念诵《牛王经》即全称《佛说大如意佛宝珠轮牛王守护神咒经》等；如果亡人生前皈依佛门，往往念诵《心经》、《金刚经》等佛教经典。如果亡人为成年妇女，还得加念《血盆经》即《目连正教血盆经》，又名《女人血盆经》，以消除怀孕、行经和生育子女时经血污秽冲犯天地日月神灵之罪，以免死后下地狱在血盆池受苦，当然也有念于跪香孝子以知母恩的意思。这一习俗流传较广，也见于广东客家民俗①。如果亡人罪孽深重，还可能以七天为限分一至七七，以及百日、周年、三年见诸阴曹地府十殿阎君，接受灵魂的诸层级审判。

最后是出殡下葬。出殡下葬时间因亡人和孝子生辰，以及进坟最佳时间而定，所以丧礼时间长短不等，一般为五到七天，也有九天、十三天不等。除极个别地方为三天之外，一般得五到七天以上。相传三到七天亡人仍有复活可能。如果阴曹地府抓错了人，还会在七天之内放回。陇东南乡村也确实相传有人亡故后第三天甚至第七天复活。这些人复活后大体都说做了梦，梦见许多已经亡故的亲人或熟人在一起好像开大会似的，只是好多见面并不说话。有些还说见人们排队打饭喝汤，却没有人给他汤饭，许

---

① 参见欧美玲：《饮水思源——一个中国乡村的道德话语》，社会科学文献出版社 2013 年版，第 135 页。

多人亦称此汤为迷糊汤，喝后不记得生前事情。在此期间，由孝子或寄主手掌香案及祭奠用茶酒等祭拜土地神，由阴阳或风水确定字向和坟廓，由总管安排可靠的年轻人在阴阳指导下按照既定方案挖坟。或直入四方四正地穴，或入地穴后再开挖侧穴。出殡前日白天亲戚放饭，烧纸、吊丧，其中血缘关系较近的吊丧者一般得在灵前举哀哭悼，直至有人劝慰，其他人等只是上香化纸钱，叩首作揖即可。当晚亲房本眷孝子恸哭烧纸举行家庭祭祀仪式，或头顶香盘供果三番五次从庭院到灵堂前行跪拜叩首礼，累得孝子出几身汗，规模大些的，也叫大烧纸或正事。出殡当日，先是招待参加送葬的人吃暖丧饭，其中主动承担搬抬灵柩的并非专门家政服务公司的人，一般都是本村庄年富力强的男子，他们往往临时自发组成送葬团队，轮流换班，不取报酬，因为任何人家都免不了有这样的事情，自己帮助别人，等到自家有事，别人也会帮助自己。相对来说从来不参与此类活动的人，到时候便可能有麻烦。待起丧时，专人举引魂幡，长子托亡人灵牌，亲房本眷孝子手拄孝棍在大门外恸哭接丧，负责抬搬灵柩的男子们便合手抬灵柩出大门，安放在事先准备好的两条长凳上，捆绑好抬杠之后抬走。通常得用灵柩罩或被子覆盖，以免阳光直接照射在棺木上，据说这样会加重亡人的罪孽，使其在阴曹地府受更多的罪。送丧队伍依次为挑引魂幡、随行抛撒纸钱、挑金童玉女、金山银山、金斗银斗、长钱斗课、花圈、挽幛的人，再是由托灵牌长孝子领头，其他亲房本眷孝子依次抓白色布条扯牵恸哭缓慢前行的孝子孝女队伍，最后是抬灵柩及其他送丧随行人等，还有人专门在遇有路祭，及经过十字路口、河沿、桥梁、祠庙、城门时扬撒用白纸或黄纸制作状如铜钱的纸钱，鸣放鞭炮，并且前后照应送丧队伍。途经之处，均有人家在门口燃起一堆柴火目送发丧队伍，除非路遇亲戚设供桌或祭棚路祭亡灵即"接路"之外，一般只能临时换班肩扛木杠，不得中途停歇。到坟地后，停放灵柩于墓穴旁边，将盛有献饭、供果的盘子、碟子、罐子，及长明灯放在墓穴旁边，等待下葬时辰。时辰一到，由长子孝子跳入墓穴最后整理墓坑，用铁锨铲除其中的土疙瘩之类，退步扫去脚印，其他孝子恸哭烧纸钱祭拜，送丧的人用绳子将灵柩捆吊在长担上，平缓送入墓穴，阴阳先生用罗盘仪矫正字向，做到停放端正，不差毫厘，才抽出绳子。为了以防万一，有些阴阳先生还得再次打开棺木，查看亡人姿势是否由于送丧路途颠簸不大端正，整理妥当再合棺盖后，将灵牌放于棺盖上，由长孝子撒第一锨土，其他人随后撒土掩埋。按照陇东南乡村丧葬习俗，葬亡人的阴庄常顺山坡走势下葬，亡人头部在高处，腿脚在低处，顺着棺材的字向，以背有靠山，前有向山，左右两边山势呈合抱之势，阳光充足、聚气暖和为宜。下葬时另有人专门负责焚烧纸钱、纸活，及亡人生前用枕头及部分不留作纪念品的衣物等。待坟堆起好后，将双担从坟堆顶部交向两边顺势滚落，捣碎或摔碎丧葬期间专门用来祭奠烧纸瓦盆，孝子向送丧人群叩首致谢，丧礼正式结束。值得注意的是，诸如此类的丧葬仪式仅限于成年人特别是老年人，对未成年人尤其是婴儿的死亡往往有严格规定，一般不得将尸体从大门送出，有些得从院落围墙架出，有些得临时将院墙挖出一个缺口送出，以防冲犯门神。婴儿乃至儿童未成年死亡原则上不得殓入棺材，只能用草席包裹，有些甚至丢弃在人迹罕至的沟壑或山坡，以致有万人坟之说。如果亡人年龄稍大些，长辈人家不忍如此简陋，即使破例入殓进棺，也不得享受高龄去世者所用的寿材，也不能葬入祖坟，用土掩埋，只能在崖下打洞穿入。当然，这种现象随着医疗条件的改善，已经变得较为少见了。陇东南乡村大多数地方不专门建造墓碑，少数地方建造墓碑，且有将生前所获荣誉称号刻在墓碑上的现象。

　　葬礼完后送丧队伍得原路返回，在主家大门口已预备好的一盆清水中洗手，并在盆上架着的铡刀或菜刀上用手指轻触刀刃。按照阿诺尔德·范热内普所说"丧礼期间，守丧之人与亡者形成特别群体，处于生者世界与亡者世界之间"[1]，所以送丧人群洗手并用手轻触刀刃，便意味着斩断与亡者世界的最后联系重新回到生者世界，所以陇东南乡村的人们常常用洗手和轻触刀刃的方式借以表示斩断与亡者及丧事的关系，正式回归正常的生者世界的寓意。孝子还得带长明灯回家直到油尽自灭为止，很少有下

---

① ［法］阿诺尔德·范热内普：《过渡礼仪》，张举文译，商务印书馆 2012 年版，第 147 页。

葬时放入墓龛的。主家一般得在家里设宴招待送丧人群、亲戚、村里搭情人家，事后为接待劳客，一律为八大菜或十全之类。相对来说，辛苦数日大事完结后的接待劳客是最为轻松的，往往是有着最近的血缘关系，有些不出三四代便是同一祖父或曾祖父的亲房本眷，自己款待自己。但也正因为都是亲房本眷，没有外人，常常更放得开一些，甚至某些以往红白事情或日常生活中的一些不大愉快的鸡毛蒜皮之类的事情，如分工或出力不均等宿怨，都可能借着酗酒过多、失去控制而得以宣泄出来。虽说可能与主家无关，也不应该借着丧事产生一些不大愉快的口角或争执，有时还发生在亲生父子或亲堂弟兄之间。但所有这些宿怨一旦宣泄出来，彼此又相安无事，一切如旧，毫不生分。偶尔产生的口角和争执，虽然与丧葬氛围有些不相吻合，但也往往有利于缓解矛盾、增进理解。

陇东南乡村关于丧葬还有其他讲究。一般来说，寿终正寝于自家屋中最正常，可在家设灵堂，但如果亡人未到进坟时间，得或掘穴或地面临时寄丧，待有日子时再进坟。如果病逝于他乡，不得将遗体运进本村庄，也不得在自家屋里设灵堂，且必须有阴阳先生收殓带公鸡守殓抬至村庄附近的某个地方，或废弃的公房，或另行搭建临时帐篷作灵堂。即使寿终正寝于自家屋中，身边没有男性或只有女性，也会被认为殓已走，得请阴阳先生收殓。如果是诸如服毒、上吊、溺死、塌陷、战事、车祸、他杀等非正常死亡，尤其遗体见血迹的人，不得进祖坟，只能在祖坟附近或其他地方另行步坟。如果亡人没有子孙后代作为孝子，即使正常死亡，也不得进祖坟，除非指定他人作了孝子。如果未成年人病逝或夭亡，更不得进祖坟，只能在附近崖上打洞穴穿入，更多用草席卷后丢入远离村庄的沟壑，任其风吹日晒。许多年龄大或体弱多病的人有顾忌，一般不轻易外出，即使到嫁出去的女儿家走亲戚也极为谨慎，怕病死于她家，会给女儿带来不便，这与明恩溥所述老妇人为了降低抬棺材去墓地的成本，竟然忍着极度痛苦往离墓地更近的亲戚家走的办法明显有所不同。①

---

① 参见［美］明恩溥：《中国的气质》，刘文飞、刘晓旸译，东方出版社2014年版，第17页。

三是丧葬后祭扫仪式。下葬后第三天孝子得默无声息去坟地覆土，将殡葬时带回的一包墓土撒于坟堆，焚香化纸钱、献茶奠酒鸣炮，离开坟地时不得朝后看。除此而外，一是得烧七七纸，即按照阴阳先生所开阳状奠期单，以初丧时间为起点，一七到七七，逢七烧纸到尽七为止。逢七烧纸如果适逢诸如每月初七、十七、二十七，或十四、二十一、二十八分别称为明七或暗七。二是得烧百日纸，即到去世后第一百天烧百日纸。三是去世三年内的每个春节要坐纸，腊月三十到大门外路口恸哭接纸，据说不动哭声门神不让亡魂进入，不分昼夜烧香点蜡，有些人家为了香火不断往往自发盘香，也就是将每一根香头用棉花捆扎续在一起，或折尺型盘在香盘上，或如同船帆一样悬挂起来，亲戚、亲房本眷以及全村庄所有人家都得前来叩头点纸。四是去世三年内的每个去世纪念日要烧忌日纸，第三个去世纪念日为脱服。

每次得提前封包纸，所封纸包正面署亡人姓氏及孝子"泪叩"、"墓前火化"字样，背面封口处书写"封"字。据说所有墓前火化纸钱均为亡魂专用，其他游魂饿鬼无份，即使土地神也只能享用黄表纸钱。前一天傍晚由孝子托香盘摆放纸包、茶酒，在大门口外道路口鸣放鞭炮，恸哭接纸，得烧香点蜡、烧黄表纸和冥币纸钱，奠茶酒，下跪叩首，依次经过大门、正堂屋门，最后到正堂，都得一一下跪烧香点蜡、烧黄表纸和冥币纸钱，奠茶酒，叩首，是为接纸。然后将冥币纸包摆放于桌上，纸包前依次对称摆放献饭、供果、茶酒等及筷子，献饭、供果、茶酒前照例是香炉、蜡台、香筒等。每日清晨、傍晚烧香点蜡、焚烧黄表纸和冥币纸钱，每次接续香蜡得叩首作揖，一日两餐或数餐每次开饭不得品尝，将第一碗献于桌上，并叩首作揖，每天不分昼夜盘香不断，是为坐纸。待坐纸到一定时间，或一昼夜或三昼夜，一般过春节为三昼夜，其他时间为一昼夜，由孝子等将冥币纸包放于香盘，再放上祭奠用茶酒、黄表纸、冥币纸钱等，或将冥币纸钱放入专门篮子背斗等，成群结队赶往坟地，墓前鸣放鞭炮、恸哭烧香点蜡、焚烧黄表纸和冥币纸钱及纸包，奠茶酒，最后泪叩作揖，是为送纸。

城市人封包冥币纸包往往买现成品，陇东南乡村的人们却往往自己印制，自己将冥币纸钱封包得方方正正、厚厚实实，一直到去世三周年纪念日服丧期满即为脱服。脱服时往往举行较为隆重的纪念仪式，宴请长辈及丧葬期间操过心、出过力的亲房本眷、亲戚邻居、乡里乡亲等。按照陇东南乡村风俗，脱服之前孝子不得贴红对联，只能贴绿色对联甚至春联，不得穿大红大紫，只能穿黑白黄色，不得举办结婚等喜庆活动，缝在鞋面上的孝布得自然脱落，不得撕扯下来。有些在尽七、百日或三年之内得忌垢痂，也就是不得洗脸、洗衣服、理发、剃须等。现代许多人做不到，但陇东南乡村亲孝子在尽七内坚持不理发、不剃须、少洗脸、少洗衣服还是基本能做到的。

　　除此而外，每年正月十五日到坟地墓前认先人，鸣放鞭炮、烧香点蜡、焚烧黄表纸和冥币纸钱，奠茶酒，叩首作揖，是为认先人；三月三日由女性在坟上焚烧单衣，包括纸制衣服、裤子、帽子、鞋子、袜子等；清明节扫墓，鸣放鞭炮、烧香点蜡、焚烧黄表纸和冥币纸钱、修缮清理坟地杂草等，奠茶酒，叩首作揖，是为扫墓；七月十五日鬼节，封包冥币纸包，正面开有亡人姓氏及孝子姓名，参加相应度化亡灵法会道场等；十月初一日由女性在坟上焚烧寒衣，包括里面象征性地夹有棉花的纸制衣服、裤子、帽子、鞋子、袜子等。

二、死亡的陇东南乡村美学智慧

　　陇东南乡村的人们对死亡的认识可能不至于达到西方哲学家所谓向死而生的高度，不可能认识到学会好好地活着，就能学会好好地死亡，学会好好地死去，才能学会好好地活着；也不可能认识到死亡是生命不可分割的一部分，对死亡的毕生思考会使生命更加充实丰富，而不是更加贫瘠枯竭。虽然也不可能有古埃及《亡灵书》和《西藏度亡经》的系统体认，但也并不仅仅停留于孔子所谓"不知生焉知死"[①] 的认识层次，所谓"原

---

① 《论语·先进》，朱熹：《四书章句集注》，中华书局1983年版，第125页。

始及终，故知死生之说"① 才可能是其更高美学智慧的体现。

（一）死的解脱之美

西方人喜欢说人生来平等，其实应该说，人生来并不平等，但死亡是平等的，因为无论何种人等，无论贫富贵贱、美丑善恶，都无一幸免地要走向死亡；无论多么注意修炼，还是毫无准备，都必须直面死亡而且必须死亡；无论是否重视死亡思考或能否提出关于生命的透彻领悟，都必定有一死，无人能幸免。但生的情况可能复杂得多，同样的付出不可能有同样的回报，同样的死亡不可能有同样的生命实践。也许正是基于这一点，使得陇东南乡村对死亡并不见得有多么丰富深刻的美学智慧，但由于有着不尽相同的认识和体验，同时也并不缺乏某些即使微乎其微但也不失独特性的美学智慧，而且也较为集中地蕴含着陇东南乡村的人们对死亡的最为终极的领悟。这无疑是值得人们珍惜的生命智慧的有机组成部分。西方人如苏格拉底认为人真正的自由是在死后而不是在生前，于是可以极其坦然甚或笑着去死，陇东南乡村的人们虽然不会像苏格拉底等西方哲学家那么乐观，但也不会像那些享受了奢靡生活的人们那样留恋生活以致恐惧死亡，也不会因为死后灵魂的有无考量而急于渴望获得关于生命最终归宿的肯定答案，并因此暴露出心灵深处对死亡的恐惧以及压倒一切的焦虑。绝大多数人并不一定对死亡有深刻体悟，但由于他们笃信灵魂的存在，于是对生源于土、死归于土乃至所谓"落叶归根"有着最质朴甚或多少有些执着的理解和认识，以至也能形成对死亡的更达观、更自然的态度。

既然人是终有一死者，无论千方百计逃避乃至拒绝赴死，还是想方设法面对死亡乃至急于赴死，其实都不免一死的结局；那么最明智的态度只能是既不急于去死、也不刻意躲避，从容不迫，应召赴约，这才是陇东南乡村对待死亡的最豁达自如的态度。这不是因为他们有着超常的领悟能力，也不是他们生来具有出类拔萃的生命智慧，只是因为祖祖辈辈生活在

---

① 《周易·系辞上》，李道平：《周易集解纂疏》，中华书局1994年版，第554页。

这里的人们无论其生活方式还是生活质量并没有获得根本的改变，一出生便可以从他的父辈乃至祖父辈看到自己未来的命运和归宿，在这里任何想象和推测都可能显得多余，无论他们多么勤劳、多么节俭、多么善良，这一切似乎都不是足以改变乡村贫困的行之有效的手段和途径。这种一眼能望到头的日子就是陇东南乡村人们祖祖辈辈不约而同的共同宿命。他们所期待的也许只是死亡的时令和方式：如果死于天气凉爽的二八月春秋两季，而不是数九寒天的严冬和赤日炎炎的酷夏，而且寿终正寝于家中，而不是客死他乡甚或横尸野外，便被认为是一辈子修来的福分。但这一切也并不因为他们的期待而有所改变。他们所能做到的只是以此来验证其朴素的生命信念以及相关民间信仰。菲利普·阿里耶斯指出："死者是否无辜这并不重要：横死就是他受诅咒的印记。这是一个非常古老的信仰。"[1] 陇东南乡村的人们虽然不知晓西方的这一古老信仰，但同样相信如惨遭雷劈或其他横遭暴亡结局，都可能意味着是生前作恶多端以及其他前世因缘的果报，往往源于咎由自取、罪有应得的冥冥惩罚。

陇东南乡村的人们与其他地方的人一样，虽然对于为了他人、家族或种族集体利益毅然"舍生取义"的行为给予崇高敬意，认为是积善成德的善举，但一般而言还是崇尚寿终正寝的正命而亡，以为这是一辈子甚或前几辈子修来的福分。对非正常死亡，如因车祸、雷劈、水淹、土埋、电击、他杀、自杀等，往往心存疑虑甚或非议，认为是非正命而亡，甚至可能更多想到的是当世或前世作恶的报应，特别是对于自杀更是嗤之以鼻。如孟子有所谓"尽其道而死者，正命也。桎梏死者，非正命也"[2] 的说法。所谓自杀概括而言主要有两种：一种是生命陷入绝望迫不得已选择的自杀。克尔凯郭尔指出："一个绝望着的人是对某些事情在绝望，所以它似乎是一瞬间的事，但也只是一瞬间的事；在这同一时刻，真正的绝望或绝望的真实形式显现出它自身。在对某事的绝望中，他实际上是对自己的

---

① ［法］菲利普·阿里耶斯：《面对死亡的人》上卷，吴泓缈、冯悦译，商务印书馆 2015 年版，第 15 页。

② 《孟子·尽心上》，朱熹：《四书章句集注》，中华书局 1983 年版，第 350 页。

绝望，并且此刻他要摆脱自己。"① 限于文化修养和社会阅历，陇东南乡村的自杀多属于这一种，且往往基于对贫困、疾病、孤独、乏味生活的无能为力以致绝望，一般女性多于男性，老人多于青年。另一种并非是对生活彻底绝望，仍留恋人生，但出于以自己的死亡换取子女、家人乃至团队的更幸福生活的考虑所采取的自杀。如有的家庭中孩子考上大学又无力承担起学费，父亲苦于自己卧床不起，平白地增加孩子的负担，于是选择悬梁自尽以减轻孩子负担。当然这种自杀未免存在消极成分。还有的自杀可能出于保护孩子的需要，宁愿将死亡的危险留给自己，以致不惜牺牲自己生命的。所以埃米尔·涂尔干认为，"人们把任何由死者自己完成并知道会产生这种结果的某种积极或消极的行动直接或间接地引起的死亡叫作自杀"，② 显然是有一定道理的。诸如此类的自杀，无论其出于消极还是积极态度，都或多或少地存在以死亡的方式获得解脱的动机，仍可视为死的解脱。不过此类解脱虽然可能博得人们道义上的同情，但并不一定能赢得习俗上的认可，仍可能面临死而不能正常进入祖坟的宿命。也许正是诸如此类看似不近情理的礼俗，才真正起到了约束人们不得轻易选择自杀行为的作用。虽然人们肯定入土为安的道理，但对自杀等非正常死亡者却往往在一定程度上爱莫能助其或力不从心。

陇东南乡村的人们能够坦然面对并解释死亡，大致有如下原因：

一为贫困。陇东南乡村生活的优势之一在于磨炼人的生存意志，而且这种磨炼可以说遍及衣食住行等最基本生活需要的各个方面。有了这个磨炼就可以清楚地知道什么是真正的贫困，什么是虚张声势乃至无病呻吟。也许一个人长期安于贫困并不困难，因为他根本不知道享乐的滋味；安于享乐更不难，因为他更没有贫困的感觉。难的是由享乐坠入贫困而不是由贫困转入享乐。因为贫困转入享乐本身即是享乐，只有享乐坠入贫困才真正是灾难的。但如果有一个人能从享乐到贫困再到享乐，那将是幸运的，

---

① ［丹麦］克尔凯郭尔：《致死的疾病》，张祥龙、王建军译，商务印书馆 2012 年版，第 21 页。

② ［法］埃米尔·涂尔干：《自杀论》，冯韵文译，商务印书馆 1996 年版，第 11 页。

这可能使他较之其他人能更全面地把握生存的价值和意义；但一个人如果由贫困到享乐再到贫困，那肯定是最大的灾难，也是最大的幸运，因为他可能更透彻地把握生存与死亡的价值和意义。对陇东南乡村的人们而言，似乎更多是属于长期处于贫困以致不知道享乐是什么滋味的。许多陇东南乡村的人们可能只听说了山珍海味，但很少有人真正品尝过。曾经有一个故事说，陇东南乡村的人曾去了一次县城，吃了一碗凉粉，觉得异常美妙，竟毫不犹豫地认定国家领导人一定顿顿吃的是凉粉。因为在他看来，世界上也许不会有比凉粉更好的美味佳肴了。"吃一顿又一顿，顿顿未脱洋芋蕃面；来一辈换一辈，辈辈不离镢头铁锨"，这几乎是陇东南乡村祖祖辈辈生活的基本写真。在 20 世纪初期，有老人临终前想尝一尝梨子的味道，全村人竭尽全力，翻遍所有人家甚至临近村庄都未能找到一颗，未能使老人死而瞑目，令后代留下遗憾。即使旧社会的那些大地主，所占土地相当于今天两三个乡，也不过能多吃几顿水磨小麦面，或多了几罐银子，也并不比今天的人生活得更好；曾有富汉夸口他们家的粮食三年也吃不完，即使碰上荒年吃墙皮也不会饿死人，他所吹嘘的不过是墙面用荞面上的光泥，但突如其来的一场火灾就使他家一贫如洗，人们普遍认为是这一富汉说话欺骗了上天，遭到了天谴。至于普通村民其困难的程度可想而知，有些人家即使在 20 世纪七八十年代也还是吃了上顿没有下顿，每年的粮食几乎等不到晒干便推成麦索吃掉了。近年来虽然有所好转，但距离富裕的生活，还有很大的差距。人们反思陇东南乡村贫困的原因，指出诸如红白事情的礼仪性消费、攀比显摆的愚昧性消费、吸毒赌博的腐败性消费，以及人口增长、医疗条件以及部分干部腐败等都是贫困的根源；但事实上，对陇东南等地的乡村来说，其贫困的真正根源在于劳动成本高、效率低，辛苦一年至多只能养活自己及其家人，仅能维持一家人最基本的衣食住行等生活需要，有些甚至连自己养活自己都做不到。即使能做到，终其一生也只是顾了自己的衣食住行，不可能有盈余，更不可能挣来更多的钱留给子孙。他们习惯了如此贫困的生活，才可能觉得死亡也没有多么可怕。虽然陇东南乡村谚语也有"人生一世，世间难离"的说法，但这可能仅仅是生的本能与死的必然之间的最具动物性选择的体现，并不能真正折射出陇东南乡村人们对死亡的独特认识。因为一个动物即使是马牛羊猪狗猫兔，看似没有更多灵性，也没有更高的生命智慧，但同样有对生命的最后留恋。相对来说只有那些深信灵魂不死，以及生死轮回的人可能会更洒脱或自然的态度。当然也不排除有些受尽苦难折磨，以致对生命没有任何留恋的人们，也毫不犹豫甚或有些期待地选择较为豁达的生命态度，以求最方便快捷地了结本来就没有多大希望，甚至从出生的那一天就能看到结局的人生。或者说在他们看来也许死亡才是一了百了，足以解决一切生存困境的最切实可行的办法和途径。

二为疾病。有人说："尽管肉体的死亡会毁掉人，但死亡的观念却能拯救人。"① 除非这些人是苏格拉底、海德格尔之类的生命哲学家，对人终有一死且能勇于赴死有深邃研究，"终有一死者乃是人。人之所以被叫作终有一死者，是因为能够赴死。赴死意味着能够承受作为死亡的死亡"②，或者是佛陀、老子、庄子一样的思想家，对生与死平等不二有着极其透彻的认识；否则大多数人似乎很难形成关于死亡的达观认识，理所当然也不可能达到拯救生命的境界。除非这些人生而遭遇无法治愈的疾病，以至对生命有如醍醐灌顶般的顿然觉悟，能将生而形成的诸如功名利禄、成败得失、悲欢离合等生不带来、死不带走的欲望一并放下，才能因顿然释怀、无所执着而获得心体无滞的生命智慧。对于陇东南乡村的人们来说，并不是所有人都会有这样的机缘和慧根。对有些陇东南乡村的人们来说，可能会久病成良医，但不可能形成对生命的顿然觉悟。虽然好多人家可能因为无钱看病，以致小病拖成大病，大病拖成不治之症，最后痛苦难熬，忍无可忍；也有些人家可能对一个简单的牙痛也无药可治，只能说出"牙疼不是病，疼死没人问"的谚语；更有些人可能因老年体弱导致身体器官衰竭，以致白天腰酸腿疼，夜晚辗转反侧，或者患上无药可救的

---

① ［美］欧文·D. 亚隆：《存在主义心理治疗》，黄峥、张怡玲、沈东郁译，商务印书馆2015年版，第32页。
② 《筑·居·思》，孙周兴编：《海德格尔选集》下，上海三联书店1996年版，第1193页。

老病或死病，有些生不如死的，也依然不可能形成对生命的顿然觉悟，倒是可以勉强削减他们对死亡的恐惧和焦虑，进而形成较为豁达的生命态度。因为即使子孙后代对老人再孝顺，对家人再爱护，又有谁能替父母或其他家人忍受身体的痛苦和折磨呢？也只有在这种情况下，有些人会毅然放弃治疗，以图尽可能减少医院的过度治疗乃至无效治疗，赢得生命的最后尊严和宁静。

倒是陇东南谚语所谓"来时一声哭，走时一身病"，从人生的两个极点高度概括了人们对生命的透彻把握：既表达了对出生的淡然，也表明了对死亡的坦然，同时也体现了对生命的超然。如果这一谚语作为陇东南乡村的人们对生命乃至死亡的终极体悟，那便意味着他们确实有着因对死亡的透彻观念而拯救了执迷不悟的人的智慧。人们可以满怀信心地指出：虽然死亡并不绝对是值得庆贺的喜事，也并不意味着对生命有什么积极的贡献，但如果因为久病不愈、必有一死而形成对死亡的不再恐惧和焦虑，那必然是一种值得庆幸的事情；倘若因为无法治愈，以至形成对生活的更为真诚、更为乐观、更为洒脱的态度和方式，那更是不幸之中的万幸。也可能在这种情况下更容易产生死亡观念拯救人的效果："死亡的观念不是宣判我们将以恐惧和黯淡的悲观主义方式存在，而是像催化剂一样将我们拉入更真诚的生活方式中，增加我们在活着时的乐趣。"① 或者说，对终有一死的不治之症患者而言，有些针对肉体的药物甚或手术治疗，可能并不见得比基于类似死亡观念的心理治疗更有效。对于陇东南乡村的人们来说最常见的心理治疗只能是借助诸如"好死不如赖活着"之类的谚语进行的自我抚慰。

三为孤独。与死亡相比似乎孤独更为可怕。这不是因为所有人都认定人能死而复生，认定灵魂不死，认定生死轮回，认定或进入天堂，或坠入地狱；而是因为孤独可以使人们有充分的闲暇时间认真地思考和推测死

---

① ［美］欧文·D. 亚隆：《存在主义心理治疗》，黄峥、张怡玲、沈东郁译，商务印书馆2015 年版，第35 页。

亡，尤其能够充分地推测孤独死亡的无可预料。死亡确实是人生的一个重要事件。这不是因为人必须死亡，而是人们确实对死亡没有更多的知识和经验，以至能使有人准备地死亡。虽然人们对自己的出生似乎也没有任何准备，但父母出于传宗接代的抚养使人们往往能躲过对出生的考量和担当，或人们也确实没有能力承担起自身出生可能遭遇的各种风险和责任，只能听之任之。所以遭到遗弃的婴儿对自己的生存现状和前途命运可能比一只小鸡还无能为力。正由于人们有充分的闲暇时间，才不能不考虑并接受必然死亡这种真相，且不得不直面孤独死亡的各种不可预料的可能。人们会清楚地懂得害怕死亡其实于事无补，既不能减轻对死亡的恐惧，也不能避免死亡的来临。纵使亲人全部在场也不能从根本上改变单独赴死的孤独，所以古代帝王总是安排一些人殉葬，以求在孤独的死亡中能够有人结伴而行。虽然好些人临死时可能昏迷不醒，也没有他们当初预想的那么可怕，但他们还是在最孤独的时候不可避免地想到孤独死亡的可怕，而且当他们想到临死时没有一个亲人在场陪伴就会更加平添这种恐惧感。虽然人们也可以用活着意味着没有死亡，死亡意味着不再活着来自我安慰，但他们根深蒂固地相信死后会在阴曹地府接受十殿阎君审判和惩罚的观念无疑会有理有据地加重他们对死亡的恐惧。西方人认为："害怕死亡是毫无意义的，灵魂得到安宁的唯一方法就是放弃对永生的渴望。"[1] 但这种自我安慰对有着根深蒂固的地狱审判意识的陇东南乡村的人们来说可能无济于事。

　　倘若陇东南乡村的人们是虔诚的基督徒，他们可以通过教堂的洗礼和周日的祈祷，进行以死亡为目的的严格训练，以使他们活着时便觉得长寿一文不值，而死亡却有可能得到上帝恩赐升入天堂，但陇东南乡村的绝大多数人并不是基督徒，且往往对洋教有天生的排斥心理；倘若陇东南乡村的人们信仰佛教或道教，也可能因为认识到生与死的无所分别而不再有所

---

① ［英］西蒙·克里切利：《哲学家死亡录》，王志超、黄超译，商务印书馆2015年版，第19页。

恐惧，但他们虽然不完全排斥求神拜佛，偶尔也会烧香点蜡，但真正能顿然生死的似乎并不多见。所以许多人实际上仍然过着一种似是而非，得过且过，闲时不烧香，急时抱佛脚的生活，他们仍然可能对长寿有着本能的渴望，对死亡有着莫名的恐惧。一个人没有到老年，整天忙于工作和家庭事务，可能没有过多闲暇时间体验孤独，但是年老体弱、不再操心家务和工作的老人，便有充分的闲暇时间惦记子女儿孙并将惦记视为核心工作，尤其是丧偶的老人这种情形更为严重。真正能够有造化修得老两口双双共赴黄泉的又有几人？即使一方去世刚下葬另一方随即去世的现象也较为少见。否则如果夫妻中一个离世另一个还活着，尤其擅长家务的妻子去世，擅长户外劳动却因为体力不支最终丧失户外劳动能力，且一点儿也不懂得家务的老年男子，其生活的艰难和孤独更是不言而喻。他们往往终其一生最为风光也最为引以为自豪的便是身强力壮，擅长农活，而且样样精通，但这一切随着年龄的增长和体力的下降，曾经的风光不再，对眼前的喂养孩子、洗锅抹灶、操持家务又一窍不通，甚至成为年轻儿媳妇最不能容忍的缺陷；倒是老年妇女常常能够替儿媳妇带孩子，能够操持家务，容易与儿媳、孙子们打成一片。所以在陇东南乡村闲居的老人常常比年轻人更感孤独，而闲居的老年男子常常比老年妇女更感孤独。加上近年来年轻人常常外出打工，生活和工作的压力也很大，能够一年半载得回家看望老人已是不易，更不用说有更多闲暇时间陪护老人，所以留守儿童的教育和空巢老人的赡养便成为陇东南乡村最大的问题。甚至有些调查报告称，全国各地区都有很多老人因孤独而自杀身亡。可见陇东南谚语所谓"儿在儿房，女在女房，老子撂在古房"已经成为当下乡村不争的事实。虽然陇东南乡村的人们对自杀身亡之类非正常死亡有诸多禁忌，而且也迫于社会舆论，并不轻易选择以自行了断的方式结束生命，但相对于没完没了、与日俱增的孤独恐惧，他们在内心深处也许更希望避重就轻，早死早解脱、早死早超生。也许是行将就木的缘故，人越是到了晚年便越可能对死亡的事情更加敏感，他们津津乐道的不再是谁家的媳妇生了儿子或女儿，考上大学找到工作，或谁家的马下了马驹之类的事情，而是某某村的某某人在某某地点因某某原因而死亡的事情。人们可以相信这种频繁谈论死亡尤其是熟人的死亡，更多的是出于意识层面对死亡的恐惧及潜意识层面对死亡的期盼。

四为乏味。按部就班的生活本来是最为乏味的，陇东南乡村老人沉闷烦琐、一成不变的生活就显得更加单调、乏味，而且陇东南乡村未老先衰的社会现象无疑更加速了这一生活感受在人们心灵世界的提前到来。有些老年男子待在家里一坐下便打盹，一睡下就清醒，他们雷打不动的最常见生活方式便是冬天在村庄家道里暖和处整天黏着阳光晒太阳，夏天绕着凉荫躲太阳，不时有几个同龄人说几句笑话，彼此解闷；如果是老年妇女，由于传统文化的影响往往不敢在大庭广众之下如同老头子一样晒太阳和找凉荫，于是便自己待在家里，或偶然有几个同龄人来串门唠唠家常，都是日复一日挨着等天黑天亮而已。要是加上身体不大好，疼痛难忍，便常常是白天挨不到夜晚，夜晚盼不到天亮，使她们因为对生活的厌倦和乏味，以致更急切地等待着死亡的来临，还时不时会在年幼不懂事的孙辈面前流露出诸如此类的感慨，觉得日复一日、没完没了的简单重复式生活已使她们觉得活着没有意义，而且得忍受腰酸腿疼之类疾病的困扰，还不如一死了之。无论出于哪一种原因，他们对晚年生活的厌倦可能远远超过了对生活的期待，才使他们情不自禁地流露出对死亡的期待。从这个意义上来说，包括陇东南在内的中国乡村往往不将丧葬办得十分沉痛悲哀，甚至倒有几分欢快或娱乐性质，也不是没有道理。虽然对于有亲情关系的子女来说仍然是沉痛悲哀的，但对其他人来说常常并不当白事情办，特别是对高寿的老人更是如此。也许道家的洒脱与随意，较之儒家的执着与拘谨，更适合于今天的社会现实。这既是人们对生命的无奈选择，也可能是一种力所能及的自我超越手段。虽然不能说生的痛苦可以成就死的快乐，但生的快乐确实可能增加死的痛苦。这种简单重复乏味的生活分明是造物主赐予陇东南乡村人们的一种最珍贵的礼物，使得他们不是将生的辉煌与死的悲哀同日而语，倒是更愿意将生的乏味与死的解脱相提并论。

有的人挖空心思想逃离的或不可能理解的生活，却恰恰构成了另一些人们祖祖辈辈赖以维持生计的生活常态，而且也可能是他们尽其所有苦撑起来的在他们看来已最光彩也最能拿得出手的生活情态。即使有人能参透这祖祖辈辈最终生活层次的深刻意义，并竭尽全力改变生活环境，但仍不足以改变生活于斯乃至老死于斯的大环境。这就是伟人与常人的根本区别：伟人改变自己且能改变大部分人乃至所有人的生活环境，常人却最多只能改变自己，充其量只能逃离其生活环境。能让人聊以自慰的只能是一个人要改变自己容易，要改变生活于此乃至老死于斯的环境却难上加难。也许正是这种难以改变的生活乃至环境往往能在很大程度上激发人们对生命产生最豁达而彻底的解脱欲望，以此有效克服对死亡的恐惧与对生活的留恋。贫困、疾病、孤独、乏味等往往是人们能普遍坦然面对死亡的根本原因，陇东南乡村的人们在这一点上似乎更有发言权。他们迫于贫困、疾病、孤独、乏味，以及无法改变的生活条件和环境等原因，自然较之生存条件较好地区的人们更能坦然接受死亡，且能将死的解脱看得更强烈而迫切。这也许并不是陇东南乡村的人们所独有的生存体验和死亡期待。菲利普·阿里耶斯指出："凡人皆不愿意与死神相遇。他们摇头推托，他们后退否认，但除了这类受惊后的自然反应外他们不会走得更远，既不怨天尤人，也不奋起反抗。他们只好认命，虽说不无遗憾。遗憾多见于富人，认命多见于穷人，只是比例不同罢了。"① 这是因为生活条件较好的人临终时往往贪图虚无缥缈的荣誉，及花天酒地、醉生梦死的奢靡浮华的生活享乐；而生活条件较差的人则既然无福享受诸如此类的功名利禄和奢华生活，倒无须过多留恋这一切本来不属于自己的身外之物。如果说人生来是平等的，那么只有在这一点上才能真正体现出来：生前享受快乐越多，临终留恋的痛苦便越多。

实际上这种解脱仍十分有限。因为肉体的死亡并不意味着一了百了，任何人即使是最神通广大的人，也不可能将自己直接带入坟墓，或如贾宝

---

① ［法］菲利普·阿里耶斯：《面对死亡的人》上卷，吴泓缈、冯悦译，商务印书馆 2015 年版，第 154 页。

玉那样幻想化作一缕轻烟，风吹云散，洒脱至极。必须付托子孙或他人料理自己的后事，这可能是每一个人最不可能真正洒脱的事情，这并不仅仅关乎衰老的奉养、死亡的丧葬和死后的祭奠，甚至关乎祖宗的祭奠和香火的延续。如滋贺秀三所说："对于人来说死并非为万事的终结，保护没有缺损的身体葬在祖坟，不管通过自然还是拟制无论如何也要被子孙永远不断地祭奠等等，对于人生来讲都是不可或缺的一部分，由此才是人生第一要完成的事情。死后的祭祀是和生前的奉养、死亡的丧葬一起构成儿子对父母的义务即'孝'的三样态之一。正像变老了的父母由于儿子的奉养而能感到幸福那样，死了作为鬼由于子孙奉献的祭祀而得到幸福。"① 陇东南乡村的人们虽没有十分强烈而明确的宗教信仰，但也不是所有人都有强烈而执着的无神论思想，他们对无法证明也无法证伪乃至半信半疑的事情，一般采取宁可信其有、不可信其无，或不可不信、不可全信的谨慎态度。这并不证明其愚昧，也不表明其明智，这实际上是基于人自身肉体生命的有限性，以及以有限的身体知觉感知世界的存在同时也感知自身的存在的人类不得已而采取无可奈何的选择。人们虽然可以信誓旦旦地认定耳听为虚、眼见为实，但不能因为今天看不到明天太阳的升起便认定明天太阳的升起是虚假的。科学和人类认知的有限性不能成为人们盲目迷信或否认灵魂的借口，其实迄今为止发展仍极为有限的科学并不像某些狭隘偏激的人那样简单肯定或否定灵魂的存在。如埃尔温·薛定谔便有这样的看法："意识或心灵的变成'多'似乎是一个非常有启发性的假说。或许是有单纯质朴的人以及大多数西方哲学家都曾经接受过这一假说。它几乎立即就导致灵魂被发明出来，有多少个身体就有多少个灵魂，同时也导致了这样的问题：灵魂是像身体那样会死，还是能够依靠自身而永远存在下去？前一选项令人厌恶，而后一选项则径直忘记、忽视或否认了复多性假

---

① ［日］滋贺秀三：《中国家族法原理》，张建国、李力译，商务印书馆 2013 年版，第 121 页。

说所基于的事实。"① 虽然人们可以指责陇东南乡村的人们孤陋寡闻，但在对待灵魂不灭问题的认识态度方面却无疑走在了科学的前面，而且明显超越了某些极端论者的狭隘和自负。

陇东南乡村的人们对魂魄往往半信半疑，认为人是有魂魄的。魂是阳气，构成人的思维才智；魄是阴气，构成人的感觉形体。魂魄协调则人体健康，魂魄离散则人死亡。死后往往魂归于天，魄归于地下，而且也糊里糊涂相信道教"三魂七魄"之说。对陇东南乡村的人们来说，疾病乃至肉体死亡所具有的解脱之美较为有限，甚至不能说是真正的死亡，只能是生命进入另一状态的体现。即便如此，也毕竟有着摆脱此生肉体乃至贫困、疾病、孤独、乏味的特点，因此说具有解脱之美也不算过分。从宗教的意义上讲，陇东南乡村的人们所获得的解脱其实是有限的，充其量只是一种对肉体痛苦的解脱，并未涉及灵魂的彻底解脱。因为其实很多人并不笃信基督教、古埃及原始宗教，也不怎么信仰藏传佛教乃至净土宗，他们对灵魂有无的认识也只是停留在看似真理的朴素常识的层面，而很多常识其实只是以看似真理的形式存在的错误认识，伟大科学家乃至思想家的任务便是证明诸如此类看似真理的错误常识的真相，使人们获得更接近真理的认识。也正因为陇东南乡村的人们所追求对于死的解脱，在宗教层面来看并不意味着灵魂的彻底解脱，因此不可避免地要面对生命的最终审判。所谓基督教、古埃及原始宗教，以及藏传佛教和净土宗等寻求灵魂的最终解脱或免于地狱审判之类的教义，对于那些根本不相信灵魂不灭以及地狱审判的人来说，可能只是编造出来借以告诫和警示的说教，但仅告诫和警示人们弃恶扬善，以求维持正常社会伦理道德秩序，或借以抚慰人心以求获得心理平衡的一种手段和措施，也并非一无是处。

由于死的解脱之美的有限性，才使宗教信仰有了举足轻重的诱惑力。人们甚至可以毫不怀疑地说，几乎所有宗教信仰其实都是为死亡做准备的

---

① ［奥地利］埃尔温·薛定谔：《生命是什么》，张卜天译，商务印书馆2014年版，第93—94页。

宗教信仰。如西蒙·克里切利明确指出，基督教就是一个为死亡做准备的宗教。它是一种以死亡为目的的严格训练，这是一种活着时就认为长寿一钱不值的死亡宗教。克尔凯郭尔指出，从基督教徒的而不是世俗的观点看来，生理的疾病是致死的疾病，因为死亡无疑是疾病的终点，但这里的死亡却不是最终的结局。伊斯兰教亦然，如安萨里指出，牢记死亡的功能在于：促使人们远离红尘，启迪人们准备后世。真知灼见就是知死亡，坟墓属于活人，因为活人知道亡人在墓中，但不知道他们在墓中的情形。目睹属于亡人，因为他们亲见了坟墓——或者是乐园的一座花园，或者是火狱的一个坑。《瑜伽经》亦云："死亡是能由不可见的出生感知的和果报确定的业共同展示的原因。"这实际上是说，死亡处于过去果报确定的业已经结束以及造成未来不可见出生的业即将开始。

陇东南乡村的人们并不都信仰宗教，没有对宗教信仰和教义的执念，从而对死的解脱之美有了较为通达的认识和平静的态度。如皇甫谧有谓："夫人之所贪者，生也；所恶者，死也。虽贪，不得越期；虽恶，不得逃遁。形神不隔，天地之性也；尸与土并，反真之理也。今生不能保七尺之躯，死何隔一棺之土？然则衣衾所以秽尸，棺椁所以隔真。""夫葬者，藏也，欲人之不得见也。夫而大为棺椁，备增存物，无异埋金路隅。"① 但这并不意味着所有人都对死亡乃至丧葬有如此超然达观的认识和态度。虽然有些人口头上有类似于皇甫谧的态度，但实际上真正能泰然处之、心若无事者并不是很多。因此包括陇东南乡村在内的中国乡村还普遍保留着厚葬的习俗，甚至有"死人不吃饭，家产分一半"的说法，有些地方更是出现了极端的薄养厚葬，出现"活着不给一碗饭，死了宴席摆一院；活着不给一尺布，死了寿材砖箍墓；活着不给穿和戴，死了绸缎身上盖"的情况，这确实值得深思。

陇东南乡村的人们在死亡的解脱方面似乎也有不很到位之处。虽然他们迫于经济原因不可能像城里人那样对行将去世的病人施行看似合乎情理

---

① 皇甫谧：《笃终论》，郭汉儒：《陇右文献录》，甘肃文化出版社 2014 年版，第 63—64 页。

但实际上可能是无效的而且过度的临终抢救，但他们也会尽可能将家人乃至亲戚呼唤来，围着行将去世的人号啕大哭，以示对逝者爱戴，而且许多人将聚集于逝者面前陪伴逝者咽下最后一口气看成是逝者的福分和造化，认为临终陪伴的亲人越多，逝者越有福分和造化。他们往往将此时此刻的哭泣，看作亲人的真情流露，如果过于理性冷静而不落一滴眼泪的，反是要遭到亲人的谴责。尤其是异姓亲人之间（如夫妻之间或逝者与继父母与继子女之间）的眼泪被看得更加重要，常常被视为衡量和考验其真实情感的主要方式。

不能说陇东南乡村对人丧葬仪式尤其七七乃至百日、周年和三年，以及所念诵经卷等均有自己独特规定和讲究，或真正符合生命活动过程和逻辑，但按传统习俗，结合道教和佛教相关戒律和规范严格执行，特别是在不明原委的情况下仍按部就班、不折不扣加以执行的情形，在陇东南地区还是较为普遍的，至少在某种程度上折射出孝子对亡灵乃至天命的敬畏。因为如果不严格执行相关仪式和程序，将至少可能面临两个方面的考验：一是亡灵是否能顺利通过阴曹地府的考验和审判，能否少遭受一些酷刑折磨，这关系亡人死后的安妥与顺通，虽然有些不一定十分靠谱，但倘若真有这样的事情，一旦因丝毫马虎而陷亡人于不利，这毕竟是一件百身莫赎的罪过；二是即使亡人在阴曹地府遭受酷刑折磨等都是人为编造用来教化未亡人笃信因果、珍惜人身福报、谨慎生前言行的，也未必能经得起活人的舆论批评，因为祖祖辈辈流传下来的乡俗，虽不一定十分合理有效，但没有谁敢肆意改变。人们对无法证实也无法证伪的事情最好入乡随俗，尤其对诸如赎罪、消罪和超度亡灵之类的事情往往"宁可信其有，不可信其无"。相对于丧葬乡俗，结婚习俗的革新便可能随便得多，有些地方已融入某些城市甚或西方元素。

陇东南乡村的丧葬仪式，特别是孝子通过一而再、再而三的陪伴亲戚邻里恸哭祭拜，以及向一个个前来吊丧的亲戚邻里一次次还礼叙说死亡原委，借以间断性释放其痛失亲人的悲哀情绪的吊丧仪式，其实也是对孝子向亡人尽情尽孝义务的一次次解脱。借助这种看上去并不十分刻意和造作、也不十分隆重和肃穆的仪式，孝子通过公开、正当而合乎情理的方式，按照前来吊丧的亲戚邻里的时间间隔，有所间断地表达自己的痛失亲人的失落感甚或追悔感，亲戚邻里也借此机会合乎情理地说些节哀顺变的宽慰自重的话。人们自觉或不自觉地营造了一种亲人无意识释放诸如悲哀、追悔等情绪的机会，并在这种释放情绪的过程中也不断使得孝子和亲戚邻里一次次确认亲人已经离世的事实，为使孝子在本能情感、道德良心、责任义务、礼仪舆论等方面逐渐释放情感和心理压力，获得情感和思想的解脱创造了条件。迪萨纳亚克这样评说道："哀悼仪式的时间结构如此简单，它确保了一个人的失落情感和想法在规定的时间里将被复述。即使一个人可能没有有意识地拥有适当的哀悼情感，但这种相继布施的习俗确保这些情感可以被引发出来。这种规定的正式仪式成为个人感受并公开表达他们的悲伤的契机甚至是原因。"① 养儿防老是陇东南乡村一个极为重要的习俗，它不仅是生而为人的每一个人最终得以入土为安并获得肉体生命解脱的基本条件，而且也是作为孝子对生身父母长辈尽孝的主要体现形式；既成全了父母长辈的肉体生命的解脱，同时也是成就了子女对父母长辈尽情尽孝责任义务的解脱。

（二）死的审判之美

宗教对于死亡终极审判的构想和观念，往往看似迷信且令人恐惧，但在一定程度上却发挥着弥补现实道德法制监督之空缺的作用，并具有抚平人们心灵乃至精神创伤的功能，同时可能还有规范行为、维护社会公平正义的用处。"人的生命就有如一个漫长的诉讼程序，其中的每个行为都将受到某项法令或至少是某些执法人员的审判。"② "临终者的情，他的眷

---

① ［美］埃伦·迪萨纳亚克：《审美的人》，商务印书馆 2005 年版，第 79 页。
② ［法］菲利普·阿里耶斯：《面对死亡的人》上卷，吴泓缈、冯悦译，商务印书馆 2015 年版，第 134 页。

恋，他的一生都将在其中受到审判，临终者的命运将在此最后一次被决定。"① 陇东南乡村的人们较之城里人更易于克服对死亡的恐惧与对生活的留恋，但不意味着这一解脱便是真正意义上的终极解脱，对已习惯于死后必须到十殿阎君那里报到接受更公正、严酷的终极审判的观念的中老年人来说尤其如此。虽然多数人年轻时并不相信灵魂，并不认可什么终极审判，天不怕、地不怕，但往往随着年龄的增长和生活经验的丰富，这些人也慢慢变得不那么肆无忌惮、为所欲为了，相当多的一部分人甚至可能走向其反面，变得战战兢兢、如履薄冰。他们越来越相信"积德虽无人见，行善自有天知"、"积德无需人见，行善自有天知"、"人恶人怕天不怕，人善人欺天不欺"，对某些本身无法证实也无法证伪，以致有些似是而非的事情，不再用简单的有与无、对与错之类的非此即彼思维模式来判定和选择，而是用诸如"不可不信、不可全信"之类看似更迂腐、更保守、更折中的陇东南乡村谚语来作为判断和选择的思想基础。他们不再盲从看似明理实则武断浅陋的政治说教，也不再盲从看似科学实则子虚乌有的伪科学；他们既不用所谓唯物论的观点简单来坚决否定，也不喜欢用某些所谓西方科学家证实善恶有报是科学而非迷信的说法来蒙蔽自己；即使碰到一些有失公允的事情，甚至他们本人遭遇了明显并不公正的待遇，也往往会自觉或不自觉地用精神胜利法来自我安慰和调节。虽然这种精神胜利法可能是一种弱者的叹息或失败者的自慰，但这种自慰自愈法仍然有其存在的价值。

陇东南乡村对亡灵尤其阴曹地府及终极审判有较为系统的构建和传说，而且多是基于道教和佛教的某些系统阐述。陇东南乡村的人们一般把人的生命形态分为三种：命根终谢，叫作无有；生后死前，叫作本有；两身之间，叫作中有。所谓中有亦称中阴，为死此生彼阶段，也就是从死亡到超生的这一阶段。一般亡者大多经过中有阶段，但极恶极善之人往往有所例外。极恶之人往往不待命终，便已堕地狱。《观无量寿佛经》有云：

---

① ［法］菲利普·阿里耶斯：《面对死亡的人》上卷，吴泓缈、冯悦译，商务印书馆 2015 年版，第 141 页。

"以恶业故，应堕地狱，命欲终时，地狱众火，一时俱至。"① 极善之人，临命终时，往往现种种瑞祥，或如净土宗说法，往往天乐盈空，得佛菩萨接引至西方极乐；或如禅宗密宗说法，往往生死一如，随意来去。他们往往预知时限，毫无病苦，即入禅定。死位中有之所谓中阴身，往往以七日为周期，七七四十九日为终了，这恰与《周易》所揭示阳气自剥尽至复来共七天的天道循环规律相符。《周易·复》有云："反复其道，七日来复，天行也。"王弼注曰："阳气始剥，尽至来复，时凡七日。"孔颖达疏曰："天之阳气绝灭之后，不过七日阳气复生，此乃天之自然之理，故曰天行。"②

关于七七乃至百日、周年、三年的地狱终极审判，参考《地狱变相图》、《诸经佛说地狱集要》等典籍中的阐述。一般认为，一七为第一殿秦广王，至仁至孝，统辖人间寿命之长短。经由各地城隍、土地、查察司汇报，由秦广王亲审宣判，功过相当者免受其刑直转第十殿转轮王处，或按其生前所造善恶发放投胎，或男或女，或贫或富等承受其果报。二七为第二殿楚江王，光明正大，司掌活大地狱。堕此罪犯多是违伦常、乱法纪、造孽无数、至死不悔之徒。按罪分发上中下之狱，随业轻重各受其报，或一或多处受报，至十六处之多。三七为第三殿宋帝王，疾恶如仇，对散布邪说、胆大妄为、忘恩负义、残酷成性、为恶狡辩者等绝不宽恕，必押本殿所设之地狱。四七为第四殿五官王，正气凛然，洞彻世界各地罪犯心理，尤为痛恨无情无义、忘恩背德之徒。五七为第五殿阎罗天子，中庸仁德，凡来此殿亡魂有申诉权。六七为第六殿卞城王，刚直不阿，司掌北方大叫唤地狱，堕此尽是借宗教之名行恶背德的心险面善、狡猾善辩的伪君子。七七为第七殿泰山王，司掌燋热大地狱。凡生前所造杀、盗、淫或邪见、邪行、妄语、酒惑等恶业，经前狱刑报，余习犹存，堕四面炽火之中烧尽宿世一切恶习与身份，方有出离机会。

---

① 《观无量寿佛经》，《净土宗经典精华》上，宗教文化出版社1999年版，第55页。
② 《周易·复》，《十三经注疏》上，上海古籍出版社1997年版，第38—39页。

以上七七四十九日为慎终期，是亲属为亡人修福追荐，可使其由劣地转为胜地的时期。陇东南乡村流行的七七超度亡灵恰似莲花山大士《西藏度亡经》之导示，均与七日为一周期相合。《地藏菩萨本愿经·利益存亡品》所云："临命终时，父母眷属，宜为设福，以资前路。或悬幡盖及燃油灯。或转读尊经、或供养佛像及诸圣像，乃至念佛菩萨，及辟支佛名字，一名一号，历临终人耳根，或闻在本识。是诸众生所造恶业，计其感果，必堕恶趣，缘是眷属为临终人修此圣因，如是众罪，悉皆消灭。若能更为身死之后，七七日内，广造众善。能使是诸众生永离恶趣，得生人天，受胜妙乐，现在眷属，利益无量。"[1]《梵网经》亦云："父母、兄弟、和尚、阿阇黎亡灭之日，及三七日，四五七日，乃至七七日，亦应讲说大乘经律。"[2]《释氏要览》云："人亡每至七日必营斋追荐，谓之累七，又云斋七。"[3] 做七通常皆礼请法师莅丧宅或家属至寺院做佛事，其余六日，家眷可自行为亡者念佛或诵经。因中阴身虽名七日历一死生，实则每一动点皆有可能投胎，故应每日为其念佛回向。如周五往生，下周四为头七，下下周四为二七，再下周四为三七，以此类推。但凡做七宜提前一日，即每周三做，恐其于每一动点皆可能投胎，类似习俗也见于道家。陇东南乡村许多地方亦流行三日小殓，七日大殓乡俗，大殓时才能盖棺封钉。这也是考虑到亡者在三日内其神识尚未完全离开，亦有可能复苏，一七日之后神识才能完全脱离尸体，所以一般得考虑七日后方可下葬。现在许多地方往往掐头去尾，更有甚者，三日不到即火葬之。若有人家急于三日或三日内下葬，往往会遭到舆论谴责，认为只有不肖子孙才将亡人草草掩埋了事。现在城里人往往由于工作乃至设灵等多有不便，往往三日火葬亦属无奈，当然日久亦成民俗。陇东南乡村佛道统一的乡俗往往只考虑亡人在阴曹地府接受审判和后人在阳世三家请人念经赎罪的内容及其仪式，藏传佛教更强调亡人在中有阶段可能存在的诸多脱离六道轮回苦海的提醒

① 《地藏菩萨本愿经》，《佛教经典精华》下，宗教文化出版社 1999 年版，第 486 页。
② 《梵网经》，《佛教十三经》，中华书局 2010 年版，第 89 页。
③ 《释氏要览校注》，中华书局 2014 年版，第 540 页。

和导示。如果说汉地更强调生前行为尤其罪孽的后果，藏传佛教则不仅强调生前更强调临终放下对生与死、成与败、得与失的执着。更确切地说，汉地主要将放下对生与死、成与败、得与失的执着的要求集中于活着的本有阶段，藏传佛教则将其贯穿于活着与死亡的全部过程。汉地认为，亡人在阴曹地府的优待和遭遇往往基于生前因果，死后只是接受这种果报；藏传佛教还为人们提供了通往出离生死轮回的最后通道。或者说，藏传佛教对死亡的研究可能更为全面、细致和深入，尤其强调不得以痛哭乃至吵闹打扰亡人，致使其心生怨愤，反倒不利亡魂超度和升入极乐。包括陇东南乡村在内的汉地乡村却将丧礼办成了大肆挥霍、吵吵闹闹的热闹场面。

慎终期过后，还有百日、周年、三年仍可追荐，为追远期，佛道典籍里也有较为详尽的记载。陇东南乃至中国乡村关于地狱及灵魂的终极审判因循地方传统形成了一套较为完整的认知体系，而且可能有相应宇宙观、人生观和世界观的支持。虽然佛、道教对地狱的说法有不同的阐释，例如道教之《灵宝经》有十二大地狱之说，《三十六部尊经》却有二十四地狱之说，佛教也有八大地狱和十八地狱等不同说法；陇东南乡村的人们也不一定说得清楚，但这并不影响他们对生前有罪孽的人死后必入地狱遭受惩罚的认知。尽管如阿诺尔德·范热内普所说，"不同民族对这些无家可归的亡者有不同界定范围"①，但大体不离自杀、他杀、雷劈、电击，及其他因违背禁忌而亡者。所有这些人，不仅在地狱得接受更严酷的刑罚，在陇东南乡村习俗中还不得埋入祖坟。

一些人想从简办丧事，迫于舆论乃至乡俗压力不得不办。陇东南乡村的人们可以从简办婚事，但很少有人敢从简办丧事。虽然从简办婚事会遭到一些人的批评，但这种批评常柔弱无力；而如果从简办丧事，尽可能缩小接待范围甚或缩短丧事时间，在三天之内完事的，便可能遭到绝大多数人的非议。不仅要遭受吝啬的骂名，而且得落下不肖子孙或不仁义的诅咒。有些主家明知道某些方面存在铺张浪费甚或杂乱无章现象，也只能睁

① ［法］阿诺尔德·范热内普：《过渡礼仪》，张举文译，商务印书馆2012年版，第160页。

一只眼闭一只眼，因为按陇东南乡村习俗，作为孝子应陷入悲痛，全神贯注于尽孝，而不是斤斤计较于一些具体开支。有些信仰佛教的老人虽再三叮嘱子女其丧事从简，尤其不能大声恸哭，但后人并不懂老人叮嘱的深层意义，以为仅出于节俭原因便当面驳回，而且越觉得愧对老人的孝子越可能将丧事办得轰轰烈烈、有声有色，极尽铺张浪费之能事，以其表达对亡人的追悔之意，即使事后反思遗嘱也不觉得有何不妥。为期五六天、七八天乃至十余天的丧礼及诸多仪式，虽然使得主家也格外心烦意乱、不得安宁，但因对亡人灵魂在黄泉路上的遭遇没有十分的把握，必须得邀请僧道两家赎罪读经，于是僧道抑扬顿挫的念诵声、吊祭人声嘶力竭的哭叫声、劳客张罗丧事的猜拳行令声、成群结队孩子嬉戏取闹的吵闹声，还有与时不时前来凭吊或祭祀用震耳欲聋的爆竹声等交织在一起，构成了极不和谐甚至明显有些杂乱无章的"交响曲"，客观上营造了一个极不利于亡人灵魂安宁和得到造化的氛围。明恩溥对中国漫长繁复丧礼的批评不无道理。他写道："在中国，没有比安葬死者更刻板繁复的其他方式。仪式是中国民族的生命，而中国人对礼仪的绝对遵从是除葬礼外的其他场合绝对见不到的。"① 明恩溥有所不知的是，中国人大张旗鼓操办丧事，并不仅仅因为面子的缘故，更重要的是出于对死者的敬重，及死者生前德行和威望的影响力，有所谓"大顺者，所以养生、送死、事鬼神之常也"②。这也并非仅仅是中国乡村的一种特殊礼仪，在世界各地似有一定普遍性，E. A. 韦斯特马克也有这样的阐述："虽说对死者的崇拜首先是源于人们对死亡的神秘感，但一个人生前所受到的尊敬显然也影响到他的亡灵所受到的敬奉。"③ E. A. 韦斯特马克同样有所不知的是，中国大操大办丧礼的原因，不仅出于对死者的尊敬，及死者生前的威望和影响力，更重要的是出于生者超度死者出离生死轮回之苦的努力和祈盼，以及对自己死亡的基于因果的必要准备。

---

① ［美］明恩溥：《中国的乡村生活》，电子工业出版社 2012 年版，第 130 页。

② 《礼记·礼运》，孙希旦：《礼记集解》中，中华书局 1989 年版，第 620 页。

③ ［芬兰］E. A. 韦斯特马克：《人类婚姻史》第 2 卷，商务印书馆 2015 年版，第 801 页。

　　几乎没有人认为地狱是美的，但所有这些如果只是对生前犯有罪孽的亡人的一种罪有应得的惩罚，只是对得过且过、执迷不悟的活人的一种警示，那么这种惩罚和警示便有着超乎寻常的教育意义，至少借助对有限世界的延伸，能够有效补充和完善有限世界的道德和法律。正由于有这种震慑和警示，才使陇东南乡村绝大多数人大体懂得"诸恶莫作、众善奉行"这一人生戒律和生命信条，以至格外珍惜作为人这一难得福报，以防在地狱受到种种酷刑和审判，堕入六道轮回。

　　也许并不是所有陇东南乡村的人们都能够明白无误地讲清楚十殿阎君、十八层地狱以及各种各样的刑罚的名称，但几乎没有人不知道死后得去地狱接受审判的传说。只是相对来说，越是生平无愧于心的人，越可能在晚年期待有这种终极审判；而越是做贼心虚的人，越可能惧怕这种终极审判，且越是惧怕这种终极审判，越可能更多生前便受到终极审判的精神煎熬。人们可能并不乐意这种审判，但由于这一切不可避免，也只能听之任之，而且很多人都可能听人说过，自家灶君亦称为灶爷往往掌管一家人生前罪孽的记录并报告任务。他往往每月月底最后一天晚上上天言人罪过，大过一次减寿三百天，小过一次减寿三天；每年腊月二十三或二十四日上天整体言人罪过一次，腊月三十晚返回。有些人也清楚地知道，真正的罪过其实不是靠灶君记录和汇报，而是自己记忆的，所谓十八层地狱的种种恐怖景象都是自己孽相现形的必然结果。一切罪孽都是自己自私自利之心导致，一切酷狱都是自己恶孽感召的结果，而且因果相循，纤毫不爽。"孽镜台前无好人，狡狯奸诈难遁形"、"善恶终经因果秤，举头三尺有神明"、"各人吃饭各人饱，各人因果各人了"，这些认识是包括陇东南乡村在内的中国乡村的人们数千年来循规蹈矩的真正原因。因为现世法律必有所疏漏，所以有些人总是抱有侥幸心理；道德虽然无所不包，但常常依赖人们的良心以及社会舆论，对于心理素质特别好以至刀枪不入的人往往软弱无力、无济于事；真正行之有效的只能是疏而不漏的自然法则乃至地狱审判。陇东南乡村有些人可能不怕道德和社会舆论谴责，也不怕政治法律的制裁，但他惧怕自家村庄的山神土地乃至家神的惩罚，这便是基于对灵魂、因果和地狱终极审判的疑虑和敬畏。想必佛教所谓世间一切皆空而因果不空的说法，对陇东南乡村的人们也不无影响。

这不是因为明恩溥所谓"许多中国人处事的指导思想是来世的享乐比今世的需求更为重要"①，而是因为陇东南乡村的人们更明白今世得考虑来世的宿命和果报，否则将可能导致百身莫赎的罪孽。值得注意的是，基督教强调人生来有原罪，要求信徒们必须在活着的时候经常到教堂去忏悔和反省。陇东南乡村也强调反省，但这种反省往往不是基于生来就有的原罪，而是基于为人谋而不忠、与朋友交而不信之类道德层面的缺憾和不足，至多也是类似咎由自取的果报。诸如此类的缺憾和不足、罪过乃至罪孽，往往并非生来俱有的原罪，而是自身行为的必然结果，而更多不是生前得到惩罚，而往往是在死后。基督教也不否认地狱酷刑和审判。在他们看来，死亡对基督徒来说可能是喜悦，是最后的胜利；但对非基督徒来说，不是呼唤他们平静地等待死亡，而是用临终劝诫和祈祷的机会来提醒其死亡已迫在眉睫，于是以种种地狱酷刑和审判来强化其对死亡和地狱审判的恐惧，警示其及时悔悟。有鉴于传说的种种清规戒律，陇东南乡村的人们非出于不得已，一般不会对地狱审判乃至丧葬仪式稍有马虎甚或肆意冒犯。

人们认为死亡作为人世间最为公平的事件，是对所有人成败得失、贵贱贫富的一笔勾销和全部归零。这也是陇东南乡村的人们宁愿相信地狱审判的原因，在他们看来，只有灵魂、因果报应及地狱终极审判存在，才可能使现实世界遭遇的并不公平的事情，最终得到审判；如果没有这种终极审判，有些人生前作恶多端，一旦逃脱现实法律的制裁，便可一了百了；有些人安分守己、勤勤恳恳，一辈子未得到人们的理解和尊重，也可能最终灰飞烟灭。这其实表达出人们对现实法制疏漏的不满，同时也彰显了人们追求公平公正公道的信念和理想。陇东南乡村流行的谚语有"善有善报、恶有恶报，若要没报、时辰未到"、"人在做，天在看"、"举头三尺

① ［美］明恩溥：《中国的乡村生活》，电子工业出版社 2012 年版，第 130 页。

有神灵"、"若要人不知，除非己莫为"等，都体现了人们对终极审判的敬畏，同时也是对现实公正的追求。这其实也是中国文化传统的有机组成部分。古代文化典籍诸如"作善降之百祥，作不善降之百殃"①、"获罪于天，无所祷也"②、"祸福无门，惟人所召"③ 之类的说法，都是对这一普遍理想的经典阐述。虽然现代理性已经使所谓的地狱审判失去了"市场"，但陇东南乡村的人们往往从幼小时候便开始以各种形式有意无意地接受了诸如此类绵延几千年的文化传统的影响，使他们关于灵魂、因果和终极审判的观念根深蒂固。他们虽然不能像古人一样系统阐述出来，但他们往往可以借助祖宗流传下来的各种各样的民间传说，以及有些人活灵活现的亲身经历不断印证和强化着这样的观念。

地狱酷刑和终极审判看似极为惨烈，有着血腥恐怖的特点，甚至可能是一种丑的极致，但这种丑的极致显然有着一般意义的美所没有的功能和价值，甚至可视为绝无仅有的美的极致和典范。这种基于地狱的酷刑和审判作为人们的想象重构，显然是对生死这样的生命事件的富于宗教色彩的重构，而不是一般意义的心理学重构。因为无论心理学家采取什么学科视域和研究方法，他们都不可能超越心理学作为科学自身的局限性；而地狱和终极审判作为类似宗教的重构，显然有着超越科学自身举行的价值和意义，往往越是在科学力不从心的领域和高度，越可能发挥其无法替代的抚慰人心、安顿生命乃至灵魂的价值和意义。它所弥补的甚至不仅是现实法治和审判的局限，而且是科学和生命认知的局限，是对现实法制和法治，以及科学和生命认知的基于宗教的有效完善和合理想象。不仅可以弥补法律法规的缺憾，而且能够弥补科学和生命认知的缺憾，达到法律和科学所难以达到的有效抚慰人们心灵创伤、重构公平公正公道的理想秩序的目

① 《尚书·商书·伊训》，《十三经注疏》上，上海古籍出版社 1997 年版，第 163 页。
② 《论语·八佾》，朱熹：《四书章句集注》，中华书局 1983 年版，第 65 页。
③ 《左传·襄公二十三年》，洪亮吉：《春秋左传诂》下，中华书局 1987 年版，第 564 页。

的。如荣格所说："一切宗教都是对灵魂的痛苦与混乱的治疗。"① 值得一提的是，这种地狱酷刑和终极审判还有着西方基督教和但丁《神曲》所没有的豁达明智，它不再以信仰至高无上的唯一神灵作为终极审判的至高无上的唯一依据，而主要是以生前所作所为是否合乎人类普遍的伦理道德规范作为最高评判标准，这使得陇东南乡村丧葬礼仪和仪式本身所蕴含的地狱酷刑和终极审判尤其因果报应思想有了更宽广的社会基础，及维持社会正常秩序的强大力量。

虽然包括陇东南乡村在内的中国乡村执行丧礼仪式和程序不折不扣，往往会导致适得其反的结果，但人们苦于各种原因还是不敢稍有马虎，尤其出于对地狱审判的心有余悸。这里面包括有些对地狱审判不大相信的人，更包括对这一终极审判信以为真的人。如果说红色作为结婚乃至生命之色，往往以新娘子盖头为标志，那么白色在陇东南乡村显然为丧葬乃至死亡之色，常以孝服为标志。爱娃·海勒指出："白色的丧服是没有光泽的白色并从不用闪光的面料制作，人们使用未经漂泊、最朴素的面料，如同黑色的丧服一样，白色的丧服也同样表达了悼念者对自我表现的放弃。"② 陇东南乡村的人们长期采用自家纺织的白色棉布作为孝服，除了因为取材方便，主要还是出于用未经加工和修饰的白色粗布来寄托对亡人的不折不扣的悲哀情绪，后来由于自家纺织棉布的日益稀缺，也逐渐采用机器制造白布代替了自家手工纺织的棉布。爱娃·海勒还认为："白色丧服主要来源于宗教的转世思想，转世思想不把死亡当作对世界的最终诀别。"③ 陇东南乡村绝大多数人确实相信六道轮回，有些虽然半信半疑，但在对待丧葬仪式方面却不敢稍有马虎，只是很多人并不一定能将白色孝服与生死轮回联系起来，也不一定将死亡作为对世界的最终诀别或对生命的最终审判，更多可能是将死亡作为生命的一种状态结束与另一种状态的

---

① ［瑞士］荣格：《金花的秘密——中国的生命之书》，张卜天译，商务印书馆 2016 年版，第 55 页。

② ［德］爱娃·海勒：《色彩的性格》，中央编译出版社 2015 年版，第 208 页。

③ ［德］爱娃·海勒：《色彩的性格》，中央编译出版社 2015 年版，第 208 页。

开始来认定的。对亡人来说，往往是一种相对松散粗放的生命状态的结束和另一种相对更严酷、更受限的生命状态的开始。陇东南乡村乡俗要求孝子们必须披麻戴孝，且色彩一律为白色，但并不意味着要求所有参加丧礼的人们都必须着白色丧服。要求必须着白色丧服的仅限亡人亲属，有些虽有血缘关系，如果超出五服、辈分相对较远，也不一定必须着孝服。陇东南乡村对着孝服也有严格规定：一般五服之内的孝子，仅限男子披麻戴孝，是为生孝，孝帽常用麻纸黏糊而成，其中长子、长孙、长重孙、长曾孙的孝帽顶部多出一个后折的窄条扇子；另外娶过门的儿媳、孙儿媳妇等也得着生孝；但嫁出去的女儿，及其他亲戚、亲房人等只能戴用白布做成的孝帽，为熟孝，借此以示家人与亲戚的区别。在陇东南乡村的人们看来，娶进门的儿媳、孙子媳妇儿都属于家人，而嫁出去的女子却是亲戚外人。陇东南乡村孝服一般为大白布所缝制的白布长衫，衣襟齐小腿，当然也得视家境而定。所有孝子都备有挂棍，是为孝棍，多用柳树枝截割而成，外旋绕缠有白纸索，其中曾孙孝棍多用红色纸条缠裹。陇东南乡俗规定着生孝必须忌垢痂，也就是在七七四十九天，乃至百天，甚或更长的三年之中不得洗脸、剃须、理发；如果不能恪守这一习俗，便只能放弃着孝服。这一习俗现有所弱化和权变，但作为亲生孝子至少得不折不扣忌四十九天垢痂，虽然不一定不洗脸，但只能尽量少用洗脸水。其他人等可不必拘泥于此礼数，但正如参加婚礼，虽不必人人穿着大红大紫，却也最好不要故意穿黑白两色衣服一样，他们约定俗成地认为进丧场或参加送葬仪式原则上以黑白两色为宜，也可着红色之外其他色彩的衣服，但最好不要穿得花红柳绿尤其红红火火。这一方面体现对死者的敬重、悲痛和哀思，另一方面也体现对活人尤其孝子的同情和尊重。

（三）灵魂的不灭之美

儒、释、道文化作为中国传统文化的基本精神，对陇东南乡村的人们宏观层面的影响并不完全相同：虽然有人提倡儒为表、道为骨、佛为心，但更多的人只是以佛教为体肤、以道教为骨骼、以儒家为骨髓，或者说佛教的意识体现于意识层面，道教的意识只存在于潜意识层面，真正最为深刻、最为持久、最为原始的无意识层面却属于儒家。更具体地说，大多数人只是将佛教看成遭遇重大不幸和变故之后用来自我安慰乃至抚慰创伤的较为理性意识，充其量只是一种意识层面聊以自慰的愈合剂；道家则可能是遭遇轻微挫折之后用来开脱，且在意识之外或隐或显发生作用的或理性或感性的潜意识，充其量只能是一种意识层面的平衡剂；而儒家比较而言则可能是任何时候不知不觉发生着持久影响，在春风得意时尤为明显的一种更潜在的、更隐秘的集体无意识，是深入到骨髓乃至心灵深处的兴奋剂。对陇东南乡村的人们来说，佛教只是遭遇不幸后偶尔发生影响和作用的精神慰藉，道教则是时断时续、或隐或显发生影响的精神力量，儒家则是持续隐秘发生深刻影响和作用的精神支柱。

　　人生最大的事情莫过于生死。生死在很大程度上有着不可选择和掌控的特点，比较而言似乎死亡尤其如此，特别是自杀之外的其他死亡更是如此。人们对死亡最无奈也最有效的设想乃至奢望便只能是因果报应，因为因果报应的前提条件是灵魂不灭。如果不存在灵魂不灭的观念，那么因果报应便因为丧失说服力而没有价值和意义。但在灵魂不灭这一点上，陇东南乡村的人们受到传统的儒、释、道关于灵魂不灭观念的综合影响，认为人死时七魄先散，后三魂再离。据《云笈七签》卷五四"魂神部"中对人身体的三魂七魄有明确的说法，一般人虽然没有那么十分专业准确的系统阐释，但大体上笼统且朦胧地相信三魂七魄之说。荣格对中国人的魂魄观念有这样的阐释：魂"是一种更高的气灵，属于阳性本原，因此是男性的。人死后，魂上升为'神'，即'不断伸展和自我显示的精神'或神"；魄"是一种较低的阴间'体灵'，属于阴性本原，因此是女性的。人死后，魄下降为'鬼'，往往被解释为'再来者'、幽灵、鬼魂"①。在陇东南乡村的人们看来，魂魄作为无意识形相，生前统一地存在于一灵真

① ［瑞士］荣格：《金花的秘密——中国的生命之书》，张卜天译，商务印书馆 2016 年版，第 45 页。

性之中，死后却往往分道扬镳，成为区分心灵的主要因素。这无疑更清晰地表彰了灵魂的不灭之美，同时也使因果报应有了相应的物质基础。

正由于陇东南乡村绝大多数人不将死亡看成生命的终结，而是视为生命从一种状态到另一种状态的节点，他们便可能将其活着的每一件事情都作为未来死亡的准备，甚至可能真正为了死亡而活着。但这不是西方哲学家所鼓吹的向死而生，以及学会了死亡才更平静地活着且勇敢面对必将死亡的事实，更准确地说是为了死亡而有准备地活着。为此荣格有这样的阐述："把死亡当作目标来做这种本能的准备正是中国瑜伽哲学的基础，与人前半生的目标（即生育或延续寿命）类似，他把生育和延续一种灵性的气息身体（'细身'）当作心灵存在的目的，这种细身保证了分离的意识的延续性。"① 所以东方世界崇尚灵魂不灭和生死轮回的必然结果便是产生灵魂不灭与生死轮回的联动效应，使至圣先贤因为卓尔不群的现世修行，而有出离生死轮回的特别功绩，但更多的普通人在其一生一世中都得谨小慎微，谨防身体行动所导致的身业，"勿以善小而不为，勿以恶小而为之"，否则便可能有业报，乃至身陷六道轮回。

《礼记》对鬼神作了近乎唯物的阐释："气也者，神之盛也。魄也者，鬼之盛也。合鬼与神，教之至也。众生必死，死必归土，此之谓鬼。骨肉毙于下，阴为野土。其气发扬于上，为昭明、焄蒿、凄怆，此百物之精也，神之著也。因物之精，制为之极，明命鬼神，以为黔首则，百众以畏，万民以服。"② 人们往往关注成建制的宗教信仰，却在很大程度上忽略了更复杂多样甚或无法清楚阐释的民间信仰。恰恰是这些看似并不十分系统的民间信仰才支撑起了人们根深蒂固的信仰体系。陇东南乡村绝大多数人自幼便受到家长和亲戚邻里关于灵魂不灭乃至生死轮回等方面观念的熏陶，也秉承了祖先所谓半信半疑乃至"宁可信其有，不可信其无"的精神。无论婚丧嫁娶，还是每一个节日，都或多或少地与其民间信仰有关，

---

① ［瑞士］荣格：《金花的秘密——中国的生命之书》，张卜天译，商务印书馆 2016 年版，第 53 页。

② 《礼记·祭义》，孙希旦：《礼记集解》下，中华书局 1989 年版，第 1218—1219 页。

甚至每年唱大戏或皮影戏、木偶戏都直接或间接与祭祀各地有所不同的民间神灵以及抚慰鬼魂有关。这不是说陇东南乡村的一切生产劳动以及日常生活都对神鬼负责，但他们的言谈举止和行为习惯确实经得起神鬼的监督和考验。如作为家庭主妇其言行举止得对灶神负责，有所谓《灶王经》立下的"下厨十戒"，陇东南乡村有着如此多的清规戒律，并不仅仅是对神鬼负责，更重要的是对自己及其子孙的现世乃至来世因果负责。如《文昌帝君阴骘文》所谓"诸恶莫作，众善奉行；永无恶曜加临，常有吉神拥护。近报则在自己，远报则在儿孙"①，便强调了这一点。正是诸如此类看似神秘、近乎迷信的民间信仰，有着更具地域性、针对性、隐秘性、深刻性的特点。对许多并不十分信仰宗教的人们来说，这种看似更接地气、更为杂乱无章的民间信仰作为一种精神寄托，可能有着更为根深蒂固的影响，以至以潜意识乃至集体无意识的形式嵌入人们的心灵深处。

　　陇东南乡村的人们也凭借祖祖辈辈的经验，对诸如此类的民间信仰有更清醒的认识，并不是一般所认为的达到了迷信的程度。说陇东南乡村民间信仰是一种迷信的看法其实只是一种不大了解的肤浅认识。因为许多人虽然相信民间诸神，并且将其灵魂不灭乃至生死轮回相提并论，但他们同时还能清楚看到有些人由于过分迷信鬼神而遭受迷惑以致产生邪祟。虽然比较看重阴阳先生、风水先生乃至神婆子，即使没有能把他们看成近乎乡绅的精神领袖，至少也在很大程度上作为能够在关键时刻救人于危难的人来尊重，但事实是许多阴阳先生、风水先生、神婆子很少有平顺命运和良好家境。格尔茨所描述的这一现象也存在于陇东南乡村："他们普遍极少地固执于他们提出的灵魂附体、情感失调、违犯禁忌或巫术猜测，当他们意识到某种同样风格的其他解释更符合实际时，他们随时会放弃原来所持的猜测。他们不准备做的是，在没有任何其他行得通的猜测的情况下，完全放弃目前的猜测；他们准备让事件顺其自然。"② 陇东南乡村的人们虽

① 《文昌帝君阴骘文》，郭昭第：《国学智慧读本》，宗教文化出版社2016年版，第108页。
② ［美］克利福德·格尔茨：《文化的解释》，译林出版社2014年版，第124页。

然修房、看坟、结婚都难免要请阴阳风水先生看良辰吉日、风水宝地，碰到家门不幸，还得求签问卦，甚至请求神婆子祭神安鬼、禳灾驱邪，但许多时候能求助于医生的时候还是求助于医生。所以他们更信奉孔子所谓"敬鬼神而远之"① 的道理，在内心深处并不十分看好诸如此类的职业。

陇东南乡村没有接受系统现代教育的绝大多数人和一部分接受过现代教育的人可能都是笃信灵魂以及生死轮回的，也正是由于这一原因，使得这种看似有些落后而神秘的灵魂观念却强有力地支撑起了人们的信仰体系并且维系着陇东南乡村的伦理道德规范和社会政治秩序。这样说似乎有些削弱甚或低估现代政治和科学理论的嫌疑。其实现代政治和科学理论在陇东南乡村可能只具有考试和表演的价值和意义，并不具有心灵的抚慰价值和意义。人们谈论乡土中国政权的存在仅限于县一级，县以下的乡村则主要以乡绅文化的持久传承作为特征。虽然这一现象在新中国成立以来有所弱化，且被更合法、更强有力、更具组织化、更具机构化的生产大队或村民委员会所取代。但即使在今天，陇东南乡村的村一级政权机构也并不会直接介入关涉诸如生老病死等等具有一定阶段性、标志性、仪式性的广泛民间群体活动中，至少在诸如结婚、生子、寿宴、葬礼等重大红白事情方面并不具有坚实的领导能力，而且即使生产大队或村民委员会的人员自家有事也往往不是通过村一级行政组织，而是通过亲房本眷另一套理事系统来操办，所谓村一级行政机构只是在某种程度上有所参与或协调而已，并不真正承担起主事的角色，更不敢因为是村民委员会基本成员便可以别出心裁另搞一套，还得在很大程度上依照乡俗操办以表示对传统模式的尊重。

有人可能以为灵魂不灭和生死轮回并不是一种科学的人生论和宇宙论，甚至是一种封建迷信。其实这种看似封建迷信的认识论和宇宙论，却可能更是一种理想的人生论乃至宇宙论的曲折表达。因为没有以灵魂不灭论和生死轮回论作为基础的人生论和宇宙论，只关注可感可知的现世世

---

① 《论语·雍也》，朱熹：《四书章句集注》，中华书局1983年版，第89页。

界，并不能实现人生乃至生命的良性循环和整体进化。而基于现世世界的人生论和宇宙论，认为只有现世可见的人生才是真实的，一个人出生之前和死亡之后作为生命存在物并不存在，也不会有所谓前世、今生和来世之类的说法。这样一来，如果一个人在现世勤勤恳恳、循规蹈矩、助人为乐一辈子，以致清苦一生却没有受到人们的尊敬和爱戴，那么这个人只能算是个傻大猫、榆木疙瘩；相反，如果一个人在现世游手好闲、为非作歹、损人利己，挥霍一生却没有遭到法律惩罚和舆论谴责，那么这个人就会被看成聪明人、识时务者。这实际上可能导致一种不大公平公正公道的价值判断，甚至影响到人类的良性发展。如果世界上一切生物都只有唯一的现世生命，也不可能有前世、今生和来世，更不会有与人或其他生物轮回的转化环节，那便意味着这个生物如马牛羊之类的畜生，无论多么忠心耿耿、任劳任怨、逆来顺受，都只能是供人奴役甚或吃喝玩乐的工具；而人无论多么残忍自私、肆无忌惮、为所欲为，都天生享有作为高等动物自身生命的绝对尊严。这种现象的直接后果只能导致存在即合理、强权即真理的出身决定论和现世不平论之类生命逻辑乃至生态观念，这便意味着马牛羊之类牲畜虽然不可能有转世为人的奢望，但人类便可以肆无忌惮地屠宰生灵、满足自己的食欲快感。古希腊哲学和基督教哲学便是这种不大公平公正公道的生命逻辑乃至生态观念的体现。如亚里士多德可以毫无忌讳地认定一切动物天生都是供人享用的食材，而基督教更是道貌岸然地宣称这是上帝创造出来专门供人享用的食材。

其实中国民间信仰不同于古希腊哲学乃至基督教信仰的特点并不仅仅限于这一点。虽然包括陇东南乡村在内的中国民间信仰与基督教信仰都几乎无一例外地主张灵魂不灭，但中国包括儒、释、道在内的信仰将其灵魂的最终归宿完全看成自己行为的必然结果，看成自我超越或堕落的体现形式，古希腊乃至基督教则将这一基于自我行为的必然结局看成上帝恩赐之必然结果。荣格也承认："西方强调人的成长，甚至是基督的人格和历史性，而东方则说'不生不灭，无去无来'。基督徒按照西方的观念让自己服从于一个高等的神性人格，期待获得他的恩典；而东方人却认为，解脱全凭自己所下的'功夫'。整个道都从个体中生长出来。效仿基督永远都有一种缺陷：我们崇拜的是一个作为神圣典范的人，他体现了最高的意义，然后出于纯粹的模仿，我们忘记了实现我们自身最高的意义。"①　其实荣格只看到了东方不同于西方基督教的更自信品质，并没有看到东方基于人皆可以为尧舜、一切众生悉有佛性而形成的佛圣无别的平等品质。在中国乃至东方人看来，人们通过自身自我道德的完善和努力，完全可以自成儒家所谓圣人，道家所谓真人、神人，佛教所谓佛，而且也确实能达到与圣人、真人、神人乃至佛平起平坐的地位；但西方基督教则认为无论人多么虔诚和努力，都不可能与上帝平起平坐，即使进入天堂也得求助于上帝的宽恕和恩赐。今道友信指出：东方所谓真人、圣人"不是靠超越性的上天的帮助来完成自我，而是凭借自己的力量达到天界"，所谓佛亦是如此，"高僧在钟声中进入洞穴，涅槃、僵化。这些留下的坐化者与安置在西方教会的圣者的遗体不同，不是高僧的遗体，而是佛，是崇拜的对象"②。

　　正由于包括陇东南乡村在内的东方世界，强调人人皆可成佛成圣，佛圣无别，且无须凭借神灵的恩赐，可完全依靠自己努力达到佛圣境界，才真正彰显了灵魂不灭之美的终极意义。也许只有在这一点上，才能真正理解死亡作为一种至高无上的美的意义之所在，才能真正彰显灵魂不灭之美的终极意义和价值，不仅能使人避免对生存的彻底绝望，而且能激励人赢得对死亡的最积极的终极意义的完全认同。有些人能真正淡泊名利，对生死有透彻体悟，如梁肃有所谓"夭寿得丧，惟心所宰。心迁境迁，心旷境旷。物无定心，心无定象。明则有天人，幽则有鬼神"③ 的体悟。虽然不是所有陇东南乡村的人们都能达到这一境界，但对"心生法生，心灭法灭。离一切相，则名诸佛"之类佛理有一定识解的并不限于梁肃。正

---

① ［瑞士］荣格：《金花的秘密——中国的生命之书》，张卜天译，商务印书馆 2016 年版，第 60 页。

② ［日］今道友信：《东西方哲学美学比较》，中国人民大学出版社 1991 年版，第 138 页。

③ 梁肃：《心印铭》，郭汉儒：《陇右文献录》，甘肃文化出版社 2014 年版，第 163 页。

由于有些中国人对生死有透彻体悟，不再像更多的人那样热衷于建功立业，陶醉于著书立说，于是不会成为帝王将相、专家学者，但完全有可能成为至圣先贤。莲池大师《出家别室人汤》对生命无常和生死轮回的深刻体悟，便是对迷恋和陶醉现世功名利禄者的当头棒喝："君不见，东家妇健如虎，腹孕常将年月数。昨宵犹自倚门闾，今朝命已归黄土。又不见，西家子，猛如龙，黄昏饭饱睡正浓。游魂一去不复还，五更命已属阎君。目前人，尚如此，远地他方那可指！闲将亲友细推寻，年去月来多少死。方信得，紫阳诗，语的言真不可欺。昨日街头犹走马，今朝棺里已眠尸。伶俐人，休瞌睡，别人与我同一类。狐兔相看不较多，现前放着傍州例。钻马腹，入牛胎，地狱心酸实可哀。若还要得人身复，东海捞针慢打挨。我作歌，真苦切，眼中滴滴流鲜血。一世交情数句言，从与不从君自决。"方立天《中国佛教哲学要义》认为因果报应论至少有平衡心理、道德导向和稳定社会等重要社会功能①，正因为灵魂不灭论与因果报应论的珠联璧合，才在平衡人们心理、稳定社会秩序、标举道德导向的基础上，成就了乡土中国最为持久、稳定和强烈的生命支柱以及攀援而上的生命阶梯，使得中国社会较之西方有了更多至圣先贤。

灵魂是美丽的，可以使有限的寿命得以延长，可以使现世法制道德以及果报的不足得以弥补，当然也可使浑浑噩噩、不思悔改的人陷入万劫不复的六道轮回，也可以为有心思过的人提供悔过自新乃至痛改前非的机会，更为恪守道德规范的至圣先贤创设自成佛道的通道。假使没有灵魂，这一切便随着生命的结束和死亡的到来而一无所有。也许一切的虚无主义和享乐主义都基本源于这一人生观和世界观。但如果有灵魂存在，死亡本身便显得无足轻重，至少不是生命的完全终结，甚至可能对积善成德的人有某种特殊的价值和意义，他们可以庆幸死亡的来临甚或胜利，也不必为此太过沾沾自喜、得意忘形。因为如果没有灵魂乃至生死轮回，肉体的死亡便可能是最后的胜利；如果没有灵魂乃至生死轮回，死亡也可能便是最

① 参见方立天：《中国佛教哲学要义》上，中国人民大学出版社 2005 年版，第 111—112 页。

后的审判。但如果有灵魂，而且有生死轮回，那么无论死亡显然并不具有终极胜利乃至审判的意义，甚至即使地狱审判也可能并不是终极审判，因为灵魂的不死和生命的轮回便决定了任何一次地狱审判都很可能只是轮回链条中极其寻常的一个环节，对没有跳出三界而囿于生死轮回的人和动物来说都是如此。如此看来，所谓地狱审判作为终极审判的价值和意义，仅相对一次生命的现世审判而言，并不是相对于永远不灭也无法超越生死轮回的灵魂而言。

　　如果说见诸某些事物，或对这些事物是美的，对另外事物则不美，这种美便不是永恒的，或对这一时期的人们是美的，对另一时期则不美，这种美同样不是永恒的。永恒之美的价值和意义在于对所有事物和时间都是美的，至少在空间和时间上有着不受限制的特点和性质。也就是说，一种美如果对活着的人是美的，而且对死亡的人也是美的，甚至对所有生物和非生物都是美的，这个美才是永恒之美。陇东南乡村相信灵魂不灭和因果报应的思想显然将这种永恒之美真正变成了现实。假使有一种美只是对人尤其现世活着的人是美的，对亡人不是美的，甚至只是相对于现世活着的生物和非生物是美的，而对死亡的生物和非生物不美，那么这种美必然不能算是永恒之美。其实西方美学史上绝大多数美的观念仅限于现世，而且仅限于现世活着的人，明显有着局限性，并不具有永恒之美的性质。

　　人们可能认为基于灵魂不灭和生死轮回的可能并不是科学的人生观和宇宙观，但正是看似科学的人生观和宇宙观却可能由于缺乏必要的灵魂归宿和地狱审判而有着并不十分公平公正公道的缺憾，比较而言倒是基于灵魂不灭论和生死轮回论的佛教人生论和宇宙论有着更加周遍含容、物无贵贱、心体无滞、自成佛道的美学智慧。一是至少可以弥补现世生命的有限性，使人在周而复始的生死轮回和超越中实现生命境界的提升或堕落，而且无论提升还是堕落都有生命嬗变乃至绵延的性质和意义；二是可以弥补现世法制的有限性，使现世无处申诉的冤屈，或变本加厉挥霍现世福报的人都得到相应安排和处置，使现世法制局限得到尽可能完美的补充和完善；三是能真正实现人的审美理想，使限于生死的美的极限有了不生不灭、不垢不净、不增不减的永恒价值和意义。其实无论是苏格拉底还是释迦牟尼及其他先贤圣哲都基本上倾向于崇尚永恒之美，而所有这些永恒之美的根本特征便是不生不灭、不垢不净、不增不减。

也许无论承认灵魂不灭，还是主张灵魂有灭，都可能导致对死亡的不再过分激动和悲痛。前者因认为死亡并非是生命的真正终结，只是生命的另一形态，无须用所谓生灭得失之类的肤浅看法来判断死亡的价值和意义，理所当然无须悲痛；后者认为死亡既然是生命的真正终结，无论悲戚伤痛都无法改变生命终结的绝对事实，一切都因肉体生命的终结而显得莫名其妙或毫无价值，理所当然也无须过分执着于肉体的死亡。这样一来，死亡在某种意义上有了这样的特征："死亡即是美丽。野蛮的自然渗透进了文化的城堡，与人的天性相遇，并在对美丽的妥协中与之融合。死亡不再像在传统社会中那样亲密和被驯服了。但是，也不再绝对地野蛮了。它变得既悲痛又美丽，美丽得像自然的广阔，像海洋或者荒原。对美丽的妥协是最后一个被发明出来的障碍，为的是疏导冲垮了旧堤坝的过分的悲痛。这个障碍也同样是一项让步：它赋予人们曾经希望削弱的现象一种非同寻常的光芒。"①

有人也许认为商品经济的发展，使人们少了几分同情和怜悯，多了几分势利和冷漠，以致对他人甚或亲人的死亡都有些无动于衷，在陇东南乡村也出现了孝子羞于恸哭声的现象。虽然这种现象可能与传统丧葬观念多少有些格格不入，但也并非意味着对死亡的绝对势利和冷漠，倒在很大程度上有了获得超越死亡的更达观识解的可能。如所谓："道终不可得，彼可得者名德不名道。道终不可行，彼可行者，名行不名道。圣人以可得可行者，所以善吾生，以不可得不可行者，所以善吾死。"② 这即是说，并不是所有人都必须因为灵魂不灭和生死轮回而谨言慎行，为死亡乃至死后做提前准备，其实真正参透了自然大道的圣人无须遵循烦琐的清规戒律，

---

① ［法］菲利普·阿里耶斯：《面对死亡的人》下卷，吴泓缈、冯悦译，商务印书馆 2015 年版，第 458 页。
② 《关尹子》，《道教经典精华》下，宗教文化出版社 1999 年版，第 650 页。

只需领悟自然大道不可得也不可行的道理：圣人因其能得而行，以至获德行而能充分体验逍遥自在地活着的智慧；因其不可得而行，以至获自然大道而能深切体悟平静淡然赴死的智慧。也就是圣人不执着于自然大道之得与行，以至无论得与不得、行与不行，都能获得逍遥地活着和淡然地赴死的智慧。这是因为在他看来，所谓生死不过是气之聚与散，气聚而生，气散而死，真正参透了自然大道的是无聚无散，以至无生无死的。有谓："我之所以行气者，本未尝合，亦未尝散。有合者生，有散者死。彼未尝合，未尝散者，无生无死。客有去有来，邮常自若。"① 也许只有在齐得失、等生死这一意义上，才能真正心无挂碍、来去自由。也只有在这种意义上，人们才能真正理解庄子在妻子死后不是悲痛欲绝，而是鼓盆而歌的达观和超然。

---

① 《关尹子》，《道教经典精华》下，宗教文化出版社 1999 年版，第 665 页。

下　编

基于春夏秋冬的陇东南
乡俗及生态美学智慧

第九章 基于春天的陇东南乡俗及生态美学智慧

春天是孕育生命的季节，陇东南乡村农历正月、二月和三月为春三月，往往是三阳开泰、一元复始的季节，是万物复苏、孕育生长的季节，同时也是充满希望和憧憬的季节，是人们期待和憧憬新的一年有新的起点和新的成绩的季节，是人们较为密集地祭拜天地、缅怀祖先、期待收获希望和幸福的季节，更是节日较为密集，借助预测和验证力量对一年四季形成全面观照的最具辐射性和涵盖面的季节，承载着包括陇东南乡村在内的中国乡村更为直接、持久、深切的生活体验和生命智慧。

一、春天的陇东南乡村民间表征

正月、二月、三月作为陇东南乡村春三月，其节日主要包括春节、元宵节、二月二、三月三、清明节等。这些节日往往是一年四季中最为隆重、持续时间最长、影响面最大，以至最具全民性、普及性甚至历史性的节日，其中以春节最为突出。

春节为陇东南乡村一年四季最隆重的节日。常常从腊月开始准备，至正月初一正式开始。有谚语道："有吃没喝，三十晚夕一盆大火。"一家人围着大火守岁，到初一清晨天麻麻亮，由家庭主事的青壮年男子作为家主带领一家男性全部穿戴一新到大门口烧香点蜡，焚烧黄表纸、鸣放鞭炮、行三叩首作揖礼，迎接神灵，谓之迎喜神，谓之"开门见喜，利见大人"，或谓之开门迎喜纳福，次到正屋门口焚烧黄表纸、鸣放鞭炮、三叩首作揖，再到厅堂，厅堂正中间依次排放神灵牌位，靠前为各种献饭、供果，放置供酒、供茶、筷子等，再靠前为香炉、蜡烛、香筒等，均按照先中间后两边的顺序对称排列。由家主带领一家兄弟、儿孙面向正中玉皇大帝、福禄寿、财神、祖宗三代牌位烧香点蜡，焚烧黄表纸、鸣放鞭炮、行三叩首作揖礼，再去厨房按相同仪式祭拜灶神，然后返回正堂向家中健在年龄最长、辈分最高的老人出声叫响行叩首作揖礼，后依辈分、年龄依次叫响行叩首作揖礼，至辈分最低、年龄最小的儿童得给家中所有辈分较高、年龄较长的兄弟姐妹行叩首作揖礼。所有叩首作揖礼均面向正堂神灵牌位。此时家长得向家中未成年孩子发放键子钱亦称压岁钱。有些小孩可能平时穿戴马虎，但这一天得穿戴一新，虽然困难时期往往只是换了外衣，还能看出里面衬衣是明显旧的。但因为过春节可以穿新衣服、放鞭炮、吃好吃的、领键子钱，所以许多孩子往往为此兴高采烈整整等了一两个月，至少是从腊月八开始的。有童谣道："腊月八，眼前花；还有二十二天过年家。有猪的把猪杀，没猪的打娃娃。娘啊娘啊你莫打，门背后有个猪尾巴，唆得口上油辣辣。"现在许多人感慨年味淡了，主要还是小孩子的热情度不高了；对大人们来说，得准备年货、发键子钱等，都意味着一笔不大不小的开支，所以不见得有多少热情度。对陇东南乡村有些经济困难的人来说，过去往往用几斤粉条、豆腐便可以过一个年，但现在往往显得有些寒酸憋气。不过作为一种约定俗成的乡俗，钱多有钱多的过法，钱少有钱少的过法，真正是吃饭穿衣看家当而已。

待自家老小烧香点蜡，焚烧黄表纸、行三叩首作揖礼之后，每家留辈分最高、年龄最长的老人或家长在家镇守，其他辈分较低、年龄较小的男子得备上香蜡表纸去亲房本眷叩首拜年，通常是先到辈分大、年龄长的人家，再依次到辈分低、年龄小的人家，不能落下任何一家，或参考辈分、年龄，按照居住地分片叩头拜年。亲房本眷其他人家也依礼分别到这家叩首拜年，仪式程序基本相同。每个家庭都备有糖果、烟茶等。在叩首拜年之后坐炕聊天，多为一年见闻、收入状况、主要经历等，在外返乡人员可能谈得更多，也往往是亲房本眷人等集中交流一年劳作、收入和感慨等的难得机会。等到亲房本眷叩首作揖拜年之后，每个房眷组织亲房本眷一般每户一人不等，前往全村庄有亡故不到三年的人家点纸，除了备有香蜡表纸，尤其得给亡人备冥币纸钱，仪式程序如前，都得照例给桌上神灵祖先行三叩首作揖礼，然后为亡人行三叩首作揖礼，再向主家或在场其他辈分高、年龄长的人行三叩首作揖礼，同样不得落下一人，自然也是辈分最低、年龄最小的儿童往往行礼次数最多，得给在场所有辈分较高、年龄较长的兄弟姐妹行叩首作揖礼。即使平时大呼大叫，偶尔也有不大讲究礼数的，这一天得严格讲究礼数，而且得毕恭毕敬。当然辈分大、年龄长者也常常得设法劝阻，至少得推推让让，都显得彬彬有礼。辈分大、年龄长的老人或长辈往往得给前来拜年的人等提供烟茶、糖果，甚或毽子钱等。好多人还有赶早专程去家神庙祭拜，或借给亲房本眷拜年、给村庄点纸机会顺路去家神庙烧香点蜡，焚烧黄表纸、行三叩首作揖礼进行祭拜。

从本家本户，再到亲房本眷，再到全村庄有三年纸未烧满的人家，最后到平日交往较多或有德高望重的老人家分层次分阶段行叩首作揖礼，拜年的仪式和程序结束，一般便到午饭时间。午饭得最丰盛，但也没有特别讲究，从即日起每顿开饭不得品尝，必须将第一碗作为献饭献于神灵及祖宗牌位前，并斟茶奠酒，直到正月初九日夜。全体家庭成员就餐得少酌几杯酒，且敬酒得从辈分最大、年龄最长的老人依次开始，绝对不能有一点儿马虎，即使是本家本户，平时可略微不加计较，但这顿饭必须正正规规，真正遵循长幼有序的规范。下午便是打毛蛋、踢毽子的时间，男孩子打扮得焕然一新，女孩子也打扮得花枝招展。忌讳是大年三十之前已洒扫庭除、内外整洁，所有鸣放鞭炮所落炮皮一般不再打扫，最多只是堆到角落，不会倒出门外。这一日为鸡日，天气状况影响鸡在本年度的生存状况：如果风和日丽，意味着本年度鸡的长势很好；如果天气阴暗起风，意味着本年度鸡的长势不佳，甚至可能有鸡瘟等。

正月初二为给娘舅家拜年时间。作为主事的青壮年男子首先得去舅舅家或舅爷家拜年，如果祖母在世得先去舅爷家，如果祖母去世母亲在世得先去舅舅家，也可灵活掌握。这一天也是狗日，若天气晴朗无风，狗运势好；天气阴暗起风，狗一年运势不好。小孩往往不在意，但年长者常常会格外留神这一点。正月初三为给岳父家拜年时间。作为主事的青壮年男子得向岳父家拜年。如家中有人去世不到三年，黄昏时间得去亡人坟头送纸。本日也是猪日，天气状况预示着猪一年的运势，天气晴朗无风运势好，阴暗起风运势不好。陇东南乡村的人们并不一定关注狗日，但往往关注猪日，因为几乎绝大多数人家都养猪，猪的长势常常影响一家人一年的主要家庭副业收入，或来年有无猪肉吃。当然这种乡俗仅限于汉族。正月初四为集中拜年时间。往往动员家里人全面出动，向亲戚们拜年。陇东南乡村拜年尤其到亲戚家拜年，除了烧香点蜡，焚烧黄表纸、行三叩首作揖礼，之后还得上炕吃饭，拉家常。前些年过年吃饭往往以粉条豆腐为主，称之为"豆腐碗"，第一碗全吃，第二碗得泡馍馍，亦有粉汤泡馍的说法，主人家即使自家缺衣少吃，但接待亲戚常常真心实意，尽其所有，无论是一碗土鸡蛋，还是几疙瘩大肉或排骨，大多都是自家养殖，货真价实。这些年情况有所好转，还可以像模像样地摆几碟子有名堂的菜，再斟几杯酒，且拉拉家常。拉家常往往是一年到头与亲戚交流、拉近关系的主要机会。虽然平时可能各忙各的农活或生意，但拜年得腾出时间专门聊天，谈论过去一年的活计和收获，以及来年打算，顺便沟通信息，商讨相互协作和帮忙等事宜。有孩子上学的，也谈及有关学习情况。这一天为羊日。许多家庭养羊，于是关心这一天天气状况与羊的运势：晴朗无风运势好，阴暗起风运势不好。

正月初五日俗称破五或送"智穷、学穷、文穷、命穷、交穷"五穷。一般黎明即起，清扫房屋，将几天积累的垃圾，尤其炕尘、灶灰、炕灰、纸灰、香灰等收集起来送出门外，并鸣放鞭炮，也有将一切不吉利的东西扫除门外的寓意。也有早起到门外拾粪，以及中午吃搅团，染门、窗、柜、囤等用具的乡俗，分别为迎五路财神化废为宝，及染五福之寓意。这一日为牛日，如果天气晴朗无风，为有利于牛的运势；如果天阴起风，便不利于牛的运势。牛为陇东南乡村农耕的最重要工具，很大程度上关系一年农耕便利顺通与否。正月初六日为马日。天气阴晴起风与否直接关系马匹一年的运势。马同样是陇东南乡村不可或缺的劳动工具，尤其在托运肥料、碾场、耕地方面有独特优势。天晴无风有利于马，天阴起风不利于马。此日也是五路财神诞辰。

正月初七为人日。天气阴晴、起风与否关系人一年的运势。初八为谷日，天气阴晴有风与否关系五谷生长的运势。民以食为天，食以谷为主，所以正月初七八实际上是最关乎人自身生存发展的日子，尤其对陇东南乡村很大程度上靠天吃饭的人更是如此。陇东南乡村老人将正月初一至初八与相应事物一年运势相提并论的传统源于古代，"天水放马滩秦简"有记载："入正月一日而风不利鸡，二日风不利犬，三日风不利豕，四日风不利羊，五日风不利牛，六日风不利马，七日风不利人。"[1]《唐开元占经》继承这一传统，亦引《京房占》云："正月初一日为鸡，二日为狗，三日为猪，四日为羊，五日为牛，六日为马，七日为人，八日为谷。和调不风寒，即人不病，六畜不死亡。"[2] 将自然现象与一定事物一年运势相提并论并非简单的封建迷信，更是人们勇于探索自然、认识和把握自然规律的知识和智慧的综合体现。

正月初九为玉皇大帝圣诞日。由作为家庭主事的青壮年男子作为家主带领一家男性全部在厅堂烧香点蜡，焚烧黄表纸、鸣放鞭炮、行三叩首作揖礼，并在每顿开饭时都得将一碗饭献于供桌上的玉皇大帝牌位，而且不得品尝。留有专人整天在家敬奉接续香蜡，确保香蜡不断。至黄昏照例祭祀完毕后将玉皇大帝及各路神仙、祖宗牌位收起或送至门外路口焚化，并烧香点蜡、烧黄表纸、鸣放鞭炮、叩首作揖祭拜。是为"送神"。从即日

---

① 孙占宇：《天水放马滩秦简集释》，甘肃文化出版社 2013 年版，第 168 页。
② 瞿昙悉达：《唐开元占经》，载《四库术数类丛书》第 5 册，中华书局 1990 年版，第 968 页。

起不再供奉献饭、供果，也不再整天不间断烧香点蜡、叩首祭拜神灵和祖先。如果准备耍社火，这一天或这一天前后几日便由年轻人聚到一起谋划邀请全村德高望重的几位长者担任社火头，带头出资并召集相关人员聚集于家神庙商议耍社火及筹款具体事宜，先找几家人缘关系和经济状况好的人家带头出钱，其他人家逐渐跟进，量财力酌情出资，多少不限，并以取下悬挂和收藏于家神庙的龙头为号，标志正式启动社火，俗称"社火起身"。社火起身最先开始的是纸活，心灵手巧的人这时候往往被奉为座上宾。除了龙、狮子和老虎，以及纸船这些公共纸活，常由村子里几个最心灵手巧的"能工巧匠"聚在选为社火窝子的某几个人家炕上集体创作之外，其他如落实到个人的掌灯子和花盆儿，则由相关出身的人的家长邀请关系好的心灵手巧的人来替他们进行民间工艺美术创作。乡里人将这纸活作为展示手艺赢得好评的良好机会。虽然大小、形制大体差别不大，但糊在上面的诸如缯子则图案五花八门，各显神通，最多是金钱眼，也有金桃状，缯子的低垂处都剪成细条状，类似垂珠门帘。还有更为精致的便是用专门工具捶打雕刻而成的梅花之类。不懂的人只看精致程度，懂得还能够叫出诸如喜上眉梢、九重春色之类名堂来，更见创意的是掌灯子里面的灯笼糊纸，或剪纸，或水墨写意，或工笔花鸟应有尽有，取材或春夏秋冬四季花色、三国西游人物或十二生肖，也有取材梅兰竹菊四君子等。即使掌灯子和花盆儿，也还有官身子和私身子的区别，所谓官身子就是由社火窝子象征性发了几张彩色纸的，没有发彩色纸的只能是私身子，只要掌灯子和花盆儿糊出来便没有了身份的区别。掌灯子和花盆儿的区别在于：掌灯子手握在灯底长杆上，挑起了灯往往高于肩膀，掌灯的一般是男子；花盆儿则挑杆往往挂在灯笼的上部，挑起了灯一般不高过胯部，挑花盆儿的往往是女子。除了纸活便是练歌排队训练。待这一切准备妥当，先是村庄内自行表演，后走出村庄到附近巡演，直到正月十五日元宵节。

陇东南乡村正月十五日元宵节夜晚闹花灯，得家家户户出灯，连同社火龙灯、掌灯、花盆儿等排成长龙状，由一支龙灯带路，另外几支龙灯穿梭往来于社火队伍前后，社火掌灯子、花盆儿穿插其中，绕整个村庄外围走耍一圈，无论碰上沟壑、悬崖都得绕道而行，以转闭合圆满为目的，不得使任何一家人漏于圈外。其间不断有人家邀请前往其院落游转，有些条件好的人家还给龙挂红，照例进院落得耍一下龙或唱几首社火曲，有些前一年运气不好或身体不好的人还要龙或狮子含在嘴里恩宠一下以求禳得来年运势有所好转，身体有所强壮。是为圈绾村庄简称绾庄。待全部人马回到社火场子照例先是圈绾社火场子，往往有诸如黑虎掏心等多种套路，常常由有经验的人领头，其他人紧随其后，也有跟不上队伍一时走乱要人提醒的。陇东南乡村有"进场的社火煞台的戏"的说法，是说进场的社火与临近尾声的戏往往最为热闹。陇东南乡村耍社火往往由一帮热心的年轻人带头张罗，更重要的也许是正月开年便有人尤其年轻人去世的现象，或过去一年全村庄意外事故伤亡或病故人数较多，这样会促使村庄大部分人有了正月十五日圈绾村庄以禳解邪祟的动意和愿望。正月十五日这一天陇东南乡村还有认先人的乡俗，就是主事的青壮年男子率领一家老小成群结队前往祖坟烧香点蜡，供茶奠酒、焚烧黄表纸、鸣放鞭炮、行三叩首作揖礼祭祀祖宗。这一认先人的乡俗连同大年三十、正月初一到正月初九日贯穿始终的祭祀祖宗的习俗，在某些信仰基督教的人看来，是不可思议甚或充满争议的。其焦点可能是可否将曾作为人而去世的祖宗作为神来敬奉的问题。在一神教看来，除了他们信仰的至高无上的神灵，其他都是不能下跪甚或祭拜的。但陇东南乡村一贯传承和沿袭着这一传统，而且如果撤去这一内容，似乎整个过年习俗便显得没有了主心骨。有些地方除了煮食元宵，家家户户还在大门或房门口张灯结彩。正月十六日还有举家老小一道朝道观庙宇，游山玩水"游百病"的乡俗习俗。耍社火时间最长可延续到二月二"卸将"。这一天晚上耍完社火，得念经宰鸡祭祀，将掌灯子、花盆儿，及龙架上的纸活集中到一起焚烧，再将龙头、龙身架子放回家神庙，有些还将掌灯子、花盆儿架一并烧之。此日亦是上元天官圣诞。

二月二是俗称"龙抬头"的时间，也有称土地神或土谷神诞辰。陇东南乡村往往有炒豆子的乡俗，所炒豆子有豌豆、黄豆以及玉米花、小麦花等，有些直接交由游转于乡间的人员爆米花，有民谣"二月二，龙抬头，家家锅里蹦豆豆，惊醒龙王早升腾，行云降雨保丰收"形象地展示了人们祈盼龙兴云作雨、滋润万物的愿望。适逢惊蛰前后，也是百虫蠢动、疫病易生的时间，人们也将草木灰撒在住宅周围，有些口里还念叨"二月二，龙抬头，壁虱虼蚤都抬头，一把打在灰里头"的口诀，表达了消除病虫侵害人体健康的愿望。这一天人们还有理发的乡俗，亦有"二月二剃龙头，一年都有精神头"的说法，以表示龙抬头、人翻身之寓意。

三月三是为道教神仙真武大帝寿诞。真武大帝全称北镇天真武玄天大帝，又称玄天上帝，玄武，真武真君。这一天陇东南乡村妇女往往去坟上给亡人焚烧单衣。

清明节是以二十四节气为基础创设的岁时节日，陇东南乡村所谓"清明要明"的说法，是说这一天天气晴朗将有利于农作物生长；亦有"清明前后，栽瓜点豆"的说法，标志着又到了栽种农作物一年复始的时候。更重要的是，这一天还是陇东南乡村重要的扫墓和祭祀祖宗节日。人们前往墓地扫墓时得烧香点蜡、焚化冥币纸钱、供奉茶酒供果，亦有踏青、放风筝等习惯。值得一提的是，这一时间，正是陇东南乡村绝大多数地方盛开迎春花的时候，而迎春花是许多陇东南乡村的人们最喜欢移植于坟地的野生花草植物。

二、春天的陇东南乡村美学智慧

春节、元宵节、二月二、三月三、清明节等作为陇东南乡村春三月的主要节日往往最具全民性、普及性，其主题显然是祭祀祖宗乃至神灵，而且这一主题甚至贯穿于全年绝大多数节日之中。元宵节的认先人、三月三烧单衣、清明节扫墓又将其专门化或专题化。至于二月二虽然只是一个农历日期节日，但这个节日标志着万物复苏，在农耕生产方面有着标志性意义。所有这些作为中华民族的传统节日，常常是中华民族有史以来历史和文化发展的最终结果，是中华民族文化理想的最终体现形式。尤其发生在春天的节日往往有着更为突出的美学智慧。春节等有着贯穿古今，贯通过去、现在、未来的历史穿透力和文化凝聚力，以及辐射东西南北中的地理空间的整合能力和凝聚能力，而且有着贯通天地人三才的宇宙空间的融合能力和凝聚能力。在某种意义上讲，是中华民族美学智慧的最突出体现形式，甚至是最典范形式。

（一）祭祀神灵的追祖溯源之美

包括陇东南乡村在内的中国，常常以家庭而不是个人、村落或各级行政辖区作为最基本单位。虽然诸如"修身，齐家，治国，平天下"常常是人们津津乐道的理想阶梯，但在这个阶梯中其实最现实的仍然是家庭，而且正是这一阶梯最终构成了中国社会伦理秩序的核心。诚如费正清所阐述："中国整个伦理体系倾向于以家庭为中心，而不是以上帝或国家为核心。"① 中国人最为重视的过年习俗其实便是以家庭为核心祭祀祖宗乃至神灵的集体活动。这种祖宗乃至神灵祭祀活动往往贯通天地人，大体围绕玉皇大帝、家神和祖宗展开。祖宗常常是一个独立家庭最基本的祭祀对象，往往以本家庭已逝三代宗主作为祭拜对象，家神则一般是一个家族甚或以家族血缘关系为纽带的整个村庄共同祭拜的对象，同时也连带相关村庄山神土地等。玉皇大帝作为道教神灵系统的至高无上神灵，显然是汉族人共同祭拜的偶像，与此相联系的还有其他民间信仰的诸多道教神灵。

玉皇大帝作为中国土生土长的民间信仰，也有些不完全相同于道教神灵体系，在一定程度上还蕴含着自然大道及其神秘力量的内涵。包括陇东南乡村在内民间信仰的最高神灵往往被俗称为老天爷，而且平时所说老天爷可能是指玉皇大帝，但更多可能是天空乃至大自然。从正月初一开始家庭祭祀活动大都与玉皇大帝有关，尤其正月初九玉皇大帝生日，更是专题

---

① ［美］费正清、赖肖尔：《中国：传统与变革》，陈仲丹等译，江苏人民出版社 2012 年版，第 13 页。

性活动。此外还有福禄寿三星和财神等与人们生命乃至生命质量息息相关的民间信仰神灵。福禄寿是汉族民间信仰的三位神仙，分别象征幸福、吉利、长寿。在道教为天上三位吉神：福神，头戴官帽手持玉如意或手捧小孩为天官一品大帝，天官赐福由此而来；禄神，手捧如意寓意高官厚禄，现在也有以禄神捧小孩的；寿神，白色胡髭，手持龙头杖手捧寿桃意为长命百岁。明朝以后，汉族民间常把寿星与福、禄二星结合起来祭祀，合称福、禄、寿，成为人们最受欢迎的三个神灵，作为汉族民间吉祥如意象征。在陇东南乡村至今有相当多的人家厅堂悬挂福、禄、寿中堂，两侧为"福如东海、寿比南山"寿联。财神作为民间信仰的神灵，由于掌管钱财，往往有文武财神、五路财神、五通财神等多种说法，以赵公明和关羽影响最广，香火最旺。有些地方将正月初五日作为专门祭祀财神的日子。

其次为各个村庄各有不同的家神。大多为本村庄祖先，传说中生前喜欢孩子，逝后后代遇事多有吩咐便能显灵，或出门在外迷路能指点迷津，遭遇狼叫狗吠能化险为夷，遇到魔鬼缠身能逢凶化吉，没有子女可以求子女，参加升学考试可保佑考试及第等。再次为祖宗。在过年期间基本享受了与玉皇大帝、福禄寿、财神、家神相同的待遇，不仅自己去其他人家拜年得给他们的祖宗叩首作揖，其他人来自家拜年也同样得给自家祖宗叩首作揖，而且于正月十五日专门去坟地祭拜认先人。每家每户每个人在家神庙、家里或立牌位，或以家谱代之祭祀祖宗，并率领适龄男子去坟地烧香点蜡，供茶奠酒、焚烧黄表纸、鸣放鞭炮、行三叩首作揖礼祭奠膜拜。在陇东南乡村过年强化基于祖宗文化传统的基础上，连同清明节扫墓等一并强化了追祖溯源这一基本内容。

在基督教看来，除了膜拜上帝这一至高无上的神灵之外，其他都不能作为神灵祭拜。陇东南乡村却沿袭了中国乡村文化传统，对玉皇大帝、福禄寿、财神、家神和祖宗等一并加以祭拜。如明恩溥指出："一些中国通从宗教观点出发一直都对以上不同仪式的真正价值存在很大争议，但无论他们中的哪一个都不会怀疑，缺少这些仪式的春节是不可想象的，也是不可能的。"① 因为在基督教看来，只有上帝才是唯一的至高无上的神灵，其他所有人都不过是上帝放牧的羔羊，即使无论如何虔诚信仰上帝，其最终结果也只能是升入天堂，并不能如上帝一样成为神。中国民间信仰的诸多神灵恰恰不是唯一的至高无上的神灵，无论玉皇大帝，还是福禄寿、财神，以及家神等基本都是功绩卓著的人，有些即使不是人，也得进行人格化处理，才能落地生根，如中国化的佛教神灵便典型地体现了这一特点。这种在基督教文化看来有些不可思议的传统恰恰标举了人成为神的理念，且最大限度地张扬了人作为人的终极价值。这便是中国人更崇尚积善成德，而不是虔诚信仰的根本原因。如果宗教的核心精神是信仰，那么，从这一角度看，中国民间信仰往往有着与基督教相同的宗教性质，但从人能成为神，且许多情况下并不因为某种特权机构的封赏尤其上帝的恩赐，而往往基于自身努力的必然结果这一点而言，包括佛教、道教，乃至诸多民间信仰似乎并不具有宗教性质。类似民间信仰是否真正属于宗教似乎并不重要，重要的是作为一种民间信仰已深入到人们的集体无意识之中，成为人们对待问题的思维方式和生活习惯的有机组成部分。

这是因为中国人对宇宙的认识不同于西方基督教。在中国人看来，宇宙是自然形成的，是"道生一，一生二，二生三，三生万物"② 的结果，而且是自成系统的，虽然道生成并畜养了万物，但并不因此成为万物的主宰。李约瑟也认可这一点，他这样写道："中国人的世界观依赖于一种完全不同的思路。他们认为，万物之所以能够和谐并作，并不是因为有一个外在于它们的最高权威在发布命令，而是因为它们都属于一个等级分明的整体，各个部分形成了一种有机的宇宙样式，它们服从的乃是自身本性的内在命令。现代科学和有机论哲学及其整合层次已经回到了这种智慧，并且被我们对宇宙演化、生物演化和社会演化的新认识所加强。"③ 西方基

---

① ［美］明恩溥：《中国的乡村生活》，陈午晴等译，电子工业出版社 2012 年版，第 134 页。
② 奚侗集解：《老子》，上海古籍出版社 2007 年版，第 109 页。
③ ［英］李约瑟：《文明的滴定——东西方的科学与社会》，张卜天译，商务印书馆 2016 年版，第 308—309 页。

督教则认为正因为上帝创造了万物，才理所当然成为万物的主宰。其实可以说，为了让上帝成为万物的主宰，才故意制造了上帝是万物创造者这一看似合法的理由。因为按照这一逻辑，如果上帝没有创造万物，他便丧失了主宰万物的理由。费尔巴哈明确揭示了这一点："对于自然的统治在人就是最高的表象、最高的东西，就是人崇拜的对象、宗教的对象，因此就是自然的主宰与创造者，因为创造是统治的一个必然的后果，或者简直是前提。自然的主宰如果并不同时是自然的创造者，那么，自然从来源和存在这两方面说便独立于它的主宰，主宰的力量也就是有限制的、有缺陷的——因为主宰如果能够创造出自然，为什么不创造出自然呢？——这样，主宰对于自然的统治便只是一种僭篡的统治，并不是合法承继的统治了。只有我自己所创造出来的东西，才完全在我的掌握之中。从创作里面，才产生出所有权来。孩子是我的，因为我是他的父亲。所以在创造中才证实了、实现了与穷尽了统治。异教徒的诸神虽然确是自然的主宰，却不是自然的创造者，所以只是合法的、有限制的、局限在一定范围之内的自然的君主，而不是自然的绝对的君主。"① 基督教因为赋予上帝为万物创造者的身份，才使其有了绝对主宰权，有些非基督徒信奉的神灵虽然是万物的主宰但非万物制造者，于是仅有相对的而非绝对的主宰权，中国人所崇尚的道虽创造了万物但并不主宰万物。惟其如此，才使中国民间信仰既区别于推崇万物由我主宰是因为我养育了他的庸人哲学逻辑的基督教，又区别于信奉既未养育万物却主宰万物的强人哲学逻辑的其他非基督教，而有了真正民主、自由、平等的美学智慧。

陇东南乡村追祖溯源的传统，往往通过诸如春节、元宵节、清明节等节日对包括祖宗、家神、财神、福禄寿、玉皇大帝等在内的祖宗神灵的膜拜，强化一个人从哪里来到哪里去的最基本生命意识，极力表彰不忘祖恩的文化精神。虽然人们看到所谓人类史很大程度上可能是忘恩负义史，但中国较之其他民族更重视历史记载的目的恰恰是强化人们不忘祖恩，特别

---

① ［德］费尔巴哈：《宗教的本质》，王太庆译，商务印书馆 2010 年版，第 46—47 页。

对为本民族繁衍生息和发展壮大有过卓越贡献的历史伟人，甚至不惜为他们建造祠堂和庙宇。正是类似春三月追祖溯源祭拜节日作为不断强化人们感恩意识的仪式化形式奠定了中国人生生不息的历史基因。一个人活在世上，必须得感恩生我养我的父母、祖祖辈辈的神灵，以及保佑一方平安的山神土地、家神，乃至赐福祖祖辈辈繁衍生息的福禄寿甚至玉皇大帝等神灵。这是中国乡村伦理道德建设的基石，同时也是中国社会可以通过道德获得稳定和持续发展的根源。诸如费正清所说："在像现代西方这样多元的社会中，教会和国家、资本和劳工、政府和私人企业诸种力量在法律规定下保持平衡。而在中国人的生活中，耿直和忠心、真诚和仁慈这些整个家庭体制反复灌输的个人美德才是社会的基础。"① 还有一个为费正清所未提及的精神力量是，同样源于这种家庭体制的教育以及借助家庭祭拜不断得到强化的自成佛圣思想。如果说建立在因果报应基础上的家庭祭拜乃至教育只是为每一个中国人提供了必须遵循的最低标准和规范，那么通过自身努力可以成佛成圣的思想则为每一个人树立了可以攀援而上的最高理想和标杆。春三月追祖溯源祭拜活动的价值和意义，更在于为每一个人都提供了一条可以成为神灵的平等而通畅的奋斗路径和成佛成仙成圣路径。这是包括陇东南乡村在内的中国民间信仰区别于其他宗教文化尤其一神教之最具特色的价值所在，突破了普通人与圣贤、神佛之间的天然鸿沟，彰显了对每一个人自身价值的高度重视和自信。如果说包括陇东南乡村在内的中国社会永远迸发着勃勃生机和永不枯竭的生命原动力，那么这个原动力的最深刻、最持久、最隐秘的动力便是深深潜伏于每一个人的集体无意识之中的祭拜每一个祖先和神灵而且也完全有可能受到后代的同样待遇祭拜的成佛成圣的文化精神。强调不忘本、不忘祖恩，是中华民族生生不息的最原始动力。

　　值得一提的是，陇东南乡村很多地方每个乡至少有一两个民间自发组

① ［美］费正清、赖肖尔：《中国：传统与变革》，陈仲丹等译，江苏人民出版社 2012 年版，第 14 页。

成的皮影戏或木偶戏团，有的甚至多达三五个。这些人常能通背数十部剧本，每年春节开始便用极其熟练地道的当地方言在各地巡演，往往吐字清晰、准确，表演生动形象，至少会使习惯于普通话表演语言的人大吃一惊，原来方言竟有普通话所没有的更为形象、生动、活泼的表现力。也许只有在这些土生土长，甚至很少接受过正规学校教育，至少没有在很大程度上受到普通话规范性束缚的人那里才能真正感受到方言的魅力，当然也不是所有人都能做到这一点。也有大概是不大清楚剧本的，只能借助含糊其词来蒙混过关。有人以为国家统一的官方话只提供一种人人能够听懂的语言信息，要使言语真正有触动灵魂的生命穿透力，确实还得依靠方言。或者说官方话往往使人注意了语言的规范性却很大程度上影响表达的形象性、生动性和准确性；方言作为土生土长的母语，却恰恰不要求说话人致力于规范性考虑，即使不假思索地脱口而出，也往往能够直达语言表达的最形象、生动、活泼的境界。看来推广普通话确实极为正确，但试图以此来消灭方言却不一定明智，消灭活在每一个人灵魂深处且与灵魂无意识高度切合的方言，仅保留规范传递和交流信息功能的官方话，只能导致方言和官方话的共同退化。陇东南乡村皮影戏或木偶戏作为祭祀神灵祖宗的一种传统地方戏曲剧种，通常开演、正演和结束的一部戏都与祭祀神灵祖宗有关，或在开演前、正演时和结束后加演一些祭祀神灵祖宗的内容来彰显乡村皮影戏和木偶戏表演的目的和动机。往往下午木偶戏、晚上皮影戏，正演的那天上午得加演一场或一折戏。皮影戏和木偶戏共同的特点是只对演员的嗓音有较高要求，对演员扮相及直接表演动作技巧等没有更多要求。其中皮影戏的最大特点是表演虚拟空间受限最小，诸如腾云驾雾等常常不费吹灰之力便表演出来，不过是为主人公脚下添置一朵祥云罢了，但其致命的缺憾是人物造型的模式化和平面化，真实演员立体性表演动作的圆满性、表情的生动性、服饰的真实性等无法得到尽可能全面的展示。木偶戏虽然以服饰的真实性、动作的相对圆满性取胜于皮影戏，但空间的虚拟性和表演的灵活性却逊色于皮影戏，与真实演员舞台演出相比，其共同的缺憾为表情的生动性和动作的圆满性较差。所以总体处于衰落阶段，似乎皮影戏较之木偶戏更甚。

（二）待人接物的尽其所能之美

包括春节在内的中国传统节日往往有着极强的凝聚力。这种凝聚力不仅表现为跨越古今，而且体现为贯通内外、穿透天地的特征。如果说诸如二月二等主要体现了贯通人与自然的特征，清明主要体现了贯通过去与现在的特征，那么春节显然兼备了贯通人与自然、过去与现在等方面的特征，尤其具备了贯通内外、远近的特征。明恩溥十分感慨地说："就吸引力而言，西方任何一个节日都难以与中国的春节相比，这些特殊场合的家庭聚会从理论上看是必需的，从实践上看又是有用的。可我们自己在这方面却存在严重的缺陷：我们的家庭常常分解、离散到天南地北，然后又立即组建出新的一户。即使新住宅住得下全家人，大家庭也无法长距离整体迁移，尤其在严寒的季节更是如此。然而在中国，家户合一。仅仅是一些男性成员外出，但他们能以一种类似野禽飞返南方老巢的本能定期返回长辈的住所。"[1]

其实除了明恩溥提到的春节所具有的家庭凝聚力，还有其他更多、更大范围的凝聚力。春节所具有的空间凝聚力至少包括家庭、家族、家族范围之外更广阔的亲戚朋友圈等三个层次的聚会。首先是以家庭长辈为中心的家庭团聚。在陇东南乡村曾祖父母、祖父母、父母亲常常是家庭凝聚力的核心。如果曾祖父母、祖父母中至少有一位健在，所有儿孙都必须聚集在曾祖父母、祖父母身边，无论作为儿子自身岁数有多大，这一切都不足以成为他们不团聚的借口和理由；如果这个祖父母中最后一位离世，且往往以去世三周年为界标志着以祖父母为核心的家庭团聚力的可能瓦解。虽然家庭中某些特别有感召力的兄长也往往有这种团聚全家人员的能力，但这种能力会随着时间的推移逐渐减弱最终走向解散。所谓四世同堂其实就是家庭凝聚力的最为理想的体现形式。由于晚婚晚育和计划生育的缘故，

---

① ［美］明恩溥：《中国的乡村生活》，电子工业出版社 2012 年版，第 133 页。

陇东南乡村的集体凝聚力基本上呈现为三代或两代聚居，因此其集体凝聚力也往往体现为三代或两代。有人认为有父母存在的住处就是家，没有父母存在的住处充其量只是个故乡，这是很有道理的。《论语·里仁》所谓"父母在，不远游，游必有方"①，不仅为人们确立了出行的行为规范，更从伦理道德规范层面确定了家庭凝聚力存在的基本条件。一个人无论年龄有多大，有多少子孙重孙，只要父母中至少一位存在，他便必须围绕父母这一核心而不是以自己作为家庭团聚的核心，但如果父母中的最后一位离世，这个家庭便没有了主心骨，也便没有了围绕核心进行家庭团聚的原动力。而且家庭团聚往往是家族团聚、亲戚朋友团聚的先决条件。如果家庭团聚的核心缺失，家族团聚乃至亲戚朋友团聚便往往显得极为松散，甚或软弱无力。

其次为以家族、家神为中心的家庭团聚。一旦以父母作为核心的基本家庭团聚成为现实，这便在很大程度上形成了借助回家过年、家庭团聚机会到亲房本眷家拜年的机会，同时也有了亲房本眷团聚的可能和条件；如果亲房本眷团聚变为现实，那么借回家过年机会向以村庄为单位的家族拜年也有了可能和条件。当然陇东南乡村以村为单位的家族聚居往往有着极为复杂的现象，有些可能只有十几户人家几十个人口，有的可能数百户人家成千上万的人口。如果是数百户人家成千上万户人口，要实现挨家挨户拜年基本上可能性不是很大。最具标志性的事件便是去家神庙祭奠，或走村串户到关系熟悉的人家串门。无论通过哪种方式基本上都能体现家族团聚的性质和特点。如果长年在村庄里劳动，这种家族团聚其实长年累月发生，而且彼此都知道每一个家庭发生的主要事件，如婚丧嫁娶、修房盖屋等，所以对这些人来说家族团聚只是一个形式问题，但对长年累月在外上学、打工或上班的人来说，以父母为核心、以家庭为单位、以过年为形式的家庭团聚，确实有着极其重要的价值和作用，它常常成为家族团聚乃至亲戚朋友团聚的基本条件和必要基础。

---

① 《论语·里仁》，朱熹：《四书章句集注》，中华书局 1983 年版，第 73 页。

再次是以本人为中心的亲戚和朋友团聚。在以家庭和家族为单位的团聚变为现实的基础上，人们才有希望实现亲戚和朋友的团聚，而过年期间的走亲访友常常是这一团聚变为现实的最主要手段和途径。现代信息网络时代以短信和微信作为形式的团聚往往具有虚拟现实的性质，真正能全方位接触和直接感受的往往是以过年作为形式，借助坐炕聊天或面对面聚会等方式获得实现的亲戚和朋友的团聚。这种团聚的最大优势常常是能够使团聚面延伸到并不同族同姓的血缘关系以及没有血缘关系的人际交往圈，而且借此机会可以最大限度地拓宽人际交往的涉及面和覆盖面。在中国乡村，互利互惠与礼尚往来常常相辅相成。相对来说，以修建、红白事情为纽带的团聚往往更多具有互利互惠的性质和特点，而以过年为纽带的团聚更多可能具有礼尚往来的性质和特点。但无论侧重点在哪一方面最终都促进了以本人为中心的陇东南乡村亲戚和朋友的团聚的最后形成与大面积推广。虽然人们可能为此付出某些苦不堪言的努力，并可能苦于这种团聚所付出的高额代价，但没有人能够真正超越这种团聚的层次化人情圈的影响而独立存在。

陇东南乡村任何人都必须为基于自我、家庭家族、亲戚朋友所构成的人情圈付出力所能及的努力，并且为此耗费一定时间和精力，而且将互利互惠与礼尚往来演绎得淋漓尽致。虽然不是所有人在所有事情上都能够做到无怨无悔，而且不排除一定情况下的迫不得已，但是这种迫不得已如果换来亲人和故人的重新团聚与人情关系的不断固化，那么这种多少有些耗费时间和精力的行为同样有着增强以自我家庭家族、亲戚朋友为基础的民族凝聚力。这种民族凝聚力在特定历史时期可能爆发出积极的力量，引导人们克服种种劫难走向劫后弥新。这种团聚表面看来可能主要体现于过年等乡俗之中，其实也体现于农耕、建造、疾病、结婚、丧葬等各个方面。农耕所体现的是维持日常生活的最基本方面，建造、结婚则涉及人们发展日常生活的最基本方面，疾病和丧葬更涉及日常生活最为艰难痛苦悲哀的最基本方面，所有这些日常生活基本内容都是任何人无法避免和超越的，基于以上方面的诸多团聚其实往往是凝聚人心、提高生命意志力和战斗力的主要手段和途径。虽然由于商品经济的影响，使得诸如过年等节俗以及其他团聚乡俗面临诸多挑战，甚至在某种程度上呈现出淡化趋势，但在一定程度上仍然有着维持和强化以自我为中心逐渐扩大的递进式人情圈乃至人际关系的独特作用。

（三）预测运势的天人合一之美

人的存在是时间性的，时间又因四时而变化。不仅人的感觉，而且向来习惯于"变通配四时"①，且能真正"与四时合其序"② 的陇东南乡村的人们其生命节律乃至智慧也必然因四时而变化。人们不仅懂得"日往则月来，月往则日来，日月相推则明生焉。寒往则暑来，暑往则寒来，寒暑相推而岁成焉"③，而且也熟谙"治历之道，必审日月之行，然后可以上考天时，下察地化。一失其本，则四时变移"④ 的道理，所谓"庄稼汉要吃饭，四季把节算"的谚语便是其践行"与四时合其序"智慧的体现。如姜岌还能更细致地关注天象及异变："夫日者，纯阳之精也，光明外曜以炫人目，故人视日如小，及其初出地，有游气以厌日光，不炫人目，即日赤而大也，无游气，则色白大不甚矣。地气不及天，故一日之中，晨夕日色赤，而中时日色白，地气上升，蒙蒙四合，与天连者，虽中时亦赤矣。日与火相类，火则体赤而炎黄，日赤宜矣。然日色赤者，犹火无炎也，光衰失常，则为异矣。"⑤ 陇东南乡村的人们深知"一日之计在于晨，一年之计在于春"的道理，他们关注春季特别是正月的天气，往往能够借此预测来年一年的农耕、播种、收成，乃至成败得失的运势。基于现代科学的天气预报直到现在仍存在极大局限性，仅限于气温、阴晴、风向之

---

① 《周易·系辞上》，李道平：《周易集解纂疏》，中华书局1994年版，第564页。

② 《周易·乾卦·文言》，李道平：《周易集解纂疏》，中华书局1994年版，第64页。

③ 《周易·系辞上》，李道平：《周易集解纂疏》，中华书局1994年版，第636—637页。

④ 姜岌：《〈三纪甲子元历〉略》，郭汉儒：《陇右文献录》，甘肃文化出版社2014年版，第78页。

⑤ 姜岌：《〈三纪甲子元历〉略》，郭汉儒：《陇右文献录》，甘肃文化出版社2014年版，第80页。

类的天气变化，且往往只能预测几天甚或十余天的天气变化趋势和可能。陇东南乡村人们的天气预测却不限于此，常常能将天气自然变化、一年农耕乃至社会生活方方面面的预测联系起来，往往有着较为丰富的内容，包括天气、人畜、庄稼长势等各个方面，且有更长更远的预测期。

从已经出土的"天水放马滩秦简"可以看出，陇东南乡村的人们已经从秦代开始便能炉火纯青地运用中国天人合一的美学智慧于观察天象及预测人们生活的方方面面。有人以为诸如天人合一乃至天人感应的思想主要盛行于汉代，但文献出土证明其历史更为悠久。陇东南乡村的先民其实已经将宇宙看成一个有机整体。这个整体之中的各种事物往往相互影响、息息相通。看似单纯的天气现象却并不仅仅关乎天气本身，而且关乎天气之外的其他方面，尤其人类以及赖以生存的自然环境等各个方面。陇东南乡村往往能依据正月初一至初八起风与否，推断和预测人以及与人息息相关的家畜家禽、谷物庄稼的一年运势，以正月一日风不利鸡，二日风不利犬，三日风不利豕，四日风不利羊，五日风不利牛，六日风不利马，七日风不利人、八日风不利谷的经验逻辑来判断和预测鸡、犬、猪、羊、牛、马、人和谷的本年度运势。这可能在现代科学看来有些不可思议，但陇东南乡村的这种经验往往建立在子子孙孙无穷无尽的预测和验证的基础之上。这并不意味着所有年份的预测和验证都完全精准，但绝大多数情况下还是有其合理性的。许多人的生活经验可能仅限于自身，只是体现了自己一个人有生之年的预测和验证经验，但陇东南乡村类似的预测和验证，却是祖祖辈辈共同努力的必然结果。假使一个预测和验证大多数情况下并不准确，人们完全有理由抛弃它，而没有必要祖祖辈辈流传下来。但看似不可思议的乡俗却恰恰绵延数千年，必定是无数人生活经验和生命智慧的结晶。类似的预测和验证可能对城市人来说并不十分普遍，在陇东南乡村却是家喻户晓的生活常识。陇东南乡村的小孩们常常自小便接受了父辈和祖父辈这方面的熏陶和影响。许多人甚至只是将其作为口口相传的传统，并不一定知道其在文化典籍的具体记载。虽然并不是所有人都精通于此，但富有生活经验的陇东南乡村老人肯定清楚，而且也确实以此来推断人及家畜家禽和庄稼运势，为一年拟订农耕和养殖计划提供参考。

　　与以上预测和验证相比，其他预测和验证可能显得更加专业化，更加深奥莫测。陇东南乡村的人们还能够根据正月初一的风向，判断和预测天气的变化，尤其农作物一年长势，以及人们乃至国家的运势等，如有所谓"入正月一日风，风道东北，禾黍将；从正东，衣者丈夫；从东南，牛枭圣圣；从正南，衣之必死；[从西南……从正西……从西北……] 兵，邦君 [必] 或死之；从正北，水渍来"①。在现代人看来，风向仅仅是气压造成的气流方向，也仅仅是气流方向，陇东南乡村先民却不会如此简单地理解这一天的风向，且往往将其与天气以及天气以外的其他方面有机联系起来。即使这种预测和验证在今天看来可能有些牵强附会，但在当时可能是人们赖以生存的一种基本生活经验，至少可以看出先民们已经开始了将事物普遍联系起来加以通盘把握的认识和掌握自然的过程。其实即使叔本华也承认天才与疯癫往往有着惊人的相似之处，都能在一般人未必能发现联系的地方发现联系并将其有机联系起来。这种普遍联系的观点正是人与风向息息相通的天人合一思想的具体运用。

　　也许由于陇东南乡村先民主要依赖于靠天吃饭的农耕生活或当地可能多雨多洪水的缘故，他们往往对雨水乃至旱情等格外关注，而且明显超过了现代人尤其城市人的敏感和感兴趣程度，这一方面体现了人们对天气乃至气候变化的依赖性和熟悉程度，而且也体现了人们将自然现象与人类社会普遍联系起来的天人合一思想其影响的根深蒂固。在他们看来，看似单纯的某一日或某一月的雨情，并不仅仅关乎当日或当月的雨情，还往往关涉当月或其他月份的旱情和雨情，甚至人类社会生活的凶吉祸福、成败得失等。他们往往能够根据正月下雨的具体日子，推断和预测庄稼年成、气候变化、疾病祸福等，有所谓"正月甲乙雨，禾不亨（孰），[邦] 有木攻 [功]；丙丁雨，大旱，鬼神北行，多疾；戊己雨，大有年，邦有木攻

---

① 孙占宇：《天水放马滩秦简集释》，甘肃文化出版社2013年版，第168页。

［功］；庚辛雨，有年，大作邦中；壬癸雨，大水，禾粟，邦起，民多疾"①。而且能根据正月相关日子雨情推断和预测相关月份的旱情，如所谓"入正月一日而有雨正月旱，二日雨二月旱，三日雨三月旱，四日雨四月旱，五日雨五月旱，六日雨六月旱，七日雨七日旱"② 等，也能根据春三月雨情推断和预测八、九、十月的雨情，如所谓"［雨］正月，（澍）八月；雨二月，（澍）九月；雨三月（澍）十月"③ 等。立足正月具体日子及春季三个月雨情推断和预测相关月份的雨情和旱情，并在此基础上预测庄稼、家禽家畜、人以及国运的做法，在今天也许并不十分普遍，在今天的人看来也可能并不十分灵验或正确，但其中蕴含的勇于探索和总结自然规律和社会规律的态度和方法，以及相信世界上任何事物存在普遍联系的天人合一的基本观念和态度，都是今天的人们值得认真学习和研究的。现代科技的发展虽然便利了人们的日常生活以及基本判断和认识，但也麻痹了人们的神经系统，降低了人们对风向和雨情之类自然现象和规律的敏锐感觉和把握能力，以及对以天气为基础的人事变化规律的预测和验证能力。这可能是现代科技发展带来的副产品之一。

人们也许只将陇东南乡村预测运势所蕴含的天人合一思想作为人类认识和把握世界的一种思维方式和思想观念来看待，其实其价值和意义在于并不将人与自然对立起来，并不将人力能战胜自然，以及人类战胜和利用自然的能力作为生产力和推动社会发展的根本动力来看待，而在于包括陇东南乡村在内的中国人更乐于接受尊重和崇拜自然，将自然规律作为人类发展的最大征兆来看待，更乐于充分认识、把握和利用自然规律，将自然规律直接作为人们行为处事的基本生活经验和生命智慧，而不是将人与自然简单分开并对立起来，以人类战胜和利用自然的能力作为生产力及推动社会发展的根本动力。《黄帝内经·素问》将合于阴阳、调于四时作为真人、至人人格理想的基本特征："有至人者，淳德全道，合于阴阳，调于

---

① 孙占宇：《天水放马滩秦简集释》，甘肃文化出版社 2013 年版，第 168 页。
② 孙占宇：《天水放马滩秦简集释》，甘肃文化出版社 2013 年版，第 168 页。
③ 孙占宇：《天水放马滩秦简集释》，甘肃文化出版社 2013 年版，第 168 页。

四时，去世离俗，积精全神，游行天地之间，视听八达之外。此盖益其寿命而强者也。亦归于真人。"同时也视其为圣人必须遵循的自然法则，以及区别于愚人的标志："夫四时阴阳者，万物之根本也。所以圣人春夏养阳，秋冬养阴，以从其根；故与万物沉浮于生长之门。逆其根，则伐其本，坏其真矣。故阴阳四时者，万物之终始也；生死之本也；逆之则灾害生，从之则苛疾不起，是谓得道。道者，圣人行之，愚者佩之。"① 也正是在这一点上显示出城市工业文明所没有的特色和优势："随着硬地的扩展，自然被赶得越来越远，整个日常事务本身越来越和土地完全分离，和真实可见的生活存在，和生老病死相分离，屠宰场和墓地同样远离我们的视线，它们的整个程序也同样不为人所知。欢欣鼓舞庆贺诞生或者是沉痛悼念死亡的仪式，只能以非常微弱的形式在残存的教堂中勉强维系。季节的节奏消失了，或者说除了印在历书上之外不再和自然的活动相联系。成百万人在大都市的环境中成长，除了城市街道，他们对其他的环境一无所知，生活向人们展示它的魔力，不再是通过生命出生、成长的奇迹，而是通过在投币口塞一枚硬币然后取出一块糖或者一份奖品。这种和自然的分离可能导致严重的心理危机，是最小心谨慎的医学治疗也无法调适的。"②

　　西方人的困惑在于总是将作为自然规律和宇宙法则的物质意义的天，与作为神灵崇拜和人格理想的精神意义的天对立起来。如施韦泽写道："如果我们已能深刻地理解生命，敬畏生命，与其他生命休戚与共；那么，我们怎样使作为自然力的上帝，与我们说必然想象的作为道德意志的上帝、爱的上帝统一起来？"③ 但这种无法统一的矛盾在中国乡村几乎不存在。在陇东南乡村的人们看来，天不仅仅是类似于神灵和上帝的代名

---

① 《黄帝内经·素问》，张志聪：《黄帝内经集注》上，中医古籍出版社 2015 年版，第 9 页。
② ［美］刘易斯·芒福德：《城市文化》，宋俊岭等译，中国建筑工业出版社 2009 年版，第292 页。
③ ［法］汉斯·施韦泽：《敬畏生命：五千年来的基本论述》，陈泽环译，上海社会科学院出版社 2003 年版，第 21 页。

词，更是阴阳变化、四时更替的自然规律和宇宙法则的象征，甚至是天命乃至运势的象征。正是基于这一认识，陇东南乡村的人们往往能将人们对自然规律和宇宙法则的认识与敬畏天命和运势的民间信仰有机联系起来。既然自然规律和宇宙法则不可抗拒，天命和运势也不可抗拒，那么人们尊重和敬畏自然，尊重和敬畏自然规律和宇宙法则，其实就是尊重和敬畏天命乃至运势。人们不能尊重和敬畏天命和运势，却无视甚或破坏自然规律和宇宙法则，也不能尊重和敬畏自然规律和宇宙法则，却蔑视甚或践踏天命和运势。人们所能做的只能是认识、把握和顺应自然规律、宇宙法则乃至天命和运势，而不是试图改造它。诸如"早上打罢春，到晚温一温"、"春打六九头，遍地走黄牛"、"春雷淌断沟，十种九不收"、"正月里响雷人命瘁，二月里响雷麦胡堆"、"惊蛰下一点，九九倒回转"、"春寒不算寒，惊蛰寒了冷半年"、"过了惊蛰不住牛"、"二月二晴，黑霜落两层；二月二下，庄稼搭成架"、"三月三，脱去棉衣换单衫"、"清明要明哩，谷雨要淋哩"、"清明对立夏，割下碾不下；清明种胡麻，七股八柯杈"、"梨花白，种甭麦；枣发芽，种棉花"、"春种一粒籽，秋收万石粮"等陇东南乡村农谚，所彰显的不仅是人们认识、把握和利用自然规律的生活经验和生命智慧，更是认识、把握和利用天命运势的生活经验和生命智慧。陇东南乡村的人们将自然现象与家畜家禽、农耕生产、人类自身发展等紧密联系起来，作为家畜家禽、农耕生产、人类自身发展的重要参照系和主要体温表和测量器看待。陇东南乡村的人们往往并不将天地直接称为天地，而是更多称为老天爷和地司爷。这不是说陇东南乡村的人们完全畏惧自然和天命，而是更懂得自然和天命，懂得敬畏自然和天命的价值，懂得将敬畏自然和天命作为生存和发展的最基本生活经验和生命智慧来看待。这对接受过陇东南乡村教育的人们来说，也许是一个家喻户晓的生活常识和生命智慧，但这些看似寻常的生活常识往往是包括陇东南乡村在内的人们祖祖辈辈积极探索和总结自然规律的宝贵生活经验和生命智慧的结晶。

如果说将对自然规律和宇宙法则的认识与崇拜上帝乃至天命的宗教信

仰分割开来是西方的一种缺憾，那么这种缺憾在陇东南乡村至少在中国传统民间信仰中是不存在的。应该看到，西方科学的长足发展虽然极大地改变了人们的物质生活，但似乎并未从根本上改变人们的宗教信仰，至少没有使人们将科学研究与宗教信仰有机联系起来。汤因比的观点值得人们深思。他这样写道："人类集体力量的荣耀象征在同上帝自我牺牲精神对峙。对人的崇拜正在侵害对存在于宇宙背后和宇宙之外的终极精神真实性的崇拜。"① 这是因为西方人看来风马牛不相及的自然与神灵，以及自然崇拜与神灵崇拜，在包括陇东南乡村在内的中国人看来，不仅是统一的，而且从来就没有分裂过。中国人所谓天，也就是人们习惯上称之为"老天爷"的自然，就是深藏于自然之后的自然规律和宇宙法则，就是天命和运势等不以人们的意志为转移的"道"乃至神灵。有些西方人批评中国人的民间信仰是万物有灵论乃至泛神论，且不说这种将民间信仰简单解释为诸如万物有灵论、泛灵论、前泛灵论、图腾崇拜、祖先崇拜，以及其他许多武断分类的方法，本身限制了人类学家、哲学家进行研究可能达到的高度和深度，而且也无视了不同民族如何行动的个性特征正是取决于他们的生活经验和价值认同的基本事实，也无视了包括宗教信仰在内的所有民间信仰其实没有先进与落后、好与坏、正确与错误、真理与谬误之类的绝对分别，有的只是是否貌似合理而有效地解释了宇宙秩序以及心灵世界，并切实支撑起了相应民族信仰和行为的基本价值体系。格尔茨指出："一个概括的宇宙秩序，一套宗教信仰，也是对世俗的社会关系和心理现象的世界的一种解释。它使它们成为可以把握的。"② 确实单纯从最一般的、常识性观点出发，把诸如祖宗崇拜、神灵崇拜，以及动物祭奠、占卜预测、成人仪式等作为宗教模式不会对深入研究产生多大意义。其实正是这种万物有灵论乃至泛神论的思想，才真正凸显了中国民间信仰周遍万物、平等不二、无所执着的美学智慧。陈鼓应将老子所谓"道"分析为

① ［英］阿诺德·汤因比：《变革与习俗：我们时代面临的挑战》，吕厚量译，上海人民出版社 2016 年版，第 90—91 页。
② ［美］克利福德·格尔茨：《文化的解释》，韩莉译，译林出版社 2014 年版，第 117 页。

形而上的实存意义的道，作为规律的对立转化、循环运动的道，作为人的生活准则的道。而李约瑟更是片面理解了"道"，他甚至认为："道家所说的道，不是人类社会所依循的人道，乃是宇宙运行的天道；换言之，即自然的法则。"① 其实老子哲学乃至中国民间信仰体系之所谓"道"，二者兼而有之、不可分割，不仅包括自然规律和宇宙法则、社会规范和社会法则、人自身行为规范和法则，还包括山神土地、玉皇大帝等民间崇拜和信仰。相对来说，"中国人对天的概念似乎是泛神论，在崇拜天、地和陆上诸神时，他们的意思包括所有在上的力量，以谋求其好感"。②

可见，所谓天人合一的问题，绝对不是现代哲学所阐述的仅仅是人们的一种基本观念和态度，更是生活经验和生命智慧的集中体现形式，而且往往与人们的日常生活乃至凶吉祸福息息相通。当现代哲学日益关注玄而又玄的空洞命题以致日益悬空于日常生活，与日常生活没有多少关联的时候，陇东南乡村先民将人与自然息息相通的天人合一观念炉火纯青地运用于日常生活乃至农耕生产的各个方面，而且每每提供切实可行的预测保证，显然能够减少人们判断、决策和行动的盲目性。相形之下现行教育模仿西方学科体系注意建构课程化、学科化知识体系，在很大程度上导致了包括陇东南乡村在内的许多富有美学智慧的生活经验和生命智慧在课程教学中的淡化、削弱，使许多对每一个人的日常生活产生直接影响的生活经验和生命智慧在课程教学中明显缺失。包括陇东南乡村在内的中国乡村家庭虽没有完全放弃对诸如此类预测气候变化、庄稼长势、凶吉祸福运势等日常生活经验和生命智慧的家庭熏陶和教育，但由于学校教育乃至升学考试的无节制挤压使得这方面的教育明显处于边缘化的弱势地位。这并不意味着陇东南乡村生活经验和生命智慧的教育和传承必须得以现行课程教学的方式进行，也许将这种生活经验和生命智慧的教育和传承渗透于日常生活习惯、思维和行为方式等各个方面的潜移默化教育才最为深

---

① ［英］李约瑟：《中国古代科学思想史》，陈立夫主译，江西人民出版社 1999 年版，第42—43 页。
② 卫三畏：《中国总论》下，上海古籍出版社 2014 年版，第720 页。

刻、持久，也最为全面有效的。陇东南乡村的人们常将基于天人合一思想观念的预测验证贯穿于农耕生产和日常生活的方方面面，使其成为一种深刻影响和支配着人们日常思维和行为方式的生活经验和生命智慧。这是值得提倡的。

第十章　基于夏天的陇东南乡俗及生态美学智慧

农历四、五、六月作为陇东南乡村夏三月的主要月份，虽然是大量农作物乃至万物生长发育的季节，也同时关涉有些庄稼的播种，有些庄稼的松土翻锄，有些庄稼的收割收藏，所以常常是陇东南乡村的人们农活最多、最繁忙的季节。这一季节不及春三月节日密集且对一年运势有全面观照和预测的优势和特点，但内容简单的节日和繁忙的劳作常常使其有着独特的民间表征和美学智慧。

一、夏天的陇东南乡村民间表征

夏三月作为陇东南乡村一年四季最为繁忙的季节，既关涉一些庄稼蔬菜的种植，一些庄稼的疏松土壤和除草，还关涉小麦的收割碾场，以及麦茬地的翻耕等繁忙劳动任务。也许由于繁忙使得这一季度的节日并不十分多，主要是四月四、五月五和六月六，且显得内容单一、仪式简单，更切合季节特点。尤其五月五端午节和六月六更体现了这一点。

四月四日为文殊菩萨佛辰。除少数信仰佛教的人们之外，其他人并不十分清楚。

五月五为端午节。陇东南乡村的人们有段时间通常在五月五端午节前一天向家家户户收集一些玉米秆等柴火及干枯树枝等，沿着河沿呈一字形成堆成垛堆放在河滩；或将柴草拿到村周围山坡上堆集成上小下大圆锥形尖塔状，排列得整整齐齐；也有在野地把三四月份植物茎秆捆扎成形形色色的草人，待傍晚来临，一齐点燃，顿时火光冲天。人们欢欣雀跃，有调皮捣蛋的青少年甚至高举燃烧的草人奔跑于柴火堆之间。其有些类似于篝火，但并不载歌载舞，所以也不同于其他少数民族地区的风俗，陇东南乡村俗称"点塔儿"或"点高山"。偶有调皮捣蛋的青少年还设法抓捕癞蛤蟆、青蛙等投入其中取乐，但这一天晚上的癞蛤蟆和青蛙也变得十分乖巧，极其识时务，竟然听不到一句蛙声，似乎生怕被闻声抓去丢到火堆中。

到端午节清晨天麻麻亮的时候，勤快的人们已爬上村庄附近的山坡，在露水中拔艾蒿，折柳枝，一个个成捆成捆抱回家，将柳枝遍插所有门窗上面，将艾蒿悬挂或堆放于窗台、墙头等晾晒。相传由于人们作恶多端，玉皇大帝勃然大怒欲派遣天兵天将在五月初四日夜间灭绝人类，有不忍心的神灵向善良的人们走漏了这一消息。待玉皇大帝派人在南天门督查，发现四日晚到处火光冲天，一片火海，第二天满目疮痍，家家户户门窗上有绿茵茵的柳枝、绿中带灰的艾蒿，便向玉皇大帝报告经过五月四日晚一夜烈火焚烧，到五月五日上午整个河滩到处是灰烬，一片狼藉，家家户户门窗上都长出了草，可见已没有人烟了。善良的人们才侥幸躲过这一劫难。这一天清晨拔艾蒿、折柳枝的同时，人们也故意用露水打湿衣袖，俗称"败露水"，还有用露水洗脸洗手的，据说可以治疗皮肤病，确保一年不会患上牛皮癣之类的皮肤病。细心的家长这一天还要给孩子们手腕和脚腕上绑上各种颜色毛线的手襻和脚襻，或根据属相及兴趣爱好佩戴各种造型的香包等，相传可以驱逐夏天毒蛇、蜈蚣、蝎子、蟾蜍、蜘蛛、蚊虫困扰，确保吉祥如意。毒蛇等害虫是陇东南乡村的人们夏天出入农田和野外最可能遭遇的危险和侵害，所以预防和驱逐毒蛇等害虫常常显得比一年之中的任何季节都格外重要，其时令性是非常鲜明的。

　　较有特色的乡俗还有烙花馍馍。上午每家每户家庭主妇照例用小麦面烙花馍馍，在擀成圆形的面团上，充分发挥想象，用诸如茶罐嘴、木梳、顶针、筷子、刀片等挤压或勾画出各种各样的花纹图案，如用小酒盅口压几朵梅花，用带嘴的茶罐口压桃子等。最常见的图案大概是向日葵，常常是用梳子压成排列整齐的葵花籽，并用茶罐或其他器皿在周围压上花瓣，也有用筷子、木梳等压成诸如福寿、双喜字样的。虽然仅是用最常见的生活器皿和用具在面饼上挤压图案，也往往能充分发挥家庭主妇的艺术想象，彰显人们的文化创意。烙得最好的花馍馍常常干脆可口，却不留一点锅巴，白白净净的，一看就让人觉得嘴馋。所有这些花馍馍也不全留于自家享用，还得打发孩子们送往舅舅、姑姑等附近亲戚家。其他的亲戚家也往往有花馍馍送来。五月五端午节前后，不仅陇东南乡村的每家每户都能吃上自己烙制和亲戚家赠送的花馍馍，而且青少年儿童还会私下窜和到一起，你一口我一口彼此品尝花馍馍本色的香味。这对常年没有吃过纯小麦面馍馍的陇东南乡村青少年儿童来讲实在是一件美事。

　　也有受到城市影响吃粽子的习惯。除为数不多的文化人之外，其他很少有人将之与屈原联系起来，好多不识字的陇东南乡村老人并不知道屈原为谁。全国大部分地方的乡俗可能与屈原有关，但陇东南乡村端午节与屈原似乎没有多大关系，可能是由于贫穷的原因也并不吃粽子，也并不了解屈原的生平和经历。包括陇东南乡村在内的许多节日习俗本来可能有着深刻寓意，但由于历史的发展人们仅仅继承了其节日的仪式和形式，以致将更关键的内容遗忘了。确实也有些节日习俗内容是文人墨客附会上去的，或许本来没有相应内容和寓意，后一种情况也常常屡见不鲜。长期以来凭借口口相传的民间传说完全有可能是历代文人自作多情、大加附会的结果。

　　六月六日暴晒衣物等以防虫蛀。陇东南乡村还有烙麦蝉的乡俗。家庭主妇们往往将小麦面擀成圆形面饼状，一切两半，成为扇面状，然后用切刀或刃链在半圆形一面切割弯曲成蝉的嘴、翅膀等形状，放入锅中热火烙制而成馍馍，供家人食用。烙麦蝉看似没有季节性，其实麦蝉恰是夏季最活跃的鸟虫，所以烙麦蝉其实是抓住了这一季节的最主要特点。这一天相传为地府判官崔府君圣诞，似乎没有多少人将其与节日联系起来。

二、夏天的陇东南乡村美学智慧

节日主要是闲暇的产物，正由于陇东南夏三月是一年之中最为忙碌的季节，所以见诸夏三月的陇东南乡村节日不仅内容单调、形式单一，而且仪式简单，常以不影响夏天紧张而有序的生活节奏、繁忙而不乏乐趣的生活方式为原则。事实上特别忙碌的季节确实得尽可能减少不必要的干扰，但这不意味着忙碌的季节全然没有任何节日作为点缀，而且越是繁忙的劳动，越可能忙中偷闲举办一些最具嬉戏狂欢性质的节日游戏活动，其中四月四除了佛教界之外，对陇东南乡村普通百姓似乎没有多少影响，六月六日烙麦蝉乡俗也仅有极单一的节日内容和元素，甚至连响亮的节日名称也没有。只有五月五端午节既有名称，也有较为丰富的内容，由于历代文人的多愁善感使人们更多联想起屈原的专门祭祀和纪念意义，但这似乎对陇东南乡村并未构成深刻影响，或陇东南乡村端午节可能与屈原没有多大关系。

（一）忙中偷闲的嬉戏狂欢之美

长期处于贫困的陇东南乡村的人们往往会借助一切机会尤其节日狂欢，以缓解本来沉重的生活压力，或为本来酸楚而平淡的生活注入一线生的希望，但更多的节日狂欢确实与吃、喝、性有关。如过年的习俗除了某些文化的成分，最基本的可能是吃喝本能的宣泄。长期陷于贫困的人们平时可能少吃少喝，但过年的乡俗让他们可以尽可能以吃喝作为主题，至少能将吃喝的主题发挥到最大限度。还有一些不定期的活动如婚丧嫁娶本来有着各自明确的主题，或悼念亡人，或庆贺新人，但陇东南乡村都能借题发挥将其与吃、喝、性联系起来，使婚丧嫁娶成为大吃二喝的大好机会。

尤其结婚本来是两个新人的事情，但往往通过闹洞房等发展成为乡村混混们嬉戏狂欢的天赐良机，而且由于近年来商品经济的发展和传统文化的缺位，在陇东南乡村之外的其他地区甚至使洞房游戏中的色情表演有所升级；丧葬本来是一件极其悲哀的事情，然而在陇东南乡村之外的有些地区也发展成为色情表演的场地。

不过陇东南乡村以端午节为代表的节日狂欢既没有色情内容，更没有色情表演，甚至与吃喝没有直接的关系，是一种纯粹的节日狂欢。虽然这个狂欢也往往以青壮年为主，但并不排斥老人和儿童，充其量也只是在熊熊燃烧的烈火中获得某些生活的乐趣。也许是人类来源于猿人的历史决定了人们总是对火抱有极大兴趣，往往能够在燃烧的火焰中充分体会到激动、热烈、快活、积极、向上、升腾的情绪。爱娃·海勒指出："人们视火为天神力量的象征，这种崇拜与人们信仰血代表着力量同样古老。火驱走寒冷和黑暗的统治，火以毁灭的形式带来洁净。它是如此的强大，没有什么可以与它相抗违。每支火苗都向上伸展，直指天空，这让人想起太空中的雷击。火是天神和上帝的象征。"① 陇东南乡村的人们并不一定与天神和上帝联系起来，甚至作为其象征来看待，但对"天打火烧当日穷"还是会心有余悸：陇东南乡村确实不止一次地发生过小孩子玩火酿成火灾的现象，如有些小孩玩火，不小心点燃了别人家的柴草垛，这便意味着这家人可能一年没有柴火烧，一年不能吃烧熟的饭菜。玩火的人家肯定得赔偿这家人的损失，有些甚至不惜用更为贵重的羊毛毡或被子之类遮盖以图扑灭火苗；有些人家的小孩玩火，以致烧死了一起玩耍的孩子；有些人家夸口即使三年大旱、颗粒无收，吃墙皮也足够维持三年的吃喝用度，也许是这一海口惹怒了天地，使这家人所有房屋顷刻之间化为乌有。鉴于人们对烈火威力的畏惧，人们所能想象的玉皇大帝消灭罪恶人类的最可能办法也脱不了借熊熊烈火使其化为灰烬。人们对熊熊燃烧的火焰天生有畏惧心理，也许正是这种潜意识层面的深切畏惧反而极大地助长了人们对可控制

---

① ［德］爱娃·海勒：《色彩的性格》，吴彤译，中央编译出版社 2015 年版，第 56 页。

火苗的兴奋和热爱。

人们虽然畏惧火焰，但不能离开火焰，没有火焰便不能吃烧熟的饭菜，不能睡热乎乎的土炕，不能在漆黑的夜晚看到光亮。潜意识中存在的对火焰的崇拜也可能是他们见到熊熊燃烧的火焰便激动不已的根本原因。正是这种畏惧与崇拜兼而有之的心理最终促成了陇东南乡村端午节点塔儿这一最为荒诞不经的狂欢活动。弗洛伊德这样阐述道："节日就是一种允诺，更确切地说是一种义务，一种逾越，是一种对禁忌之神圣性的违背。人们作出这些逾越之事并不是因为他们感到快乐（这种快乐也并非他们接受了某些指令性所致）；毋宁说这种逾越性就是节日的本质所在——人们正是在自由地去做通常不能做的事情时才会产生出节日感的。"① 作为核心内容的火也确实与人们的生活息息相关，并给予人们更多的激情和想象，使嬉戏狂欢的节日氛围获得最为圆满甚至近乎狂热的实现。陇东南点塔儿乡俗的特点在于以节日形式对逾越和解禁的允诺。卢卡奇指出："世界广阔无垠，却又像自己的家园一样，因为心灵里燃烧着的火，像群星一样有同一本性。世界与自我、光与火，它们明显有异，却又绝不会永远相互感到陌生，因为火是每一星光的心灵，而每一种火都披上星光的霓裳。这样，心灵的每一行动都变得充满意义，在这二元性中又都是圆满的：它在感觉中是圆满的，对各种感觉来说，它也是圆满的；它之所以圆满，是因为心灵在行动期间沉静平和；它之所以圆满，是因为它的行动脱离开它之后独自找到自己的中心点，而且围绕着自身画一个完整的圆。"② 按照卢卡奇的阐释，可以将诸如点塔儿之类的嬉戏狂欢活动理解为人们借助于自我与世界、光与火的二元性达到了自我与世界、光与火的二元与圆满，且在其心灵深处找到了真正属于自己的中心点，并以这个中心点构成了相对完整的圆。虽然参与陇东南乡村点塔儿活动的人们并不是一个人，而且也没有一个真正的中心人物，所有的人只是按照既成约定或安排完成属于

① ［奥地利］弗洛伊德：《图腾与禁忌》，赵立伟译，上海人民出版社 2005 年版，第168—169页。

② ［匈］卢卡奇：《小说理论》，燕宏远等译，商务印书馆 2012 年版，第19—21页。

各自的活动，每个人都是这个活动的中心，而且都能够在这光与火乃至自我与世界的二元中找到以自我为中心的圆满结果。这便是这个活动的价值和意义之所在。当然这种以自我为中心的圆满必定有着超出其他节日的放诞不羁和超乎常规的嬉戏狂欢特点，而且客观上也借此逾越了平时看似神圣的禁忌和规范，并通过这种节日狂欢充分感受了节日的本质和自我的快乐。

虽然陇东南乡村点塔儿的乡俗可能原本有着传说中非常功利的目的，但这一目的其实已经在很大程度上为人们所遗忘，以至使流传至今的乡俗仅仅作为一种习以为常的仪式存在，其本来的功利目的已经荡然无存。没有功利目的，以至以游戏本身作为目的便成为其最基本特征。伽达默尔指出："尽管游戏的真正本质在于使游戏的人脱离那种他在追求目的过程中所感到的紧张状态，然而游戏的人本身在游戏活动中仍是一个采取某种行动的人。由此就更进一步决定了游戏活动为什么总是玩味某物的活动。每一种游戏都给从事游戏的人提出了一项任务。游戏的人好像只有通过把自己行为的目的转化到单纯的游戏任务中去，才能使自己进入表现自身的自由之中。"① 也许正是由于百姓日用而不知的缘故，使时至今日的点塔儿活动变成一种纯粹的游戏活动。甚至是以自身作为目的的游戏活动。许多人参与这一游戏狂欢活动的目的仅仅是为了参与这一游戏狂欢活动，或游戏狂欢本身成为唯一可以说得出来的目的。也许真正如伽达默尔所说："游戏的魅力，游戏所表现的迷惑力，正在于游戏超越游戏者而成为主宰。……游戏的真正主体（这最明显地表现在那些只有单个游戏者的经验中）并不是游戏者，而是游戏本身。游戏就是具有魅力吸引游戏者的东西，就是使游戏者卷入游戏中的东西，就是束缚游戏者于游戏中的东西。"② 确实没有人会试图借助点塔儿活动获得什么实际利益，它既不能

---

① ［德］汉斯-格奥尔格·伽达默尔：《诠释学 I：真理与方法》，洪汉鼎译，商务印书馆2010年版，第158页。

② ［德］汉斯-格奥尔格·伽达默尔：《诠释学 I：真理与方法》，洪汉鼎译，商务印书馆2010年版，第157页。

使挨饿的人吃饱，也不能使缺钱的人有钱，更不能试图获得什么物质或精神的奖励，人们所能得到的仅仅是片刻的嬉戏和狂欢，这既可能是最原初的动机，也可能是最终极的动机，除此而外没有其他任何可以展示和炫耀的场地和平台，因为既不唱歌也不跳舞，更不会在黑天黑地穿得整整齐齐甚或花枝招展而接受灰尘的弥漫和污染。虽然诉诸游戏的幸福可能是暂时的，甚至是虚无缥缈的，但也往往最为货真价实，甚至若干年过后仍可引以为乐并感到幸福。也许陇东南乡村点塔儿活动的价值和意义真正在于以游戏本身为目的，此外别无其他目的。在今天这个极端功利化的时代似乎十分难能可贵。也许由于太过蛮野或浪费的缘故，这种乡俗近年来在陇东南乡村也并不多见，倒是在某些少数民族聚集区成了吸引外地游客的一种表演项目。

（二）广种薄收的施舍诚信之美

陇东南乡村大多数地区都是山区，往往没有灌溉的便利，更多时候都是靠天吃饭，很大程度上存在广种薄收的情形。至少许多人一年到头忙忙碌碌其实没有多少盈余的粮食产出，绝大多数地方充其量只是能自给自足，有些甚至连自给自足都存在一定困难。人们虽然相信穷没有根、富没有苗的道理，但限于自然环境，单纯从土地中抛出富裕和幸福还是充满困难的。并不是出生于这一地区的人们都是天生的懒汉，并不是他们中没有一个有发家致富的想法，但他们祖祖辈辈基本上没有彻底摆脱贫困，没有真正过上幸福生活，主要还是地理位置、自然环境、气候条件、道路交通、劳动工具、生产效率等各种因素综合制约的产物。主要依靠最低效率的体力劳动来创造富裕而幸福的生活可能对所有人来说都是不可能的。人们说幸福的家庭是相似的，不幸的家庭各有各的不幸，也同样有理由说富裕的家庭是相似的，贫困的家庭各有各的贫困原因。陇东南乡村的人们并不都是佛教徒，并不都坚持素食，或把放生作为基本生活方式，但他们即使广种薄收，仍然不忘记最基本的力所能及的广施食禄的乡俗，这主要还是因为他们有尊重自然界一切生命的美学智慧。虽然他们并不能讲出一套一套大道理来，但他们的实际行动常常以无可辩驳的力量实践和证明着自身的智慧。

陇东南乡村收割小麦有开镰、卧镰乡俗，碾场亦有开碌碡和卧碌碡等乡俗。开镰前得用自家捻制的麻线股麻绳，以搓得又均匀又严紧为宜，并购买多张上好的刃镰和磨石，蘸水磨得飞快，虽然不能说吹发断毛，但必须能够随便割断草苗。而且要小酌两杯，做一顿又细又长的面条吃；到小麦全部收购结束，便是卧镰，除了收藏好刃链和镰刀之类，关键的是在麦茬地里将一把麦粒撒于地里，或将地边的小麦故意留些不收割，用来留给鸟雀食用。每到夏天开碌碡前先动员相关男女用锄浅挖平整场面，是为垟场，再架上牲口用碌碡碾得平整光滑，以致光到能晾晒擀面的程度。每场麦子碾完都得在碌碡或碌碡架上缠绕或放置一股麦穗，或撒一把麦粒，或少收拾一些麦粒，留与家禽野鸟等，有条件的还得好好犒劳一下夏收的辛劳，是为卧碌碡。

由于陇东南乡村的人们至今仍不十分宽裕，且也十分明白珍惜粮食的道理，许多家长不惜唠叨对其小孩讲述着 20 世纪 60 年代饿死人的事情，以及榆树皮擀的面条多么细细长长、爽滑可口但数量有限，荞衣面馒头吃后一见风便全身发痒以致越搔越痒、越痒越浮肿，高粱面多么好吃就是屎不抬举人以致死活拉不下来，山野菜吃多了多么反胃、到后来找不到一点儿根须，且吃得人们个个肚皮泛着绿色的光芒，似乎用指头轻轻一弹便能立刻破裂，以及天热防寒、丰年防灾的道理；而且也不止一次地讲述过生前浪费一粒米、死后便得吃一只虫的果报等。陇东南乡村的人们十分明白珍惜粮食的道理，且往往能够将其与因果联系起来。虽然并不是每个陇东南乡村的人都知道老子所谓"既以为人，己愈有；既以与人，己愈多"①的阐述，也不一定都知道佛教关于有舍有得、大舍大得、不舍不得的布施和舍得的论述，也不一定真正懂得《周易》损卦与益卦之所谓自损曰益、自益曰损的道理，但大体都知道当地谚语所谓"明处去，暗处来"的道理，都懂得主观施舍与客观福报的道理。类似的观念也见于犹太人《塔

① 奚侗集解：《老子》，上海古籍出版社 2007 年版，第 198—199 页。

木德》，有谓："你对生活奉献多少，你就会从生活中得到多少。"① 古印度人不仅重视布施，且往往与人的因果报应和生死轮回有机联系起来。如《吠陀经》有云："诸神不会注定我们死亡于饥饿：就是丰衣美食的人也要在各种方式下逝世。那些布施者的财富永不消去，而不施舍的人将不能得到别人的慰藉"，"布施给来乞食的柔弱乞丐的人是仁慈的，在战争的呐喊中成功随从着他，在将来的困厄中他会做他的朋友"。② 陇东南乡村一些年龄较大的人特别注意这一点，他们的布施不仅表现为对寺院庙宇的布施，而且表现为对上门的乞丐以及其他需要救助的人的布施。过去有些富裕人家还坚持每年四五月份青黄不接的时候给挨饿的人家放舍饭，一旦碰上荒年还会面向当地乃至流浪乞讨的外地饥民大放舍饭。陇东一带还有招来家族本姓已故三代宗亲及孤魂野鬼幽灵，请阴阳先生念诵经文咒语，泼洒饭食以供幽灵享用的丧葬仪式，也称为放舍饭。陇东南乡村的人们即使不宽裕的人家也会有钱出钱、有力出力积极投身于一些公益事业，给需要救助的人一些食物等，这也是布施的一个方面。

陇东南乡村人们的施舍也并不仅仅限于人和幽魂，也不仅仅出于自身增益目的的考虑，更是为了赢得诚信，以建构和维持与自然界一切生物的良好关系。如《周易·中孚》彰显了施诚信于豚鱼、鸣鹤等小动物的美学智慧，有所谓："鸣鹤在阴，其子和之。我有好爵，吾与尔靡之。"③ 虽然陇东南乡村直到现在很大程度上仍然处于靠天吃饭以及广种薄收的境况，但陇东南乡村的人们绝对不吝惜，还能大方地故意留一些粮食给禽鸟，这里体现的不只是广施食禄，更是广施诚信于动物界的儒、释、道美学智慧。好多人家收割庄稼时便给孩子讲述长在地里的庄稼是野的，收在柜子里的才是自家的。在他们看来，长在地里的庄稼三分之一是老天爷的，刮风下雨、火烧冰雹等自然灾害损失三分之一；三分之一是飞禽走兽以及其他野物的，或松鼠、老鼠、野狐、野猪、老鹰、麻雀等消耗三分之

---

① 赛妮亚编译：《塔木德》，上海三联书店 2015 年版，第 3 页。
② 《吠陀经》，糜文开：《印度三大圣典》，中国文化大学出版部 1980 年版，第 30 页。
③ 《周易·中孚》，李道平：《周易集解纂疏》，中华书局 1994 年版，第 518 页。

一；三分之一可能属于收割运输、晾晒收藏洒洒扬扬漏失遗落，以及收藏到粮仓老鼠侵害费用等；真正属于人们吃喝用度的也不过七分之三。陇东南乡村许多老人都知道诸如"收五成碾三成，装到篅里算十分"、"黄八成，收十成，十成开镰丢三成"、"割在场里是伙的，装在篅里是我的"的道理。这恰与近些年来许多城里人担心上当受骗，即使面对老弱病残、沿街乞讨的人也不敢轻易施舍形成了鲜明对比。这并不意味着广施食禄和诚信与广种薄收乃至贫富贵贱有直接关系。陇东南乡村虽然不少人都知道"民富足而知礼仪"的说法，但并不是所有富足的人们都知道礼仪，而且身体力行，也不是所有不富足的人都不知道而且并不施行礼仪。陇东南乡村许多人能在自己生活并不富足的情况下，在力所能及的范围内尽可能广施食禄、传播诚信的正能量，但如果有些乡村干部继续巧立名目、巧夺豪取，有些不法分子继续不择手段、坑蒙拐骗，那这种柔软的广施食禄和诚信的良知迟早也会出于自卫而逐渐变得坚硬和冷漠。

陇东南乡村能面向家畜家禽广施食禄和诚信。这是因祖祖辈辈自然而然形成了极其合理的食物链条，以至能最大限度保证资源的充分利用。如人吃粮食，家畜家禽吃粮食皮壳、庄稼秸秆，家畜家禽以及人的粪便成为农用肥料；将家畜家禽吃剩或不吃的秸秆烧炕或烧炉子，变成草木灰还原于田地作为农用肥料；即使人们吃剩的食物也往往可以提供给家畜家禽作为食物，甚至涮锅水也是诸如猪等家畜的食物。相形之下，人类城市化的最大败笔之一便是斩断了乡村天然的食物链，以至于因为至今未能很好地建立起良好食物链，不仅造成了食物乃至资源的极大浪费，而且制造了许多城市生活垃圾，加剧了环境污染。生活程序以及生活垃圾的最大限度链条化，可能是未来城市化必须认真考虑的重大课题。在这一方面，包括陇东南乡村在内的中国乡村常常有发人深省的灵感来源和智慧源泉，只是有些习惯于城市生活的人们并未意识到这一点。

（三）生长收藏的繁忙劳作之美

虽然陇东南乡村仍然不能超越春生夏长秋收冬藏的主要季节分工，但相对来说能够将这四个季节的功能兼而有之的最突出的季节便是夏三月，往往涉及播种、除草、收割和收藏等不同庄稼在这一季节的不同劳动任务。具体来说既涉及谷子和荞的播种，还涉及最主要农作物洋芋和玉米的翻锄，更涉及小麦的收割、轧碾和晾晒收藏，还涉及麦茬地的翻耕熟土。虽然陇东南乡村的人们一年到头都是忙碌的，但这种忙碌不是建立在一成不变的类似城市人作息制度的约束之下，而是必须服从自然现象及其规律，虽然起早贪黑也常常是陇东南乡村人们的基本生活习惯，但相对于城市人来说，似乎更具有日出而作、日落而息的特点，其作息时间似乎更能体现尊重自然现象和规律的特点。

夏三月尤其五黄六月常常是陇东南乡村最为忙碌的季节。一方面得与暴雨冰雹、风吹火烧等天打火烧自然灾害，以及飞禽走兽等自然灾害抢时间，有所谓"麦怕杏黄，荞怕种上"、"麦倒草一场，荞倒一缸粮"、"麦倒没面，荞倒一石"、"黄七分，收十分；黄十分，收七分"，正因为"麦子成熟不等人，耽误收割减收成"，所以得"六月里大暑小暑忙，阁中绣女请下床"；另一方面得注意诸如玉米、洋芋等秋季农作物的翻锄料理，尤其得注意麦茬地翻耕等，得尽可能深耕麦茬地，翻出生土，借助伏里的太阴暴晒晒熟生土，如"伏耕深一寸，赛上一茬粪"、"六月里莫歇凉，一锄一升粮"等。夏三月不仅是陇东南乡村一年到头最忙碌的季节，而且也是面临自然灾害压力最大的季节，因而也是最关注天气、最担心天气尤其是暴雨侵袭的季节。因为成熟的麦子一有风吹草动，或暴雨冰雹，便可能将成熟的麦粒打落在地，即使碾在场里，如果没有收场，仍然面临被暴雨侵袭乃至冲走的危险。有些人家碾场到中途，碰上暴雨，得翻腾晾晒好多天，如果运气不好碰上阴雨天气多日，便意味着堆裹在场里的小麦会发霉发芽，直接减少收入。用虎口夺食来形容陇东南乡村最为忙碌紧张的夏天是丝毫不过分的。烈日和暴雨常常是这一季节最为常见的自然现象。不仅人们收割麦子得顶着烈日和暴雨，而且碾麦子也得冒着烈日和暴雨。在烈日下收割麦子常常有着麦子同人一起烧燃的感觉，不说口干舌燥，挥汗如雨，仅热浪的烘烤便让许多人受不了。熟练的老农民常常能够轻松自如地收割小麦，而且能够做到右手用刀，左手拦麦，膝盖顶麦，全身联动刮麦，做到颗粒不掉；不熟练的人不仅速度慢，而且麦跌落洒扬的概率也比较高，最难堪的是常常身子又起又弯，割不了三两天便腰酸腿疼，于是将腰伸得直直的，或将麦秆垫于腰背部反弓着休息。这其实是最没有经验的做法，不仅不利于缓解腰酸背痛的痛楚，反而会有所加重。有经验的做法只能是缓缓起身、缓缓弯腰，或干脆半弯着腰休息。遇到暴雨天气，有些人常常疯狂奔跑，有经验的人深深懂得"暴雨跑不过疆界"的道理，并不忙着躲避，因为常常跑不出一个麦田的疆界，便可能被铺天盖地的暴雨淋得像落汤鸡似的。还得顺应时令变化，适时播种有关蔬菜和粮食，如有所谓"五月十五不种菜，笼笼提上满地拜"、"头伏萝卜二伏菜，三伏过来种荞麦"等农谚。

　　由于陇东南乡村至今仍然存在靠天吃饭的现象，所以人们最关注天气变化，最重视也最善于总结自然规律，且许多农谚常常有鲜明的地域特色。虽然诸如"立夏看夏"、"要得斗价塌，就看四月八"、"秋收不收秋，要看五月二十六"之类所表现的对庄稼收成的预测，诸如"小满谷子芒种荞"之类什么庄稼只能在什么节气播种，"夏至不挖蒜，挖了要散瓣"等什么庄稼只能在什么节气收割的时令限制，还有诸如"胡麻黄，碾光场"等什么庄稼在什么时间收割碾晒结束等农谚似乎没有多少地域特色，但它体现的显然是陇东南乡村农耕生活，肯定不适合于中国东北、东南、西南或其他地区。有些农谚甚至直接将当地地名纳入农谚，如"塔子山戴帽，需雨煮泡"等显然将陇南西和塔子山的地名纳入其中，作为预测天气变化的主要依据。虽然并不是陇东南乡村人人都懂得诸如"透天玄机"之类，但预测天气变化及农作物收成情况也往往八九不离十。这主要因为生活于陇东南乡村的人们祖祖辈辈在用不完全归纳法总结着即时即地的生活经验和生命智慧。虽然这些生活经验和生命智慧常常因为即时即地性质而有着不可避免的局限性，但由于常常超越代际有着子子孙孙的经验积累而显得更加准确无误。如所谓"天旱失甲子"、"收秋不收秋，要看五月二十六"、"伏里耕步地，一季顶四季"、"头伏下雨中伏旱，有雨除非七月半"、"前月下了二十五，后月地上没干土"等。也许由于远古时代人们的农耕生产较之现在更依赖于天气变化，更表现出靠天吃饭的特点，所以他们较之今天的人们似乎更懂得自然规律，以至有着今天的人们所没有的生活经验和生命智慧，发展到现在非阴阳先生等专业人员之外的其他人往往并不十分精通。如甘肃《天水放马滩秦简》所谓"雨四月，（澍）十一月；雨五月，（澍）十二月；雨六月（澍）正月"，以及"四月娄为上泉，毕为中泉，东井为为下泉。上泉雨，稙享（孰）；中泉雨，稙享（孰），中竜享（孰）；下泉雨，稚享（孰）；三泉皆雨，大有黍年；三泉不雨，大饥"①等，往往能够将某月雨期与其他月份的旱情，以及年成联系起来，充分体现了原始先民更依赖于天气变化，也更关注和精通天气变化的经验和智慧，以至有着今天的人们所没有的生活经验和生命智慧。

农谚作为包括陇东南在内的中国乡村最富于智慧的生活经验，有着很大发掘和研究空间。但是随着现代科技的进一步发展，人们在某些方面认识和把握自然的能力虽然有所提高，但凭借直接观察自然现象提升天气预测能力的水平却明显有所下降。尤其对长期习惯于城市生活的人更是如此，由于他们的工作、生活和学习似乎与自然界天气变化没有直接关系，以至连天旱水涝都往往依靠新闻报道而获得。至于陇东南乡村先民原本具有的观察天气，以判断和预测未来气候变化、年成和凶吉祸福的能力更是大大下降了。

---

① 孙占宇：《天水放马滩秦简集释》，甘肃文化出版社 2013 年版，第 168 页。

第十一章　基于秋天的陇东南乡俗
及生态美学智慧

　　农历七、八、九三个月作为秋三月，是一个收获的季节，虽然以秋收为主，但也关涉小麦的种植，及相关农作物的管理，因而是一个仅次于夏三月至少比春三月和冬三月显得忙碌的季节。在这一季节，人们虽然没有更多的闲暇时间来举行需要长时间准备的节日庆祝与享乐，但忙中偷闲，用相对短暂且不经意的时间简单地搞些节日插曲，以点缀和装饰生活的平淡和乏味的情形还是有的。

一、秋天的陇东南乡村民间表征

　　农历七、八、九三个月作为陇东南乡村秋三月，其节日的数量和所花费的时间虽然不能与更为闲暇的春季和冬季相比，但较之夏季明显有所增加，且相对于夏天的节日也更为正规、隆重，主要包括七月七日乞巧节、七月十五日中元节、八月十五日中秋节、九月九日重阳节等。在这些节日中，中秋节更为普及且影响深远。

　　陇东南乡村乞巧节以西和礼县最为隆重，往往从农历六月开始由某位或几位未婚女子领头联系同一村子邻近家庭自愿参加的未婚女子十余人乃至数十人一起筹集活动经费，或缴纳一定活动经费，或用鸡蛋等食物替代。一般推举年龄较大，能歌善舞，热心乞巧活动，有一定领导和组织才能的未婚女子负责，在征得家长同意的情况下，以建筑面积比较宽敞，家有参加乞巧的未婚女子，家长乐意设立乞巧点的人家为乞巧点，或多年不变，或每年发生变化。每个乞巧的未婚女子都得从六月下旬开始选择颗粒饱满的扁豆、小豌豆、小麦或玉米中的一种放在小碗或盅子之中浸泡，并按时喷洒一定数量的水，以生出端直、细长、整齐的巧芽为最理想，邀请专门纸活匠精心制作或去专门纸活铺购买巧娘娘纸像，以造像端庄、俊美、窈窕为美。

正式乞巧仪式从六月最后一天夜晚迎巧启动至七月七日深夜送巧结束，一般为期七天八夜。参加乞巧的未婚女子除回家吃饭时间，多昼夜聚集在选定地址烧香点蜡，供奉茶果，载歌载舞，尤以歌唱乞巧歌为主，敬奉和祭祀巧娘娘，即使外出互拜，也得留有部分女子负责蹲点供奉，保证香蜡不间断。从六月最后一天夜晚迎巧至七月七日深夜送巧，大体要完成搭桥迎巧、歌唱祈巧、和歌互拜、祀神迎水、跳神言福、会餐拜巧、照瓣验巧和歌拜送巧等仪式。其中跳神言福一般在夜间进行，且时间略为靠后，一般选择初六夜晚或其他时间不定。常推选或由某一女子主动承担主跳，由推选或自荐的另外两位女子助跳，演唱呼唤所谓"麻姐姐"之类的歌曲，并在神志不清的情况下言人吉凶祸福。歌唱祈巧作为一种经常性仪式，大抵贯穿乞巧活动的始终。自从六月底最后一天夜晚迎来巧娘娘，将纸像供放在乞巧地点正堂的香案上至七月七日夜晚送巧前，每天分清早、中午和夜晚三次，由领头人负责在各自乞巧点举行隆重的集体祭拜，其他时间由个人随意祭拜。每次祭拜除了叩头、烧香点蜡和焚烧黄表纸之外，都歌唱祭拜歌曲，甚或载歌载舞。乞巧歌虽然各有不同，但吟唱最多的还是"巧娘娘下凡来，给我教针教线来"和"巧娘娘详艺德，我把巧娘娘请下凡"之类的乞巧主题歌。集体演唱的歌曲大抵为乞巧前集体编写排练的乞巧歌，个人演唱的乞巧歌多即景生情，随意发挥，内容更为丰富多彩，参加的乞巧的未婚女子可随时改变歌词。

　　除此而外，其他如搭桥迎巧、和歌互拜、祀神迎水、会餐拜巧、照瓣验巧和歌拜送巧常常有固定时间和阶段。先是搭桥迎巧。一般在农历六月最后一天下午，由乞巧领头人手托香盘带领参加乞巧的女子列队来到村镇近旁的河水边，先由两名女子将五月五端午节准备好的红手圈或者红头绳解开，绑在一起，各抓住一头，站在河水两岸，将长长的红绳子横着平拉在河面。领头人下跪磕头，烧香点蜡，焚烧黄表纸，鸣放鞭炮，参加乞巧的女子排列成整齐的队伍，载歌载舞，演唱诸如"三张黄表一刀纸，我给巧娘娘搭桥子"之类的歌曲。待晚饭后，再由领头人手托香盘或巧娘娘纸像带领参加乞巧的女子，每人手捧一炷香集体来到村镇近旁河水边或者村口道路旁跪拜迎接，歌唱"七月初一天门开，我请巧娘娘下凡来"之类的歌曲返回乞巧地点。

　　再是和歌互拜。相互拜巧的时间并不一致，一般在七月初二三或者初三四开始。先是同一村子不同乞巧点之间互拜。一般来说，十几户或者二三十户人家就有一个乞巧点，往往依照就近原则，也有适当考虑人缘关系的。常常是同一个村子有好几个，甚至十几个或几十个点。待同一村子互拜结束之后，再是临近村镇之间的互拜。每一乞巧点除了安排一定数量的女子负责各自乞巧点的祭拜和接待祭拜任务外，其他女子由领头人带领参加互拜。每到一个乞巧点，必须鸣放鞭炮，手捧香盘，烧香点蜡，进行跪拜，而且照例得演唱祭拜歌曲，除了"巧娘娘下凡来，给我教针教线来"或"巧娘娘详艺德，我把巧娘娘请下凡"等歌词常以叠章形式获得重复之外，其他歌词往往由领头人或其他擅长诗才的女子即兴创作，并穿插一定寒暄、赞誉和恭维对方乞巧点的内容，以达到联络情感、增加友谊的目的。每个乞巧点必须以鸣放鞭炮和演唱的方式迎接和送行。这种互拜，许多时候甚至发展成为双方乞巧点的和歌对唱，乃至演唱比赛。比赛内容无形之中自然涉及歌曲内容、嗓音条件、演唱技巧等各个方面。和歌对唱常常以烘托气氛、增添热闹场面、不伤和气为限度。

　　后是祈神迎水。迎水时间一般选择在初七清早，各乞巧点的女子，照例由手捧香盘的领头人带领列队前往全村镇临近地方的泉水、井水旁边举行迎水仪式。选择迎水的地点往往以水源旺盛、水质清澈、夏有虾游、冬有气冒为主要标准。有所不同的是，这次香盘之中除了供有茶果，还有浸泡好的丝束巧芽，另外还有预备好盛水的器具，或瓶子，或罐子，或桶子，但一律清洗得十分干净。待取水后，原路返回乞巧点，慎重收藏好水，专供夜晚卜巧使用。在整个迎水的进程之中，除了演唱诸如"水神爷面前摆香案，迎上神水照花瓣"之类祭祀水神、迎神水的歌曲之外，还向观看迎水的家乡父老、儿童展示最为熟练的歌曲甚至舞蹈。

再是会餐拜巧。初七下午，参加乞巧的女子，从各自家庭拿一些柴、米、油、盐，甚至一切做饭和会餐用具，集中到乞巧点。在乞巧领头人的指挥下，无论年龄大小，集体动手，分工协作，各尽所能。饭做好后，首先跪拜，并将第一碗奉献在巧娘娘纸像面前的香案上，一切按照做饭者的经验调理味道，绝对不容许品尝。有些地区甚至边演唱诸如"大姐娃转饭把香插，二姐娃转饭点黄蜡"之类的歌曲，边将献饭在参加乞巧女子之间转接传递后才供奉于香案上。完成这些仪式之后，参加乞巧女子才欢天喜地地会餐。每个乞巧女子，无论年龄大小，饭饱为止，不受限制。这种会餐不一定有家里小锅小灶做得美味可口，但由于这些女子能分享各自劳动成果和食物而觉得格外幸福、快乐。

再是照瓣验巧。虽然有些地方也流行以晒水浮针或者燃香穿针的方式来占卜灵巧，但主要利用每个乞巧女子亲自浸泡和培育的巧芽来占卜灵巧。常常是将清晨迎来的神水盛放在一定的碗或者盆中，然后摆放在巧娘娘纸像面前的香案上，在歌唱诸如"巧娘娘给我赐花瓣，照着花瓣了心愿"之类的歌曲，举行了烧香跪拜仪式之后，分别将各自近半个月来培育的巧牙摘下一根，放在神水之中，然后观察巧芽在烛光照耀之下呈现于碗或盆底的投影，以此断定灵巧或笨拙。如果形如绣花针，就算达到了目的，托巧娘娘的厚爱和指导而心灵手巧；如果呈像如同棒槌或犁耙，就算没有达到心灵手巧的目的，将来只能做一些笨重的体力活了。占卜得心灵手巧的女子自然喜出望外，笨拙的女子也可能着实懊丧一会儿。但日子一长，谁也不再记挂在心上。

最后是歌拜送巧。占卜灵巧之后，参加乞巧女子先是抓住乞巧即将结束的最后几个小时，不拘一格，灵活机动地进行多种组合演唱，大约持续到零点之前，再是举行集体祭拜，放声歌唱"白手巾绣的牡丹花，巧娘娘走了我咋家"之类的依依惜别歌曲，然后双手捧起巧娘娘以及茶果、香蜡等依次起身，针对送巧的不同行程和途经地点歌唱不同歌曲，诸如在将巧娘娘捧至送出乞巧点房门和大门时演唱"巧娘娘影子出了门，巧娘娘先行我后行；巧娘娘影子出了院，我送巧娘娘心里乱"等。等到乞巧队伍抵达选定送巧地点，照例是烧香点蜡、焚烧黄表纸，歌唱"烧的长香点的蜡，野鹊哥哥把桥搭。野鹊哥哥野鹊哥哥，你把巧娘娘送过河"等歌曲，进行最后祭拜，然后点燃巧娘娘纸像，在诸如"白手巾绣的是水仙，一股子青烟上了天……白手巾绣的莲花台，今年去了明年来"的歌声中完成整个乞巧活动。

七月十五日中元节为中元地官圣诞。陇东南乡村往往在当地附近神庙道观召开斋醮会，在寺院召开盂兰盆斋，组织本乡本村或附近寺院僧侣和道观道士，以及阴阳先生等集聚于某一寺院或道观集体具茶酒供果、烧香点蜡、焚化冥币纸钱、诵经赎罪，超度包括已故父母在内的七代先人亡魂，向空中抛撒馒头碎粒、酒茶水等。有些地方有炒面豌豆、油炸供果等供游魂饿鬼享用，以彰显普度众生的主题。有些人家借此机会可封包冥币纸钱开具亡人姓氏及孝子姓名，参与这一大规模集体祭祀和超度活动，借以祭奠先祖亡灵、超度新近去世的亡魂等。这一活动往往由当地寺院或道观组织本乡本地僧侣、道士和阴阳先生集体举办，也有某一户人家出面邀请本乡本地僧侣、道士和阴阳先生来家里举办类似超度亡灵的道场，邻近亲戚邻居有知道消息的也封包冥币纸钱开具亡人姓氏及孝子姓名参加这一活动。

八月十五日中秋节，亦为太阴星君圣诞。人们仰望明月期盼家人团聚，又名团圆节。因适逢秋季三个阶段中孟之后季之前的仲秋，故称为中秋。这一天夜晚由于秋高气爽，如果恰值晴朗天气，往往比其他各月十五日的满月更圆、更明亮。人们以食用当地盛产的苹果、梨子、柿子、核桃等果实作为节日习俗。陇东南乡村近年来受某些发达地区的影响亦有购买月饼的习俗，而且也听闻了赏月尤其家庭团聚的主题，只是仍然很少有人在庭院设案祭祀月亮。

九月九日重阳节，因九为阳，九月九日两九相重，故称重阳节。陇东南乡村有登高乡俗，亦称"登高节"。由于九月九日谐音为"久久"，亦有长久之意，亦与除夕、清明、中元节一起有四大祭祖节日之称。亦为酆都大帝即一度被尊为第十殿阎君的圣诞。

二、秋天的陇东南乡村美学智慧

陇东南乡村秋三月的节日虽然不及春天节日隆重而漫长，但较之夏季节日明显有所改观。至少诸如中秋节等还是家喻户晓的民间节日，至于七月七日乞巧节虽然仅限于未婚女子，似乎并不具有广泛的全民性和普及性，但持续七天八夜的乡俗仍然还是有一定区域影响力的，而且与秦文化圈有着根深蒂固的联系，七月十五日中元节因为有着浓厚的宗教色彩，所以也不具有全民性特点，至九月九日重阳节的影响似乎也多限于文人圈多愁善感之类抒怀价值等。相对来说最具全民性、普及性的应该是八月十五日中秋节，而且最大限度地延续了春节的团圆和合的主题，并在很大程度上将其专门化甚或专题化。

（一）团圆和合的亲情和谐之美

除祭祀祖宗这一主题节日活动在本季度七月十五日中元节、九月九日重阳节仍有所体现之外，诸如团圆和合这一主题，也并不仅仅体现于过年的乡俗之中，同样也体现于陇东南乡村本季度的中秋节和重阳节之中。中秋节作为太阴星君圣诞，其最大的特点便是月圆人团圆，或原来也可能有着祭祀太阴星君的内容，但这一内容已经被广泛地采集和食用水果所替代，而且也以团圆和合的主题取代了其他主题，更具特色地与月圆联系了起来。圆是中国文化的一个象征，是团圆、圆满的意味。所以陇东南乡村的人们不仅在诸如家庭住宅雕饰和窗花图案中都有所凸显，而且借助端午节的圆形花馍馍，尤其中秋节的月圆人圆乡俗更明确凸显了这一主题。中秋节的团圆和合，除了一年四季最为圆满的满月这一特定时间的主题意象之外，还有绝大多数水果造型的圆满成熟，更有人圆的主题意象。其中人圆的主题意象显然最为重要。所谓人圆除了人数的圆满，还有人事圆满的意味。中国人喜欢圆绝不仅仅以团圆和合以及物圆满、人圆满、事圆满为限。

其最富于美学智慧的阐释在于，认为万物的构成无论就其最小的微尘，还是最大的天空都以圆为造型特征，所谓"天圆地方"不仅彰显了时间的春夏秋冬循环往复，而且表彰了空间的上下左右、东西南北。而且无论事物形态如何变化都往往以圆形作为其最基本形态，无论是一颗水珠，还是一粒露珠，无论其如何变化，或大或小都不能离开圆的基本造型。如杜顺所谓"一一纤尘，皆摄无边真理，无不圆足"①，黄檗（希运）所谓"诸佛圆通，更无增减。流入六道，处处皆圆。万类之中，个个是佛。譬如一团水银，分散诸处，颗颗皆圆；若不分时，只是一块。此一即一切，一切即一"② 等，实际上在物圆满、人圆满、事圆满的基础上，特别强调了理圆满的意义。比较而言，陈淳《四书性理字义》释"理"之所谓"总而言之，只是浑沦一个理，亦只是一个太极；分而言之，则天地万物各具此理，又各有太极，又都浑沦无缺无处"，以及"譬如一大块水银，恁地圆，散而为万万小块，依旧又恁地圆。陈几叟'月落万川，处处皆圆'之譬，亦正如此"等更揭示了万物以圆满自足或自在圆足作为基本特性的规律。比较而言，太极图更以极其直观的图案彰显了万物循环往复以至无穷的事理圆满的象征意义。

---

① 杜顺：《华严法界观门》，任继愈主编：《佛教典籍选编》，中国社会科学出版社1985年版，第198页。
② 《黄檗（希运）断际禅师宛陵录》，颐藏主：《古尊宿语录》上，中华书局1994年版，第42页。

如果说中秋节的团圆和合主要体现为亲人之间的团圆和合，那么重阳节的团圆和合可能不限于亲人之间，如王维《九月九日忆山东兄弟》"独在异乡为异客，每逢佳节倍思亲。遥知兄弟登高处，遍插茱萸少一人"，应该包括朋友之间的团圆和合。因为中秋节的团圆和合可以仅限于亲人，但重阳节的登高并不仅仅限于亲人之间，还应该包括朋友之间的团圆和合。如果说重阳节除此而外，还有其他象征意义，那必然是长久乃至长寿之意。陇东南乡村乡俗之所以并不十分在意或夸大登高，并不是因为他们并不以登高作为重阳节的乡俗，而是因为登高对地处山区的陇东南乡村的人们来说太过频繁，一年三百六十天绝大多数劳动时间就在田野的高处度过。如果说登高有着锻炼身体以致延年益寿的作用，对于地处山区的陇东南乡村的人们来说更是每天的必修课程。加上这一天又是酆都大帝圣诞，使得登高与延年益寿、天长地久的寓意因为有民间信仰的支持而显得更加合情合理，富有魅力。

（二）祈求崇德尚艺的心体无滞之美

陇东南乡村最具有图腾崇拜性质的理所当然是龙，这一点在春节期间的各种社火中得到了极具特色的演绎。相对来说极具民间化、平民化、女性化特点，有些不大能与其他神灵崇拜相提并论的应该是巧娘娘崇拜。一是因为巧娘娘崇拜仅限于未婚少女，对未婚少女之外的其他人一般并不构成崇拜的敬畏感，尤其对于未婚男子来说恰恰是他们借以嬉戏取闹的天赐良机，他们不仅可以将诸如一些身上长着黏合性绒毛的植物放置于少女们梳理得整整齐齐、油光可鉴的头发之中，让她们摘不出、取不掉，而且可以用诸如癞蛤蟆、青蛙等少女们一见便起鸡皮疙瘩的虫鸟等耍弄她们，他们取闹未婚少女而且也从来不敬奉巧娘娘，也没有人认为会受到巧娘娘的惩罚；至于中老年男子更以敬奉巧娘娘为耻，以为有失身份；充其量也只有年龄稍大的个别老太婆们才可能偶尔前往乞巧点烧香点蜡、叩首祭拜。所谓巧娘娘是仅限于未婚少女至少也是限于妇女的一个民间崇拜偶像，往往与男性无涉。二是因为即使仅限于一个村庄的家神，还是常遭人们嘲弄的土地神也有常设专门庙宇，且专门庙宇中往往摆放着牌位甚或画像，供人们长年累月烧香点蜡、焚烧黄表纸祭奠；陇东南乡村巧娘娘崇拜却仅限于农历六月最后一天夜晚请来到七月七日晚送走，最多不过七天八夜，而且祭拜点也往往设在陇东南乡村某些人家正屋，其他时间即使未婚少女也不再有专门地方祭拜，更没有人想着设点祭拜。三是其他神灵或多或少有惩罚人们的能量和权威，甚至包括《西游记》中最让孙悟空肆无忌惮的土地神，也掌管着上天言人事的权力，对人们的阳寿乃至阴曹地府的审判有一定影响力；但巧娘娘除了赏赐和教导针线茶饭活以及相关家庭主妇应该有的技艺之外，似乎并没有其他教导内容。陇东南乡村尤其西和礼县的乞巧节在从六月最后一天夜晚搭桥迎巧，到祀神迎水、会餐拜巧、照瓣验巧，以至七月七日深夜送巧为期七天八夜的全过程中虽然不同阶段有不同仪式，甚或有不尽相同的内容，但其反复吟唱的"巧娘娘详艺德，我把巧娘娘请下凡"、"巧娘娘下凡来，给我教针教线来"的句子无疑表彰着以针线活为核心，至多扩展到茶饭活及其他女性未来家庭生活所需要的生活技艺等方面，当然其中聪明贤惠的女子自然也能够通过不同阶段的各种仪式体悟到好多生活知识、生活技巧和生活智慧。所以陇东南乡村乞巧节所崇拜的巧娘娘，充其量只是未婚女子未来生活知识、生活技巧和生活智慧的导师。但几乎每一个参加乞巧的未婚女子都明白真正的生活知识、技巧乃至智慧，只是后天勤学苦练的结果，而不是巧娘娘的保佑和恩赐的结果。如西和有一首乞巧歌道："九岁十岁学纺线，十一二上学茶饭。都说针线最重要，十三四上用了心。数九寒天不歇手，冬夏做活点油灯。一学缝补二学描，三学剪裁手艺高。上得机来能织布，都说我娘教得好。"相对来说唯一有着神秘色彩的是照瓣验巧之类的习俗，似乎有一定神话甚或巫术性质，但事实上陇东南乡村从来没有将对巧娘娘这一智慧女神的崇拜发展到迷信的程度，倒是包括古希腊在内的很多神灵崇拜甚或宗教信仰总是将一切希望寄托于偶像，甚至认为人的灵巧笨拙、生死祸福等都完全取决于神灵的赏赐和惩罚。

　　西和乞巧歌虽然以智慧女神崇拜作为基本主题和核心内容，但并没有将生存的一切希望寄托于巧娘娘的保佑和恩赐，更没有将其极端化为封建迷信。这使其在很大程度上具有其他更多神灵崇拜甚或宗教信仰所没有的自由解放性质。陇东南乡村乞巧节表面看来在祈求诸如针线活和茶饭活之类的生活知识乃至艺术技巧，其实所祈求的不仅是生活知识甚或艺术技巧，更是生活甚或生命智慧。生命智慧的根本特点在于心灵的自由解放，而心灵的自由解放常常不能单纯依赖物质生活条件和政治地位的改善而实现，主要还得依靠心灵的自我解放。陇东南乡村未婚女子虽然祭祀和崇拜巧娘娘，并且将其作为东方智慧女神来崇拜，但这一崇拜不同于其他神灵崇拜的顶礼膜拜甚或迷信备至，因为她们虽然试图借助乞巧获得心灵手巧的生活乃至艺术技巧，但并不真正完全彻底地寄希望于巧娘娘这一智慧女神的教导和恩赐，主要还是借助特定节日形式赢得心灵的自我解放。这大概也是所有节日至少绝大多数节日常常以类似狂欢形式暂时消解现有社会秩序以赢得生命的自由和解放的真正原因。

　　陇东南乡村未婚女子最具狂欢性质的活动当属西和礼县乞巧节之跳麻姐姐。伯克·帕特里奇写道："狂欢是一股勃发直泻的洪流，是因为节欲和克制而造成的疯狂冲动，它具有一种歇斯底里和无法抑制的特点。"[1]但这一活动其实与巧娘娘崇拜没有直接关系，也不具有性乱伦性质，更不会释放被压抑的性冲动，不能"激起人们对所谓淡然的自我克制的重新追求"，也不能"通过狂欢使内心获得平衡"，也不会"岔出轨道"[2]，充其量只是一种装神弄鬼的预测活动，有些类似于巫术，但并不是真正的巫术活动。因为许多巫术活动常将灵魂寄存于体外无生命的物体，或有生命的草木甚或动物，但跳麻姐姐充其量只是一种神灵寄附人体内部，借以替代麻姐姐言人祸福的神秘预测活动。如果说这种神秘活动有着某种意义的狂欢性质，也只是在很大程度上打破了人与神的界限，使人有了替代神灵

---

① ［英］伯克·帕特里奇：《狂欢史：从古希腊到二十世纪》，刘心勇、杨东霞译，上海人民出版社 2014 年版，第 1 页。

② ［英］伯克·帕特里奇：《狂欢史：从古希腊到二十世纪》，刘心勇、杨东霞译，上海人民出版社 2014 年版，第 1—2 页。

说话的权利和机会。这种狂欢活动不是消解行为与法律的冲突，而是消解人类与神灵的冲突，在很大程度上具有令人自由解放的性质。这种与巧娘娘崇拜无直接关系的跳麻姐姐活动，也许在西方民间信仰中具有无与伦比的自由解放性质，在中国却不可能具有十分特别的价值。因为在东方宗教人与神往往息息相通，人能升迁为神，神也能下凡为人，但西方宗教却可能使人与神之间有不可逾越的鸿沟。日本学者今道友信指出："东方认为，要达到'圣人''真人''现身成佛'这种臻于完全的人的至境，须凭人的意志；西方则认为须靠上帝的恩宠，这两种思想是截然对立的。"①在西方，也许正是由于人与神的绝对分离和对立才使诸如狂欢之类节日仪式有了特别的突破禁锢的价值和意义；在中国乃至东方，却由于人与神并不分离和对立，充其量只是作为一种并非不可替代的手段和方式，且并未有超越道德、宗教和法律的成分在内。因此即使有些类似狂欢，其实并不具有西方式超越法律、道德和宗教的特点和性质，因此至少不是西方意义的狂欢。即便如此，也常遭到有教养家庭的非议和反对。

　　相对来说最具有实质性自由解放性质的行为可能存在于乞巧选址习俗之中。人们习惯上忽略了包括陇东南乡村在内的中国很多地区仍然流行的未婚女子在娘家没有家产继承权乃至支配权，以及祭祀和被祭祀权利的基本事实，未婚女子在娘家即使在过大年之类的祭祀祖宗活动中仍然没有与男性同等的参与主祭的权利。人们不能将这一事实简单地视为重男轻女的遗俗，至少按照责任与义务对等的原则，未婚女子在不享受某一待遇的同时也不承担相应义务。对此，滋贺秀三有这样的阐述："未婚女子没有像男性及其妻作为主体那样的对家产所拥有的权利，同时不承担主体者负担家产的责任。'父责子还'之谚语所说的'子'是指儿子，女儿不承担关于家之负债的责任。"② 按照包括陇东南乡村在内的中国丧葬习俗，男性

---

① 　[日] 今道友信：《东西方哲学美学比较》，李心峰、牛枝惠等译，中国人民大学出版社1991年版，第139页。

② 　[日] 滋贺秀三：《中国家族法原理》，张建国、李力译，商务印书馆2013年版，第461页。

未成年而夭折不能进祖坟，但未婚女子无论年龄多大都不能葬进娘家祖坟；未婚成年男子死后可进祖坟，但女子即使婚后死亡也不能葬进娘家祖坟，只能葬入婆家祖坟。对此滋贺秀三这样阐述道："男性因出生而当然被保证给予祭祀被祭祀关系之中坚定的地位，相对来说女性不因出生而因结婚被纳入这种关系之中。"① 这同样不能简单地定性为男女不平等，因为未婚女子虽然不能在娘家享有兄弟的祭祀和被祭祀权利，但在婆家能享有与丈夫基本相同的祭祀和被祭祀权利。正是基于这一点，未婚女子借助乞巧的巧娘娘崇拜仪式往往能获得平时难得的甚或在某种意义上超乎兄弟的支配和使用娘家家产尤其房屋的权利，且也拥有了男性所没有的参与主祭巧娘娘的权利。可见正是巧娘娘崇拜给予未婚女子在娘家至高无上的房屋使用权和主祭权，使得未婚女子难能可贵地拥有了特定时期特定意义的超乎兄弟的权利。

陇东南乡村过去有些乞巧歌确实表达了未婚女子对妇女自由解放的讴歌和赞美，至少如所谓"妇人家小脚要放开，过河淌水能拖鞋。女子家不再缠脚了，走路轻巧的没说了"等明显表达了对放弃流传数百年甚至数千年的妇女裹脚习俗的赞美。陇东南乡村乃至全国大多数乡村曾经流行的裹脚乡俗，往往将脚趾头扭曲甚至折断弯曲于脚底，并用裹脚布紧紧缠住以使其长期处于压迫和萎缩状态而形成最为畸形的美，是人类为了满足男性畸形的审美心理而给予女性身体最大摧残的畸形身体美的集中体现。今天的女性往往可能以脸蛋和身段为身体美的标志，但相当一段时间的女性身体美却被曲解为三寸金莲，甚至将三寸金莲作为未婚女子相亲和结婚的最主要筹码。这可能是人类审美文化发展史上最为惨烈的审美异化甚或人自身价值的异化。虽然马克思并没有将劳动异化与中国劳动妇女身体异化相提并论，但黑格尔确实没有忘记中国妇女的裹脚乡俗。黑格尔指出："人通过改变外在事物来达到这个目的，在这些外在事物上面刻下他自己

---

① ［日］滋贺秀三：《中国家族法原理》，张建国、李力译，商务印书馆 2013 年版，第473 页。

内心生活的烙印，而且发现他自己的性格在这些外在事物中复现了。人这样做，目的在于要以自由人的身份，去消除外在世界的那种顽强的疏远性，在事物的形状中欣赏的只是他自己的外在现实。……不仅对外在事物人是这样办的，就是对他自己，他自己的自然形态，他也不是听其自然，而要有意地加以改变。一切装饰打扮的动机就在此，尽管它可以是很野蛮的，丑陋的，简直毁坏形体的，甚至很有害的，例如中国妇女缠足或是穿耳穿唇之类。只有到了有教养的人，形状举止以及外表一切样式的改变才都是从精神文化出来的。"① 黑格尔有所不知的是，中国妇女的缠足和穿耳恰恰不是基于没有精神文化，而是太过追求一种看似文明实则有些野蛮甚或病态的精神文化，也似乎不是以自由人身份，去消除外在世界甚或自我自然形态的顽强疏远性，在改变了自然形态的形状中欣赏自己的外在现实，而恰恰在于投其所好获得男性的最大限度欣赏以及与此相关的婚嫁筹码。许多女子其实并不愿意接受裹脚，只是出于父母乃至整个社会有些畸形的审美需要，以及"女为悦己者容"的文化范式。

陇东南乡村崇德尚艺的心体无滞之美其核心在于本色之美，在于回归自由解放之美，在于回归原本无所执着乃至心体无滞的原始本心之美。中国向来以自然美作为美的最高境界。如果说自然美的顶峰是动物的生命，动物生命之最富于表现力的形式往往是女性的身体，但女性身体之美的根本并不在于梳妆打扮。《周易》将白贲作为饰美的最高境界，并视装饰脚趾以致舍车而行的举动为舍本逐末。宗白华指出："最高的美，应该是本色的美，就是白贲。"② 其实陇东南乡村乞巧歌所讴歌的放开裹脚的解放，也只是妇女身体的解放，并不是最为深刻彻底的解放。只有最为全面彻底的心灵自我解放，才能超越物质生活条件和社会政治待遇的局限，将自由解放提升到真正无拘无束的境界。这种境界并不是要以颠覆社会政治制度和伦理道德规范为特征，恰恰是在相应制度和规范约束中充分发挥原始本

---

① ［德］黑格尔：《美学》第 1 卷，朱光潜译，商务印书馆 1979 年版，第 39—40 页。
② 宗白华：《中国美学史中重要问题的初步探索》，《宗白华全集》第 3 卷，安徽教育出版社 1994 年版，第 460 页。

心的无所执着乃至心体无滞，以致游刃有余、游心至乐，"从心所欲不逾矩"，这才是中国人所崇尚的自由解放的真正内涵。西方常常夸大自由解放的价值，甚至将超越正常伦理道德规范羁绊的个性甚至动物性的解放作为基本内容。陇东南乡村乞巧歌却并不将超越道德约束的个性乃至动物性解放作为祈求的主要内容，也并不借助乞巧的节日形式及乞巧歌来表达对自由爱情婚姻的向往，更不将个性和动物性未获解放的根源归咎于社会政治制度和自然规律乃至天命的约束和压抑，不将呼天唤地的控诉和诅咒作为控诉社会政治制度、伦理道德规范以及自然规律的主要内容。陇东南乡村乞巧节以及乞巧歌虽然讴歌自由解放，但这种自由解放并不以超越社会政治制度和伦理道德规范约束作为表征，也不以西方节日的狂欢作为表征，更不借助这一节日形式来满足其他时间无法满足的生活愿望甚或生理需求，而是以节日形式来张扬无所执着的本心和智慧。

　　古希腊人常将雅典娜奉为智慧与知识女神，虽然也主艺术、工艺和妇女手工，但她似乎并不关心人间的心灵手巧，更不拥有心体无滞、了无所得的无漏智慧，且往往因为无法忍受别人的挑战，不惜以毁灭一切为代价来惩罚人们，以致有掀起战火和平息战乱的战争女神之称谓，因此古希腊崇拜雅典娜这一智慧女神可能更多出于敬畏，而不是祈求智慧女神教育和恩赐的目的。相比较而言，巧娘娘这一东方智慧女神的主要职能只是启发未婚女子通过勤学苦练，学会针线活、茶饭活等生活知识和技巧，更将这种生活知识和技巧熟能生巧地提升为心灵手巧的艺术技巧，以至对生活有着无所执着、通达无碍的生命智慧，不至于凡事执着于非此即彼、非对即错的思维模式，无疑有着西方智慧女神雅典娜所没有的亲和力，更没有打击报复任何人的行为和能量。也许正是因为陇东南乡村乞巧节并不执着于将巧娘娘作为供奉庙宇常年崇拜的偶像，仅仅作为在普通农家每年轮换敬奉七天的崇拜偶像，才真正彰显出以无所执着、通达无碍的生活智慧，以及将生命的真正自由解放作为终极目的的精神特质。也正因为陇东南乡村乞巧节以及乞巧歌并不执着于巧娘娘这一智慧女神赐予女子心灵手巧的生活智慧，所以才一直仅仅是未婚女子参加的祭祀和参拜活动，并没有推而广之，更没有掺杂其他因素的干扰。这不仅体现了巧娘娘祭祀活动因为具有无所执着的性质而不至于束缚未婚女子的想象力和创造力，以及巧娘娘因并不受到人们的庙宇供奉和普遍崇拜而具有无所执着的智慧女神的真正力量。

（三）果实累累的繁忙劳作之美

陇东南乡村秋天与夏天相比并不十分紧张繁忙，倒不是因为劳动量有所减少，而是收获玉米、洋芋之类的秋田较之收割打碾小麦之类的夏田，较少受到天气等自然因素的影响，至少不面临"天打火烧当日穷"的严峻形势，但仍是一年中忙碌的季节之一。这一季节的最重要任务是收割秋田，包括玉米、洋芋、荞、胡麻等庄稼，白菜、萝卜、黄豆、豌豆等蔬菜，苹果、梨等水果，同时也得准备秋耕，收拾农作物秆茎等，尤其得播种小麦。与陇东南乡村夏三月尤其五黄六月的烈日暴雨相比，秋三月最常见的天气是阴雨绵绵，而且一下雨就是几天几夜，使得人们心烦意乱。当然这种心烦意乱并不是李清照词"怎一个愁字了得"，而是家里牛羊没有草吃饿得直叫，地里洋芋因为阴雨连绵可能返青而再次长出小洋芋，使得原本面饱透熟的洋芋变得水心，使得玉米棒子面临发霉发芽的可能，所以常常心急如焚，每到天气略一放晴，或趁着蒙蒙细雨急着下地掰玉米和抛洋芋。最艰辛的还是山道弯弯曲曲、陡峭不平，有经验的老农民能步步如钉，身稳腿直，较少摔跤，没有经验的人却往往脚腿用不上力，一趾一滑，一步一跤，直摔得屁股生疼、眼冒金花，甚至蹲躺在地不想起身。更不用说浑身上下无一块干处、无一块净处，甚至满脸满手都是泥团，好不窝囊尴尬。雨水最多的一年使祖祖辈辈没有出过水眼的地方都能源源不断地冒出地下水，甚至使好多家庭地上不能站脚，只得铺着木板走动。近年来干旱的气候状况日趋多见，即使雨水最多的年份也往往是"过了霜降没大雨"，可以不再纠结于雨情，更不用担心山陡路滑的窘迫。

虽然秋三月的天气对庄稼的影响不及夏三月危险，甚至可能使人眼看丰收在望却颗粒无收，但仍在很大程度上影响秋季收成。所以关注这一季节天气和气候变化仍然是必不可少的。如果说天气及自然变化是一种学问，那么即使大字不识的老农民都可能是不可多得的学问家，不过他们的学问不是写在书本上，而是装在头脑中，或流传于人们口口相传的农谚之中。这种天气自然变化的经验，与其说是一种知识，不如说是一种智慧，而且是一种参透天地自然而合于人事的美学智慧：一是得顺应时令变化，调整生活习惯加厚衣服，如所谓"早上立了秋，黑下凉飕飕"，且得考虑"春捂秋冻"的道理，尽可能少增加衣服，以确保适应冬天的寒冷天气，且得适应白天变短的形势，充分考虑提高劳动效率，有所谓"过了七月半，一天短一线"，得考虑时令及天气变化调整劳动方式；二是得顺应时令变化，抓紧时间收获秋田，适时播种蔬菜和小麦等农作物，如所谓"过了九月九，谁家的田禾谁家守"、"白露高山麦"、"七月里白露急不得，八月里白露坦不得"、"寒露扳蕃麦，霜降拔黄豆"等；三是借助秋季天气预测未来天气变化趋势，如所谓"八月十五阴一阴，正月十五雪打灯"、"九月看十三，十三不下一冬干"；四是立足秋季特定时令预测未来收成，如所谓"立秋看秋"、"雨打立秋，到处半收"、"槐籽繁，丰收年"。陇东南乡村先民甚至能够借助七月份具体日期雨情，判断和预测农业生产的歉收与丰收，如"天水放马滩秦简"载"七月甲乙雨，饥；丙丁雨，小饥；戊己雨，岁中；庚辛雨，有年"[①] 等似乎更具体详尽。陇东南乡村人们的这种智慧从来不是一种见诸专业学科的概念范畴，而是一种诉诸农业生产和人生经验的知识。这种知识与其说有学理的支撑，不如说有最质朴简便的哲学基础。这种哲学既不是用来解释世界，也不是用来改造世界，只是为了用来更好地顺应世界。这种哲学虽然可能遭到学院派的指责和批评，但比任何一个学院派哲学家的阐述简便易行、通俗耐用。正如陆游所说"纸上得来终觉浅，绝知此事要躬行。"犹太有一部经典《塔木德》说了这样一句话："复习的益处是无穷的。复习一百遍的人没法跟

---

① 孙占宇：《天水放马滩秦简集释》，甘肃文化出版社 2013 年版，第 168 页。

复习一百零一遍的相比。"① 陇东南乡村的人们便是长年累月阅读大自然
这本书的人，而其祖祖辈辈流传下来的农谚就是成千上万次阅读形成的经
得起时间考验的最宝贵心得体会。

---

① 赛妮亚编译：《塔木德》，上海三联书店 2015 年版，第 111 页。

第十二章　基于冬天的陇东南乡俗及生态美学智慧

农历十、十一、十二三个月为冬月，作为收藏的季节，既是各种农作物收藏的季节，同时也是人畜生养休息、养精蓄锐的季节。这一季节相对于夏三月和秋三月这两个农忙季节，是一个实际上较为清闲甚或闲暇的季节。如果不是外出打工，一般来说便是蓄肥送粪，过去相当一段时间是包括男子在内捻毛线麻线，织毛衣麻布衫的季节。人们也乐意借助节日形式做一些辞旧迎新的准备。更多的人们可能迎着太阳转悠聊天、打牌下棋、踢毽子、打毛蛋。其休闲娱乐的特点较为突出。

一、冬天的陇东南乡村民间表征

陇东南乡村冬三月主要包括十月初一寒衣节、冬至节、腊月八、腊月二十三祭灶节、腊月三十或二十九除夕节等。这一季节的节日除了寒衣节和冬至节可能涉及面不广或影响不大，诸如腊月八、腊月二十三、腊月二十九或三十除夕愈至后者其影响越大，越具有全民性、普及性特点。

十月初一日寒衣节，亦是东岳大帝圣诞。东岳大帝主宰阴曹地府十八层地狱以及世人生死贵贱。陇东南乡村的妇女要为去世未过三周年的亡人在坟前焚烧寒衣，亦称为送棉衣。也是道教下元节，为道教劝解恶鬼、赎罪安抚的日子。[①] 陇东南乡村这一天焚烧寒衣可能含有赎罪安抚寓意，只是许多人并不十分清楚。

冬至作为岁时节日，意味着阴气已经至极限，阳气开始上升，白昼逐渐加长，黑夜逐渐缩短，是一个值得庆贺的吉日。陇东南乡村也有将冬至作为一个节日，往往吃羊肉或羊肉饺子、馄饨，以抵御严寒，顺利熬过三九天气的乡俗。

腊月八，陇东南乡村流行吃馓饭，主要是暖心饭，与吃腊八粥同源。也有起早到山泉或河滩抢水、打冰块，将冰块竖立于粪堆和树下，或悬挂于树杈，以冰块消融冻结的形状判断和预测来年各种庄稼的长势和收成：或冰块上冻结成小麦形状，意味着小麦将丰收；或形状类似玉米，意味着玉米将有好收成。也有将一定量的冰块放置在正堂供桌之下或埋在茅房草木灰之中的乡俗。将冰块放置于粪堆、树枝等处也可能有灌溉蓄水，以祈盼来年丰收之寓意。此日亦是释迦牟尼佛成道之日。

腊月二十三日为祭灶节。陇东南乡村的人们除了在腊月二十三日前请阴阳先生祭土神，或宰公鸡黏毛血纸，或刺破公鸡冠黏毛血纸。此鸡若不宰杀便称其为长命鸡或长寿鸡。人们往往能够在土地神庙前看到陇东南乡村祭土的乡俗，看到长年累月祭土的血迹，多少有些血腥。尤其平日在母鸡群中精神抖擞、生机勃勃、光彩照人的公鸡，这时被人们用力将其翅膀和腿夹在膝盖下，曲着鸡头和脖子，竟没有多少挣扎的能力，刹那间便被人宰杀完毕将鸡头掩盖于翅膀之下，鸡毛凌乱地摊倒在地，小孩子们多少还是有些感慨家禽生命脆弱的酸楚。当然也不是所有的鸡都这样不堪一击，有些甚至缓上三两个小时又扑通扑通乱飞，活了过来的。与陇东南乡村道教性质民间信仰相比，还是佛教有着大慈悲精神。腊月二十三日家庭主妇必须当天烙碗口大小的灶饼十二个，若逢闰年得烙十三个，薄厚若韭叶，重叠献于灶君牌位前，有些人家的灶饼往往将胡麻油等和入其中，经

---

① 参见禄是遒：《中国民间崇拜》第 5 卷，上海科学技术文献出版社 2014 年版，第 86 页。

过多次回擀，灶饼常常一圈一圈的，显得有多个层次。家主照例得在厨房灶君牌位前点蜡焚香，在灶头口跪地祭奠酒茶，叩首祭拜，后由家人食用，常常能够一圈一圈撕扯着吃。也有献灶糖的乡俗，意为用灶糖甜蜜灶君嘴巴，让其上天多言好事，以免因大罪小罪减寿。也有将这一天称为小年的。

　　陇东南乡村通常在腊月二十三日前后请阴阳先生看日子，或于腊月二十四日约定俗成彻底清除灰尘垃圾等，尤其得扫除房屋天棚或椽眼椽缝中的屑屑煤等。许多家庭常常用当地土生土长的铁扫帚上绑上长长的木棍，或干脆使用只有五黄六月才在碾麦场用的最大最新扫帚清理房屋顶部或门墙、椽眼椽缝中的屑屑煤。这一大扫除的日子虽然是扫除成年垃圾，其实也有扫除霉运的含义，俗称"扫霉日"。还得到村庄相关专设豆腐坊用小石磨灌浆、拐浆、磨浆，在大锅台煮水做豆腐，请屠夫俗称杀猪匠来家或将猪拉到屠宰点集中宰杀。有趣的是，杀猪匠基本上都是业余的，其职业是务农，他们虽然习惯于猪的垂死挣扎和大嚎大叫，但必定还有恻隐之心，往往在杀猪前拍拍猪的脑袋，吩咐一句下辈子超生做大官的话，这一方面是真正祝愿猪来世投胎人身、转好运做大官，另一方面也为自己的屠杀行为在心理上开脱罪责。家养的猪往往与家人通人性，何时喂食基本上都有定时定例，主人常有恻隐之心，无论如何在杀猪前都得为它准备一顿不用草全为粮食和面的猪食吃，通人性的猪虽然平时也常常偷食主家的五谷，但这最后一顿却并不好好吃，有些干脆不动嘴，全然没有了平时狼吞虎咽以至吞吐有声的专注和投入。在杀猪匠开膛的时候，猪的血会喷涌而出，家主往往用大盆盛放猪血和面蒸血馍馍，当然少不了在猪头取些鬃毛黏一张毛血纸的乡俗。这也是平日喂猪的家庭主妇心里最不好受的时间，也有为此抹眼泪的。人们在吃肉的本能与放生的良知、过年的热闹与杀生的血腥之间总是找不到平衡点，以致多少有些忐忑不安。最为残忍的要数杀羊，它们被杀后仍然咩咩哭叫不已，眼睛目光虽然已经有些暗淡，但圆睁着仍然不肯合上，似乎期待最后一丝生还的希望。相对来说还是压粉条显得温和而不血腥，粉面和着芡灌注于粉床，不一会儿便整整齐齐、细细长长落入滚沸的开水中，然后捞出盘在粉杆上，像飞流直下的瀑布，一排一排，冻结成冰柱，后又晒消捶打落下冰凌，化生生的，像飘落的头发，晶莹剔透如同白色玉雕。腊月二十八日起家家户户蒸花卷馒头，一锅锅蒸好后，白花花、热腾腾，堆放于篮子中，成堆成堆的。家庭主妇这时候都成能工巧匠，用不同色彩的纸张剪成各种图案的窗花，贴在糊得白白的亮窗上，一格一格显得整整齐齐又多姿多态，其中以十二生肖最为多见，当然也有五谷丰登、六畜兴旺之类主题的。至此过年的氛围已经日渐浓厚。其实陇东南乡村过年的氛围开始于腊月十五日。乡村集市也往往或逢十五、三十日每月四集，或逢三六九或二五八日每月十二集，或逢单或双日集每月二十集不等。尤其每月四集的时期确实从腊月十五日便有了过年的气息，这主要表现在腊月十五日之后便是天天集市。所以于腊月十五日起天天赶集采购年货等的乡俗往往在城镇显得更为浓厚。

大年三十日称为除夕，无论腊月最后一天是三十日还是二十九日都称为大年三十。除了早晨赶集抢购年货，或利用这一天价格波动较大捡些便宜货之外，中午起贴春联，除家有白事情亡人去世未满三周年者一般用绿色春联之外，其他都用红色对联。每家每户都张贴对联以营造过年的氛围，不会毛笔字的得请本村庄会写的书写，如果本村实在没有人会写，也有照猫画虎书写的，甚至还有用碗口盖上墨汁印痕以充当对联的。当然现在到集市购买对联更为方便。也有在大门和正堂房门张贴秦琼和尉迟恭或钟馗等门神，或贴福禄寿星门画及倒贴红大喜"福"字等吉祥图案的。天黑后，男性家主率领儿孙一道挑一盏灯笼，端香盘、香蜡、黄表纸，到大门外路口或祖坟接先人，烧香点蜡，焚烧表纸，鸣放鞭炮，行叩首作揖礼以恭请先人，经过大门、正堂房门，依次烧香点蜡，焚烧表纸，鸣放鞭炮，行叩首作揖礼。待请完先人，还得祭拜灶君，照例烧香点蜡，焚烧黄表纸，行叩首作揖礼。祭拜时往往面向正堂神灵祖宗牌位，由主事青壮年男子率领一家子孙向神灵和祖宗先人牌位磕头，依辈分降序，由辈分低、年龄小的给辈分高、年龄大的叩首，并直呼称谓，或爷爷奶奶，或爸爸妈妈等。陇东南乡村往往以饺子或煮角子作为年夜饭，或有更岁交子之义。

也有吃面条的，以寄寓细水长流、幸福绵长之意。吃完年夜饭，便是全家大人小孩围坐于火盆前守岁。当地有"有吃没喝一盆大火"的说法。正因为人们对时势变化有深切认识，有"三十晚上没月亮，一年和一年不一样"的说法，所以陇东南乡村重视每一年辞旧迎新的仪式。有些还有拉身体长个子的乡俗。

二、冬天的陇东南乡村美学智慧

陇东南乡村冬三月的节日虽然不及春天节日隆重而漫长，但较之夏季和秋季节日明显有着耗时较长、影响面较大、全民性和普及性较为突出的特点。在陇东南乡村冬三月节日中，十月初一寒衣节可能仅限于家庭主妇去坟地给不出三年的亡人送寒衣，对家庭其他成员基本没有多少事情，充其量只是参与其祭奠活动而已。至于冬至节的影响似乎更小，有些地方甚至并不将其作为节日看待，即使作为节日看待也不过是一两顿饭，以寄托抵御寒冷冬季之意。相对来说较为隆重且影响较大的应该是腊月八、腊月二十三祭灶节、腊月三十或二十九除夕节等节日。所有这些节日虽然有着不同内容和主题，如腊月八主要吃馓饭或腊八粥，腊月二十三祭灶吃灶饼等，其总体而言基本上还是可以看成春节的准备或序曲。在所有这些节日中祭祀祖宗仍然是一个极为重要的主题。当然也穿插诸如辞旧迎新、藏而不露的寓意，但这一切并没有改变其为春节做铺垫和准备的性质和特点。

（一）祭祀祖宗的生生不息之美

包括陇东南乡村在内的中国乡村祭祖的乡俗基本上贯穿于全年之中，除了夏天之外的其他各个季度都有以祭祖为主题或与祭祖相关内容的节日，从正月初一祭祖、十五日认先人、三月三日烧单衣、清明节扫墓、七月十五中元节祭祀亡灵、十月初一寒衣节、腊月三十接先人等直接与祭祀祖先或亡灵有关。常常是孩子跟随父亲乃至祖父，或母亲、祖母在家庭正堂香案牌位前或坟茔墓门前烧香点蜡、叩首作揖祭拜，一般不容许外人介入。卫三畏有如此评价："一切都规规矩矩、仁慈、单纯，一切都是为了加强家庭纽带，加固兄弟姐妹之间的感情，维护孝顺的习惯。虽然祖先崇拜的最强烈动机来自相信世上事业的成功有赖于冥冥之中祖宗神灵的保佑，相信长久怠慢会引起愤恨而不予祝福，但是，天长日久，影响到中国人的性格，发扬勤劳节俭的习惯，其意义是难以估量的。"① 其实这种仅限家人且有一定男女分工的祭祀仪式其价值和意义不限于此，还显然有着强化家族血缘关系的功能。费孝通指出："在我们的乡土社会中，家的性质在这方面有着显著的差别。我们的家既是个绵续性的事业社群，它的主轴是在父子之间，在婆媳之间，是纵的，不是横的。夫妇成了配轴。配轴虽则和主轴一样并不是临时性的，但是这两轴却都被事业的需要而排斥了普通的感情。我所谓普通的感情是和纪律相对照的。一切事业都不能脱离效率的考虑。求效率就得讲纪律；纪律排斥私情的宽容。在中国的家庭里有家法，在夫妇间得相敬，女子有着三从四德的标准，亲子间讲究负责和服从。这些都是事业社群里的特色。"② 虽然这种以父子为主轴、夫妇为配轴的家庭结构在新中国成立以来有所改变，但因此形成的以父子为主轴的家族观念仍然根深蒂固地影响着陇东南乡村大多数家庭。仍然有相当一部分家庭视女儿女婿为亲戚，视儿子儿媳为亲人，以至女儿常随着出嫁净身出户，儿子得留在家里继承家产，甚至还有"外孙子菜根子"的说法。儿子儿媳和女儿女婿至少在传统或称谓的字眼上仍然有所区别，称父亲的父母亲为家爷爷家奶奶，称母亲的父母亲为外爷爷外姥姥。也许正是这种男女有别的家庭观念最终日益强化了家族观念，奠定了追祖溯源祭祀仪式的思想基础，而这种追祖溯源的家庭乃至家族祭祀仪式又反过来强化了家庭乃至家族观念。总之陇东南乡村以父子为主轴的家庭乃至家族观念近年来虽有所削弱，但仍在一定程度上有着根深蒂固的影响。

---

① 卫三畏：《中国总论》下，上海古籍出版社 2014 年版，第 748 页。
② 费孝通：《乡土中国》，上海人民出版社 2013 年版，第 39—40 页。

　　陇东南乡村之所以强调养儿防老，关键在于传宗接代和延续香火。作为子女尤其儿子最神圣的使命不仅在于赡养在世的父母，更在于通过祭祀祖宗等活动为亡故的父母以及以上各代祖宗烧香点蜡、焚烧冥币纸钱，为所有这些死去而可能未超生的亡魂提供香火乃至经济的支持。从这个意义上讲，也许陇东南乡村的人们重视死后香火更重于生前赡养。因为生前赡养在一定程度上也是老人自己可以力所能及的，但死后香火的延续却是本人无论如何也无法完成的。陇东南乡村重男轻女的习俗可以说无处不在，甚至连印制冥币都有诸多讲究，认为亲生儿子印制的冥币真实可用，女儿印制的冥币则不能在阴曹地府使用，即使入赘过门女婿印制的冥币也比自己女儿印制的真实可靠。陇东南乡村的人们一则因为对没有生下亲生子的老人有些看不起，二则因为没有生下儿子的老人也确实可能有着不近人情甚或不宽容于人的毛病，所以极为不满的时候常常用"老汉没儿——绝怂"的歇后语来咒骂，而终身未能生育儿子的陇东南乡村老人也往往有自惭形秽之感，即使临死前也常常因为纠结于没有亲生儿子逢年过节到坟前祭奠而闷闷不乐。其实所有这些仅反映了陇东南乡村特别强调传宗接代和延续香火重要性的习俗，其根源还在于烧香点蜡、焚烧冥币纸钱以祭奠祖宗，而烧香点蜡和焚烧冥币之类的祭奠祖宗仪式，也确实不是一两个人所能改变得了的。如滋贺秀三所说："由于人都是以某个人为父亲而生下来的，作为孝的义务的一环有祭祀父祖的义务。不能有由于自己肉体的死亡使这一职责断绝让父祖之鬼生活无着那样的情况。"[1] 不仅陇东南乡村的人们，全体中国人其实都特别强调祭奠祖宗，所有这些无不为了强化追根溯源的祭祖乡俗，尤其传宗接代和延续香火的重要性。与此相联系，祖祖辈辈有人逢年过节烧香点蜡、焚烧冥币便是子子孙孙无穷尽的表现，没有人逢年过节烧香点蜡、焚烧冥币便是断子绝孙的表现。所以陇东南乡村的人们咒骂没有子嗣的老人"老汉没儿——绝怂"，其实也是讥刺其不能生

---

[1] ［日］滋贺秀三：《中国家族法原理》，张建国、李力译，商务印书馆 2013 年版，第122 页。

儿育女尤其生育子孙，使其祭祀祖宗、保持香火不断的使命得以中断的罪孽的体现。在陇东南乡村的人们看来，对有生之年的人之最大惩罚和报应也许便是断子绝孙，对有生之年的任何一个人来说最基本福报也就是香火不断。所以他们常常将香火不断看成祖祖辈辈无穷无尽积善成德的必然成果，将断子绝孙看成祖祖辈辈连续不断作恶多端的最大果报。

陇东南乃至中国乡村的这种重视传宗接代和香火延续的传统显然有着不同于西方的特点。正由于西方并不重视传宗接代和香火延续，使得其家庭关系的基础也不同于中国。费孝通指出："在西洋家庭团体中，夫妇共同经营生育事务，子女在这团体中是配角，他们长成了就离开这团体。在他们，政治、经济、宗教等功能有其他团体来担负，不在家庭的分内。夫妇成为主轴，两性之间的感情是凝合的力量。两性感情的发展，使他们的家庭成了获取生活上安慰的中心。"① 也许正是由于西方家庭关系的基础不同于中国，其构成家庭的基本理念也不同于中国，才使得西方并不将养儿防老，以及传宗接代和香火延续看得多么重要。这种看似不大相同的家庭观念所形成的不仅是家庭关系的构成基础不同，更是在很大程度上影响了社会养老的制度和机制的差异。近年来中国乡村普遍出现的老无所养以及丧失劳动能力的老人大多以自杀了结自己生命的问题在很大程度上缘于商品经济的冲击，以及对祭祀祖宗活动的衰微和以夫妇而不是父子为主轴的家庭结构模式的逐渐兴起。既然家庭结构模式开始出现夫妇主轴模式而不是以父子为主轴，那么原有的家庭养老模式必然受到极大挑战，而应建立相应的社会福利院养老模式，但事实却是父子主轴遭到削弱而夫妇主轴得到强化，而相应社会养老却没有真正建立起来，人们仍然在一定程度上寄希望于家庭养老。而这种让所有人脊背发凉的社会问题必然使生活于这一时代转型阶段的人们付出惨重的代价，而且因为恶性循环的缘故很有可能会持续发生在多个代际。这一点城市人通常要比乡村人更为幸运，但不是没有任何影响。

---

① 费孝通：《乡土中国》，上海人民出版社 2013 年版，第 39 页。

　　至于其他节日如五月五端午节、八月十五中秋节、九月九重阳节等虽然与祭祀祖先乃至亡灵无关，但往往与在世亲人亲戚的交往有关，仍以这种家族观念为基础，尤其在陇东南乡村这种情形更为突出。好多人至今将父系血统的亲戚视为近亲戚，相对走动较为频繁，却将母系血统的亲戚看成远亲戚，有些根本不认作亲戚或并不经常走动。近年来这种情形虽有所改变，但仍存在很大影响力，且以父系姓氏为子女姓氏的传统仍然在一定程度上彰显着这种家庭乃至家族观念。新中国成立以来的相当一段时期，人们似乎以为这是一种相对落后的封建观念，在今天看来，似乎没有先进与落后的根本区别，有的只是不同文化传统的区别，而且正是这种根深蒂固的以父子为主轴的家庭乃至家族观念才真正成为陇东南乡村乃至中国社会结构的一大特色，而且也强有力地支撑了以家庭为基本单位的中国社会结构的绵延创化和子孙后代的繁衍生息。

　　马克斯·韦伯在《儒家与道教》中写道："很可能，中国一切本来意义上的'神明'观都立足于这样一种信仰：至善之人能够免于死亡并在幸福的天堂永远活下去。无论如何，这句话是普遍适用的：信儒教的正统的中国人（不同于佛教徒），在祭祀时为自己祈祷多福、多寿、多子，也稍微为先人的安康祈祷，却根本不为自己'来世'的命运祈祷，这同埃及那种完全把自己来世的命运寄托于死者保佑成为强烈的对比。"①　其实不仅埃及，即使从祈祷的经常性、仪式性，以及对死后灵魂的得救与升入天堂的渴望来说，相对于古印度教、佛教、基督教来说，中国人的祈祷确实有不十分在意和程式化的特点。古印度《吠陀经》有这样的祈祷词："我们要祈祷信仰，在一天的清早，在中午，在日落的黄昏，哦，信仰啊，请赋予我们信心。"②　单就陇东南乡村而言，人们祭祀行为虽然并不一定落实于每天早中晚，却可能定时或不定时地渗透于一年到头几乎所有节俗，以及节俗之外的其他时间如每月初一、十五的庙宇祭拜之中。单就

① 〔德〕马克斯·韦伯：《儒教与道教》，王容芬译，商务印书馆1995年版，第195页。
② 《吠陀经》，糜文开：《印度三大圣典》，台湾中国文化大学出版部1980年版，第122页。

接近年关的祭祀而言，便有送灶、祭土神等，且核心无疑是祭祀祖先，当然也不排除对其他神灵尤其福禄寿三星的祭拜。虽然也有祈求多福、多寿、多子的愿望，但与祭祀祖先并不矛盾，而且对宗庙家神的祭祀自然寄寓着祈求祖先保佑的意愿。至于陇东南乡村的人们并不着意于来世命运的祈祷，主要还是因为绝大多数人笃信灵魂、因果和地狱审判，更看重日常生活积累的德行，而不是生前祈祷。生前祈祷与来世命运并不比积德行善更直接、更必要，而且对来世的祈祷往往交由他人特别是后代孝子在其死后七七四十九天尤其头七念诵经文和替亡灵祈求忏悔、赎罪、消罪的祭祀仪式之中。当然也不排除比较信奉佛教的人通常用念佛诵经方式修来世的行为。另外韦伯所谓道教"重视肉体生命本身，亦即重视长寿，相信死是绝对的恶，一个真正的完人应当能避免死亡"①的观点也不无偏颇之处。因为道教追求长生不老，但并不全为追求绝对意义的肉体不死，充其量也是羽化成仙，而羽化成仙的根本虽有长生不老的成分，但至少在老子看来只能是"死而不亡者寿"②，只能是顺任自然、颐养天年，不折腾而求精神永恒而已。况且道教强调齐生死，岂能如此厌恶并害怕死亡？如若果真害怕死亡，岂不是未亡而先死？也许并不过分执着于生死，以至处之若常，心不妄想、口不妄言、行不妄动，才是"死而不亡者寿"的真实意义。

（二）辞旧迎新的新陈代谢之美

在陇东南乡村冬三月的节日中除了初一日寒衣节，冬至节之外的其他节日如腊月八、腊月二十三祭灶节、腊月三十或二十九除夕节等其实都与辞旧迎新有关。具体来说冬三月的辞旧迎新往往通过这些事件得以实现。

关于辞旧，主要有送灶、扫霉、祭土等。腊月二十三日祭灶，表面看来仅仅是祭灶和巴结讨好灶君，其实也有着借助上天言人事的机会，促使

---

① ［德］马克斯·韦伯：《儒教与道教》，王容芬译，商务印书馆 1995 年版，第 241 页。
② 奚侗集解：《老子》，上海古籍出版社 2007 年版，第 88 页。

每个人尤其家庭主妇得全面反思和检讨一年来在厨房乃至家里打摔碗筷餐具、咒骂家人或将不干不净的衣物等带入厨房的事情。虽然这种功能往往与对灶君上天言人事的认可度有直接关系，越是相信这一点其内在反省便可能越深刻全面，越是不相信这一点，越没有可能进行结算式反思和检讨。扫霉，表面看来虽然仅仅扫除家里家外、屋上屋下长年累月积累的平时不便够得上也出于惧怕冲犯土神不敢轻易触及的垃圾，也顺势清洗长年累月没有认真清洗的家具等，以彻底清除一年来积累的垃圾、污垢、尘埃、蜘蛛网等，其实也有着扫除一年来倒霉运的象征意义。无论是扫除一年的垃圾尘垢，还是扫除一年的霉运，其实都与清算一年的副产品和负面效应有关，可称得上是结算或清算。至于祭土，虽然表面看来仅是祭祀土神，但同样涉及对一年来冲犯土神及其他神灵的一切举动进行全面检讨、承认错误、祈求原谅的赎罪意识。这一点往往不是通过家庭主人的口述来完成，而是借助阴阳先生的安土祭文得到体现，一般为"凡房前屋后、宅院屋内多有挖东补西、改旧换新、建筑墙垣等，不知良辰冒犯土府门下禁忌"、"今备香烛清酒之仪，安谢恳祈土府门下动犯百灵等神欢喜回宫，各安方位，备守家庭，伏望圣慈洞鉴，大垂宽宥，赦免误犯之罪，恩赐平安之福，惟祈一家人口康泰、四季平顺、六畜兴旺、万事亨通"之类。所有这些看似烦琐，有些束缚人手脚的乡俗，却也强化着敬畏自然乃至神灵的意识。送灶、扫霉、祭土这三种事件看似互不相干，其实彼此呼应。送灶关涉因家庭内部矛盾所造成的口舌是非之类罪孽，祭土关涉因家庭现状与发展变化需要矛盾所造成的冲犯土地乃至自然神灵之类罪过，至于扫霉主要涉及自家生活不可避免造成的垃圾污垢之类，虽然谈不上自造罪孽或罪过，但也是防治疾病、保持清洁健康生活所必须进行的工作。虽然起因和内容略有不同，但均有结算乃至清算的性质。

迎新主要包括腊月八、接先人、灶君，以及除夕守岁等。腊月八表面看来似乎与春节没有直接关系，其实正是这一节日真正拉开了春节过年的序幕，不同版本的《腊月八》童谣之所谓"腊月八，眼前花；还有二十二天过年家。有猪的把猪杀，没猪的打娃娃。大大娘娘你莫打，门背后挂下个猪尾巴，唆上一口油辣辣"便揭示了这一点。至于二十三小年、二十九或三十大年除夕其名称便与过年有机联系了起来。尤其除夕这一天晚上的接神灵、灶君，祭祀祖宗，围着火盆守岁等，更将迎新的主题表现得淋漓尽致。也许越是自认为不会忘记的重要内容却可能越容易忘记。包括陇东南乡村在内的中国人最为隆重的节日可能是除夕和过年，但偏偏这一最为隆重节日的最初意义却没有人能说得清楚。或谓远古时候有一种最凶猛的野兽叫"年"，常常冬天出没于各个村庄，捕食人和家畜家禽等，使得家家户户鸡犬不宁、朝不保夕，后来人们知道年最怕红色、火光、声响，才用红色对联、桃符、大火、爆竹声等驱逐并消除了年的侵扰和危害，于是人们互相祝贺，才有过年的乡俗。陇东南乡村讲究忙碌了一年，在腊月三十夜里吃过晚饭后一家人围坐在红红燃烧的炭火火盆边，享受其乐融融的感觉，有所谓"三十晚上，有吃没喝，一盆大火"的说法。陇东南乡村亦有"腊月三十杀鞑靼，一夜成功"的说法。相传古代包括陇东南乡村在内的许多地方都受到鞑靼统治，他们往往分散到各个村庄，享有所有人家新娘子的初夜权。人们不堪忍受这种压迫和凌辱，暗里约定腊月三十晚一齐行动杀死所有鞑靼，并且取得了成功。第二天也就是正月初一，大家穿戴一新奔走往来、相互庆贺，相沿成俗便形成了过年以及拜年乡俗。由此可见除夕之夜守岁其实是等待杀鞑靼取得成功的确切消息，因为如果失败将可能导致鞑靼的血腥报复，将可能面临全部处死的命运，而只有成功才意味着能真正活下去。但"鞑靼"的具体写法和意义并不十分明确，也有民间口耳相传为达旦、达怛、达达、大大，是否就是后来西迁欧洲或西亚等地的突厥人或其他匈奴人也未可知。也不知包括陇东南乡村在内的中国北方许多地方至今保留下来的将父亲称为"大大"或"达达"的习惯，是否与鞑靼或其他写法的达旦、达怛、达达、大大等有关。如果有关，实际上意味着鞑靼或其他写法的达旦、达怛、达达、大大等因拥有至高无上的初夜权，往往有着成为绝大多数人父亲的更大可能，相形之下真正意义的丈夫作为父亲只拥有相当有限的婚姻权，只能是各自家庭相当有限的大大或达达。如果除夕和过年确实与驱逐年、杀鞑靼或其他写法的达旦、达怛、达达、大大等有关，那么除夕和过年的乡俗显然更增加了几分辞旧迎新的内涵和寓意。

也许陇东南乡村最具有辞旧迎新性质的是春官说春及其唱词。他们往往三三两两结伴而行，在年末岁初立春之前行走于陇东南乡村各地，发送一些用木板自行印制的春帖，内容包括二十四节气及来年雨水、五谷家畜、流年运势、日常禁忌之类，且往往根据不同人等和景象出口成章，即兴赋诗，说一些祝福送喜之类的喜话，并配以简单曲调，形成一种别具一格的唱词，借以换取一定食物。还能寄情于景，甚至罗列古今人物和历史事件等，借以寄寓和祝福人们来年五谷丰收、六畜兴旺、生意兴隆、五子登科之类。如所谓"春官来了把门关，能了关上三百六十天。春官来了把门开，金银财宝滚进来。驴驮金来马驮银，骡子驮得聚宝盆；门对青山摇钱树，家藏万贯聚宝盆"等，诸如此类的祝福送喜可能存在某种意义的讨好主人赚取财物的嫌疑。绝大多数春官极讲究礼数，无论所获财物多寡，态度如何，绝对不忘记和忽略报春送喜的主题。中国人相信在家靠父母、出门靠朋友的古训。他们往往徒步行游他乡，既不能靠父母，也不能靠朋友，衣食起居等生活的方方面面都得依靠遍布各行各业的他乡人的恩赐。也许正是这一特殊的惯例和经历，使他们更容易理解各行各业人们的艰辛，同时也比其他人更能看到各行各业的美学智慧。春官一般不在熟人尤其朋友、亲戚圈里说春，偶尔阴差阳错地走到亲戚或朋友家，乃是极其尴尬的事情。如果不幸遭遇如此尴尬的境遇，最明智的办法也只能是三十六计走为上策。如题为《二十四节气春》的春官唱词便较为典型地反映了陇东南乡村的人们对一年二十四节气周而复始的新陈代谢之美的讴歌。有云：

　　　　一年二十四节气，春官给你说仔细。

　　　　正月立春阳气转，雨水一过无雪天。

　　　　二月惊蛰响惊雷，农人春耕紧跟随。

　　　　春分杨柳吐绿咀，候鸟燕子往北回。

三月交节是清明，祭祖扫墓去踏青。

谷雨梨树开白花，家家种豆去点瓜。

四月立夏农活忙，坝里麦子芒儿长。

交了小满要种糜，满山树木八叶齐。

五月芒种天气长，夏至坝里麦上场。

六月小暑谝大话，割倒麦子拔胡麻。

大暑天气热难当，遍山麦子收出梁。

夏至三庚入伏天，立秋末伏七月间。

七月中气是处暑，洋芋掏上锅里煮。

八月白露高山麦，秋收农活一大堆。

秋分中秋天变凉，白天黑夜一样长。

九月寒露麦种上，霜降草尖见白霜。

寒露下种逼籽哩，霜降庄稼逼死哩。

立冬十月天气冷，小雪白菜收进门。

十一月大雪满天扬，冬至数九加衣裳。

十二月小寒结白冰，大寒一过又立春。

节气一年连一年，春官的节气已说完。

　　陇东南乡村还有一个辞旧迎新的乡俗就是，在腊月三十晚上之前无论如何得将一年来所借财物包括劳动工具、生活用品，以及账务等如数归还。无论一根针、一盒火柴、一升面、一笼子洋芋、一张锄头、一把梯子，还是一两万元甚或几十万元，都得想尽一切办法还清。不欠隔年账、不借隔年物是陇东南乡村的人们认真恪守的一个约定俗成的规矩，同时也是每一个人维持在乡村正常而持续生存的道德底线。即使有些人家确实因各种原因无法如数清还，也得在腊月三十之前当面说明原委，以求征得同意，并约定在来年特定时间偿还。有些乡村混混虽然可能在其他时间其他事情要滑头，但在腊月三十前欠账还账、借物还物这一点上，基本还是恪守信誉的。也许正是诸如此类看似微不足道的乡俗才真正维持了中国乡村生活治理的低成本运行。这种信誉的形成往往取决于自律和面子。正是这一基于内因的自律和基于外因的面子，使陇东南乡村的人们有了相互信任的交往基础。诸如"欠账还钱、天经地义"、"人活脸，树活皮"等便是维持诚信这一道德底线的基本信念。

卫三畏有如是评价："更加值得赞扬的习惯是，清理账目，清偿债务，来庆祝新年。"① 人们可能对《白毛女》中黄世仁向杨白劳催账以致逼出人命的剧情记忆犹新，或对年底还账这一乡俗有不大正面的评价，但如果没有欠账还钱这一天经地义的规矩，久而久之便可能使生活于其中的每一个人都因为信誉缺失而遭到报应。中国社会近年来之所以出现了不少自以为是、自作聪明乃至害人害己的互害式现象，虽然原因是多方面的，但相当多的人诚信缺失、急功近利、见利忘义无疑是其中的一个重要原因。正由于越来越多的人逐渐放弃了自律和面子，以及赖以维持其信誉的道德底线，其结果只能是在自己投机取巧、出售给别人含有农药和其他有害物的蔬菜、水果和粮食的同时，也不可避免地买到他人生产的有防腐剂和其他添加剂的有害食品。《论语·颜渊》载："子贡问政。子曰：'足食，足兵，民信之矣。'子贡曰：'必不得已而去，于斯三者何先？'曰：'去兵。'子贡曰：'必不得已而去。于斯二者何先？'曰：'去食。自古皆有死，民无信不立。'"② 这即是说，有效的社会治理必须具备粮食充足、军队强盛、百姓信任三个指标，在三个指标无法同时具备的情况下，最先舍去的应该是军队，其次是粮食，最不应该舍弃的是诚信，诚信常常是社会治理的最根本因素。然而遗憾的是，近年来的中国社会不可谓没有军队和粮食，但偏偏缺失了诚信。这个诚信不仅关涉百姓对各级政府，也关涉政府对百姓，更关涉百姓对百姓。正由于整个社会诚信的缺乏使中国社会不可避免地陷入人人自危的互害模式。

人们可以将这一互害模式的形成归咎于忽视了最基本的诚信教育，其

---

① 卫三畏：《中国总论》上，上海古籍出版社 2014 年版，第 812 页。
② 《论语·颜渊》，朱熹：《四书章句集注》，中华书局 1983 年版，第 134—135 页。

实也有文化传统本身的问题。如中国向来强调"君子喻于义，小人喻于利"①，这便使得讲信誉能赚大钱的人常常不屑于赚钱，而那些不讲信誉也注定赚不了大钱的人却偏偏沉溺于赚钱。于是讲信誉而不屑于赚钱的人往往看不起那些不讲信誉、投机倒把却一夜暴富的人，也蔑视那些挖空心思却没有赚到钱的人；而那些不讲信誉，不惜投机倒把、偷税漏税以图赚到大钱的人，也常常妒忌那些腰缠万贯或不屑于赚钱的人。这样一来许多人都自我认定为社会边缘人甚或受害者，以致心生闷气、怨气、怒气，再加上社会评价的莫衷一是，特别是个人自律和诚信的不同程度缺失，致使其自视为弱者和不幸者，而将除己之外的其他人甚至有同样遭遇的人，也不假思索地定性为自我失败和不幸的制造者，以及驱遣不满、宣泄愤懑的责无旁贷的替罪羊，从而使归咎乃至敌视他人的暴戾之气和害人害己的互害模式无端膨胀。相形之下，西方社会却可能由于长期以来强调信誉即金钱，使讲信誉能赚大钱、不讲信誉无法赚大钱，以至成为整个社会约定俗成的生活常识和规矩，再加上有相对普遍的宗教基础和相对规范的法律准绳，不至于使人们在理性的天平上感到无助、失落，或因有失公平而迁怒于人，倒也使生活于其中的人们大体不致遭遇假冒伪劣商品的危害，甚或因食品安全、空气安全和水源安全等最基本生活保障问题而陷入人人自危的境况。

（三）藏而不露的休养生息之美

中国人将养生之道贯穿于一年四季。相对来说，冬三月的养生往往以"养藏之道"为先。如《黄帝内经·素问》有云："春三月，此为发陈。天地俱生，万物以荣，夜卧早起，广步于庭，被发缓形，以使志生，生而勿杀，予而勿夺，赏而勿罚，此春气之应，养生之道也；逆之则伤肝，夏为寒变，奉长者少。夏三月，此为蕃秀。天地气交，万物华实，夜卧早起，无厌于日，使志勿怒，使华英成秀，使气得泄，若所爱在外，此夏气

---

① 《论语·里仁》，朱熹：《四书章句集注》，中华书局1983年版，第73页。

之应，养长之道也；逆之则伤心，秋为痎疟，奉收者少，冬至重病。秋三月，此谓容平。天气以急，地气以明，早卧早起，与鸡俱兴，使志安宁，以缓秋刑，收敛神气，使秋气平，无外其志，使肺气清，此秋气之应，养收之道也；逆之则伤肺，冬为飧泄，奉藏者少。冬三月，此为闭藏。水冰地坼，勿扰乎阳，早卧晚起，必待日光，使志若伏若匿，若有私意，若已有得，去寒就温，无泄皮肤，使气极夺，此冬气之应，养藏之道也；逆之则伤肾，春为痿厥，奉生者少。"① 更重要的是，这种养藏还包括更丰富的内容，且关系未来一年半载的生活用度。

　　冬三月这一天寒地冻的季节往往是陇东南乡村的人们相对最为清闲的时节。现在习惯于暖气的人可能已很难想象天寒地冻的情景，但陇东南乡村每到这样的季节，最容易受冻的往往不是其他部位，而是耳朵和手。耳朵由于长期暴露于外，其耳垂部位最容易冻肿甚至出水；手由于经常使用往往容易冻裂，露出娃娃口大的裂缝，不敢稍有碰撞，一不小心便流血。冻得最厉害的并不是上下牙直打架，刺骨的寒风直穿背心的时候，而是冻得每一根神经都往大脑里钻，仿佛整个脑袋快要炸裂似的时候；不是冻哭的时候，而是欲哭无泪乃至只会发出麻木冷笑的时候；不是冻得手耳发烧的时候，而是手脚无措，仿佛快要冻掉手和耳朵的时候。这个时候往往不能急着拿到火上去烤火，也不能匆匆忙忙用热水洗，只能忍着大脑的剧痛慢慢揣着搓着使其逐渐恢复到体温状态。陇东南乡村的人们对冬三月的天寒地冻有深刻体验，深知"大寒小寒，滴水成冰"的真正含义，一般并不畏惧寒冷，也没有"心忧炭贱愿天寒"的期盼，主要还是为了来年丰收而盼望冬天寒冷，陇东南乡村谚语所谓"冬不冷，夏不收"就体现了这一心情。这寒冷的季节确实不利于人们的随意户外活动，收藏农作物便是这一季节的主要任务。小麦、荞、燕麦、青稞主要用木柜和篙来收藏，玉米主要用玉米架挂在架子上，或悬于门前柱子、或挂于椽梁上，洋芋及

---

① 《黄帝内经·素问》，张志聪：《黄帝内经集注》上，中医古籍出版社 2015 年版，第6—7页。

白菜等蔬菜主要采用土窖收藏。好多人家往往在自家院落或周边掘地成坑作为土窖，窖入洋芋、蔬菜、水果之类，然后盖上一层麦草或玉米秸秆，再用厚土层掩埋保温，有谓"立冬不起菜，必定要受害"的农谚。

天寒地冻的日子不适合于户外活动，所以陇东南乡村的人们，除了天气放晴，阳光有一定暖意的时间，往往选择家道向阳避风处成群结队打扑克、下棋、踢毽子，进行相关健身和娱乐活动之外，一般在天寒地冻的时候最乐意将暖热炕作为最理想、最惬意的休闲方式，所谓"热炕暖上，闲话搞上"便是这种休闲方式的精练概括，好多人甚至将"三亩坡地一头牛，老婆孩子热炕头"作为一辈子最理想、最幸福的生命状态。尽管人们可以责备他们胸无大志，但正是这种看似平庸而舒缓的日子才彰显了他们恬淡宁静、舒缓自然的生活本来面目。他们最懂得"人暖腿、狗暖嘴"的道理，坐热炕上还得盖着被子，至少得围住腿部，才觉得暖和。他们更明白"好出门不如薄家里坐"、"货离乡贵哩，人离家贱哩"的道理，这不是他们懒于出门，实在是出门更容易上当受骗遭罪。这种传统观念与后来流行外出打工和旅游的观念相左，却也体现了陇东南乡村的人们长期以来自给自足的生活方式所养成的相对保守但也平淡安稳的生活习惯。他们认定"房是招牌地是累，挣下银钱催命的鬼"，但也最会精打细算和勤俭持家，有谓"起家如针挑土，败家似水推沙"、"惜衣的有衣穿，惜饭的有饭吃"、"一天省一口，一年省一斗"、"宁置吃亏货，不吃便宜嘴"、"六月里防顾十月的衣"；他们懂得男女分工，讲男人主外，要勤快，能够向家里挣钱，女人主内，要会谋划，能量入微出、积少成多，有谓"男人是耙耙，女人是匣匣"；他们更懂得自力更生的价值和意义，有谓"自己的瞌睡打自己眼窝子里过"、"家有不如自有，自有不如怀里揣的有"、"好男不吃分家饭，好女不靠嫁妆衣"、"好马不在鞍杖，好女不在嫁妆"、"远水解不了近渴"；他们更知道自力更生应警惕的问题，有所谓"儿要自养，钱要自挣"、"渴了莫指梨儿，老了莫靠侄儿"等；他们更懂得教育应从娃娃抓起的道理，懂得人生的生理节律和成功潜能，有所谓"从小看大，三岁试老"、"三十不发，四十不旺，到了五十指头干挖"。

人们重视自身的家居取暖，也关注户外天气寒冷状况，能根据冬至的时间判断当年冬季寒冷的程度，以作适当应对。所谓"冬至在头，冻死老牛；冬至在中，暖和一冬；冬至在尾，皮袄挂起"的说法，并不是一句张贴在墙上的标语，它更是陇东南乡村生活智慧的高度概括。陇东南乡村的人们能顺应时令变化，适时选择最适合气候变化的行为，且每每达到了天人合一的最高境界。所谓"头九暖，二九冻破脸。三九四九，闭门死守；五九六九，隔河看柳；七九八九，老阿婆出门夸口；九九八十一，老汉娃娃顺墙立"的农谚，并不仅仅是人们对数九寒天气温和自然生态变化的概括，更是人们根据时令变化选择最恰当生活方式的生命智慧的体现。他们不仅懂得冬至是夜晚最长、白昼最短的一天，而且知道自这一天起白昼便逐渐加长、夜晚便逐渐变短的趋势，有所谓"冬至日头当日亭"；他们同样懂得数九寒天阳气逐渐上升的道理，有所谓"一九一芽生，九九遍地生"的农谚。

更重要的是，陇东南乡村冬三月的休养生息并不限于人们自身，还包括赖以生存的家畜家禽、土壤农田乃至地球的休养生息。作为一种生命存在物，不仅得关心家畜家禽的休养生息，同时还得关注农田乃至地球的休养生息。因为他们作为大地之子，有责任有义务保护农田乃至地球。这当然不仅是一种皮之不存、毛将焉附的问题，更是人类作为有目的、有意识的自由存在物，即使为了自身的长远发展，也必须理性思考的问题，必须理性地善待农田土壤乃至人类赖以生存和发展的地球、处理好人与自然关系的问题。汤因比不无担忧地指出："人类将会杀害大地母亲，抑或将她拯救？如果滥用日益增长的技术力量，人类将置大地母亲于死地；如果克服了那导致自我毁灭的放肆的贪欲，人类则能够使她重返青春，而人类的贪欲正在使伟大母亲的生命之果——包括人类在内的一切生命造物付出代价。何去何从，这就是今天人类所面临的斯芬克斯之谜。"① 汤因比在其

① ［英］阿诺德·汤因比：《人类与大地母亲》，徐波译，上海人民出版社2016年版，第640页。

晚年将人类走出杀害大地母亲，最终走向集体自杀的希望更多寄托于东亚特别是东亚的中国人，事实上直到现在也不是所有中国人都能高度认识这一点。狄百瑞不无遗憾地指出："只要中国主要地还是一个农业文明，人类与天、地、万物的密切关系在某种程度上就是每个人的日常经验。现在既然中国已经进入了工业和技术的时代，就不仅是那种亲密无间的联系已经被削弱了，而且早期的整体主义的眼光也被污染这一幽灵和人为环境灾难给蒙蔽住了。"① 那些一味迷信西方城市文明却无视东方乡村文明，以致至今盲目提倡城市化的人显然在其中起了并不明智的推动作用。面对这一严峻形势，人们不能乐观地寄希望于陇东南乡村的人们会有历史学家汤因比和狄百瑞这样的冷峻而理智的思考，也不能认为陇东南乡村的人们便能逃过这一劫难，因为化肥和农药的滥用正在侵蚀农田乃至土壤生态，正在侵害着人们的健康生活，已经或必将进一步影响人们的生存安全和质量。但人们也不能因此无视陇东南乡村文明固有传统的伟大：无论有些人怎么急功近利，怎么鼠目寸光，陇东南乡村的人们还是比较重视树木、家畜家禽以及田地的休整，至少从诸如"人挪活，树挪死"、"人怕伤心，树怕揭皮"、"驴无夜草不安，马无夜草不肥"、"家养一群羊，吃穿不愁肠"、"勤出茅厕勤垫圈，牛羊骡马少病患"、"一年庄稼二年务，按时收种莫耽误"、"秋耕不磨，不如家里闲坐"等农谚能看出注重人畜休养生息以至"人与天地万物为一体"的美学智慧。比较而言，陇东南乡村《不误农时最要紧》的春官唱词更是陇东南乡村的人们一年到头与四时合其序、与天地万物为一体这一美学智慧日常生活化的典型反映，而且也是冬三月注重休养生息的美学智慧日常生活化的集中体现：

立春雨水正月间，提早送粪莫迟延。

惊蛰春分备好种，适时播种最关键。

清明谷雨天渐暖，玉米洋芋种田间。

① ［美］狄百瑞：《东亚文明》，何兆武、何冰译，江苏人民出版社 2012 年版，第 111 页。

四月立夏到小满，麦田管理莫迟缓。

芒种夏至要开镰，秋田锄务赶在前。

小暑大暑天正热，防雹防旱防水患。

立秋处暑七月里，抓紧伏耕整麦地。

白露秋分农活忙，秋收秋种紧跟上。

寒露霜降收果菜，抓紧冬藏往出卖。

立冬小雪天气冷，冻前翻地搞冬耕。

大雪冬至结寒冰，积攒肥料要在心。

过了小寒和大寒，眼看就要过新年。

不误农时最要紧，年年粮食多高产。

陇东南乡村的人们不仅习惯于借助冬天的某些征兆判断和预测来年的庄稼收成，如根据冬季干旱与开春的湿润可判断来年小麦收成，有谓"冬干湿年，憋破麦篅"；还根据腊月大小及下雪情况判断来年收成与饥饱状况，有所谓"腊月小，吃断罢；腊月大，吃不了；腊月三白，瘦狗吃肥"等农谚。也常常利用冬三月临近岁末的时机，总结一年特定日子的天气特点推断当年乃至来年的气候变化及年岁收成，如所谓"下了春甲子，遍地生虫；下了夏甲子，遍地生火；下了秋甲子，橡头生耳；下了冬甲子，冻死老牛"等。陇东南乡村的人们虽然可能并不精通诸如"与天地合其德，与日月合齐明，与四时合其序"，以及"人与天调，然后天地之美生"的阐述，但他们事实上在自觉或不自觉地践行着这一美学智慧，而且自觉或不自觉地立足于自食其力和自给自足的角度承担起一家人未来生活的责任。如所谓"杀（耕）秋地，望来年"的谚语所表达的是秋末冬初之际忙于深耕秋田以休整田地期盼来年有好收成；所谓"货放百日自醒"是说农产品储藏时间越长越能卖个好价钱，这也体现了某种程度的商业意识；所谓"羊马年广种田，谨防鸡猴饿狗年"是说十二年之中，往往羊马年收成好，鸡猴年收成不好，甚至可能出现狗年挨饿的现象，所以最好得在羊马年多种多收多藏，以备鸡猴狗年饥荒，这是通盘考虑提前贮存粮食以备饥荒年的危机意识的体现。陇东南乡村农谚所蕴含的藏而不露的休养生息之美，是祖祖辈辈自食其力乃至自给自足生活经验的结晶，往往有着今天推崇"今朝有酒今朝醉"生活方式的许多年轻人所没有的贮藏意识、危机意识和忧患意识，是值得人们特别是年轻人认真学习和借鉴的。

霍布斯认为："闲暇是哲学之母，而国家则是和平与闲暇之母。"① 对陇东南乡村的绝大部分人来说，似乎可以说成：闲暇是自在之母，而农闲则是自在与是非之母。虽然农活并不比手工制作之类的精细活，但大多数还得全神贯注，所以他们不会思考得过多，也当然成就不了哲学，但某些长舌妇也没有了制造是非的时间和精力，陇东南谚语有谓"人闲事出来"、"腿长打露水，嘴馋惹是非"、"管人的闲事，落人的嫌"。这不是说陇东南乡村的人们不需要闲暇，其实"人活心闲，火着自在"也是他们追求的人生境界，如有所谓"使得心多，吃的亏多"的谚语，而逍遥自在也是所有人追求的理想境界，庄子所谓逍遥游不过是这种境界的一种形象描述，不可否认的是逍遥自在也往往取决于诸如"吃饱了要知道放碗"之类知足常乐的心态，而无所执着的虚静心态也依赖于农闲。在古印度人看来，无论人间的欲乐，还是天国的极乐，都比不上摒弃贪欲快乐的十六分之一，《瑜伽经》亦有"依靠知足，获得无上快乐"② 的观点。中国人对摒弃贪欲，从而达到心灵的虚静状态有着更清晰的认识，它不仅决定人们对道的最终体悟，而且也决定人们的吉祥幸福，如庄子有"虚室生白，吉祥止止"③ 的说法。既然无所执着的虚静之心能生出智慧之光，吉祥幸福止于凝静之心，那么对暂时放下了对草盛苗稀、桑麻长短之类农活的记挂的陇东南乡村的人们而言，也可说"闲暇是哲学之母"，特别是当这种哲学不再是概念范畴和知识谱系，而是一种生活方式乃至生活艺术的时候。

---

① ［英］霍布斯：《利维坦》，黎思复、黎廷弼译，商务印书馆1985年版，第541页。
② ［古印度］钵颠阇利：《瑜伽经》，黄宝生译，商务印书馆2016年版，第70页。
③ 《庄子·人间世》，郭象撰：《南华真经注疏》上，中华书局1998年版，第84页。

陇东南乡村的人们也确实不会放过这一创造和传播民间智慧的天赐良机。特别是在生产队的时候，一年之中除了下雨天是天然放假期，其他时间都得参加生产劳动，所以许多人无论老少都将下雨天作为他们休闲娱乐的天赐良机。特别是冬季由于昼短夜长而又天寒地冻，所以人们更喜欢饭后聚于生产队的马坊热炕上挤在一起，听大人们讲古今、说笑话、谈农谚。一者因为许多人家添炕用的柴草往往有限，出于节省舍不得大量使用添炕柴草，唯独生产队马坊有很多的晒干的马粪牛粪之类，添炕不用考虑用量，炕烧也比任何人家的都热；二者虽然生产队劳动大家是聚在一起的，但由于怕耽误农活，挨队长批评也不敢天南海北地漫谈，而下雨天和夜晚的时候，可以不受诸如此类的限制，尽可以放下紧张的劳动负担，信马由缰地闲聊，可以是家长里短，也可以道听途说，更可以是谈天说地、无所不包的民间轶事、笑话，特别是神话传说之类。包产到户后这种齐聚生产队马坊的机会没有了，但大家可以聚集在某些关系合得来的人家热炕上谈天说地。这种看似并不经意的休闲方式却自觉或不自觉地成为交流生活经验、学习劳动技术，特别是传承民间信仰乃至优秀传统文化的主渠道。虽然生产队时候也不时有田间学习之类，但多为国家大政方针，虽然也是大家所乐意接受的，但毕竟没有闲暇时间的聊天、说古今之类轻松自由、生动活泼。基于陇东南乡村冬天热炕头的生活经验交流和生命智慧熏陶，以及春官说春等，其实是乡村文明建设和传播的主要载体。特别是许多农谚作为祖祖辈辈日积月累的生活经验和智慧，不仅直接来源于陇东南乡村生活，同时能灵活自如地运用于陇东南乡村生活和生产的各个方面，并经过祖祖辈辈长年累月的实践检验，往往是经得起时间考验的，更接地气、更灵活多样、更易于接受的难得的生命智慧，在某种程度上有着弥补当时学校教育缺憾的明显功效。

主要参考文献

《十三经注疏》，上海古籍出版社 1997 年版。

《四书章句集注》，中华书局 1983 年版。

《黄帝内经·素问》，中医古籍出版社 1997 年版。

《老子奚侗集解》，上海古籍出版社 2007 年版。

《南华真经注疏》，中华书局 1998 年版。

《礼记集解》，中华书局 1989 年版。

《四库术数类丛书》，中华书局 1990 年版。

《佛教十三经》，中华书局 2010 年版。

《佛教经典精华》，宗教文化出版社 1999 年版。

《禅宗七经》，宗教文化出版社 1997 年版。

《净土宗经典精华》，宗教文化出版社 1999 年版。

《中有教授听闻解脱密法》，上海佛学书局内部交流本。

《释氏要览校注》，中华书局 2014 年版。

张君房：《云笈七笺》，中华书局 2003 年版。

陈弘谋：《五种遗规》，凤凰出版社 2016 年版。

索甲仁波切：《西藏生死书》，浙江大学出版社 2011 年版。

《食疗本草》，上海古籍出版社 2007 年版。

《偏方大全》，北京科学技术出版社 2000 年版。

《插图本中国养生经典》，上海科学技术文献出版社 2006 年版。

《药粥疗法》，人民卫生出版社 1983 年版。

《阴阳宅风水大全》，中州古籍出版社 2007 年版。

《绘图地理五诀》，中医古籍出版社 2010 年版。

《鲁班经》，海南出版社 2003 年版。

《因果图鉴·地狱变相图释文》，江逸子图文，觉方居士整理，佛学在线内部交流本。

宋进喜：《天水通史》，中华书局 2014 年版。

张文先：《庆阳通史》，商务印书馆 2011 年版。

孙占宇：《天水放马滩秦简集释》，甘肃文化出版社 2013 年版。

郭汉儒：《陇右文献录》，甘肃文化出版社 2014 年版。

刘光华：《甘肃通史》，甘肃人民出版社 2013 年版。

费孝通：《乡土中国》，上海人民出版社 2013 年版。

费孝通：《江村经济》，上海人民出版社 2013 年版。

金良年：《民间诸神》，上海三联书店 1991 年版。

江绍原：《中国礼俗迷信》，渤海湾出版公司 1989 年版。

梁漱溟：《乡村建设理论》，上海人民出版社 2011 年版。

晏阳初：《平民教育与乡村建设运动》，商务印书馆 2014 年版。

俞孔坚：《回到土地》，生活·读书·新知三联书店 2014 年版。

庄孔韶：《时空穿行：中国乡村人类学世纪回访》，中国人民大学出版社 2004 年版。

《天涯》杂志社编：《失落的乡村》，上海人民出版社 2012 年版。

叶朗、叶良志：《中国文化读本》，外语教学与研究出版社 2008 年版。

吕思勉：《吕著中国通史》，华东师范大学出版社 2005 年版。

柳诒徵：《中国文化史》，上海古籍出版社 2001 年版。

侯外庐：《中国思想史纲》，上海书店出版社 2008 年版。

梁漱溟：《中国文化要义》，上海人民出版社 2003 年版。

郭昭第：《国学智慧读本》，宗教文化出版社 2016 年版。

王仁湘、贾笑冰：《中国史前文化》，商务印书馆 1998 年版。

沈从文：《中国古代服饰研究》，上海书店出版社 2002 年版。

王学泰：《华夏饮食文化》，中华书局 1993 年版。

赵荣光：《中国饮食文化史》，上海人民出版社 2014 年版。

梁思成：《图像中国建筑史》，百花文艺出版社 2001 年版。

梁思成：《中国建筑史·雕塑史》，百花文艺出版社 1998 年版。

刘敦帧：《中国住宅概说》，百花文艺出版社 2004 年版。

荆其敏、张丽安：《中外传统民居》，百花文艺出版社 2004 年版。

张君：《神秘的节俗》，广西人民出版社 2004 年版。

傅德岷等：《中国八大传统节日》，重庆出版社 2005 年版。

宗白华：《宗白华全集》，安徽教育出版社 1994 年版。

蒋勋：《美的沉思》，湖南美术出版社 2014 年版。

［美］明恩溥：《中国的乡村生活》，陈午晴、唐军译，电子工业出版社 2012 年版。

［法］禄是遒：《中国民间信仰》，上海科学技术文献出版社 2014 年版。

［美］欧美玲：《饮水思源——一个中国乡村的道德话语》，社会科学文献出版社 2013 年版。

［日］滋贺秀三：《中国家族法原理》，张建国、李力译，商务印书馆 2013 年版。

［美］尤金·N. 安德森：《中国食物》，江苏人民出版社 2003 年版。

［美］明恩溥：《中国人的气质》，东方出版社 2014 年版。

［瑞士］荣格：《金花的秘密——中国的生命之书》，张卜天译，商务印书馆 2016 年版。

［英］李约瑟：《中国古代科学思想史》，江西人民出版社 1999 年版。

［英］李约瑟：《文明的滴定——东西方的科学与社会》，张卜天译，商务印书馆 2016 年版。

〔德〕马克斯·韦伯：《儒教与道教》，商务印书馆 1995 年版。

〔美〕费正清、赖肖尔：《中国：传统与变革》，江苏人民出版社 2012 年版。

〔美〕卫三畏：《中国总论》，上海古籍出版社 2014 年版。

〔法〕谢和耐：《中国人的智慧》，上海古籍出版社 2013 年版。

〔美〕狄百瑞：《东亚文明》，江苏人民出版社 2012 年版。

〔德〕《马克思恩格斯选集》，人民出版社 2012 年版。

〔美〕西敏司：《饮食人类学》，电子工业出版社 2015 年版。

〔英〕雷蒙·威廉斯：《乡村与城市》，商务印书馆 2013 年版。

〔英〕埃比尼泽·霍华德：《明日的田园城市》，商务印书馆 2010 年版。

〔美〕布赖恩·贝利：《比较城市化》，商务印书馆 2010 年版。

〔英〕彼得·霍尔：《文明中的城市》，商务印书馆 2016 年版。

〔美〕刘易斯·芒福德：《城市文化》，中国建筑工业出版社 2009 年版。

〔美〕刘易斯·芒福德：《城市发展史》，中国建筑工业出版社 2005 年版。

〔英〕爱德华·B. 泰勒：《人类学》，广西师范大学出版社 2004 年版。

〔英〕J. G. 弗雷泽：《金枝》，商务印书馆 2013 年版。

〔英〕马凌诺斯基：《西太平洋的航海者》，华夏出版社 2002 年版。

〔法〕克洛德·列维－斯特劳斯：《结构人类学》，中国人民大学出版社 2006 年版。

〔奥〕弗洛伊德：《图腾与禁忌》，上海人民出版社 2005 年版。

〔意〕马里奥·佩尔尼奥拉：《仪式思维》，周宪译，商务印书馆 2006 年版。

〔芬兰〕E. A. 韦斯特马克：《人类婚姻史》，商务印书馆 2015 年版。

〔法〕阿诺尔德·范热内普：《过渡礼仪》，商务印书馆 2012 年版。

［法］爱弥儿·涂尔干、马塞尔·莫斯：《原始分类》，商务印书馆2012年版。

［英］E. E. 埃文思－普理查德：《阿赞德人的巫术、神谕和魔法》，商务印书馆2010年版。

［美］克利福德·格尔茨：《文化的解释》，译林出版社2014年版。

［美］克利福德·格尔茨：《地方知识——阐释人类学论文集》，商务印书馆2014年版。

［美］杰里·D. 穆尔：《人类学家的文化见解》，商务印书馆2009年版。

［美］罗伯特·芮德菲尔德：《农民社会与文化：人类学对文明的一种诠释》，中国社会科学出版社2013年版。

［丹］索伦·克尔凯郭尔：《致死的疾病》，商务印书馆2012年版。

［法］埃米尔·迪尔凯姆：《自杀论》，商务印书馆1996年版。

［法］菲利普·阿里耶斯：《面对死亡的人》，商务印书馆2015年版。

［美］欧文·D. 亚隆：《存在主义心理治疗》，商务印书馆2015年版。

［英］西蒙·克里切利：《哲学家死亡录》，商务印书馆2015年版。

［德］费尔巴哈：《宗教的本质》，商务印书馆2010年版。

［德］维特根斯坦：《哲学研究》，商务印书馆1996年版。

［英］约翰·密尔：《论自由》，商务印书馆1959年版。

［英］阿诺德·汤因比：《变革与习俗：我们时代面临的挑战》，上海人民出版社2016年版。

［法］克洛德·列维－斯特劳斯：《面对现代世界问题的人类学》，中国人民大学出版社2017年版。

［美］约翰·布林克霍夫·杰克逊：《发现乡土景观》，商务印书馆2015年版。

［英］雷蒙德·威廉斯：《漫长的革命》，上海人民出版社2013年版。

［英］霍布斯：《利维坦》，商务印书馆1985年版。

［法］汉斯·施韦泽：《敬畏生命》，上海社会科学院出版社 2003 年版。

［西班牙］奥尔特加·加塞特：《大众的反叛》，广东人民出版社 2012 年版。

［美］盖尔·约翰逊：《经济发展中的农业、农村、农民问题》，商务印书馆 2004 年版。

［英］阿诺德·汤因比：《人类与大地母亲》，上海人民出版社 2016 年版。

［英］尼克·盖伦特、梅丽·云蒂、苏·基德、大卫·肖：《乡村规划导论》，中国建筑工业出版社 2015 年版。

糜文开：《印度三大圣典》，中国文化大学出版部 1980 年版。

［印］《瑜伽经》，商务印书馆 2016 年版。

［印］甘地：《圣雄箴言录》，上海三联书店 2013 年版。

［埃及］古埃及《亡灵书》，商务印书馆 2016 年版。

赛妮亚编译：《塔木德》，上海三联书店 2015 年版。

［日］今道友信：《东西方哲学美学比较》，中国人民大学出版社 1991 年版。

［意］翁贝托·艾柯：《美的历史》，中央编译出版社 2011 年版。

［意］翁贝托·艾柯：《丑的历史》，中央编译出版社 2012 年版。

［德］爱娃·海勒：《色彩的性格》，中央编译出版社 2015 年版。

［美］马克·盖特雷恩：《认识艺术》，世界图书出版公司 2014 年版。

［美］V. M. 希尔耶：《艺术的性格》，中央编译出版社 2010 年版。

［匈］卢卡奇：《小说理论》，商务印书馆 2012 年版。

［美］埃伦·迪萨纳亚克：《审美的人》，商务印书馆 2005 年版。

［印］泰戈尔：《泰戈尔谈文学》，人民文学出版社 2011 年版。

［美］阿诺德·贝林特：《艺术与介入》，商务印书馆 2013 年版。

［法］加斯东·巴什拉：《梦想的诗学》，生活·读书·新知三联书店 1996 年版。

后　记

　　在距 2016 年春季开学还有一天的时间，终于可以紧锣密鼓地撰写后记了。想到经过一个寒假的辛勤努力，使拙稿初稿得以全面完成，也不再因为开学搁置，感到十分欣慰。虽然初稿的修订还是整整拖了一年，但能在 2017 年春季开学前完成定稿，本身是一件令人倍感欣慰的事情。

　　这部书稿的构思已有很长时间，但由于种种原因拖到了现在，好在已经长期收集资料，做了一点儿基础性工作，而且主要还是依靠青少年时代的乡村记忆，所以写起来比较顺畅。20 世纪七八十年代的乡村生活情景，虽然与当今陇东南乡村可能存在一定距离，但作为对中国乡村这一最富于活力和生机的时代记忆的想象重构，自有其立此存照的含义。即便如此，也由于受本人生活阅历限制和田野调查经验之不足，使得所记述的陇东南乡村只能以我的家乡西和县稍峪乡郭河村为基础，并适度加以拓展。记述的目的不在于全面细致地展示陇东南乡村生活的民间表征及其美学智慧，最重要的是诸如此类中国乡村最具活力和生机的时代记忆目前正面临即将消失或业已消失的趋势，如果不对其作尽可能客观的记录，便可能消失殆尽乃至无法存留。所以拙著既有对陇东南乡村器物、礼乐、生态等方面特殊生活的忠实记录，也有适当文献引证和阐释，尤其对寄寓于特殊生活方式的文化理想和美学智慧作了更进一步的阐发。这也可能是对当前行将走向衰败的乡村生活的一首挽歌。但愿这首挽歌能有起死回生的力量，能唤起人们对乡村生活的美好记忆，使中国社会赖以生存和发展的最广大乡村不再在城市文明发展中偃旗息鼓、销声匿迹，而能与城市文明协同化育、生生不息。

限于时间，以及田野调查、收集资料的诸多不足，使本书不可避免地存在诸多不尽如人意之处，恳请方家批评指正。

郭昭第

2016 年 2 月 26 日初稿

2017 年 2 月 28 日定稿

责任编辑：李之美　周文婷

图书在版编目（CIP）数据

乡村美学:基于陇东南乡俗的人类学调查及美学阐释/郭昭第 著. —北京：
　人民出版社,2018.8
ISBN 978－7－01－019276－5

Ⅰ.①乡…　Ⅱ.①郭…　Ⅲ.①乡村-风俗习惯-调查研究-甘肃省
　Ⅳ.①K892.442

中国版本图书馆 CIP 数据核字(2018)第 078687 号

乡村美学:基于陇东南乡俗的人类学调查及美学阐释
XIANGCUN MEIXUE JIYU LONGDONGNAN XIANGSU DE
RENLEIXUE DIAOCHA JI MEIXUE CHANSHI

郭昭第　著

人民出版社 出版发行
（100706　北京市东城区隆福寺街 99 号）

北京中科印刷有限公司印刷　新华书店经销

2018 年 8 月第 1 版　2018 年 8 月北京第 1 次印刷
开本:710 毫米×1000 毫米 1/16　印张:21.75
字数:300 千字

ISBN 978－7－01－019276－5　定价:58.00 元

邮购地址 100706　北京市东城区隆福寺街 99 号
人民东方图书销售中心　电话 (010)65250042　65289539

版权所有·侵权必究
凡购买本社图书,如有印制质量问题,我社负责调换。
服务电话:(010)65250042